江戸と東京　風俗野史

伊藤晴雨 著
宮尾與男 編注

国書刊行会

巻の一　口絵

首尾の松の霄《しゅびのまつのしょう》

◉首尾の松とは、浅草御蔵《みくら》（幕府の米蔵）の四番堀と五番堀との間にあった松をいう。隅田川に枝が突き出て、松は老龍の姿に似ていた。歌川広重の『名所江戸百景』に「浅草川首尾の松御厩河岸」と題して描かれた。安永年間（一七七二～八一）に大風で倒れたのを、ふたたび植え直したという。山谷堀《さんやぼり》から吉原通いをした船の遊客が、吉原からの帰りに、柳橋に向かう右に見える松のあたりで、猪牙船《ちょきぶね》（山谷船《さんやぶね》ともいう）を舫《もや》いで、「昨夜の首尾は、どうであったか」を話し合ったので、首尾の松と呼ばれるようになったという。また船で帰るときに、「ここらあたりで、暁の刻（午前四時前後）になれば、ちょうど帰るのに首尾がよい」といって、都合のよい時刻であったからともいう。首尾の松は、柳橋から大川に出ると、すぐ左に見えるので、それを通過して船を進めることができた。松は、その目標物になっていた。吉原通いには、馬、駕籠、徒歩で、浅草寺の裏から入るのと、馬道から日本堤に出て吉原に入る行き方があった。また柳橋の船宿《ふなやど》から猪牙船を棹で出し、大川に出ると櫓をつかって大川を上り、大川橋を潜ると待乳山の聖天、竹屋の渡し場を左に見る。そこを左に折れて山谷堀に入り、今戸橋を潜ると、船宿の桟橋に着いた。ここまで片道、四十八文の船賃であった。そこから日本堤に出て吉原に入った。日本堤は、土手八丁《どてはっちょう》といわれる。四丁の道程を往復するので八丁といった。吉原の入り口にある見返り柳を過ぎると、衣紋坂の先に吉原大門がある。

【四】巻の二　口絵

天保時代の凧屋《てんぽうじだいのたこや》

◉凧は紙鳶とも書く。鳶のように空高く飛ぶので、紙の鳶と記したかという（『守貞謾稿』）。江戸では、たこといい、上方では、いかのぼり、いかという。こうした名称がついたのも尾縄（尾草縄とも）を垂らした形が、章魚《たこ》や烏賊《いか》の足に似ているからである。この尾縄は風で震い鳴るので、うなり（唸り）ともいう。四角い凧だけではなく扇凧《おおぎだこ》（おおぎいかともいう。扇子の開いた形）、奴凧《やっこだこ》（やっこいかともいう）などもあった。

江戸では凧揚げといい、正月十五、六日におこなうことが多かった。上方では凧昇《のぼ》りといい、正月末から二月（初午の日が多い）におこなう。男の子の遊びであるので、凧に描かれる絵は武者・英雄で、そのすべてに彩色が施されている。これを江戸では絵凧《えだこ》という。字のあるものは字《じ》凧《だこ》といい、絵凧の半値で買えた。この字凧の地は、藍色で、字は画数の多い蘭、壽、鷲、龍、嵐、錦、虎などを書いた。纏の一字は、江戸火消しの者の凧に書いたという。画数が多いのは、空白をつくると弱々しい細い字に見えるため、力強い太い文字で、力のこもった強い凧を表現したといわれる。

晴雨の描く凧屋の屋根の上には、高い棒の先に章魚の人形が吊るされている。これは凧屋の看板をあらわしたもので、すべて赤紙で作られている。頭は蜜柑籠に紙を張ってつくった。長さは六、七尺から八、九尺までのものがあったという。なかには茜木綿でつくったものもあった。冬から春の間は吊るさなかったという。寛政期には、鉄砲洲船松町の室崎屋、京橋弥左衛門町の和泉屋などの凧屋が知られていた（『蜘蛛の糸追加』弘化三年・一八四六）。

巻の三　口絵

浅草観音の年の市

あさくさかんのんのとしのいち

◉年の市（歳の市）は、年の暮れに年始に用いるものを売る市をいう。『東都歳時記』に「新年の儲けとて注連飾りの具、庖厨の雑器破魔弓羽子板等の手遊び、其余種々の祝器をならべ」とある。江戸市中のいたるところに歳の市は立つが、なかでも浅草観音の市は、境内が広いこともあって、多くの人出で賑わう。この絵は遠景に「十二階」の見える明治の風景である。

歳の市は、十二月十四、五日の深川八幡宮、十七、八日の浅草観音、二十二、三日の芝神明社、二十四日の芝愛宕神社、二十五、六日の麹町平河天満宮の各地に立つ。参詣人は諸用具を買い求めた。注連《しめ》飾り、裏白、楪《ゆずりは》などの品々は縁起物であるので、言い値、売り値で買い、値切ってはならないとされていた。

浅草観音の注連飾り売りを「ガサ市」という。ガサガサと音がするから、またガサつく代物だからともいう。十七、八日には羽子板市も立つ。ふるくは、羽子板を胡鬼板《こぎいた》といい、羽根を突いて邪気を払ったことに始まる。この羽根突きが縁起物の飾りものとなった。胡鬼板は羽子木板《はごきいた》の転であるともいう。十九日は簑市が立ち、雷神門前（『東都歳時記』）または雷門内外（『江戸府内絵本風俗往来』）に、簑を売る露店が並んだ。

さまざまな市が立つ「歳の市」は、新しい品物で新年を迎える喜びを得るための市であった。何でも揃う市であったので「何やかや売り」とも呼ばれた。

かたかげの頃《かたかげのころ》

◉かたかげ（片陰）とは夏の夕方の日陰をいう。西に陽が傾くと日陰が片方だけになるので、このようにいった。片陰が立つ、片陰が付くともいった。瀧亭鯉丈の滑稽本『花暦八笑人』三編追加上（文政七年）にも「モウ片日蔭がついたから、早く出かけよふぜ」とある。左上の立札にみえる大祭とは、佃島の住吉神社で八月六、七日に行われる佃祭りのことである。三年に一度行われ、現在は八月六日に近い日曜日を挟む三日間に行う。立札の上にみえるのが佃島。住吉神社の幟が二本みえる。この幟に書家の三井《みつい》親和《しんな》の篆書体で「住吉大明神」が染められる。歌川広重の『名所江戸百景』にも「佃じま住吉の景」があり、その幟と神輿の海上渡御が描かれる。佃島近くの何隻もの船は船遊山でもしているのだろうか。また手前には、これから夜の佃祭りでも見物に行こうという船が描かれている。落語『佃祭り』は、佃祭りを見に行った帰りの「しまい船」（最後の渡し船のこと）に、客を乗せ過ぎて船が沈む惨事と、乗りそこなって助かった小間物屋の次郎兵衛の話である。この佃島への渡し船も、昭和三十九年九月に佃大橋ができて廃止された。

　首から紐を掛け、頬かぶりの男の人形をもつ街芸が、何であるのかはわからない。芸の一部でも歌っているのだろうか、それとも客寄せの口上でも唱えているのだろうか。日傘をもつ女、麦湯、水売りの水屋など と、夏らしい光景が描かれる。水屋の看板には、滝の水の落ちるところに、大きな字で水と書いている。冷水、滝水と書いた天秤棒を担いだ水売りは、「ひやっこい〳〵」と呼び声をかけた。麦湯のほかに葛湯、玉子湯、桜湯なども出していた。

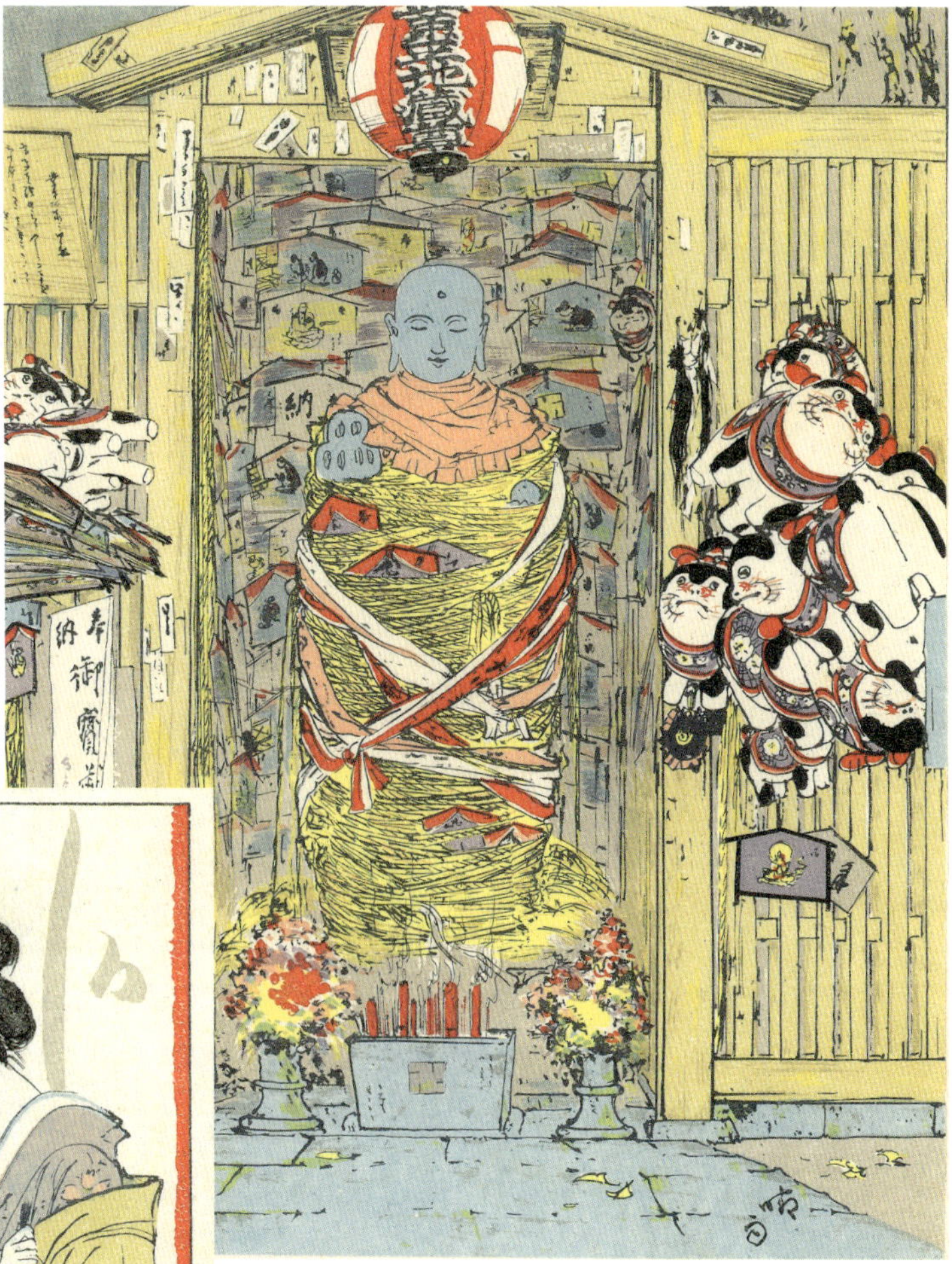

巻の五　口絵

業平の縛られ地蔵《なりひらのしばられじぞう》

◉地蔵が紐で縛られることによって、子供の病苦を身代わりとなって助けるという。地蔵は大慈悲をもって衆生の苦しみを除いてくれる菩薩であった。左手に宝珠をもち、右手に錫丈をもって、現実界と冥界の境に立って、冥界へ行く人を救ったともいう。こうした地蔵信仰をもとにした地蔵伝説の一つが縛られ地蔵で、業平の縛られ地蔵は、盗難、紛失のときに願を掛けて、縄で地蔵を縛った。願解きのときは縄を解き、お礼参りするという。

巻の五　口絵

左り馬《ひだりうま》

◉左文字の馬は、馬の手綱を左手で牽き、いざというときに刀を右手で抜きやすくすることをあらわすという。花柳界では、左文字の馬を書くと、客を引く（引き寄せる）ことができるとした。

【八】巻の六 口絵

吹き矢《ふきや》

◉からくり的ともいう。芝神明社の祭礼の日に境内で行われたという。『江戸府内絵本風俗往来』には、芝神明社での一軒だけであったと記す。晴雨は愛宕山下にもあったといい、明治時代になると浅草公園に二、三軒あったと記す。

竹でつくられた七、八寸の吹き矢を筒に入れて、竹竿で囲まれた柵に体を寄せ、少しでも的に近くなるように、筒を近づけて吹く。的を倒す舞台には、忠臣蔵五段目の定九郎、竜宮城の玉取りと海女、波のなかから蛸入道、水に浮かぶ船などの「切り出し」が、上からも下からも出てくる。ほかに鳥獣、化け物なども出てくる。「切り出し」とは、さまざまな形に切り抜いたことをいうのであろう。これらの「切り出し」の絵は紙に描かれ、すべて彩色が施され、これを薄板に貼る。的を倒すと、的の裏についている糸がはずれ、舞台上に人形が引き上げられたり、絵のように上から下りてくる仕掛けになっているので、からくり的という。

【目次】

【凡例】

一、本書では伊藤晴雨著『江戸と東京　風俗野史』全六巻及び一枚刷りの「稿本　江戸と東京風俗野史図絵」全八枚と、同著者による『江戸の盛り場』全一巻を一冊に集大成し復刻した。

一、原則として原著の構成そのままに掲載しているが、口絵を巻頭にまとめるなど、編集の都合上、一部改編した部分がある。

一、要所には宮尾與男氏による注を新たに付したが、原著において文章が主となる頁で解読しづらい部分は、原文を楷書体で翻刻した（旧字・旧かなづかいは新字・新かなづかいに変更した）。

一、原著には今日の人権意識に照らして適当でない表現も一部に見られるが、本書刊行の時代背景と芸術的価値を鑑み、そのままとした。

【一】

【一三】

定め書き《さだめがき》

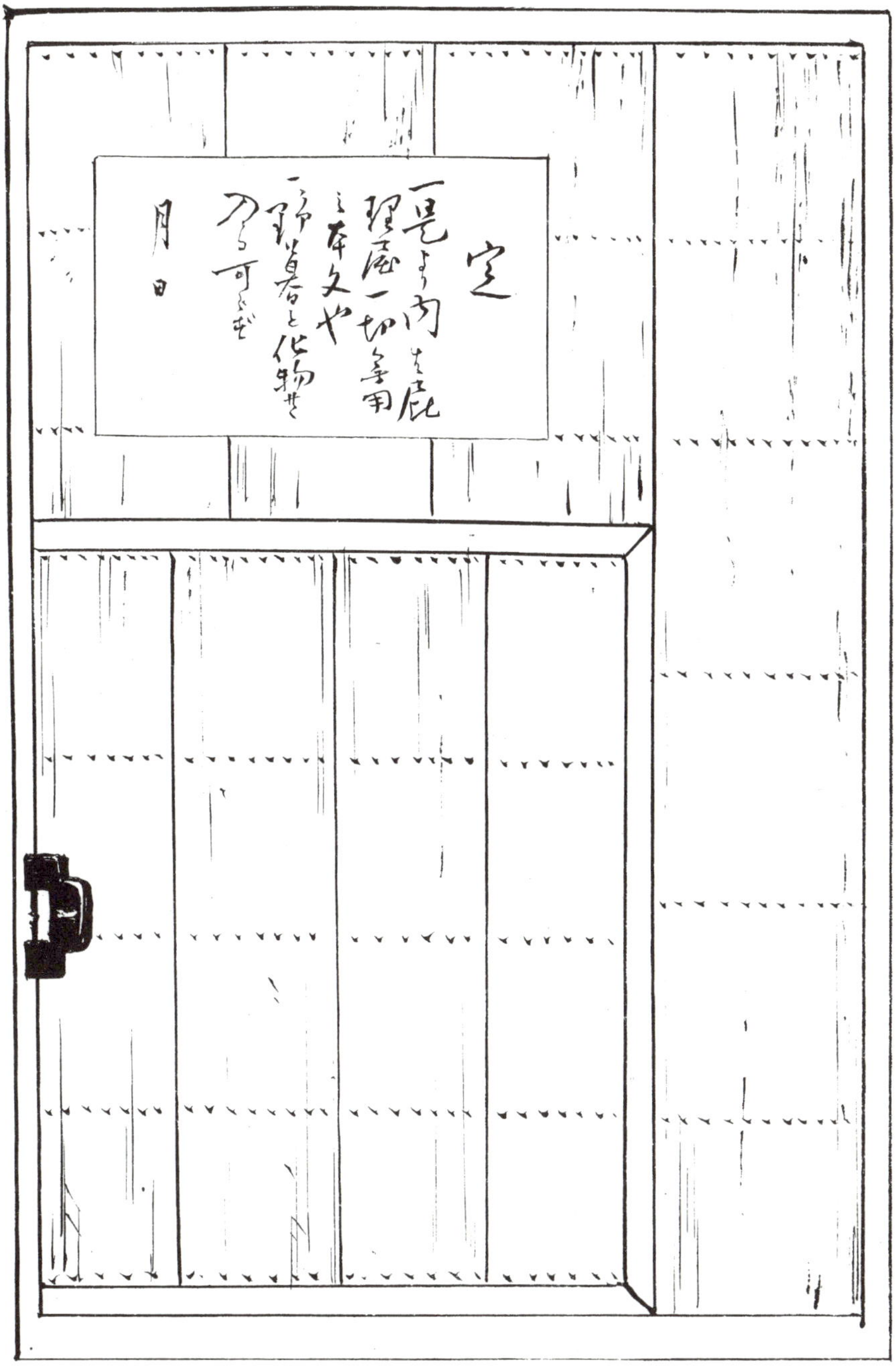

◉家の表勝手口と錠をかけた出入り口（潜り戸）を描いている。錠を明けて頁をめくると、「さあさあ『江戸と東京風俗野史』のはじまりはじまり」となる。

勝手口にある張り紙のことを「定め書き」という。「定　一　是より内は屁理屈一切無用之本文也　一　野暮と化物共入る可らず　月　日」と書いてある。「定」は「定め書き」の定めのことで、規則、きまりをいう。「定め書き」の書き方は、「定　一……」と書くのが普通である。

「屁理屈一切無用之本文」とは理屈抜きに、絵を見て、文を読めばわかるということであろう。こうした例は、式亭三馬の滑稽本『浮世床』初編（文化十年　一八一三）の口絵にも「定　一　損料貸　日なしかし　一切不可入　月　日」とある。「一切不可入」を「野暮と化物共入る可らず」としたのも、野暮な方、得体の知れない化け物などは読むべからずといい、江戸の風俗と新しい東京の風俗、また風俗絵に興味をもっていない人は、お断りするといっているのである。「定め書き」は、もともと幕府の法令などを書いたもので、板や紙に書いたのが一般的であった。

自序

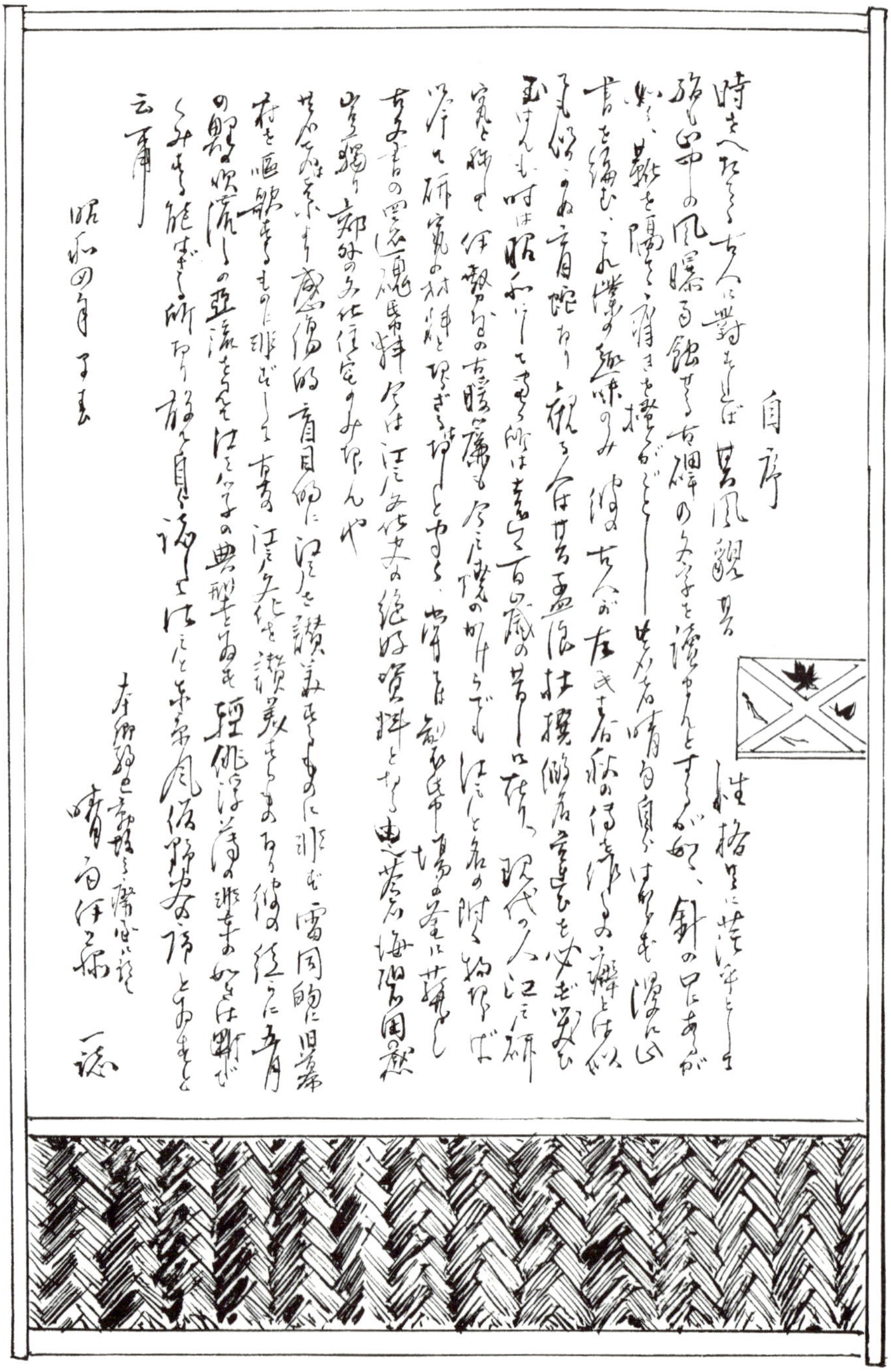

◉時をへだて、古人に対すれば、その風貌その性格共に茫乎として、恰も山中の暴風雨蝕める古碑の文字を読まんとするが如く、針の口にあるが如く、靴を隔て、痒きを掻くが如し。著者晴雨自らはからず漫に此書を編む、これ僕の趣味のみ。彼の古人が左氏春秋の伝を作るの癖とは似ても似つかぬ盲蛇なり。観る人は其の朦朧杜撰仮名違いを必ず笑い玉はんも、時は昭和にして画く所は遠く百歳の昔に在り。現代の人江戸研究と称して、伊勢屋の古暖簾も今戸焼のかけらでも、江戸と名の附く物ならば、挙げて研究の材料とならざるはなしと聞く。嘗ては製紙場の釜に葬りし古文書の還魂紙料、今は江戸文化史の絶好資料となる由也。蒼海碧田の感、豈独り郊外の文化住宅のみならんや。

著者は素より、感傷的、盲目的に江戸を讃美するものに非ず、雷同的に旧幕府を謳歌するものに非ずして、真の江戸文化を讃美するものなり。彼の徒らに五月の鯉の吹流しの亜流を見て江戸ッ子の典型となす軽佻浮薄の輩の如きは、断じてくみする能わざる所なり。敢て自ら誌して、江戸と東京風俗野史の序となすと云爾

【一六】

加藤清正、家康のために江戸城を築く。猩々緋の陣羽織を着して諸士を角力せしめて地固めをなす図

この図は明治十五年頃の日本初期（？）の旧教の結婚式の図である。宣教師がまだ一般に毛唐人扱いされていた頃で教会堂の建築も沢山無かった時代であるから、当時のハイカラな家庭で、日本室へキリストの像を祭った祈祷所を設けて、臨時の教会堂を作って洋式結婚式を挙げた光景をこゝに出しておく。著者の父は本所区若宮町のキリスト教会で当時洗礼をうけた一人である。其の話しによると米国人の「ラグレ」という教会主が居て、日本語が非常に達者であったそうだ。或る時信者の家へ説教に行くと、青森と仙台の人と、九州熊本の人とが落ち合って議論をたゝかわしていたが、両方共アクセントが違って居るのでホト〱困り抜いて居たのを、このラグレさんが通訳（？）をして九州と仙台弁の議論をまとめたという、落語家の材料にでもなり相な実話がある。其の当時の教会では説教が終ると一般の信者に葡萄酒とパンを御馳走した。それでも説教は附けたりで（オイ日曜にヤソ教へパンを喰いに行かねえか）なんていう連中が多く信者の中にあった。宗教も空腹では所謂大声俚耳に入らずで、まあ喰物でだまかし〱して信者を殖やしたものと見える。イヤ何にしても口には使われる奴サ。

【一九】

地本錦絵問屋《じほんにしきえといや》

◉地本問屋・地本屋ともいう。江戸の本屋のうち、草子（双紙）類・浄瑠璃本・芝居絵・錦絵などの印刷物を出版し、販売もおこなった。出版物をあつかう本屋のことを、上方でも江戸でも、草双紙屋・絵双紙屋といった。また上方下《くだ》りの絵本に対して、江戸で出版される絵双紙類のことを地本といった。地本問屋と書物問屋とは異なり、書物問屋は仏書、医書、読本類の「物之本」をあつかっていた。地本問屋は、時代とともに錦絵類が商品の中心になると、地本錦絵問屋というようになった。行商で売り捌《さば》いていた錦絵類を店で売るようになったのは、錦絵類の点数が増えていったことによる。

絵草紙屋《えぞうしや》

◉絵双紙屋とも書き、絵双紙問屋ともいう。極彩色の武者絵、役者似顔絵、双六、十六むさし、おもちゃ絵、千代紙《ちよがみ》、立版古《たてばんこ》などを店頭に吊るしたり、掛け並べたりした。その下に草双紙、読本などを並べて販売した。店先に框《かまち》があり、そこに腰を下ろして品物をみることができた。店先の光景は独特なもので、明治に生まれ育った日本画家の鏑木清方、劇作家の岡本綺堂、作家の田山花袋らは、それらが強く印象に残ったことを記し、店先は美しく、子供たちを喜ばせるものが多くあったという。

錦絵は一枚絵（一枚物）、二枚続き、三枚続きで販売されるのが普通であり、なかにはセットで販売されたものもあった。おもちゃ絵五枚から十枚の値段で、錦絵の二枚続きが買えたという。おもちゃ絵には千代紙、手遊び絵、切り抜き絵などがあり、竹串に挟んで縦長に吊るされて販売された。切り抜き絵は衣裳の着せ替え、武者人形、相撲づくし、魚づくしなどの絵の形を、鋏で切り抜いて遊ぶものをいう。また組上げ燈籠、組み立て絵も販売された。芝居の一場面や名所などの絵を切り抜いて、舞台の場面を組み立てるもので、大阪では立版古といった。また店頭には、この絵にあるように、照明器具の行燈（「てりかえし」ともいう）が吊るされ、遠くからでも品物が見えるようにした。

【二一】

障子づくし《しょうじづくし》

◉「江戸から明治時代の障子づくし」と題する。障子は明かり障子が一般的で、古くは寝殿造りにみられる障子というのは衝立屏風であった。晴雨の描く障子は、船の窓障子から水行場の障子、水売りの市松障子、料理屋（下方が竹のアジロでつくられる）、妾宅、芸妓屋、居酒屋、仕事師、揚屋《あげや》（太夫、格子女郎などの高級な遊女を女郎屋から呼んで遊ぶ家）、ぬか屋（糠は玄米精白の際に出る果皮の粉で、袋に入れて肌を洗い、油気をとった）、茶店、立場《たてば》茶屋（宿場外れとあるから、街道で両宿駅の間にある、人夫や馬の休息場とみられる）、宿屋、自身番（番所。つねに家主、番人、店番がいた。役所の派出所と交番を兼ねていた）、揚《あげ》障子（閉めるときは吊り下げておき、開けるときには突き上げて吊るようにした）、仏壇障子、油障子（油を塗って防水した障子）、屋根舟（屋根をつけた小船。一人乗り、二人乗りがある）、寺院、農家までにみる、さまざまな障子を描く。ほかに座敷にみる障子屏風、衝立屏風、絵襖のある障子なども描いている。最後に髪結床から煙管屋までの七十二図にわたる店障子（勝手口）が描かれる。

明神丸

竹のアジロ
料理やにて

ぬか屋
ぬかや
茶みせ（深川辺のこと）

めし
立場
牛馬の立場
宿屋の表（夜）
宿場はずれの立場茶屋

菊花壇
市松障子黒白
あぶら障子
湯船

南枝向暖北枝寒
一種春風有兩般

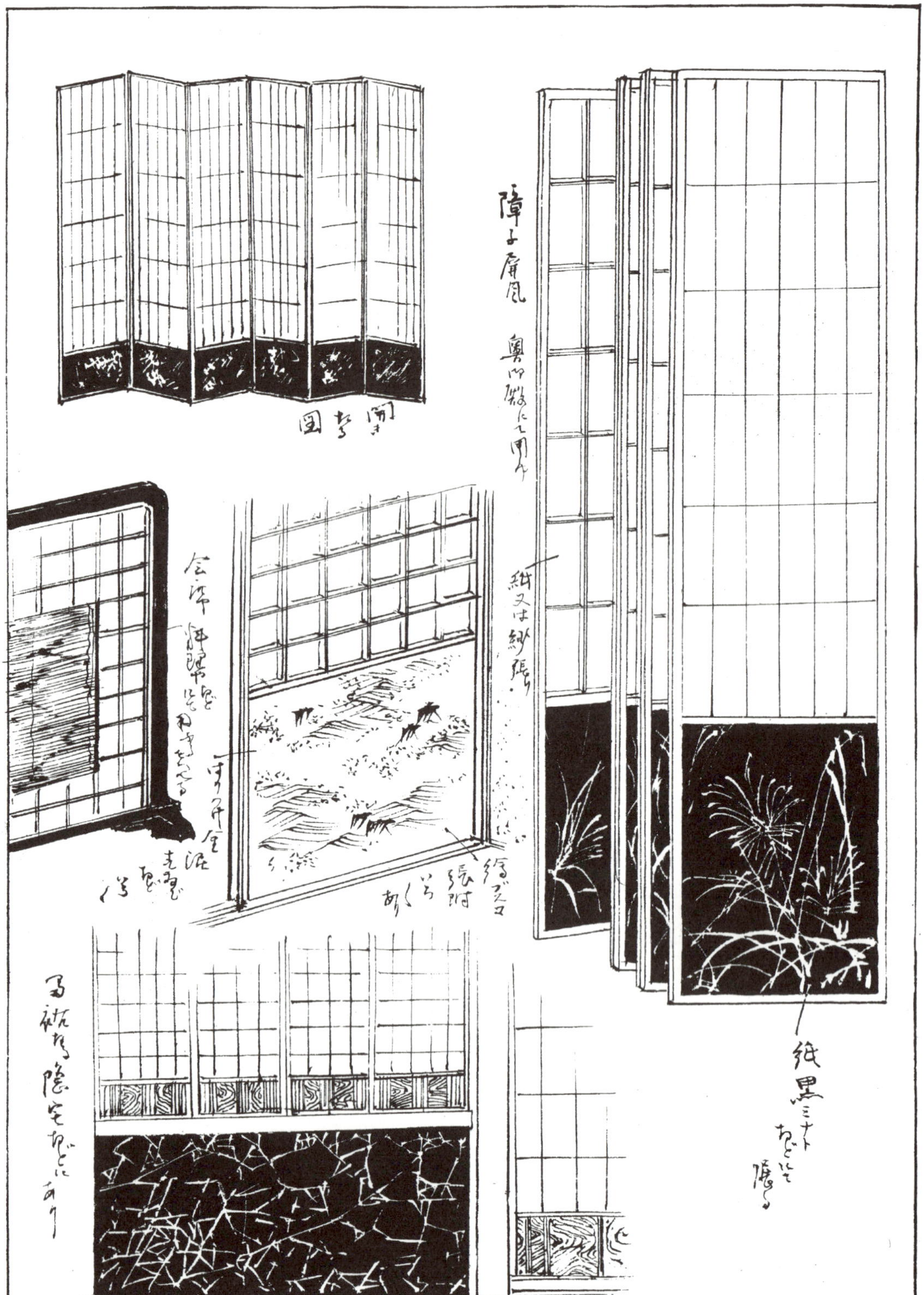
障子屏風
紙又は紗張り

◉さまざまな障子の意匠がおもしろい。いくつかをあげておこう。ももんじ屋（ももんじは獣のことで、猪、鹿肉の異称。やまくじら〔山鯨〕は猪肉の異称）、寄合茶屋《よりあいぢゃや》（集会をするための料理茶屋）、蕎麦屋（けんどん〔倹飩〕は一杯ずつ盛り切りして売った蕎麦切りのこと。二八は二八そばのこと。倹飩屋というと蕎麦と一膳飯を食べさせた店）、蝙蝠傘屋（蝙蝠傘は傘のこと。蝙蝠安の名は、安い傘の洒落というが、お富与三郎で知られる『与話情浮名横櫛』に登場する蝙蝠安を洒落たか）、櫛屋（十三屋は、櫛《くし》〔九四〕を合わせた数）、絵の具屋（絵の具の三原色は青緑、赤紫、黄をいう）。

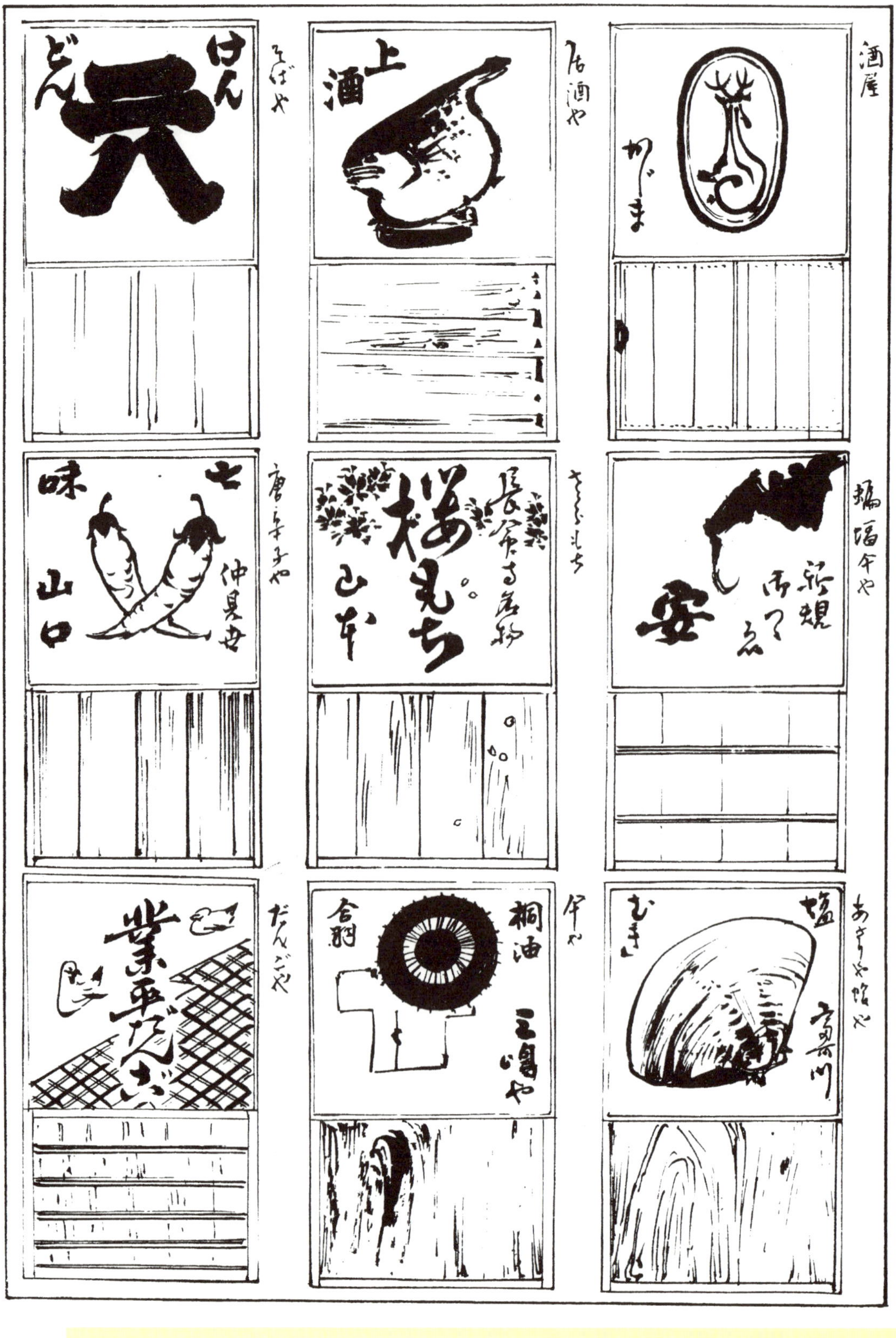
けんどん
天
そばや
上酒
居酒や
酒屋
七味
山口
仲見世
唐辛子や
長命寺名物
桜もち
山本
さくらもち
業平だんご
だんごや
桐油
合羽
塩

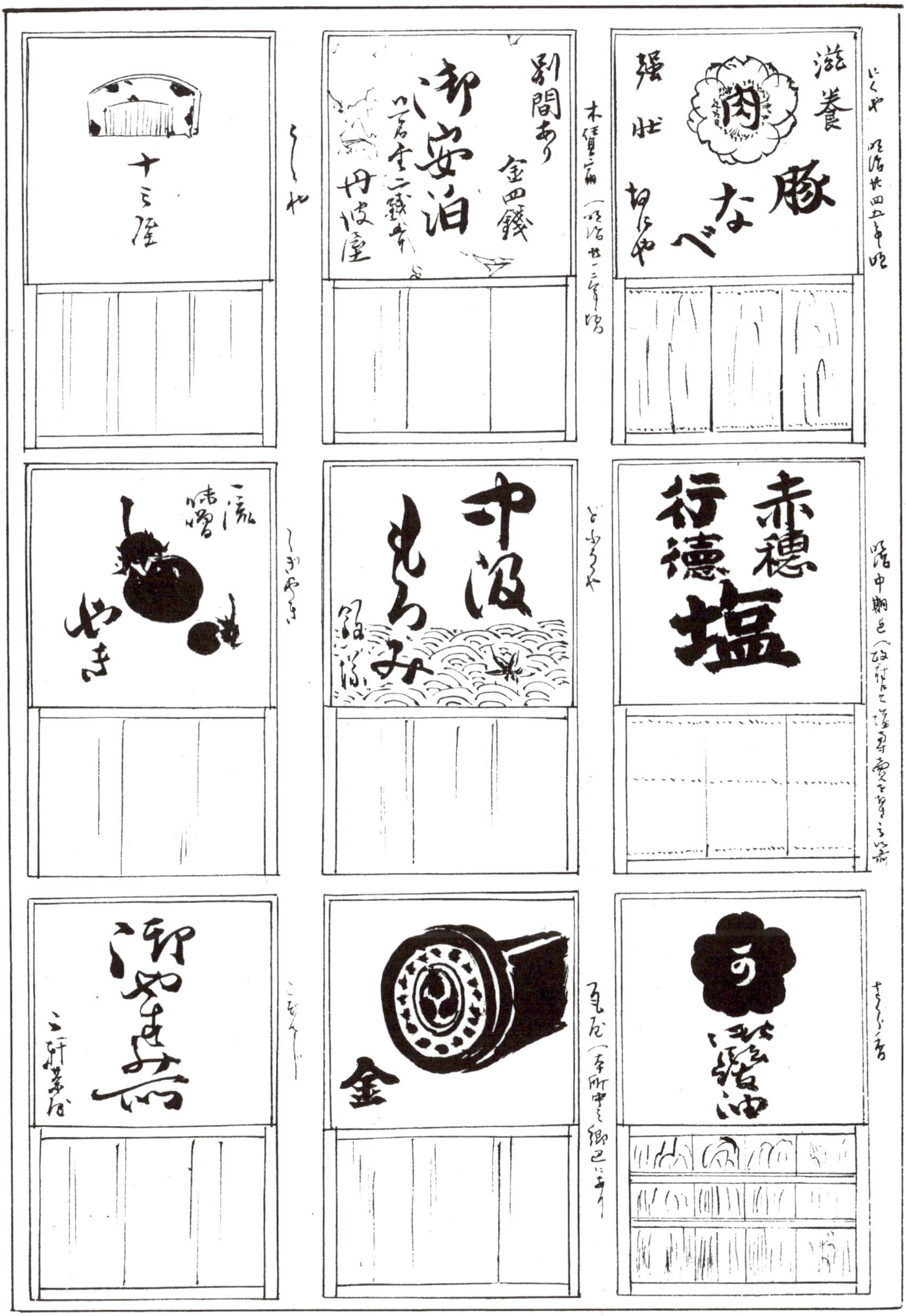
滋養
強壮
豚
なべ
別間あり
御安泊
金四銭
赤穂
行徳
塩
中汲
もろみ
一流
味噌
金
醤油

ゑのぐ
くすりや
藥種
あめや
おこし
さゝゐのつぼやき
すゞめや
とりや
めがねや

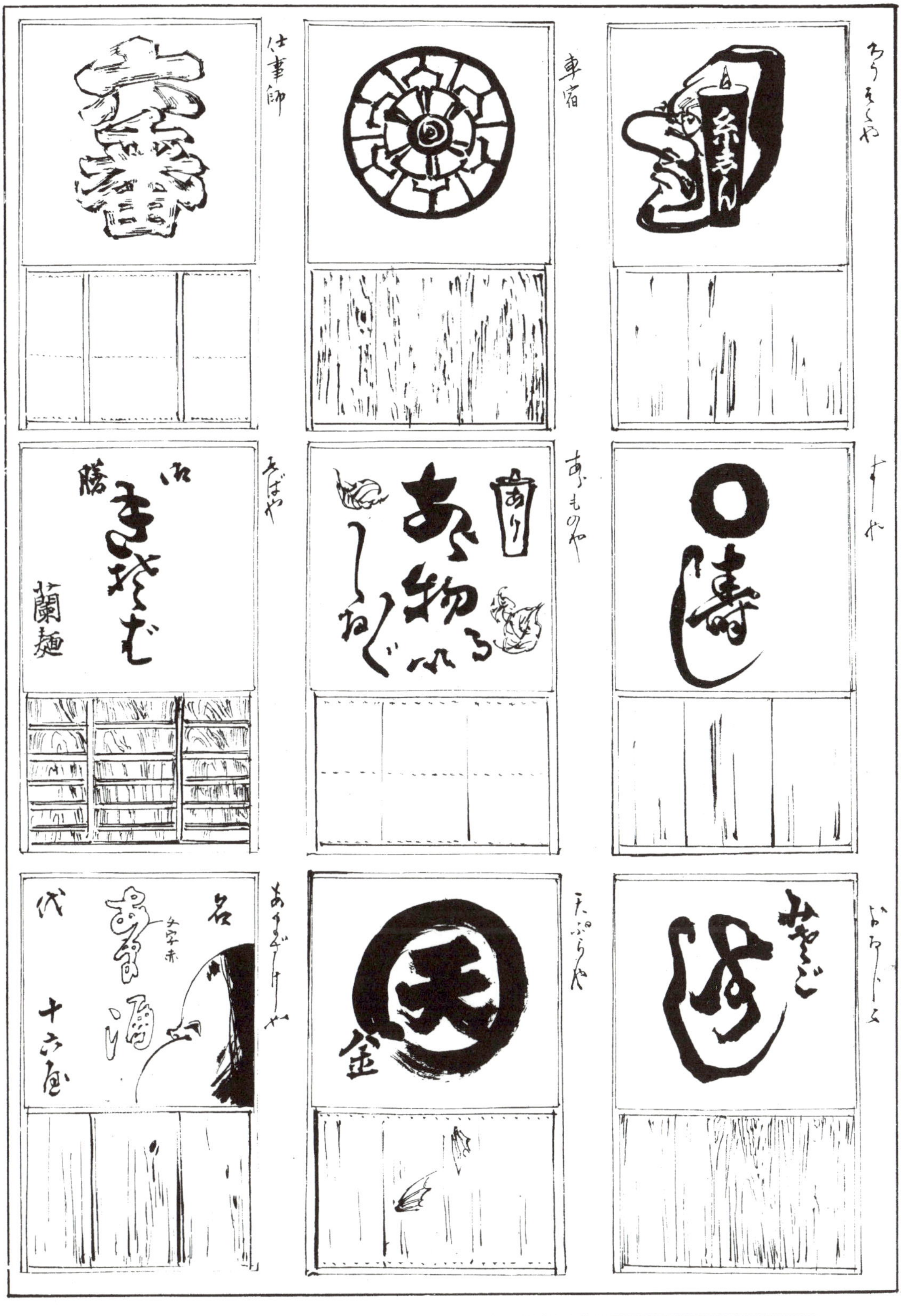
仕事師
車宿
ろうそくや
そばや
蘭麺
あぶものや
すしや
てんぷらや

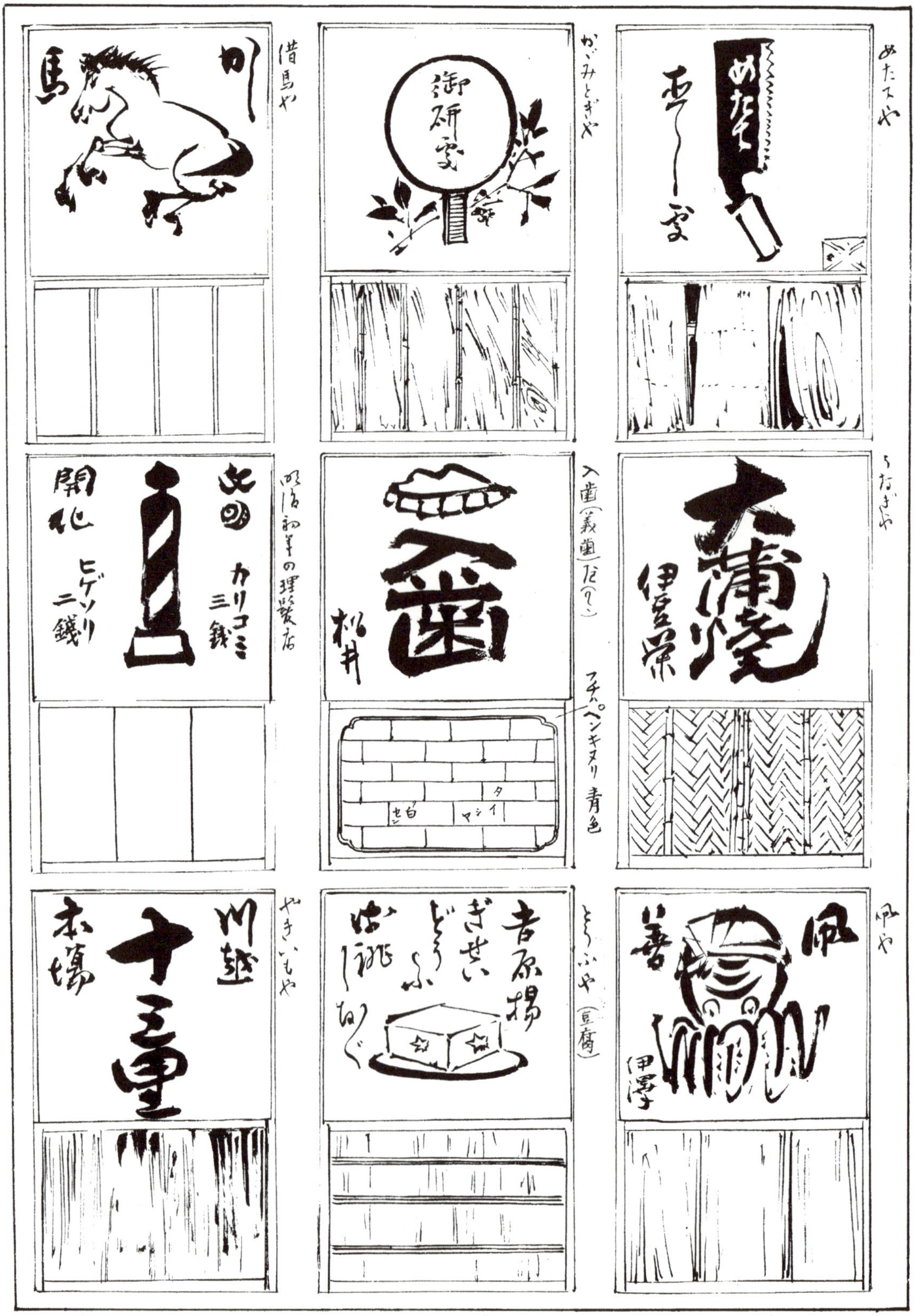
借馬や
かゞみとぎや
御研
めたてや
明治初年の理髪店
開化
ヒゲソリ
二銭
カリコミ
三銭
入歯(義歯)だ(?)
入歯
松井
フチペンキヌリ 青色
うなぎや
伊豆栄
やきいもや
川越
本場
十三里
とうふや(豆腐)
吉原揚
ぎせい
どうふ
凧や

ふるまひ ぞうに だるまや	鮨すし一平 いなりずし	火の番 何町 やぐら
産人呂の宿 よし町 ちづ中や	両替 万両庵 たもの口払ひて銭を切ひ（吉川稀）	手前勝手口 小林活壺 小林居宅の勝手口
大船路 ランプや	弓土 ◉ ちう場	松坂ほや 月角はん

動	たばこや	会合 めし 酒さかな めしや
明治和筆の人力車と宿		
ぐるんぺ ちどりだんご	祖 歳代餅 え 吉原いろもち	牛肉〔文字は朱を〕
逃 御 ませや	つ舟あり さんま 五 舟やど	冬つばた

【三七】

障子のはなし

しょうじのはなし

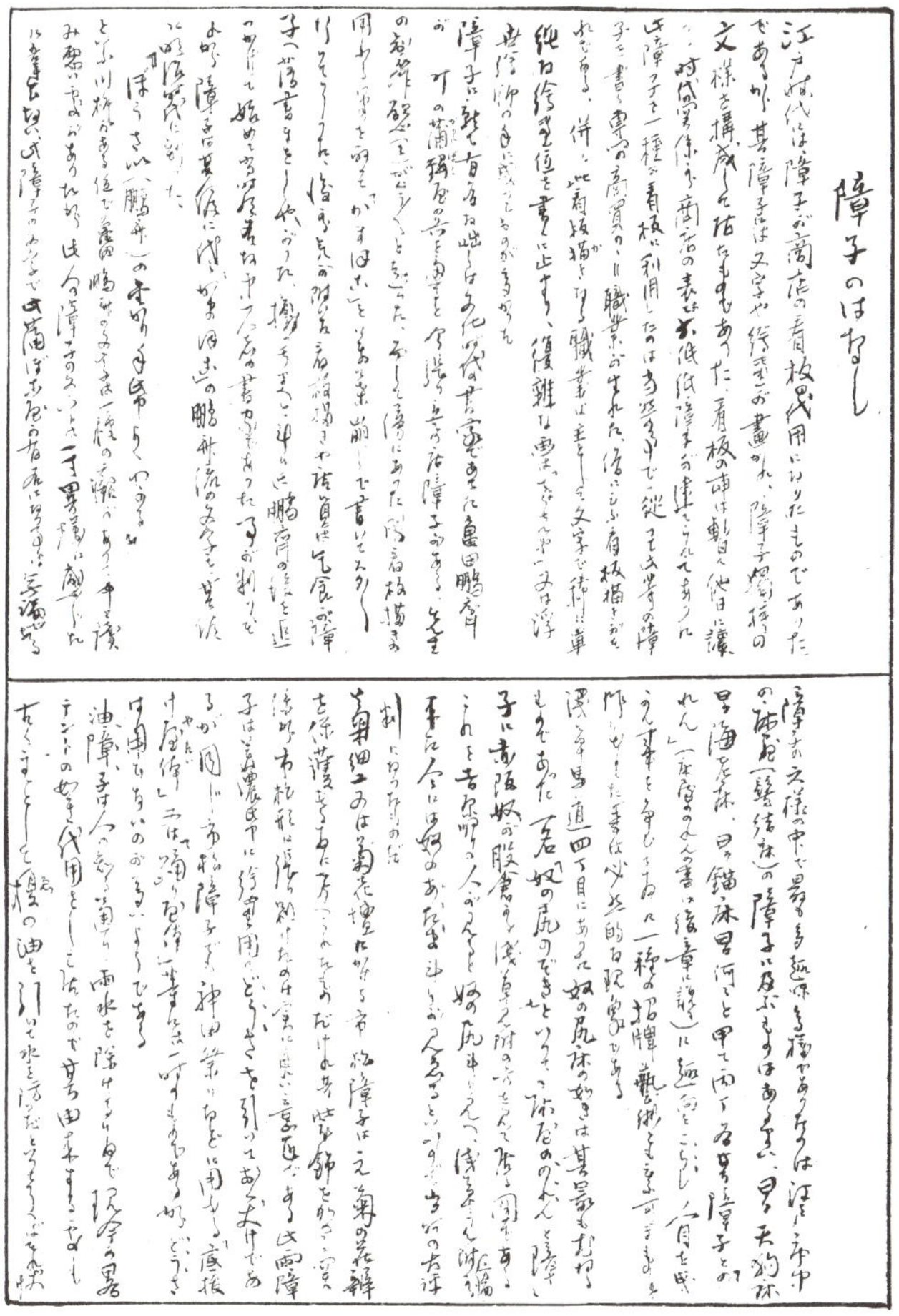

◉江戸時代には、障子が商店の看板の代用になったものであった。であるからその障子には文字や絵画が画かれ、障子独特の文様を構成していたものであった。看板の事は暫く他日に譲り、時代の関係から商店の表は大抵紙障子が建てられてあった。この障子を一種の看板に利用したのは当然のことで、従ってこれらの障子を書く専門の商売？＝職業が生れた。俗に云う看板描きがそれである。併しこの看板描きなる職業は主として文字で稀に単純な絵画位を書くに止まり、複雑な画は「ちょうちんや」又は浮世絵師の手に成ったものが多かった。

障子に就いて有名な咄しは、文化時代の書家であった亀田鵬斎が、町の蒲鉾屋の前を通ると今張りたての店障子がある。先生の製作欲（？）がムラ〳〵と起った。而して傍にあった例の看板書きの用いる筆をとって、「かまほこ」と万葉崩しで書いてスタ〳〵行ってしまった。後から気のついた看板描きや店員は、乞食っちまえとばかりに鵬斎の後を追っかけて、始めて当時有名な第一人者の書家であった事が判り、それから障子は其の侭に代々「かまほこ」の鵬斎流の文字を其の侭に明治時代に至った。

「ぼうさい（鵬斎）の金借り手紙よくわかる」という川柳がある位で、亀田鵬斎の文字は一種の癖があって中々読みにくい処があったから、この人の障子の文字は一寸異様に感じたに違いない。この障子の文字で、この蒲鉾屋の有名になった事は無論である。

障子の文様の中で最も多趣味多様であったのは、江戸市中の床屋（髪結床）の障子に及ぶものはあるまい。曰く天狗床、曰く海老床、曰く錨床、曰く何々と、甲乙丙丁各其の障子と「のれん」（床屋ののれんの事は後章に説く）に趣向をこらし、人目を曳かん事を争いていた一種の招牌芸術とも云うべきものを作り出したことは必然的な現象である。

浅草馬道四丁目にあった奴の尻床の如きは其の最も尤なるものであった。一名「奴の尻のぞき」といって床屋ののれんと障子に赤坂奴が股倉から浅草見付の方を見て居る図である。これを吉原帰りの人が見ると奴の尻ばかり見え、浅草見附方面から来た人々には奴のあたまばかりが見えるというので、当時の大評判になったものだ。

菊細工又は菊花壇にかける市松障子は、もと菊の花弁を保護するために考えられたものだけれども、装飾を加える関係から市松形に張り分けたのは実に良い意匠である。この雨障子は美濃紙に絵画用のどうさを引いておくだけであるが、同じ市松障子でも、神田祭りなどに用いる「底抜け屋体」又は「踊り屋体」等には、一時のものであるからどうさは用いないのが多いようである。

油障子は人の知る通り雨水を除けるためで、現今のほぼテントの如き代用をして居たので、其の由来する

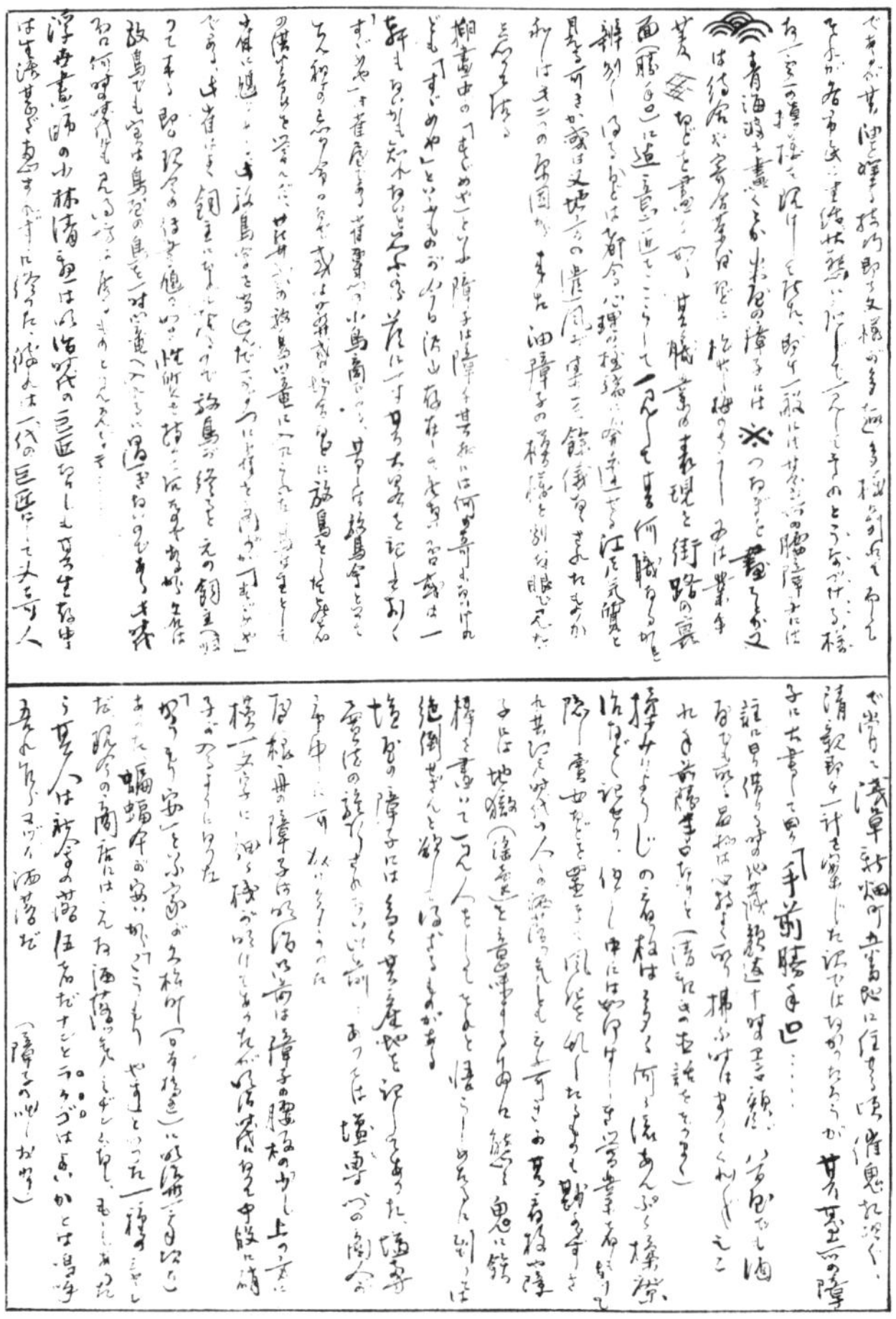

処も古く、主として荏の油を引いて水を防いだといってしまえばそれだけであるが、其の油を塗る技巧、即ち文様が多趣多様に別れて而してそれが各市民の生活状態に応じて一見してそれとうなづける様な一定の模様を現わして居た。即ち一般には台所の腰障子には青海波  を画くとか、米屋の障子には※つなぎを画くとか、又は待合や寄合茶屋などに松竹梅のちらし又は業平菱 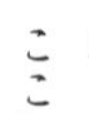 などを画く如く、その職業の表現を街路の裏面（勝手口）迄意匠をこらして、一見してその何職なるかを弁別し得るなどは、都会心理の極端に発達せる江戸気質と見るべきか、或いは又地方の遺風が集まって余儀なくされたものか、私はこの二つの原因から来た油障子の模様を別な眼で見たいと思っている。

挿画中の「すゞめや」という障子は、障子其物には何の奇もないけれども、「すゞめや」というものが今日沢山存在していない、否或いは一軒もないかも知れないと思うから、ここに一寸その大略を記しておく。「すゞめや」は雀屋である。雀専門の小鳥商である。昔は放鳥会［ほうちょうえ］といって、先祖の忌日命日なぞ、或いは葬式の場合などに放鳥をして、死者の供養を営んだ。葬式の放鳥篭に入れられた鳥は主として雀に鳩である。この放鳥会を当て込んで専門に雀を商うのが「すゞめや」である。この雀はよく飼主に馴れているので放鳥が終ると元の飼主へ帰って来る。即ち現今の伝書鳩の如き性質を持っていたのであるから、名は放鳥でも実は鳥屋の鳥を一時篭へ入れるに過ぎないのである。この時代否いつの時代にも、見得坊はいるものと見えるテ……

浮世絵師の小林清親は明治時代の巨匠なりしも、その生存中は生活甚だ恵まれずに終わった。彼は一代の巨匠にして又奇人で、嘗て浅草新畑町五番地に住せる頃債鬼相次ぐ、清親即ち一計を案じた訳ではなかったろうが、其の台所の障子に大書して曰く、「手前勝手口」……

註に曰く、借りるときの地蔵顔返す時のエンマ顔、八百屋でも酒屋でも取る品物は心得よく取り、払う時はまってくれまってくれ、これも手前勝手口なりと。（清親氏の直話をそのまゝ）

揉み療治の看板は、多く何々流あんぷく揉み療治などと記せり。但し中には如何わしき営業者もありて、隠し売女などを置きて風紀を乱したるもの少なからざれども、江戸時代の人々の洒落っ気とも云うべきか、その看板や障子には地獄（淫売）を意味するために態々鬼に鉄棒を画いて一見人をしてそれと悟らしめたるに至っては、絶倒せざらんと欲して得ざるものがある。

塩屋の障子には多く其の産地を記してあった。塩専売法の施行されない以前にあっては塩専門の商人が市中にかなり多かった。

屋根舟の障子は、明治以前は障子の腰板の少し上の方に横一文字に細く桟が明けてあったが、明治時代になって中段に硝子が入るようになった。

「かうもり安」という家が久松町（日本橋区）に明治三十一二年頃迄あった。蝙蝠傘が安いから「こうもりやす」といった一種のシャレだ。現今の商店にはこんな洒落ッ気ミヂンもなし。もしあったら其の人は社会の落伍者だ。ナンとラクゴはよいかとは、嗚呼吾れながらマヅイ洒落だ。

【三九】

猿田彦《さるだひこ》

◉『古事記』に天孫の先導役をしたのが猿田彦（猿田毘古）と記されている。先導役または道案内は露払いを司る役目のことであった。露払いは道の悪霊を鎮めるだけではなく、善霊を呼び起こすこともした。手に長い剣をもち、腰に剣を差しているのは、邪霊、悪鬼などを斥けるためである。剣などの切る道具は、魔を切ることのできる道具でもあった。

祭礼の道行《みちゆき》にみられる猿田彦は、天狗面に一本歯の高下駄を履き、行列の先頭に立って露払いをする。鉄棒《かなぼう》をもち、それを地面に突いて、鉄棒に付く金輪の音で、行列の来たのを知らせ、地面の悪霊を鎮めた。『日本書紀』には、「鼻の高さ七咫《あた》、背の長さ七尺《さか》余り、当に七尋《ひろ》と言ふべし。且《また》口尻《くちわき》明り耀れり。眼は八咫の鏡の如くして、赤 色 然《てりかがやけること》赤酸醤《あかかがち》に似れり」と容貌の異様さが記されている。猿田彦は鼻が高いことから、天狗と同じといわれている。また『日本書紀』には、衢 神《ちまたのかみ》とも記される。衢神とは境界神の道祖神である。道祖神は塞《さえ》の神《かみ》（さいのかみ・ドウロクジンとも）といわれ、村境または道の別れ道などに置かれた石をいう。道祖神の石は、外からの悪霊、疫病などの侵入を防ぎ、村の安全を守るもので、村の境界に置かれる。道祖神が石神《いしがみ》（しゃくじとも）とかかわっているのは、この境界神として石を置いたことによる。

金毘羅《こんぴら》

◉金毘羅は、香川県仲多度郡琴平町の琴平神社のことである。金刀比羅《ことひら》宮《ぐう》、象頭山金毘羅大権現、こんぴら様などとも呼ばれ、四国八十八か所の札所の一つとしても知られている。琴平神社の祭神は、大物主神《おおものぬしのかみ》で、海難除けの守り神、海上守護の神、航海安全の神として、瀬戸内海および各地の船乗り、漁業者に信仰されている。参拝者は長さ一メートル、幅二十五センチのご祈祷板札を、神社からもらい受ける。海上で遭難したときに、板札のお陰で難から逃れたことから、神棚や船に祀るようになったという。また金毘羅は漁業だけではなく、農業でも雨乞い祈願の神、五穀豊饒を祈る神として信仰されている。讃岐の金毘羅参詣客を乗せた、大坂道頓堀と丸亀の間を往来した客船を、金毘羅船《こんぴらぶね》といった。船は渡《と》海船《かいぶね》（とかいせん）の一つで、室津、下津井などに寄港して、三日から五日で着いた。早い船は二日で着いたという。また遠方から神酒樽（金毘羅樽ともいう）というものを海河に流すと、象頭山金毘羅大権現に流れついたという。この神酒樽を船中で拾うと船酎頂戴といって、中の酒を飲んだ。もし酒を飲み干したときは、この神酒樽に酒を入れて、同じように海河に流さないと厳罰を蒙るといわれた。江戸後期の金毘羅信仰の隆盛時に歌われた俗謡の「金毘羅船船おいてに帆かけて、しゅらしゅしゅしゅ」は、よく知られている。

天狗《てんぐ》

◉天狗は想像上の妖怪で、深山に住むという。大天狗は、顔は赤く鼻が高い。修験道の山伏のような服装をして、手には羽団扇をもっている。翼をもつので自由に空中を飛ぶことができたという。小天狗は、烏天狗《からすてんぐ》とも呼ばれた。天狗は神通力ももっており、子供をさらって神隠しするという。神隠しにあった者は、大木や巨樹の上に運ばれているという。

こうした天狗像は、中世以降にできあがったもので、源義経は少年期を鞍馬山で修行して、鞍馬山（天狗の総本山という）に住む大天狗に、剣術の稽古をつけてもらったといわれている。また北条高時代の田楽や、酒宴の席に、天狗があらわれたともいう。能楽には天狗物という『鞍馬天狗』『是界』『松山天狗』などの曲目がある。昔話には「天狗の隠れ蓑」「天狗のめがね」などがある。天狗は狗賓《ぐひ(ひ)ん》・大人《おおひと》・山人《やまびと》・山《やま》の神《かみ》などともいわれる。山の中で怖いことにあうと、それは天狗の仕業といわれた。またどこからともなく聞こえる笑いを天狗笑い、木が突然倒れるのを天狗倒し、茂みにある小さな空き地を天狗の相撲場、つむじ風を天狗風、不審火・鬼火の類を天狗火、不思議な現象の起こる道筋を天狗の道などといった。天狗の名としては愛宕山の太郎坊、鞍馬山の僧正坊、比叡山の次郎坊、大山の伯耆坊、英彦山の豊前坊、羽黒山の三光坊、秋葉山の三尺坊などが知られている。

【四三】

江戸市中生業づくし

一と口に生業といえば、士農工商各生活の上に於ていずれか生業ならぬものぞなき。されどここにては主として其の日ぐらしの身すぎ世すぎ、巷に行き交う小商人乃至は大道人の類を集めて、江戸市中生業づくしと名づけたり。

江戸の所謂大道芸人なるものに、大別して左の種類があり、

一、単に技芸のみを以て銭を乞うもの

二、物品を売る目的を以て演芸をなすもの

三、格別の技芸なくして金銭を乞うもの

等に帰着すべし。

一は例を挙ぐれば、与吾連太夫（大道にて義太夫を語る）、紅かん、大道芝居、大道講釈、仮色（こわいろ）つかい、鳥追、太神楽、角兵衛獅子、独り角力、口力（こうりき）眼力、ろうそくや（大道手品）、豆蔵、等々

二、おまんが飴、とっけえべい、ほにほろ、百まなこ、長井兵助、お千世舟、その他

三、丹波のあらくま、願人坊主、今日はお日より、そそそ、千手観音、半田の稲荷、等……

それから「唐辛子売り」であるとかこはだの鮓売りであるとか、「栗もちの曲づき」であるとか云う風の、食い物を主体として技芸を演ずるものや、軍中膏ガマの油や、五臓円や「いたづらものはいないかな」の石見銀山鼠捕り、烏丸枇杷葉湯や苗売りや母衣（ほろ）蚊帳売り等、其の商品の呼び声が芸術的の音律を帯びているもの、所謂江戸市中に限りたる商人がある。其の他は日常の必要品を売る「町々の時計になれや小商人」の類迄、其の悉くを記したならば優に一大冊をなすに至るべし。ここには僅かにその一部を示して、逐号これを画く事にする。

其の他「傘張り」であるとか、「かまじめ」の神主やら、「多葉粉のチンコ切り」とか、初午の太鼓売り、鹿島のこと触れなど、一年中節を切って営業する人々の風俗など、各時代々々に幾多の変遷を経ているから、等しく「飴屋」であっても四、五十種もあろうというものである。

酒ごもの印しを書く人、かんばんかき、水道の穴をあけて歩く人、水売りなど、現代に全く交渉の無い生業の風俗も亦捨てる事は出来ないと思う。

「からくり」や「うつし絵」は、「生人形」「幻燈」となって明治時代に名人の輩出を見、木偶人形を廻す飴屋は操り人形の元祖と覇を争う。一葦同舟の生業はつっくるめて花のお江戸の名物なるべし。

「これやこの三千両や江戸の春」

読《よみ》み売《う》り《り》

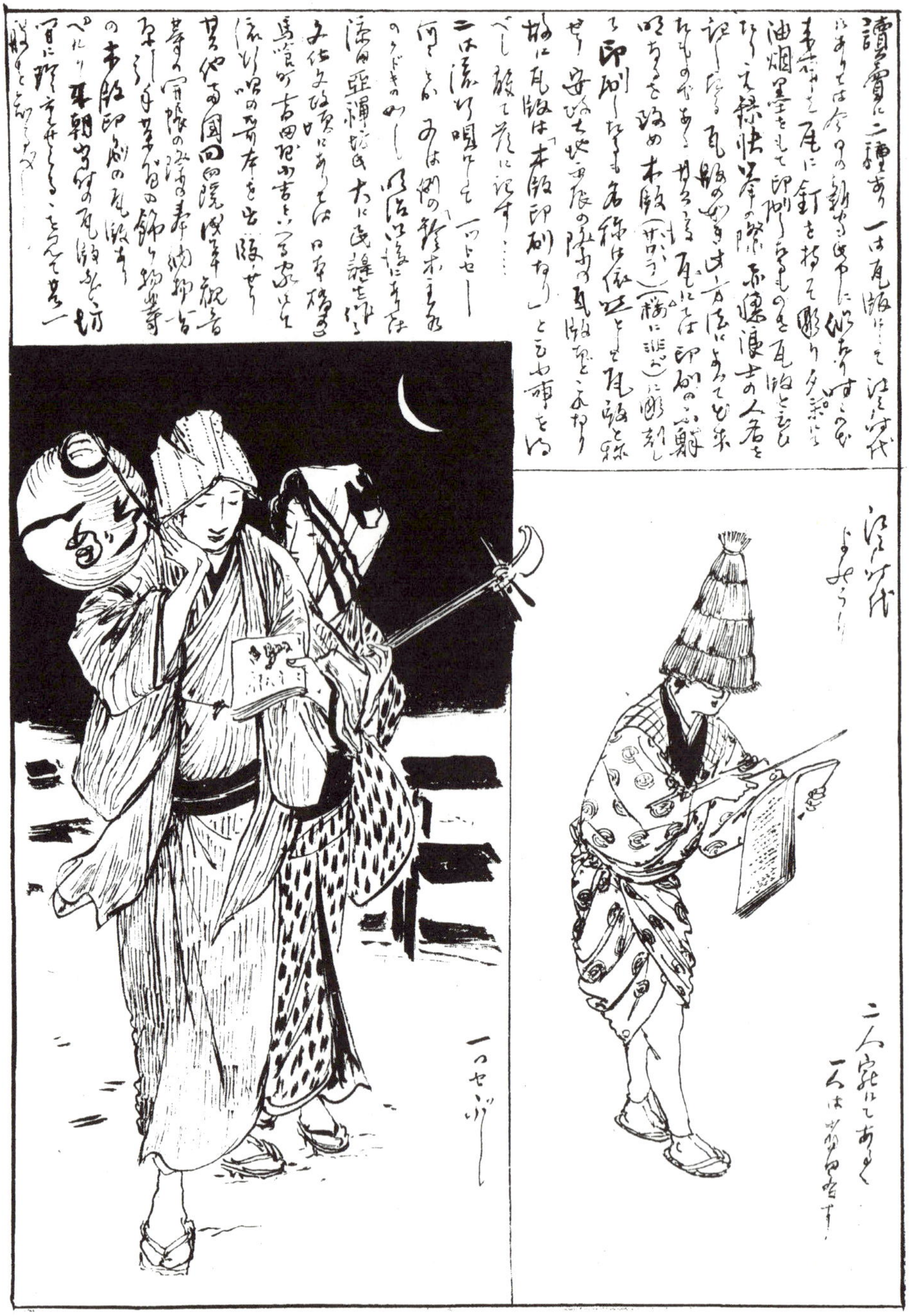

◉街芸の一つ。瓦版売りと一つせ節との二種類がみられる。はじめは読み売り、辻売り絵双紙、絵双紙、双紙読みと呼ばれていて、のちに瓦版売りといわれるようになった。天災、人災などの事件や最新情報などを駿河半紙に、いち早く刷って知らせた一枚刷（摺）りをいう。なかには絵を描いたものを入れた刷り物もあった。これらの内容の一部を、売る時に読み聞かせたので、読み売りといった。「さらに詳しいことを知りたい人は、この刷り物に書いてある」といいながら売りさばいた。瓦版売りの瓦版は、瓦に釘で字を彫り、油烟墨で刷り上げたといわれているが、実際に瓦で刷ったものが残っていないので、その由来は定かではない。その後、木版（椹《さわら》の木を使用）で刷ったものが瓦版の主流を占めていった。瓦版のなかでもっとも多いのが、火事や地震の刷り物である。こうした事件が多かったからであるが、刷った枚数も多かったので、たくさんの刷り物が残っている。読み売りの刷り物は一枚四文であった。

一つせ節は、教訓の歌、心学の道歌などの内容を小冊にして売った。これを売るときに、読み売りと同じように、読み聞かせて売った。なかには流行歌を収めた小冊を売った読み売りもいた。夜ともなると、襟に小提灯を差し、三味線に合わせて歌いながら歩いた。これは下町のみにみられた光景という。この小冊は、一冊十六文であった。頁が多いものは二十五文から三十文の値段がついたという。

酒中花《しゅうちゅうか》

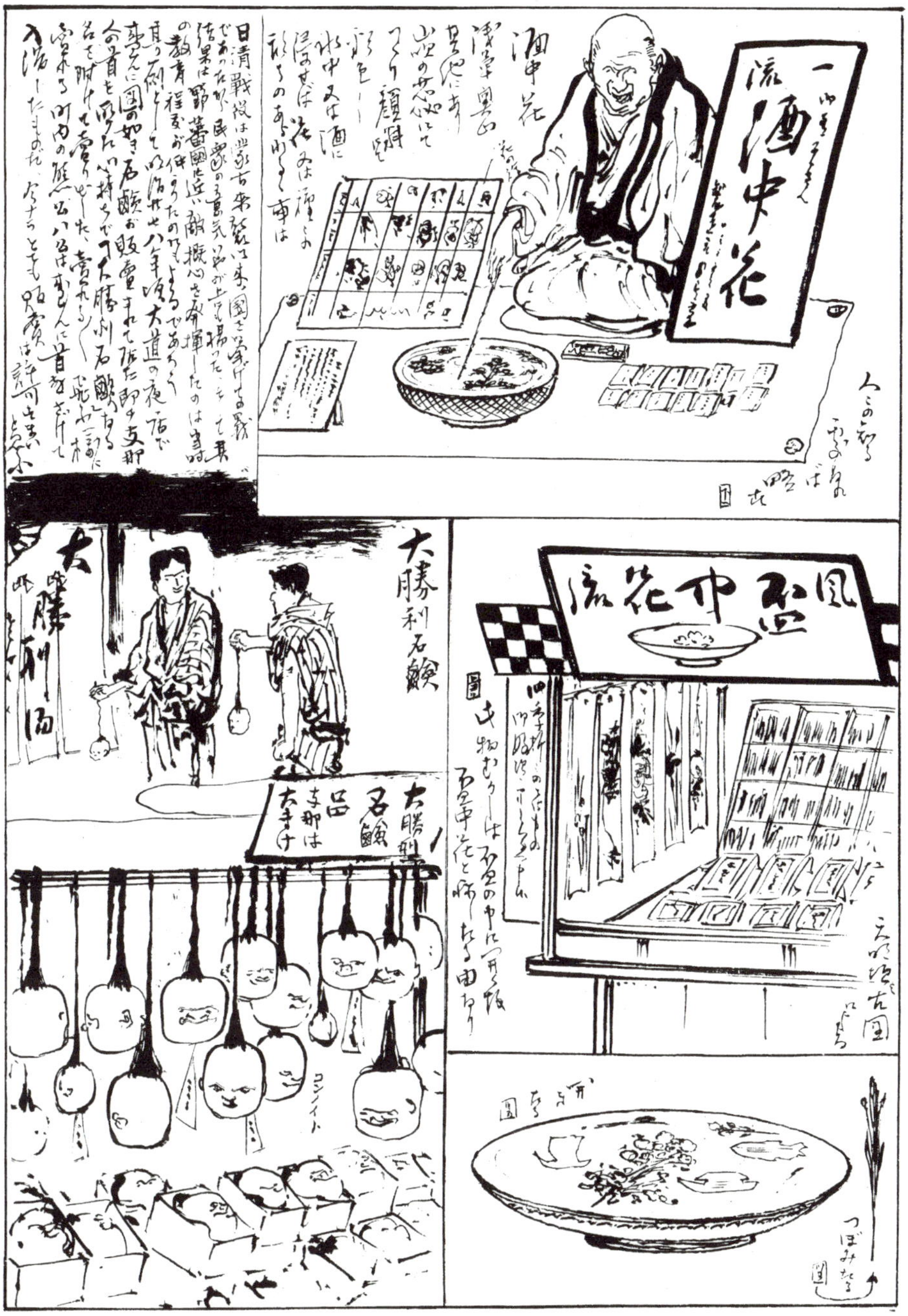

◉ふるくは盃中花《はいちゅうか》といった。「酒宴の席の翫びもの」（『近世商賣盡狂歌合』嘉永五年・一八五二）という。幕末に廃れたといわれる。真宗大谷派の東本願寺別院（東門跡、浅草門跡ともいう）地内で、中皿に水を入れた上に、棒状のものや丸いものを置くと、それが水のなかで自然に開いて形を現してくるのを、さらに長い棒で丁寧に解きほぐすように開き、「いったい、これは何であるかというと……」といって、その形を説明したものである。この水に入れるものを、浅草寺境内の楊枝店で売ったという。山吹の芯でつくってあり、そこに顔料で彩色した。これを水や酒の中に浸すと、水分を含んで膨らむ。きれいな色のついた絵になるので、花柄や金魚、船などの形が多く売られた。

楊枝店は柳屋と称した家が始めたが、しだいに同じ屋号をもつ店が多くなって、楊枝は浅草寺の名産となった。その店の一つである柳屋仁治の娘お藤は、鈴木春信の浮世絵にも描かれた美女であったので、ますます楊枝店が評判になった。

夜光の玉《やこうのたま》

◉「サア〳〵皆さん、これは昔玄宗皇帝が我君へ貢物によこしたという面向不背《めんこうふはい》の珠で御座い。月に向えば水が取れる、太陽に向《ひ》えば火が取れる。夜は月から水が取れる不思議の玉……代価は僅かに小銭の一銭から、大は二銭、五銭、十銭」と口上を述べる。面向不背というから、前後どちらから見ても同じように美しい珠で、不思議な玉というのである。これは煙管に煙草をつめて、玉に太陽の光線を当てると、煙管の吸い口に火が移るもので、「さあみなさん、火が取れました」といった。岩の上に置いた玉を夜光の玉といった。玉には水を入れ、岩は粘土でつくり、金銀の粉を塗った。口上にいう玄宗皇帝云々の話は、謡曲『海人《あま》』に出てくる面向不背の玉のことである。高宗（唐の第三代皇帝）から興福寺に三つの宝の華原磬《かげんけい》、泗浜石《しひんせき》、面向不背の玉が渡されるが、面向不背の玉を龍宮に取られ、取り戻した者を藤原家の跡継ぎにするというので、珠を海人が奪い取るという筋が展開する。この面向不背の玉は「玉中《ぎょくちゅう》に釈迦の像まします。いづ方より拝み奉れども、同じ面《おもて》なるによつて、面を向ふに背かずと書いて、面向不背の玉と申し候」という。玉は透き通った曇りのない明珠《めいしゅ》といい、光り輝く光明赫奕《こうみょうかくやく》という。この高宗を玄宗皇帝という口上は誤りだろう。玄宗皇帝は唐の第六代皇帝である。

【四七】

いかものの見世物《いかもののみせもの》

◉いかものとは、「如何物」で、本物に似せた紛《まが》いものをいう。いかさま、にせものことだが、ここでは言葉巧みにごまかした見世物のことである。その例を、いくつかあげている。「サア、大あなご、見ていらっしゃい〳〵〳〵」という見世物は、地面に穴を明けて、そこへ人形を入れる。大きな穴に入れた小さい人形（子供）で「大あなご」とする。

看板に大きな燈籠の絵が描かれているが、この大きな灯籠を見せる見世物は、小屋の中に入ると何も置かれていない。木戸の男が、出口へ「出ろ〳〵、大トウロウ〳〵」という。出口は大通りであった。大通りが大トウロウというわけである。

また、木戸の男が「サーサ、ゴロウジロ、世ニモメヅラシキ、カチガ四角デ目ガ三ツ、ハガ二本、オマケニゲタゲタトワラフ」という見世物では、鼻緒のない下駄の片方が置かれている。下駄で四角い顔。目が三つは鼻緒穴が三つ。歯が二本は下駄の歯が二つ。下駄だから「ゲタゲタ」と笑うという。そのほかに「世にも珍しい、六尺の大いたち〳〵」というので、なかに入ると、大きな板の真ん中に血（紅）がついている。大板に血で大いたち。「さあ〳〵生きた虎、大坂下り、銭は戻り、評判〳〵」という呼び込みに、田舎侍は看板を見ながら「この看板の通り違いはないか」「ハイ違ったら銭は取りませぬ。ご覧じませ」「そんならば見るに及ばぬ」といった笑話も残っている。看板に偽りなしといわなければ、見世物は成り立たない。同じものなら見るに及ばないというところが田舎者というわけである。

不断《ふだん》の水《みず》

◉上段左図には種明かしの説明をする。い・ろ・は・にの記号をつけて順に述べている。「いの桶にたゝへたる水はろの管を通してはに到りはよりにの瓢箪に到る間はガラスの管である。此ガラスの管は透明であるから、にに入りたる水が逆に流れてガラス管の表面を落下するのみ見ゆる故、噴水の作用は見物には見へざるなり」。いつも水が流れる不思議さを「教育理学　不断の水」といっているが、すでに江戸時代のからくり、手妻、手品の一つに、同じようなものがみられる。しかもそれらのすべてには、種明かしの巻がついている。明治時代以降になっても種、伝授種本、種ぶんこ、種明かし、種本という書名のついた出版物が出ているので、明治時代の種明かしの本のなかに同じものがみられるかも知れない。晴雨は「明治年間より現代に到る迄つゞく」といっているが、江戸時代からあったとみるべきであろう。

秘伝、秘事といったものの公開は、同業者にとっては営業妨害であろうが、江戸から明治にかけて二百種近くの出版物が出ているのは、実はこの種の出版は、からくり、手妻をみせた後に、「これがどのようになっているのかといった種明かしは、この本に書いてある」と演じる者、もしくは口上を述べる者が、その種本を売って収入を得るために行われていたためである。本をみて真似ることよりも、種明かしを知って、ふたたびみるときに、うまくできるかどうかを楽しんだようである。

一人芝居
ひとりしばい

【四九】

大道の一人芝居

こちらのぶんはよいほう

うっちゃっていっちまえ

ナンと素敵な野外劇なんべい

右側の人家のある側は定九郎のすごみと片側は五芸勘平の木戸でなってそこに山崎海道は役場めや百屋のあるよそのこと一切なくなる

大道藝人の一人芝居なり、図の如く面を別々の格好とする、一人で芝居をやるものだ。図示たるは忠臣蔵の五段目山崎街道の場であ。江戸市中を一町内宛の境界線でやるそこの木戸から本吉三つ舞台をもんで往来の真ン中で「見事を演じる、渓じるそこで両関の人気が観劇料(?)をおぶ〜めしで葉一種の芝居でおるかし芝居は太夫えも俳優も仕切福も金銀一人でもある興行と損失は絶年に無益な埋想劇場がある但し両夫の体態も新なる米国に宝を忍びてある街路演劇を日本では名人芸を忍びる昭時代に一豆芝居に失敗店る

よ「ナンと素敵な野外劇なんべい

●街芸の一つ。一人で二役を兼ねた芝居をみせる。左半身と右半身に別々の人物の顔立ちに、別々の衣装をつけ、道具をもって、観客には半身だけをみせて一人を演じ、逆の半身をみせてもう一人を演じる。安政ごろ（一八五四〜六〇）に登場し、衣装は藁細工でつくられていたという。この絵で演じられている芝居は『忠臣蔵』の五段目、山崎街道の場である。与市兵衛と定九郎を半面ずつにした衣装で演技する。与市兵衛は斧定九郎に斬られて、娘お軽の身売り代金五十両を入れた縞の財布を取られる。定九郎もお軽の婿である早野勘平の鉄砲で撃たれ、勘平に縞の財布を取られる。この与市兵衛が定九郎に斬られる場面の一人芝居となる。ほかの街芸にみられる「ありやりん」と「親孝行」も同じ趣向のものである。「ありやりん」とは、半身をそれぞれ女と男のいで立ちで、張り子づくりの島田髷と糸鬢剃りさげの髪を一つにつくり、茜染めには白塗り、頬紅をさして、手に団扇をもって拍子を取りながら、腰をよじらす身振りをする。男の顔は奴顔で、いかめしく肩を張って、六法を踏む芸をみせる。「親孝行」は、人形でつくられた若い男が、老人を背にした姿で、足の部分までは若い男の姿があるが、足は老人である。老人は手に半開きの扇子をもち、そこに銭を受ける。この形式は、ほかの投げ銭を一般とするものとは異なっていて珍しい。街芸では、おもに喜捨する者の手に触れることを避けるので、袋状のものを広げたり、編み笠を広げたり、柄杓を差し出したりした。

籠抜け《かごぬけ》

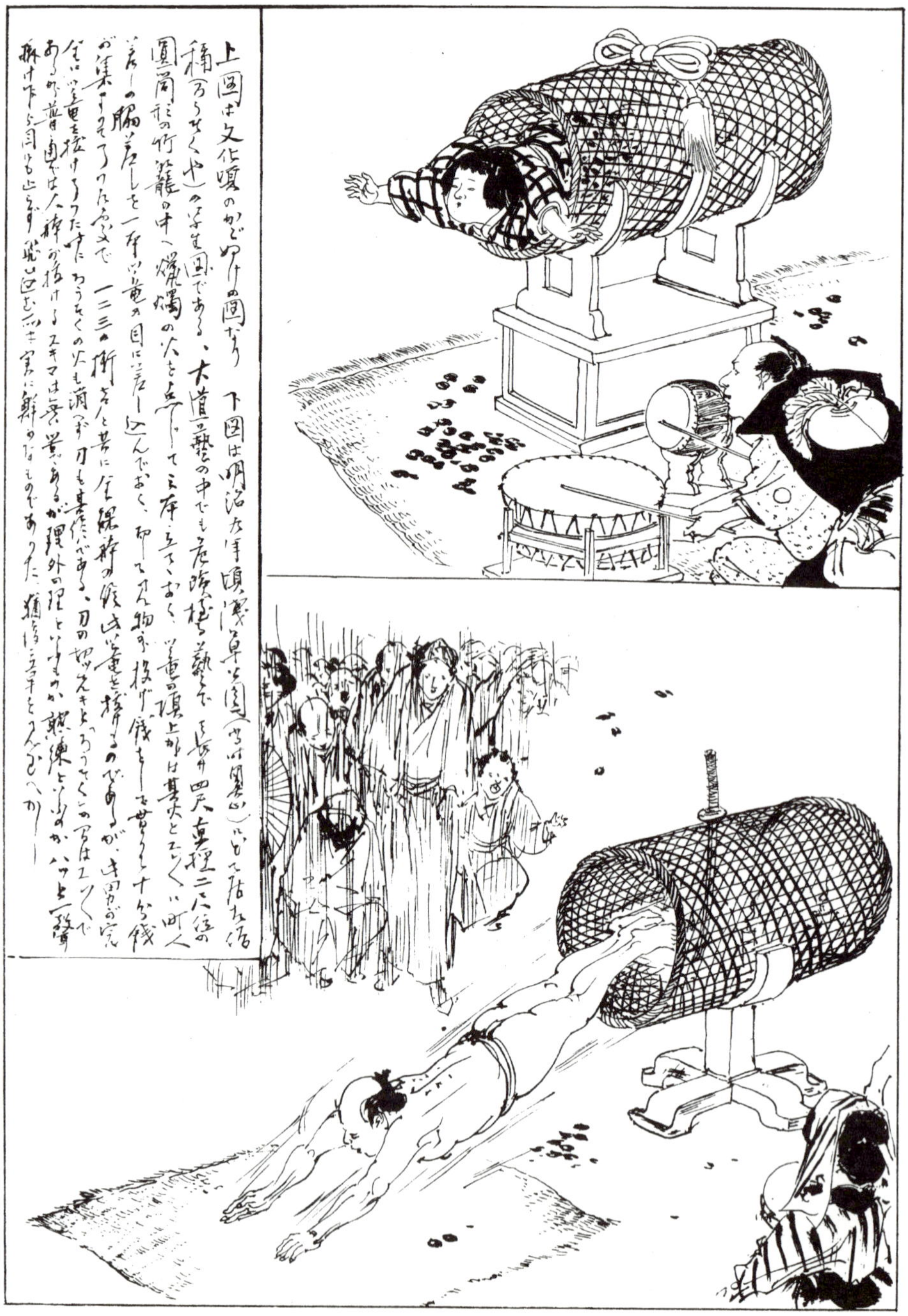

◉軽業の一つ。長い竹籠の中をくぐり抜ける妙技を見せる。籠脱とも書く。

延宝期以降、江戸には龍馬琴之介、龍馬琴之丞、龍王連之丞、林之丞らがいて、上方には小鷹和泉、唐崎龍之助らが長崎から来て、大坂道頓堀、京都四条河原で演じた。チャルメラ、太鼓、鉦の楽器が鳴るなかで、長さ八尺の籠を走り抜ける。琴之丞は四間・間口一尺の籠の中に蝋燭をいくつも灯し、大きな菅笠を被って、その火を消さないように抜け出す妙技を見せた。また琴之丞は多くの演目を創始し、張良がねやの術、猿猴の梢づたいなどの曲名をつけて演じている（『天和笑委集』天和二年・一六八二）。これは籠抜けに演目名がついた始まりとされる。のちに籠抜けのほかにも品玉、曲技などを演じたので品玉屋、手妻師とも呼ばれた。寛政期には、軽業師の早虎平吉が大坂で演じている。

大道芸で演じられたものは、周囲二、三尺、渡り四、五尺の竹籠が据えられ、そこを菅笠をかぶった籠抜け師が飛び抜ける。籠のなかに置いた四、五本の蝋燭に火を灯し、籠目の上から刀を差し、そのなかを飛び抜けた。人の多い場所、露店のあるところなどで演じられ、籠抜け師、太鼓打ち、銭貰いの三人一組で演じている。籠抜けを演じる前に別の芸を見せたという。籠抜けが始まると、着ている衣類を脱ぎ捨てて裸になり、ヤイと一声あげて一気に籠のなかを飛び抜け、今度は逆に抜け出たところから飛び込む。この刀を籠に突き差した演目を演じると打ち止めとなった。明治時代の籠抜けは、ろうそく屋とも呼ばれていた。

【五一】

この籠抜けの芸は、中国から伝来された散楽の影響を受けたものといわれるが、江戸期の史料と図像については、多くのものが残されている。俳諧にも「籠抜けの鳥や去にかねにけん」「籠ぬけをしてかけ落の露」「あうと言ふより篭抜けの春」「夫籠ぬけのてんてんてれつく」などがみられる。「てんてんてれつく」は楽器演奏の音、「あう」は籠を抜けるときの掛け声である。『新板役者づくし』（天和年間）には、龍馬琴之介、飛龍勝之丞、龍王連之丞、林之丞らが、唐人服で演じている姿を描いている。これは籠抜けが、唐渡来の曲芸であったからであろうか。

唄比丘尼《うたびくに》

◉街芸の一つ。小《こ》比丘尼を連れて唄を歌い金銭を得た。勧進比丘尼ともいう。歌比丘尼とも書く。比丘尼は絵解《えとき》比丘尼が始まりで、のちに熊野《くまの》牛王《ごおう》をもち歩いたので、熊野比丘尼ともいった。この熊野比丘尼が、天明ごろ（一七八一～八九）まで新大橋の東詰、浅草三島門前などで客を取った。それに対して飛鳥山、日暮里、目黒不動、雑司ケ谷などの人の多い場所に、十六、七歳ばかりの比丘尼が、薄化粧して無紋の浅黒鼠、紬ようの小袖うちを着て、下駄履きに幅の広い帯を前で結び、頭には納豆えぼしという黒木綿の帽子を被り、左に黒塗りのたい箱（牛王箱《ごおうばこ》ともいう）を小脇にかかえ、右の指にびんざさらをはさみ、これを鳴らして小唄をうたい、町々の門に立って金銭を乞うた。比丘尼につく小比丘尼は、十一、二歳で、木綿布子に脚絆はき、黒木綿の角頭巾を被り、手には曲物の小桶に勧進柄杓を持っている。この小比丘尼が三、四人ついたという。さらに四十余歳の御寮比丘尼が付き添っていた。小唄は「鳥羽の港に船がつく、今朝の追手《おいで》に宝の船が、大黒と恵比寿とにつこりと、チトチト勧《くわん》じゃんなん（「くわんおやなん」とも）」という。のちに唄比丘尼も身を売るようになる。

【五三】

豆蔵《まめぞう》

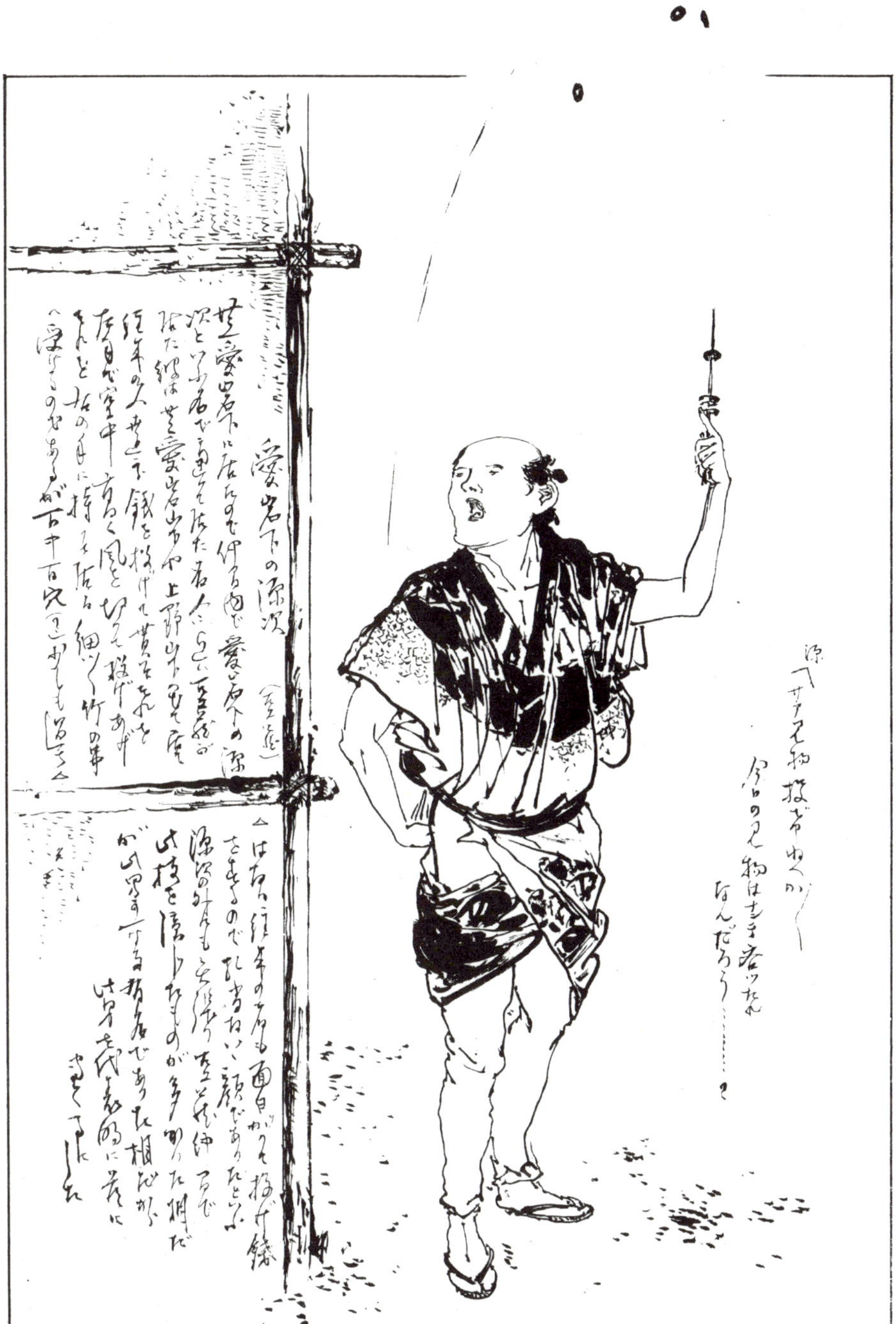

◉放下《ほうか》芸を演じる。放下は雑芸《ざつげい》で、散楽《さんがく》の流れを汲む。大道で演じるのを辻放下《つじほうか》といった。「見物に北よ南よ西東四つ辻放下品玉の曲」（『後撰夷曲集』寛文六年・一六六六）とある。豆蔵《まめぞう》の芸とはこの品玉《しなだま》、手妻《てづま》であり、いまの奇術、手品の類であった。江戸では松川鶴市、山下鶴吉、愛宕下の源次、芥子之助《けしのすけ》などの名が知られている。豆と徳利の芸を代表演目とし、空中に投げた豆を鎌で切る芸を見せた。小さな豆を手玉にする芸を得意とするので、豆蔵の名がついたという。松川鶴市、鶴吉は上野山下で演じていた。豆蔵の芸には金輪をつかった芸、小さな屏風のような箱を畳んで、その中に徳利などを入れて、泥鰌や鳩などを出す芸。種を蒔くと同時に、木綿でつくった夏桑瓜、実花葉を出すなどの手品などがある。愛宕下の源次も芝愛宕山下で演じたところからの称である。源次は「サア見物、投げねへかく〳〵」といって、往来の人に投げてもらった銭を、自分の手で空高くあげ、その落下する銭を、片方の手にもつ細い串に刺す芸を見せた。芥子之助の弟子の車徳蔵は、芥子之助の用いた金輪を持って上方に修行に行き、その後、江戸に戻って、浅草観音境内で車竹蔵、きも八を加えた三人による金輪の芸を見せた。首にかけた金輪を抜く芸を見せたという（『金の草鞋』）。

豆蔵、まる豆玉つかひ、一名き放下師とも云ふ、慶安時代の武様お熱を大道で演じたと云はれて居る其当時の放下師で鴨者といふ男が有名であつたと云はれてある、明治になつても曲様お熱をして居る丁度見ると豆と石の名ひは持ち性のまかにあるの忘れない文化時代の本を見ると芥子《けし》の助といふ名前になつて居るのは（化しの助）の異名とも云はれない

芥《け》子の助

亞の首をも云ふ事もある
業海中にのつて蛇となるといふ
読より之を化子《けし》の助と云ふとか

「豆を切られる
筆ぞゆ説る

慶応頃のまめぞう

沢庵石の大きさの石と豆とを手玉にとる、軽重の異甚しき故頗る至難なる曲芸なるよし 当時の外は語なり 事は然らんか

タクアン石

豆

一豆蔵が心の中
「此本の作者はよつぽど画の下手だと
見える 自分の画に名前で説明して
あるのは馬鹿に念のいつた
ナド、妄駄を云ふ

居合抜き《いあいぬき》

◉街芸の一つ。居合抜きは、商品を売るために客を寄せる目的で見せたのがはじまりである。演じる者の名に、長井兵助と松井源水の二人が知られている。戯作者の十返舎一九は長井兵助について「大太刀は鞘におさめて人の歯をぬく手もみせね長井兵助」の狂歌を詠み、『金の草鞋』では「私方家伝のはみがきは、第一歯を白くし、口中あしき匂いをとり、歯を堅くすること請合、一ト袋わずか十二銭」の口上を書いている。

「歯入歯磨口上長」と狂詩に詠まれるように、口上を長くしたのは、歯磨き（粉）を売るためであった。『風俗画報』には、長井兵助を「居合抜を媒して歯磨を売れり。真鍮の金物打たる黒ぬりの、箱を重ねたる高荷の上にかまえ、居合刀六尺計りなるを第一として、大戸より段々寸劣りの刀を、様々の形に抜き、後は足駄をはき三宝の上に登りて抜きたり」と記している。兵助が口上をいうと、合いの手の小者が「アイアイ左様でござい」といい、まだ芸の続きがあることを知らせた。この小者は居合抜きのあとで、歯磨きを売りに回った。夏目漱石の俳句に「居合抜けば燕ひらりと身をかはす」「抜くは長井兵助の太刀春の風」とある。

松井(屋)源左衛門は、越中富山の反魂丹を売るために居合抜きを見せ、のちに歯磨きを売った。この源左衛門の流れを汲むのが、松井源水である。松井源水は浅草観音境内で、独楽の曲芸を見せて歯磨きを売った。のちに定見世をかまえて曲芸を演じるようになった。大小の独楽を回して、松井流江戸独楽の元祖といわれた。

お千代舟《おちよぶね》

◉街芸の一つ。阿千代舟とも書く。安永から天明ごろ（一七七二〜八九）に、深川永久橋下に船を泊め、その舳先に女が座り、牛太郎《ぎゅうたろう》が櫓を漕いで、客が来ると、丸火鉢に鉋屑を入れて、一瞬の火で女の顔を見せた。その顔を確かめた客が、船に乗って川中へ船を漕ぎ出した。この女を船饅頭《ふなまんじゅう》という。これを見立てた商売がお千代舟である。粗末な紙の張りぼてでつくった箱船を、肩から紐で下げて、腰付馬・ほにほろ馬と同じように胴体に船をつけ、身体の半分は船頭の姿となり、舳先には手拭を頭からかけたお多福の人形を置いた。

腰付馬（曲馬ともいう）とほにほろ馬は、張り子の馬を胴につけた。ほにほろ馬は、唐人姿に目鬘《めがつら》をつけた飴売りであった。ほにほろ馬の語義は明らかでないが、ほろは袰《ほろ》で馬武者が背につける布の指物とみられるので、「ほに」の「ほ」を船の帆の布とみると、「あれは帆なのか袰なのか」という意味から、帆に袰といったのであろう。歌舞伎や人形浄瑠璃でも、沖合の合戦を子役が演じる時、遠見の馬や小さな人形を「ほにほろ」といっている。

お千代船では「エエお千代ー。よってきねいなア。コウぼちゃぼちゃのお千代ーだによー。コウそこに立ているとの、辻番から棒が出るによー。コウ雨が降るか風がふけばの、永久橋の下へつけるわナア。コウよってきねいナア。コウぼちゃぼちゃのお千代ー」といっては、手にもつ櫓を漕ぐ仕種をして歩いた。お千代の名は、船饅頭のなかでも、美女であったお千代の名を取ったという。この船饅頭の多くは街娼夜鷹の巣窟として知られた本所吉田町から出てきたという。

【五七】

江戸旧物写生帖《えどきゅうぶつしゃせいちょう》

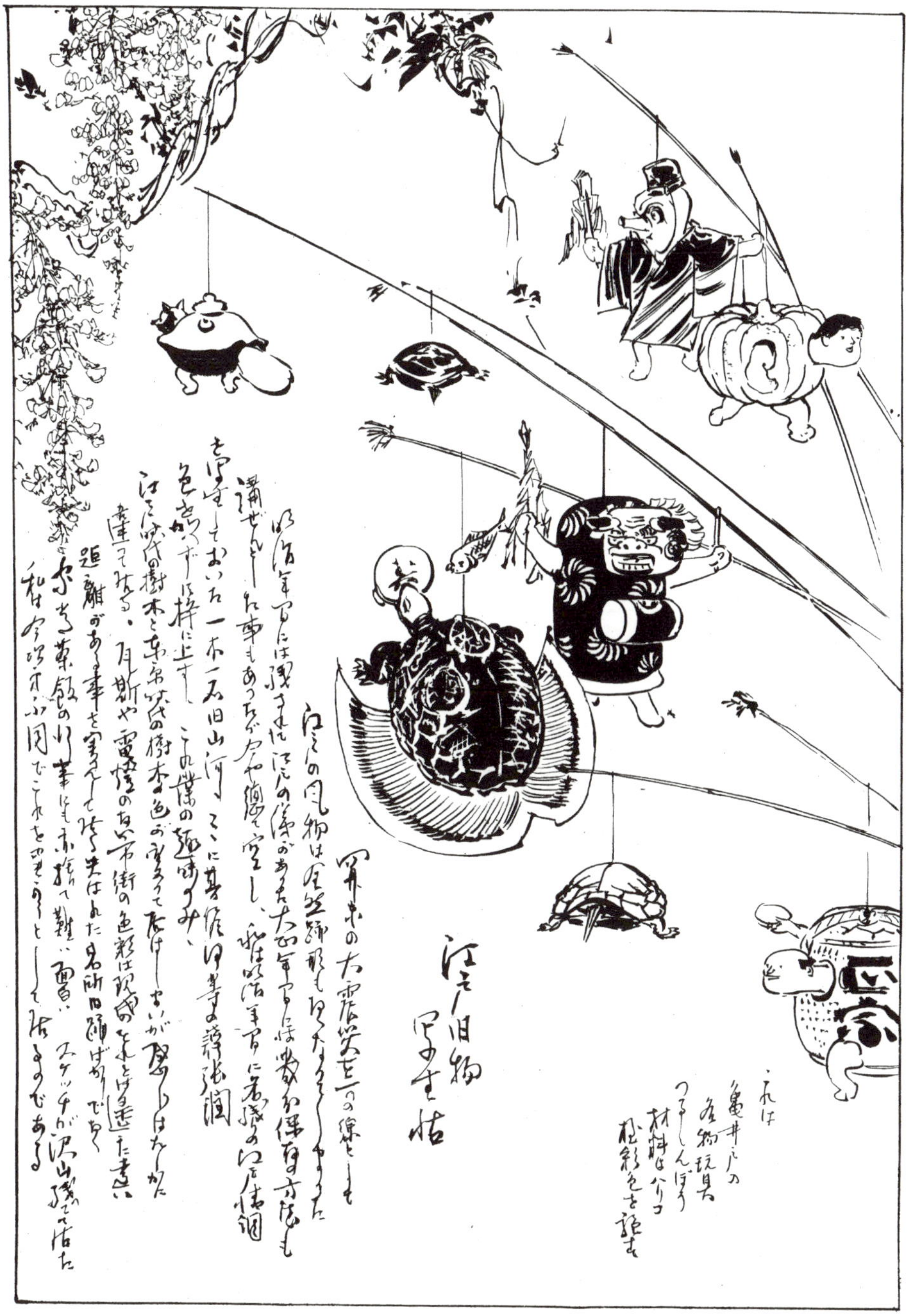

◉江戸の風物、風情を残していた東京も、関東大震災によって、ほとんどが失われてしまった。晴雨は「名残りの江戸情緒を写生」し、それを本書に収めるという。

亀戸の「つるしんぼう」は、亀戸天神社内で売られたもの。張り子でつくられたおもちゃで、長い枝の先に糸で吊るされる。いろいろな形のものをつくり、その中心に糸をつけ、吊るされて売られた。

道灌山法螺貝の穴《どうかんやまほらがいのあな》

◉「道灌山法螺貝の穴」は、高さ三間、横二間余の広さで、いまのJR田端駅の東方の丘陵にあった。線路の複線化工事のために崖は崩され、現在はない。地中にあった法螺貝が大暴風の時に昇天したので穴が開いたといわれる。道灌山からの眺望はとてもよく、行楽の地として知られる。正岡子規は「稲の花道灌山の日和かな」と詠む。

【五九】

王子稲荷の秋《おうじいなりのあき》

◉王子稲荷境内の大木を描いている。横に並べられた何本かの大木は、伐採したものだろうか。王子稲荷は関東稲荷総司である。

東海道大森宿《とうかいどうおおもりじゅく》

◉品川から南に位置する大森を描く。大森の街道筋には麦藁細工の土産物を売る店が軒を並べ、街道茶漬の店も多かった。また大森海岸もよく知られ、浅草海苔の生産地でもあった。

荒川に沿う江北村《あらかわにそうこうほくむら》

◉荒川に沿う江北村は、隣に西新井がある。半分が崩壊した家が印象に残ったのだろう。

【六二】

浅草橋場真崎神社の石獅子《あさくさはしばまさきじんじゃのいしじし》

◉神社境内の狛犬を描く。神社は真崎稲荷明神社ともいう。神社境内の茶店で売られた田楽は有名である。橋場には渡し場があった。大正三年に白髭橋ができて、渡しは廃止となった。

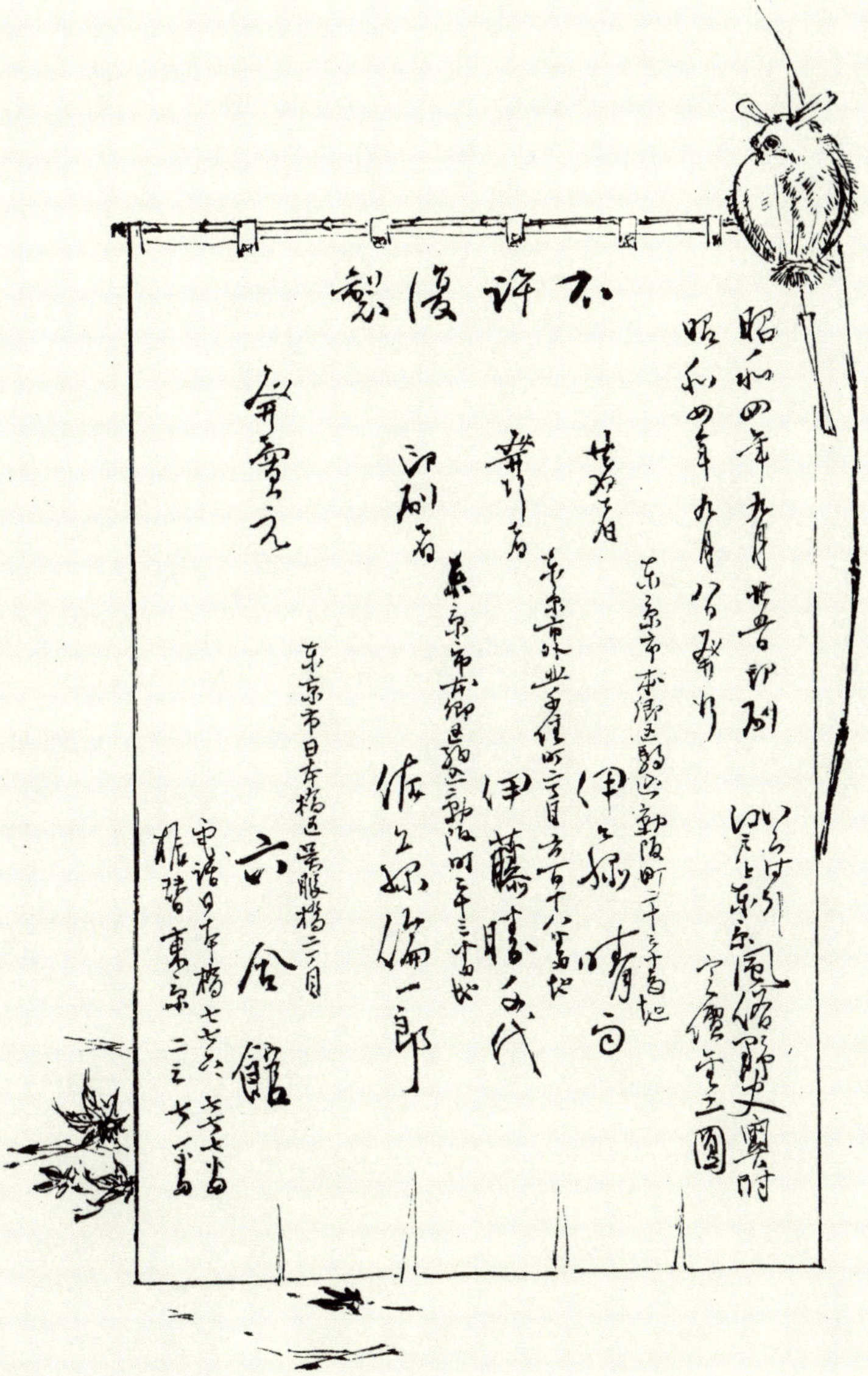
いろは引 江戸と東京風俗野史
定價金二圓
昭和四年九月廿五日印刷
昭和四年九月卅日發行
不許復製
著者 東京市本郷區駒込動坂町二十三番地 伊藤晴雨
發行者 東京市外千住町三丁目六百十八番地 伊藤晴女代
印刷者 東京市本郷區駒込動坂町三十三番地 佐々木倫一郎
發賣元 東京市日本橋區呉服橋二丁目 六合館
電話日本橋七七六六・七七七番
振替東京二三七一番

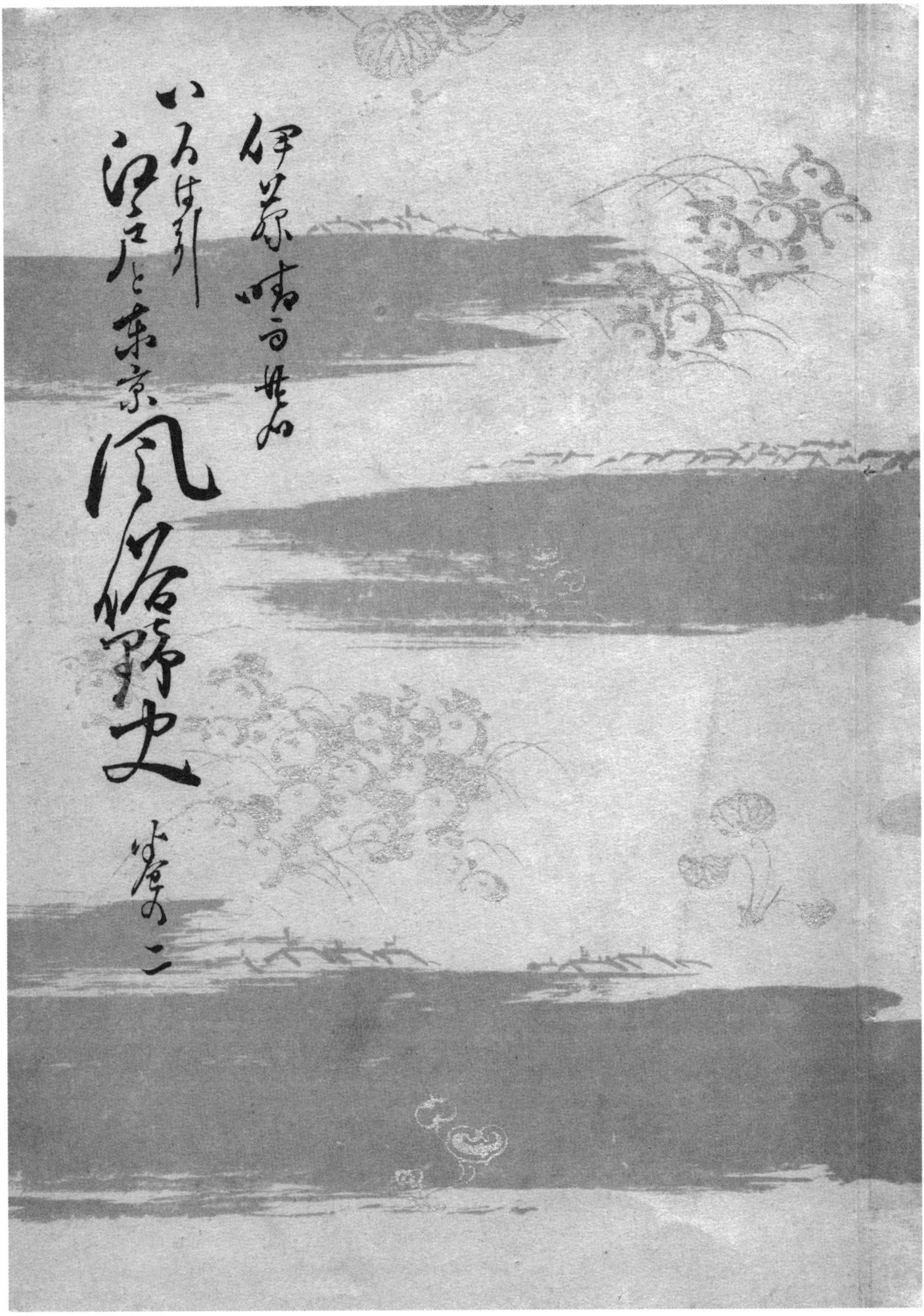
伊藤晴雨著
いろは引
江戸と東京風俗野史
巻の二

口力《こうりき》

小生壮年時代 萬世橋日本橋
京橋のたもとに此様な口力が
ありましたコレデクルリト
マワツテウシロモ見セマス、
一寸サン
コウマデ
ニ
石
口力
なげ銭

◉口力は口をつかって見せる曲持ちである。口で物を曳いたり、口で物を持ち上げたり、またはくわえたりする。重たいもの、大きいものなどを口の技で見せる。実際には口ではなく歯の強さによるものである。描かれた図には、大きな桶を口にくわえる技を見せている。この桶の中に大きな石を乗せるだけではなく、その上に子供が乗り、そこで曲技を見せる。またその桶の上で、もう一人の子供が小桶（小判桶）を乗せ、逆立ちの曲技を見せている。この正面での演技の状態から、ぐるりと一回りして、後ろ姿の演技も見せる。こうした前後を見せる芸の前に、小手《こて》調《しら》べと称して、大小の桶を持ち上げたり、くわえたりする芸当を見せる。この口力を演じる人物名は明らかでない。『街の姿』には同じ曲持ちを「猫八歯力」と記している。初代猫八が演じたとあるので、二代もいたのだろう。演じている後ろでは、三味線と小太鼓で演奏し、演技に花を添える。このときに曲芸に適した歌が歌われたのだろう。芸をしている足元には、投げ銭が落ちている。見せる前に投げ銭をもらう場合と、技を見せている間にもらう場合とがある。晴雨は画家の新井芳宗が描いたものを転写し、「小生壮年時代萬世橋日本橋京橋のたもとに此様な口力がありましたコレデクルリトマワツテウシロモ見セマス一寸サンコウマデニ」と記している。

はしがき

一にも文献二にも文献、平民に非ずんば人に非ず、正史に非ずんば歴史に非ずと、まだ一度も見た事もない大昔の歴史は、源氏が勝とうが平家が勝とうが夜叉王の文句ならねど浅学の我等はアッサリ片づけておいて、扨、少々残り惜しいものは旧江戸時代の正史にあらぬ、野史野乗のそのまた端くれと云うべき片々たる風俗、簡素なる什器や玩具なり。先人の名著『守貞漫稿』は江戸時代の文献として我等後進の最も有益なる書物なれども、其の挿絵は往々にして近代人の理解に苦しむ処少なからず。加うるに翻刻又翻刻、誤りを伝うるもの少なからず。先人著述の苦心を思うと共に、これを惜しむ事著者ここに年あり。

近時演劇に映画に「江戸時代」の風俗を示す事頻りにして、著者亦其の当事者の一人なり。劇場の背景、映画のセットに現われたる「所謂江戸」は、時に鵺式表現の甚だしきも少なからず。其の一例を挙げんか、なつめ形の大提灯を吊したる「煮売家」が平然と京阪の地方色を其のまま大江戸の真ン中に突き出して平然たる撮影監督あり、江戸時代の産物を平然と鎌倉時代の舞台に応用したる一流の劇作家あり、群盲象を撫さずと雖も、野人徒らに時代の新人と称して手前勝手の「江戸」を構成して、所謂気分とやらを縦横にたゞよわす。偉なる哉、嗚呼偉なる哉。

著者伊藤晴雨は一介の貧書生、識は東西を貫かず、学は古今に通ぜず、只丁稚小僧の生活を満十年、新聞の挿画描きを約廿年やったと申す外、

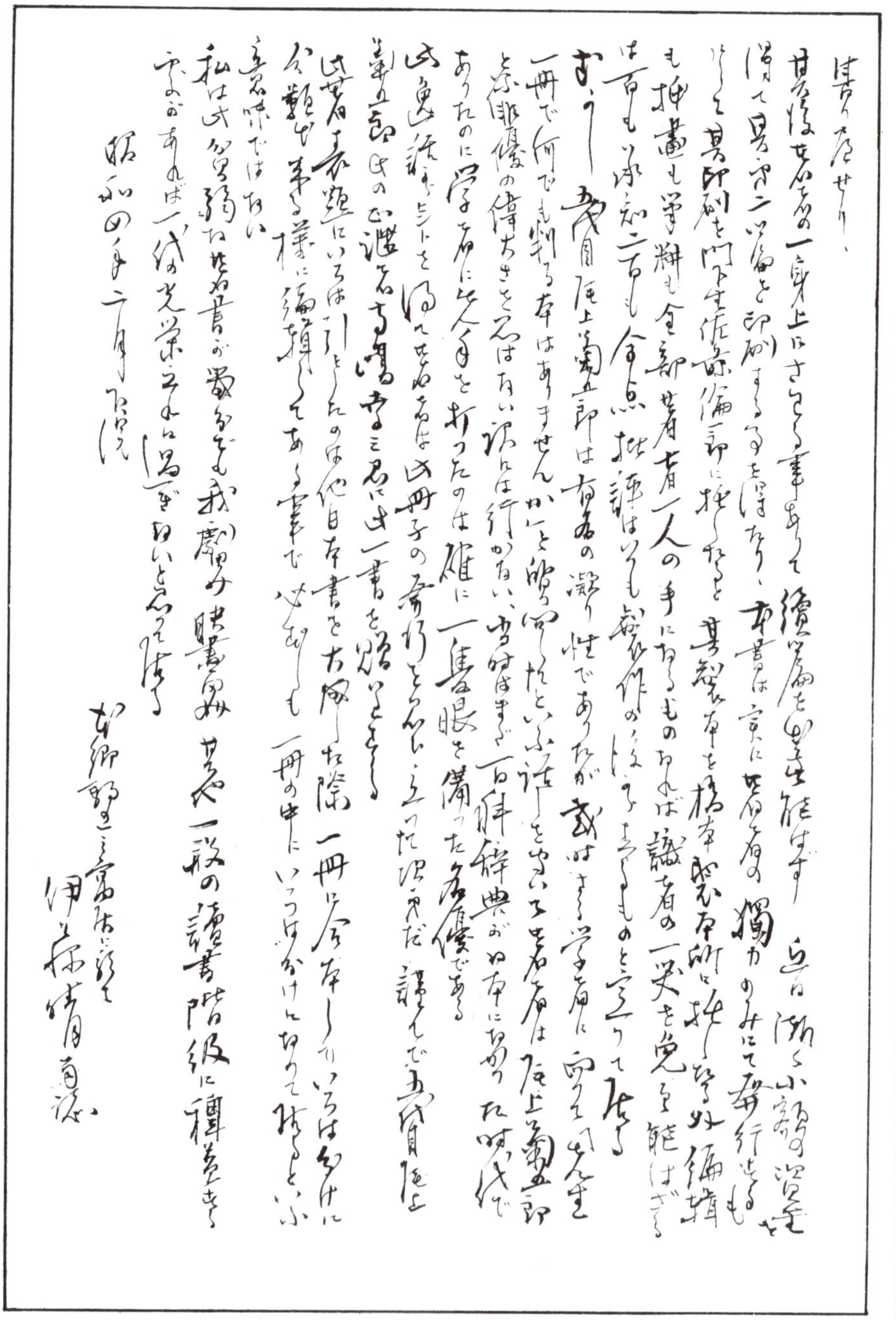

何等の学歴なし。独り自ら趣味として江戸を好む事甚だし。震災後東京の風物頓に欧風文化の様式を加え、また昔日の建築風俗の残れるものなし。著者嘗て永年蓄積せる粉本の中より江戸に関するもののみを集め、昨年『いろは引き江戸と東京風俗野史』第一巻を著わし、印刷後旬日にして其の全部を売り尽せり。

その後、著者の一身上にさわる事ありて続編を出す事能わず。近日漸々少額の資金を得て、その第二篇を印刷する事を得たり。本書は実に著者の独力のみにて発行するものにして、その印刷を門下生佐藤倫一郎に託したると、その製本を橋本製本所に託したる外、編輯も挿画も筆耕も全部著者一人の手になるものなれば、識者の一笑を免る、能わざるは、百も承知二百も合点、批評はいつも覚悟の前から来るものと定めて居る。

むかし五代目尾上菊五郎氏は有名の凝り性であったが、或時さる学者に向って、「先生、一冊で何でも判る本はありませんか」と質問したという話しを聞いて、著者は尾上菊五郎という俳優の偉大さを思わないわけにはゆかない。当時はまだ百科辞典が日本になかった時代であったのに、学者に先手を打ったのは確かに一隻眼を備えた名優である。

この逸話からヒントを得て、著者はこの冊子の発行を思い立った次第だ。謹んで五代目尾上菊五郎氏の正継者寺島幸三君にこの一書を贈呈する。

この著者表題にいろは引きとしたのは、他日本書を大成した際、一冊に合本していろは分けに分類出来る様に編輯してある事で、必ずしも一冊の中にいろは分けになって居るという意味ではない。

私はこの貧弱な著書が幾分でも、我劇界、映画界、その他一般の読書階級に裨益する処があれば、一代の光栄これに過ぎないと思って居る。

拝啓尊著の一冊上に差上ける事ありて遅ぎ失礼仕候 先以御清穆賀し奉り候 陳は昨日は御手紙を頂戴致し御申越の趣敬承仕候 本書は実に著者の独力のみにて発行せられ候由編集も印刷も挿画も全部著者一人の手になるものなればと云ふ御事誠に感服の至りに御座候 尾上菊五郎は有名の凝り性であったが或時さる学者に向って先生一冊で何でも判る本はありませんかと質問したといふ話はあまりに有名なる逸話にて当時まだ百科辞典のなかった時代であったのに学者に先手を打ったのは確かに一隻眼を備えた名優である云々御尤に御座候 右に付き御著書を名古屋より御送被下度一冊にて宜敷候間御手数ながら御送被下度奉願上候 御著書を一度拝見致したく存じ候 何卒宜敷御取計被下度奉願上候 早々頓首

昭和七年二月廿四日

お願野□□宮様
伊藤晴雨

江戸時代の見世物《えどじだいのみせもの》

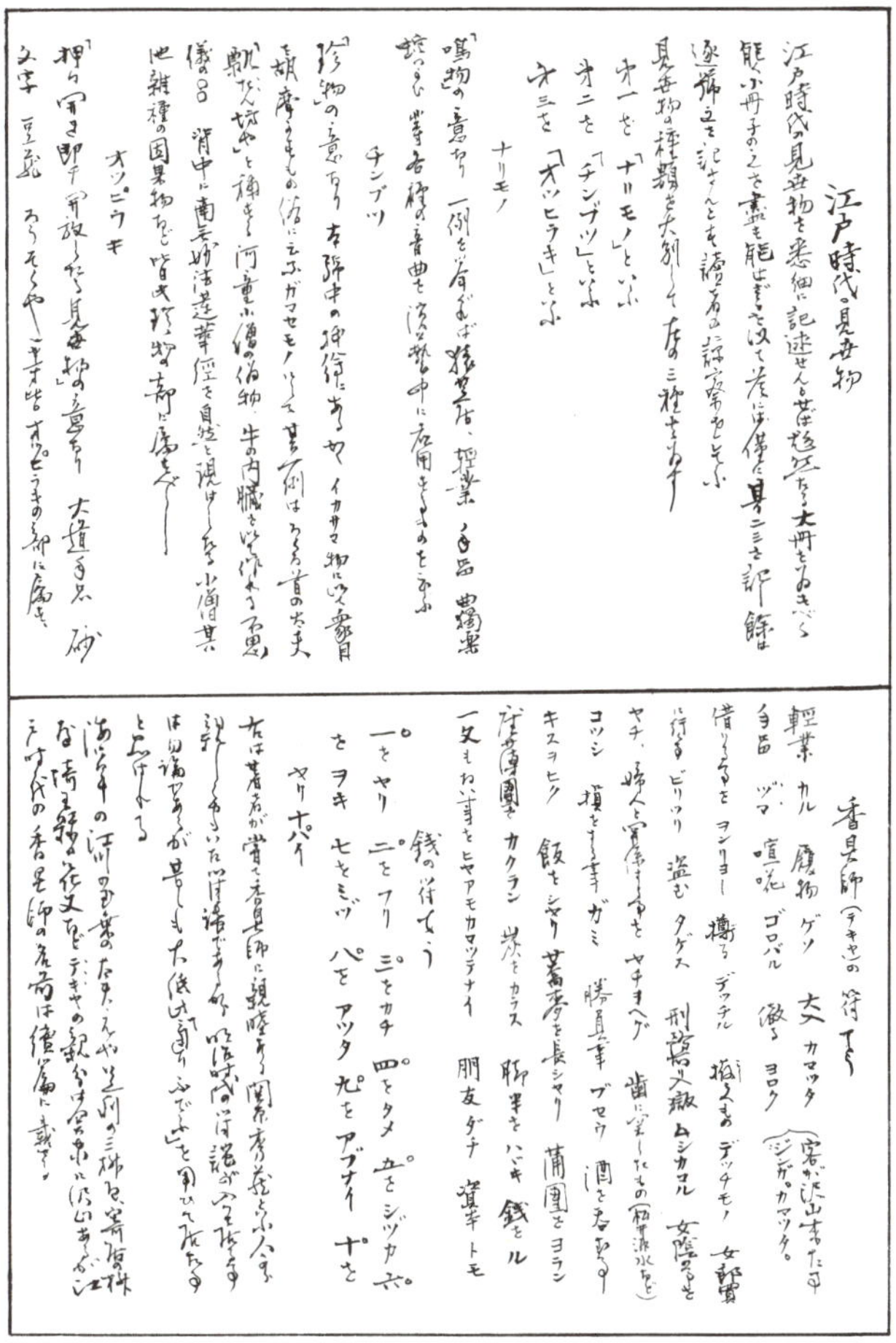

江戸時代の見世物を委細に記述せんとせば、厖大なる大冊をなすべく、能く小冊子のこれを尽す能わざるを以て、こゝには僅にその一二三を記し、余は逐号これを記さんとす。読者の諒察を乞う。

見世物の種類を大別して左の三種となす。

第一を「ナリモノ」という

第二を「チンブツ」という

第三を「オッピラキ」という

ナリモノ

「鳴物」の意なり。一例を挙ぐれば、猿芝居、軽業、手品、曲独楽、蛇使い等、各種の音曲を演芸中に応用するものをいう。

チンブツ

「珍物」の意なり。本号中の挿絵にある如く、イカサマ物を以て衆目を胡摩かすもの、俗に云うガマセモノにして、その一例は、ろくろ首の太夫、「瓢箪坊や」と称する河童小僧の偽物、牛の内臓を以て作れる不思議の○○、背中に南無妙法蓮華経を自然と現わしたる小僧、その他雑種の因果物など、皆この珍物の部に属すべし。

オッピラキ

「押っ開き」即ち開放したる見世物の意なり。大道易者、砂文字、豆蔵、ろうそくや等、皆オッピラキの部に属す。

香具師（テキヤ）の符蝶

軽業―カル　履物―ゲソ　大入―カマッタ　客が沢山来た事―ジンガ、カマッタ

手品―ヅマ　喧嘩―ゴロバル　儲ける―ヨロク　借りる事―ヲンリョー　殴る―デッチル　拵えもの―デッチモノ　女郎買いに行く事―ビリツリ　盗む―タゲス　刑務所入り・入獄―ムシカマル　女陰の事―ヤチ　婦人と関係する事―ヤチヲヘグ　歯に関したもの（松井源水など）―コッシ　損をする事―ガミ　勝負事―ブセウ　酒を呑む事―キスヲヒク　飯―シャリ　蕎麦―長シャリ　蒲団―ヨラン　座蒲団―カクラン　炭―カラス　脚半―ハヾキ　銭―ル　一文もない事―ヒャアモカマッテナイ　朋友―ダチ　資本―トモ

銭の符蝶

一をヤリ　二をフリ　三をカチ　四をタメ　五をシヅカ　六をヲキ　七をミズ　八をアッタ　九をアブナイ　十をカリ十パイ

右は著者が嘗て香具師に親睦ある関原秀蔵という人から親しく聞いた符蝶であるから、明治時代の符蝶が入っている事は勿論であるが、昔も大抵この「通り符蝶」を用いていた事と思われる。

浅草の江川の玉乗りの太夫元や、足利の三枡屋、寄居の枡屋、埼玉県の花又など、テキヤの親分は関東に沢山あるが、江戸時代の香具師の名前は続篇に載せる。

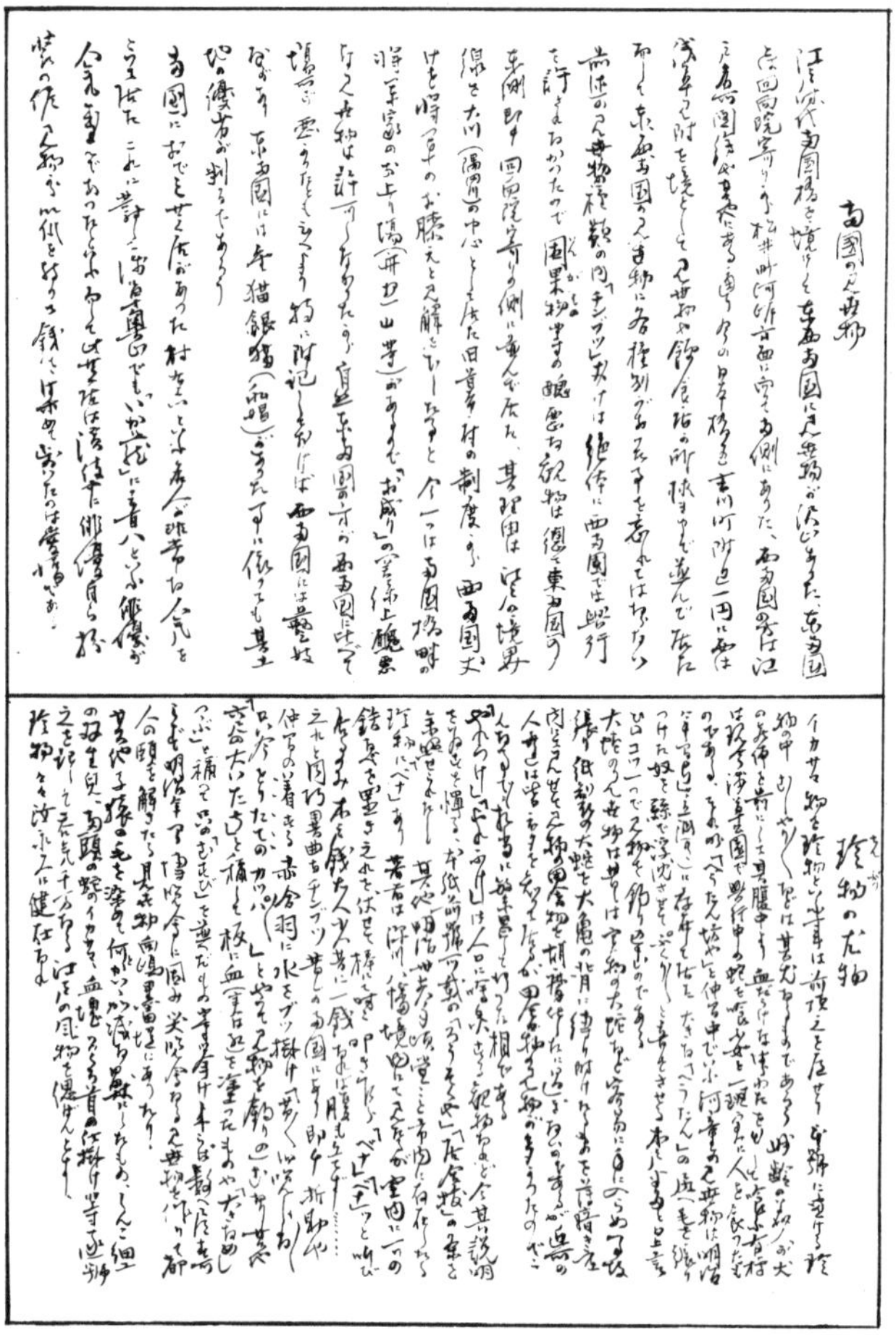

◆両国の見世物

江戸時代両国橋を堺として東西両国に見世物が沢山あった。東両国と西両国の境界線を大川（隅田川）を中心として居た江戸の旧幕府の制度から、西両国だけを居た将軍のお膝元という見解を下したら、今一つは両国橋畔の将軍家のお上り場（舟遊山等）の「お成り」の関係上醜悪な見世物は許可しなかったから、自然東両国の方が西両国に比べて場所が悪かったとも云えよう。特に付前述の見世物の種類の内「チンブツ」だけは絶対に西両国では興行を許されなかったので、因果物などの醜悪な観物は総て東両国の東側、即ち回向院寄りの側に並んで居た。其の理由は江戸の名人を大川（隅田川）は回向院寄りから松井町河岸方面に向かって両側にあった。西両国の方は、『江戸名所図会』やその他にある通り、今の日本橋区吉川町付近一円に、西は浅草見附を境として見世物や飲食店が所狭きまで並んでいた。而して東西両国の見世物に各種別があった事を忘れてはならない。

両国におべこ芝居があった。村右ヱ門という名人が非常な人気をとって居た。これに対して浅草奥山で「いか蔵」に音八という俳優がうそぶく「居合抜」の条を参照せられたし。其の他明治三十七、八年頃堂々と市内に存在したる珍物にて見たるが、室内に一つの鉄なべを置き、これを伏せて棒にて時々叩きながら、木戸銭大人小人共に一銭「ベナ」「ベナッ」と呼び居るのみ。著者は深川八幡境内にて見たるが、室内に一つの鉄なべを置き、これを伏せて棒にて時々叩きながら、木戸銭大人小人共に一銭なれば腹も立てず……

◆珍物の尤物

イカサマ物を珍物という事は前項えを尽せり。本号に画ける珍物の中、「むしやり〳〵」などは、其の尤もなるものであろう。妙齢の美人が血だらけなはらわたを出して其の腹中より食う有様の死体を前にして食う有様、現今浅草公園で興行中の蛇を食う女と一班、実に人を食ったものである。それから「ひょうたん坊や」と称して河童の見世物は、明治年間迄立派?に存在して居た。大きな「ひょうたん」の尻へ毛を張りつけた奴を、糸で浮沈させてぷくり〳〵と音をさせる。木戸番と口上言いのコツ一つで見物を釣り込むのである。

大蛇の見世物は、昔は実物の大蛇などの容易に手に入らぬ事ゆえ、張り紙製の大蛇を大亀の背中に縛り付けたるものを薄暗き店内にて見せて、見物の田舎物を胡魔化したに過ぎないのであるが、近所の人達は皆ネタを知って居るが、田舎者の見物が多かったのでこんな事でも相当に繁昌して行った相である。

両国におべこ芝居があった。村右ヱ門という名人が非常な人気をとって居た。これに対して浅草奥山で胆炙する見世物を憚る。本紙前号所載の「ろうそくや」「居合抜」の条を参照せられたし。其の他明治三十七、八年頃堂々と市内に存在したる珍物にて見たるが、室内に一つの鉄なべを置き、これを伏せて棒にて時々叩きながら、木戸銭大人小人共に一銭「ベナ」「ベナッ」と呼び居るのみ。著者は深川八幡境内にて見たるが、室内に一つの鉄なべを置き、これを伏せて棒にて時々叩きながら、木戸銭大人小人共に一銭なれば腹も立てず……

それと同巧異曲なチンブツ、昔しの両国にあり。即ち折助や仲間の着する赤合羽に水をブッ掛け「サア〳〵御覧じなく、只今とりたての六尺の大いたち」と称して板に血（実は紅）を塗ったものや「大きなめしつぶ」と称して只の「むすび」を並べたもの等、挙げ来たらば数え尽すべからず。明治年間博覧会に因み、笑覧会なる見世物を作りて都人の頭を解きたる見世物向島墨田堤にあったり。

其の他子猿の毛を染めたり、いい加減な獣にしたもの、しんこ細工の双生児、両頭の蛇のイカサマ、血塊ろくろ首の仕掛け等逐号之を記して、呑気千万なる江戸の風物を偲ばんとす。

珍物々々、汝永久に健在なれ。

両国の見世物

江戸へ南両国を堺として両国橋を見世物に成しは古く西両国は西にあった。東両国は旧幕府の時も今も此の制度（舟遊山等）の辺りより浅草見附迄が西両国辺にありたる由。東南両国は延宝頃より多く、其の後承応頃より此の西両国は盛んになり、年猫銀猫（と書いた）の如き、東南両国は元禄とも見えず。又両国とも西南両国は新造にて東南国は慶長（西国山車）西南国は盛んとなり、両西国史、両西国東両国史、西南国史東南国は慶長（西南国史）西南国と西南国地は両国の西南国より両国は両西国と両東国と分かれ、両西国は西南国地を限り、両西国と両東国は西南国と両東国に分かれ、両東国は両国史に残り、両西国と両西国と両東国地（西南国史）と両両国と両西国は西南国と両東国の慶長（西南国史）の両西国との西国西国史より西南国東国史より両西国東国史より両西国と両東国と両西国と西南国東国史と西南国地より両東国史と西南国東国史より西南国東国史と両西国と両東国と西南国は西両国と東両国となり、見世物は総て東両国の東側と、西両国と両東国との慶長（西南国史）の西南国と両東国との西南国と両東国との西南国地との両西国と両東国の西南国と両国地との両国と西両国史は珍物を愛し、また江戸の風物を記し、珍物々々、汝永久に健在なれ。

珍物の尤物

イカサマ物を珍物という事は前項えを尽せり。本号に画ける珍物の中、「むしやり〳〵」などは、其の尤もなるものであろう。

【七一】

見世物小屋《みせものごや》

◉磨かれた伎術、細工されたもの、珍らしいものなどを、金銭を取って見せるのを見世物という。見世物の興行は寺社境内、広小路、街頭などであった。見世物の歴史は古く、古代の散楽《さんがく》、中世の猿楽《さるがく》・放下《ほうか》の芸の流れを汲む曲芸、軽業を中心に発展してきた。明治時代に入ると曲芸や軽業はサーカスに移行し、細工したものの飾りは、博物館や博覧会の魁となった。渡来、渡りという触れ込みで駱駝・象・虎などを見せた珍物《ちんぶつ》と、花鳥茶屋で見せた禽獣・動物は動物園のはじまりにむすびついた。見世物には、鳴り物と口上《こうじょう》言いがつく。鳴り物は笛・太鼓・鉦などで、客寄せと演技中に演奏した。口上言いは、裃姿で手に持つ扇子で見世物を指さしながら、演技を始める前の説明（言い立て）と、各演目の始めに「うまく出来ましたら、拍手ご喝采を」などという進行役を担当した。見世物興行は、香具師《やし》が仕切り、一定の興行期間を決め、寺社の開帳などに合わせた興行を条件とした。興行には一枚刷りの報條（引札《ひきふだ》ともいった）や絵本冊子などがつくられ、演じる演目を描いて紹介した。ことに江戸では、上方下り、大坂下りのものが評判になり、軽業・独楽の曲芸・籠細工などの見世物には、何枚もの錦絵が描かれている。

乗《の》り込《こ》み

◉見世物を興行する場所に赴くことをいう。この乗り込みの前に、見世物興行の責任者（香具師）は先乗《さきの》りし、地元の歩方《ぶかた》・世話人（庄屋・組頭・目明かしなど）に、興行の日程、場所などの許可を得る。見世物興行の決まった段階で、見世物興行の内容を伝える広め（ちらし・ビラのこと）をつくって配る。見世物興行をする一行が興行地に乗り込む前に、すべてを終えていなければならない。つぎの興行地へ移動する見世物を行う人たちは、いま行っている見世物興行を打ち上げ（ハネルという）ると、ただちに道具類、衣装などを道具箱、衣装箱に詰めて運ぶ準備をする。遠いところでの興行、または大道具の類を運ぶ場合は、荷物を別便で送ることもある。海路をつかって送る例もみられる。一般的には、荷物とともに興行地に乗り込むことが多い。江戸・名古屋・伊勢・京都・大坂などの興行地が知られているが、辺鄙なところへの興行もあった。こうした興行は旅興行といい、ドサ回りともいう。江戸での興行は、大坂下り、上方下りなどといった。また唐渡来、天竺渡来というものもあった。

見世物小屋の裏木戸で、芸人の女の太夫などが自分の子供に遇っているところである。歓楽の陰に悲しい陰影のある事は、昔も今も変りはない。現代に於ても歌劇女優の楽屋でこうした光景が見られるのである。以上の図は明治年間に水野年万氏の画いたものをこゝに模写したもので、全部当時の正しい写生である事は云う迄もない。時代は天保頃の風俗である。

両国の見世物《りょうごくのみせもの》

◉江戸の見世物興行といえば両国広小路で行われたものが多い。両国広小路には、東両国広小路と西両国広小路があり、それぞれに見世物小屋が建った。隅田川にかかる両国橋を挟んだ本所側の広小路（現在のＪＲ両国駅のある方）を東両国または向両国といい、尾上町・本所元町表通りの一帯をいった。西両国は西詰の広小路（現在のＪＲ浅草橋駅の方）で、米沢町・吉川町・横山町・下柳腹同朋町などの一帯をいった。両国橋とは東側の下総国、西側の武蔵国という両国をつなぐところからの名であった。長さ九十六間という。東両国橋詰の川下に垢離場があり、ここで大山参詣の者は垢離を取った。見世物のうち珍物・因果物などは、この東両国で行われた。見世物は二、三、五、六、七、八月に興行されることが多く、秋から冬に行われることはほとんどない。隅田川の川開きとなる五月二十八日、納涼の時期が終わる八月二十八日の打ち揚げ花火などとかかわることが多い。広小路には食べ物見世、水茶屋もあったから、人出で賑わった。見世物小屋が建つ場所は、火除地とされたところで、火事のときの避難場所であった。小屋も期間限定の営業許可で、丸太や竹で小屋を枠組み、葭簀または莚を張った仮設小屋がつくられる。いつでも壊せることが条件であった。小屋の前には幟が立ち、看板絵も飾られ、呼び込みの威勢のいい声が見物人を誘う。見世物小屋の入り口（木戸口）にいる呼び込みは、客に見世物の内容を説明する。葭簀や莚で区切られているが、外でも小屋の中での拍手や音楽などが聞こえる。

蜘蛛男《くもおとこ》

◉養老勇扇《ようろうゆうせん》は、手妻師の養老瀧五郎門人で、人よりも手が長かったので、蜘蛛男と呼ばれた。明治十年代（一八七七〜八六）に活躍している。両方の腕が四本に折れるところから、さまざまな芸を見せたという。ビラに「はうた　てしな　うかれぶし　頭七寸五分、身丈七寸　本年五十二歳」と書かれており、その口上には「蜘男佐藤勇吉事芸名養老勇扇ハ羽前国米沢の出生にて本年五十二歳頭七寸五分其体七寸にて両方之腕四段におれ自然と顔に愛敬をふくミ諸人之愛顔をうくる事尤也此度養老瀧五郎の門人となり手品早業はうた手おどり不具の身ながらしぜんと伎己事芸の手れん昨今東京市中の大評」とある。東京だけではなく、横浜の寄席、万竹でも演じている。明治十一年十月十日付の「魁新聞」には「昼夜四度に切て高座に昇りますが日々千人以上の大入りゆゑ云々」と書かれる。口上が「太夫さんのお好きなものはなあに」。太夫（蜘蛛男）「お饅頭さ」。口上「では毛の生えたお饅頭を差し上げましょう」。太夫「そんなお饅頭はいらないよ」などの掛け合いをした。二代目が大正年間に浅草に現れて、江川玉乗り、八木節の堀込源太の口上言いをしたという。

軽業《かるわざ》

◉高物《たかもの》といわれ、符牒はカルという。曲芸、曲技の見世物のことである。技を磨いた芸を見せる。身のこなしが軽く、難無くむずかしい技を見せ、離れ技を見せたことから軽業といった。綱を使った曲芸を見せた蜘蛛舞が、軽業の始まりという。軽業を演じる小屋は大きく、間口七間以上に及ぶものが多かったという。軽業には、籠抜けの芸、逆立ちの芸、人馬（人の肩に人が乗る）、綱渡り（一本、二本の綱を渡る）、二本竹（肩の上に乗せた竹棒の上に竹棒を乗せて、そこで曲芸をする）、紙渡り、一本竹、幟差し、元結渡り、乱杭渡り、青竹切先渡り、提灯渡り、とんぼ返りなどがある。軽業を演ずる軽業師は男だけではなく女もいた。軽業師の人物名をあげると、龍馬琴之助、龍王連之丞、小鷹和泉、唐崎龍之助、龍馬琴之丞、梅ケ枝（女太夫）、一ツ綱粂之助、麒麟之助、早川虎市、春山歌之助、嵐八重次、小櫻歌仙（女太夫）、小櫻松江（女太夫）、早崎京之助、唐崎新之助、早飛梅之丞、早雲小金（女太夫）、玉本小新（女太夫）、玉本小金（女太夫）、山本小島、二代虎市、玉本小鶴（女太夫）、浪花亀吉、菊川傳吉、浪波松之助、山本豊吉、増鏡勝代（女太夫）、早竹虎吉、櫻綱駒司（駒寿）などである。近代におけるサーカスの空中ブランコも、この類に属する。晴雨はサーカスの挿絵を『美女乱舞』の中に描いている。英語の「アクロバット」が軽業である。

【七七】

竹沢藤治の芸《たけざわとうじのげい》

◉二代竹沢藤治の曲芸が、嘉永二年（一八四九）三月に江戸西両国広小路で行われた。二代藤治は、初代藤治の息子萬治が継ぎ、初代は梅升と改名している。この興行後に、藤治は上野山下の定小屋で、定打ち興行をするようになる。

宙乗りの雷は菅公の演目に登場するもので、雷の曲弾きである。雷は背に負う太鼓の輪を叩き、三味線を弾く。曲目は、舞踊にみられる雷船頭（夏船頭ともいう）である。右側の絵は、雷が衣装を引き抜いて船頭の姿になったところである。曲目は「淀の川瀬の水車」。左側の絵は、鞠を巧みに扱って見せる曲鞠。曲手鞠ともいう。鞠は糸を巻いたもので、ここでは小鞠による曲芸である。大鞠となると、ほぼ一キロ近くの重さとなる。一つ大毬の曲では、二本の撥を使って、撥から撥へ毬を移動させる。曲鞠は投げ物と同じように難曲といわれ、小手調べなどでは、鞠を左袖から右袖へと渡す鞠の曲取りを見せる。この絵の曲目は「月に兎雲井の曲鞠」という。

曲鞠を演じた人物には、延宝期（一六七三～八〇）に都右近、天和頃（一六八一～八三）に出来山初太夫、元禄期（一六八八～一七〇三）に三條小六がいる。小六は膏薬と歯磨きを売る目的で演じた。他に「上手といひしは、江戸にて綿屋五郎右衛門、服部休甫、三木可真、栗本光寿等なり」という（『世事百談』）。明和頃（一七六四～七一）に鞠の小六といわれた二代小六、小六門人の小かん（女太夫）、文化（一八〇四～一七）初期に橘国丸がいる。国丸は乱杭渡り、文字書き、梯子登り、冠付け、つまみまり、たすきがけ、負うまり、扇子留めなど十九種の曲鞠を見せ、錦絵、報條にも描かれている。一日に五両も得るほど評判になった。天保（一八三〇～四三）初期に、江戸の曲鞠を演じた早川徳之助、早川鉄五郎ら十人が、名古屋興行を行っている（『見世物雑誌』）。

藤治の曲芸《とうじのきょくげい》

◉前頁に続き、ここから三頁にわたって竹沢藤治の演目が描かれる。「番場の忠太物見の旗」(富士の裾野、富士の旗竿ともいう)、「王子の狐装束榎のたわむれ」、「天拝山」、「菅相丞飛梅の曲」(松竹梅梅渡りともいう)、「空中での曲弾き」である。「天拝山」は『菅原伝授手習鑑』の四段の一場。菅原道真は時平の陰謀を知って激怒し、梅が枝を折って時平の刺客鷲塚平馬の首を刎ね、自ら雷になって帝都を守護せんと神風を起こし、火焔を吐いて飛び去る。「菅相丞」は、道真が太宰府に流された時に「東風吹かばにほひおこせよ梅の花あるじなしとて春を忘るな」の和歌を詠むと、奈良の都の梅が菅公を慕って、太宰府に飛んだという故事による。「空中での曲弾き」は柄樽の取っ手の上に乗り、枕箱、樽の木枠を下に落とす曲芸を見せる。また小鼓、締太鼓の演奏もする。

　こうした曲芸の多くは、仕掛けのある大道具を使った。藤治の演じる曲芸は、本芸とする曲独楽を見せるために演じた。

天拝山
菅相丞
飛梅之曲

宙乗出端一所（但し釣もこ多分の仕掛ケ有）

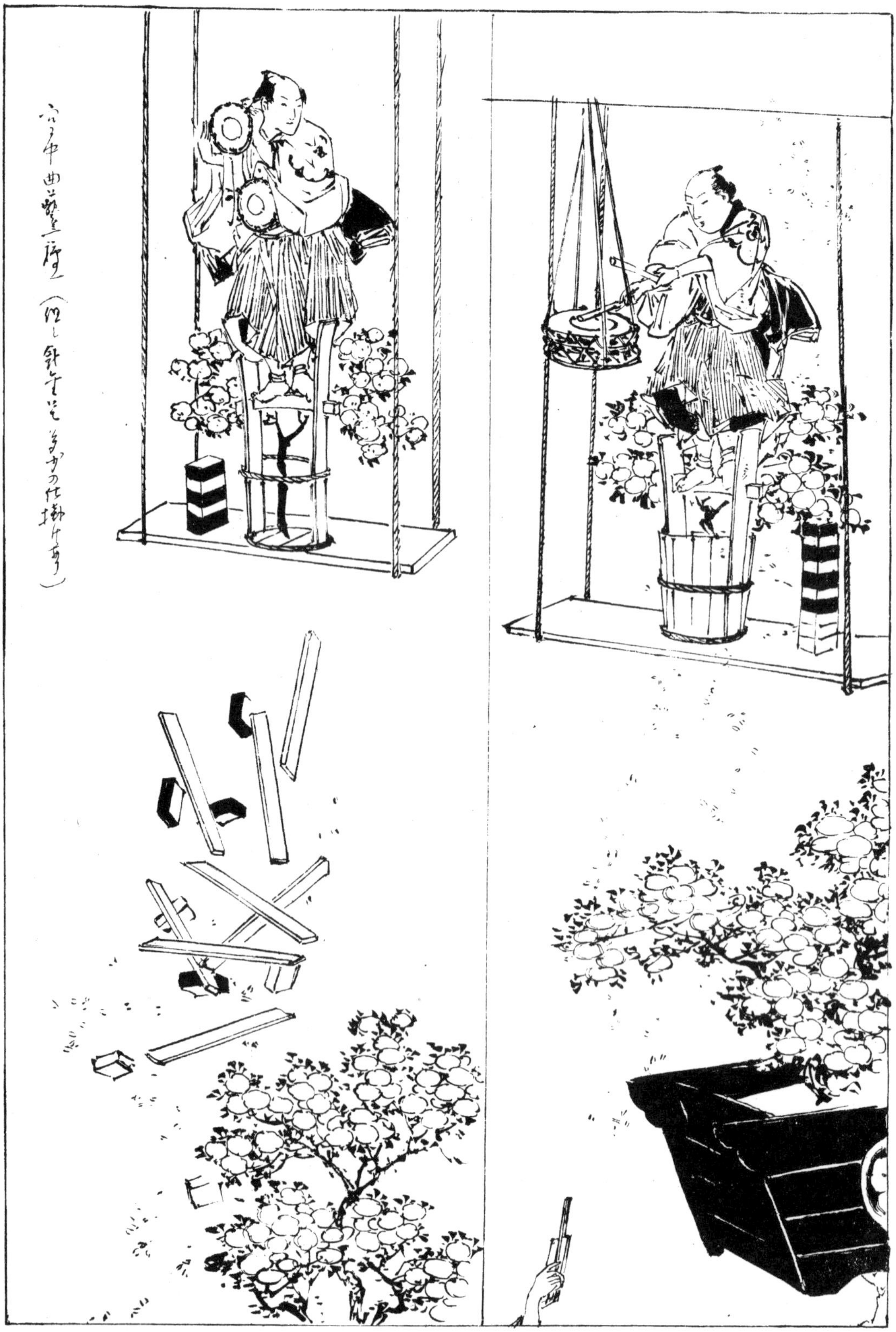

【八一】

蛇遣い

へびつかい

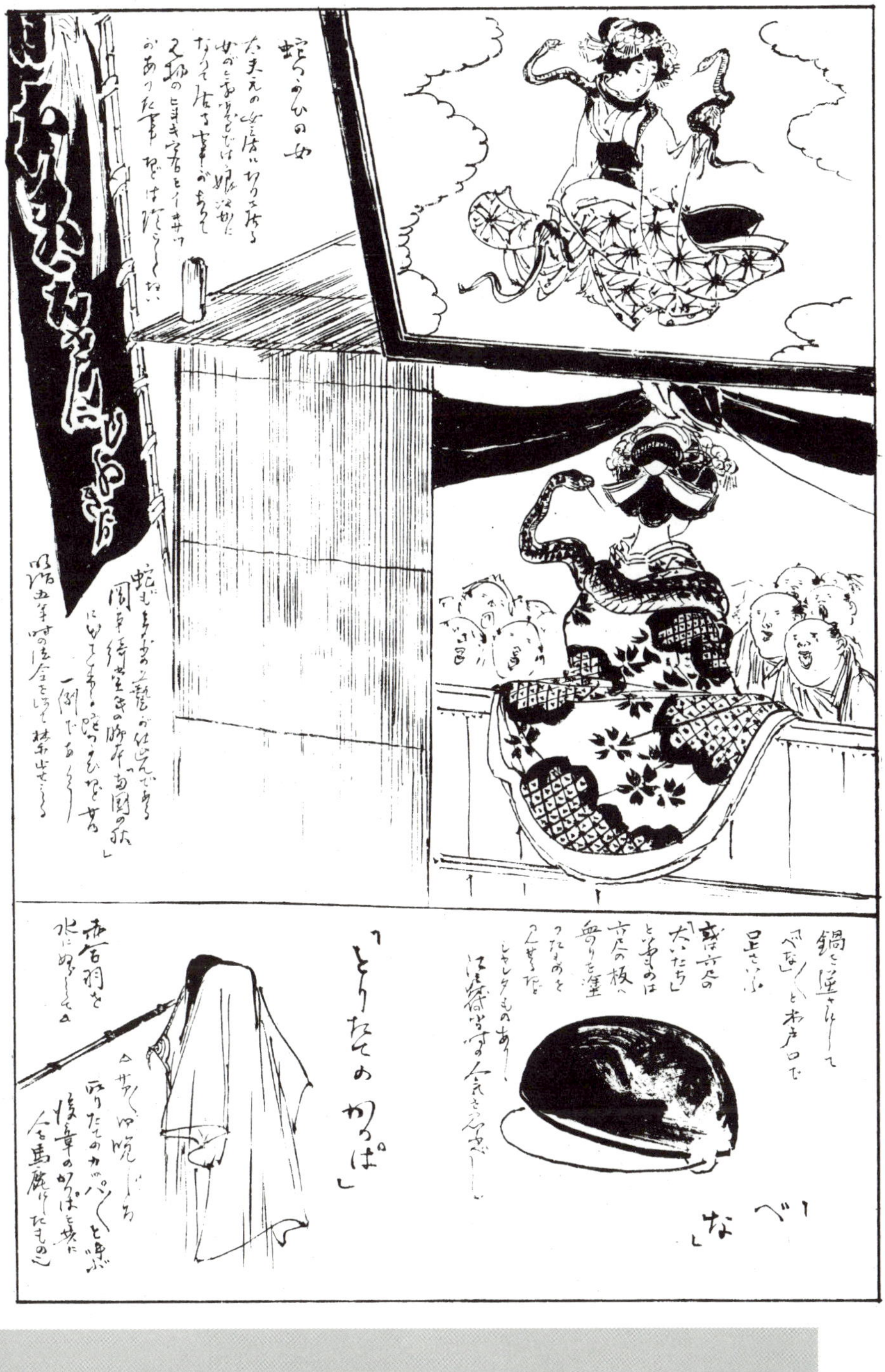

◉蛇を飼い馴らして自由にあやつる見世物。蛇は籠に入れられており、そこから蛇を取り出して、首の回りに巻いたり、口の中に蛇を入れては吹き出すという芸を見せた。また、蛇の綱渡り、一本竹などの曲芸を見せたという。山東京伝の読本『昔語稲妻表紙』（文化三年・一八〇六）に歌川豊国が、蛇遣いの見世物小屋を描いている。蛇遣いは人間に恐れられ、牙から毒を出す危険な蛇を、自由に扱うところが評判となった。蛇は聴覚をもたないので、音楽によって籠から出てくることはないというが、『和漢三才図會』（正徳三年・一七一三）の第四十五「龍蛇部」には十六種もの蛇の絵が見られ、そのなかに耳のある蟒蛇がみられる。「其耳小僅二寸形如鼠耳」とある。すでに『古今著聞集』巻二十にも「摂津國岐志庄に、一丈あまりばかりなる蛇の耳をひたる、時々出現して人をなやましけり云々」とみられ、『甲子夜話』巻七十にも「其長一丈余にして囲三尺なるべし」とみられる。年を経た蛇は耳が生えてくるという。

いかさまの見世物《いかさまのみせもの》

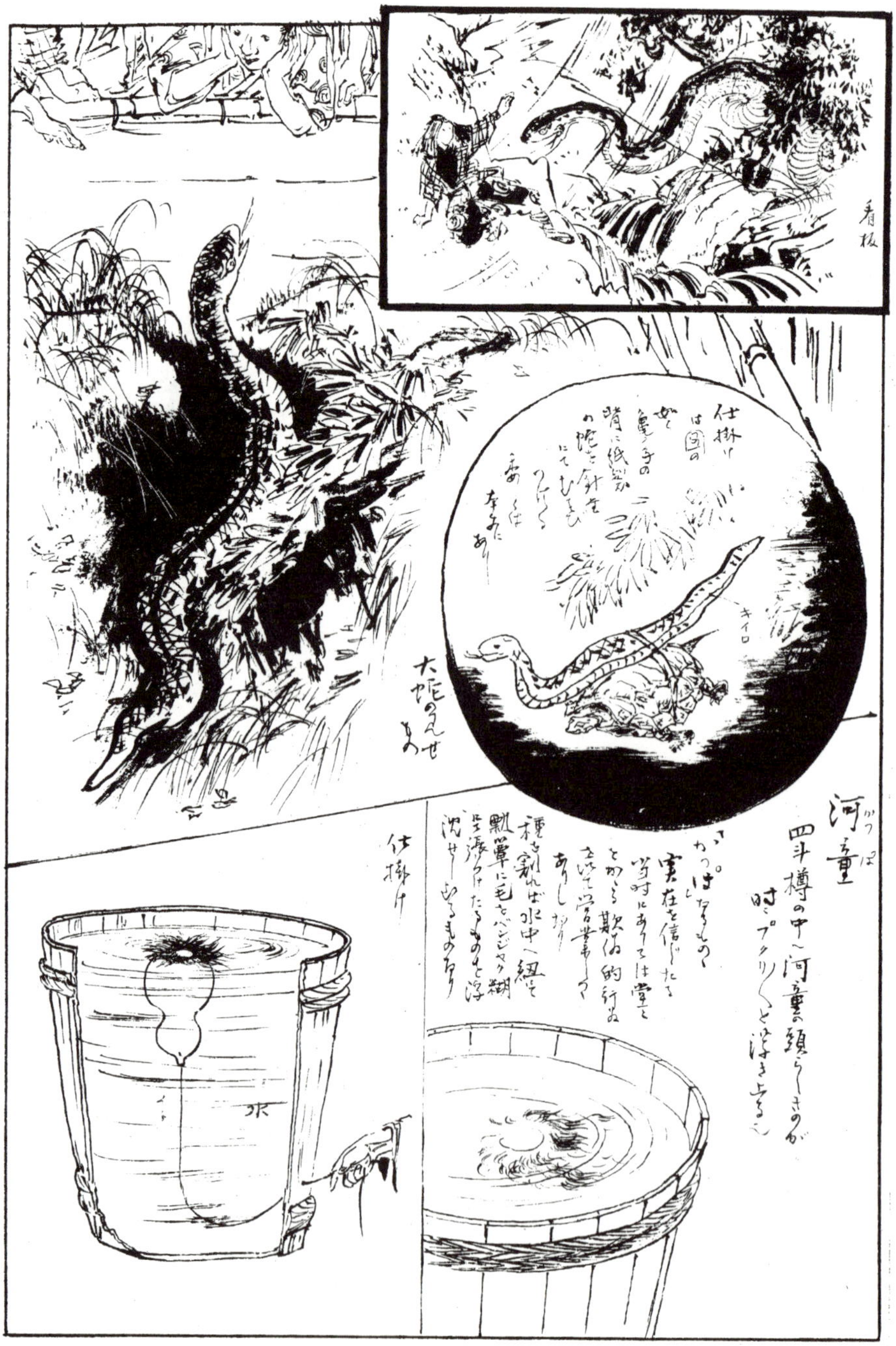

◉前頁の下段、「べな〳〵」という木戸口での口上に、べなとは何かと思って入ってみると、なべ（鍋）が逆さに置いてあるだけ。「さあ〳〵ご覧じな。取り立てのカッパ〳〵」は、河童ではなく赤色を塗った合羽を水に濡らし、長い棒で取るので、取り立ての合羽となる。大蛇の見世物は、草むらから大蛇がはい上がってくるものだが、大蛇は紙でつくり、この大蛇を針金で亀にむすび、亀の歩き方で動くから、草むらでがさがさと音をたてながら、大蛇のように思わせる。「カッパ〳〵」というものは、四斗樽に水を張り、そこに河童が泳いでいる。浮いたり沈んだりと動くので、本物の河童かと思う。仕掛けは樽の横に小さな穴をあけ、そこに糸を通して、水のなかには瓢箪があり、瓢箪の口に糸をむすびつけて引くと、瓢箪の底につけた毛が沈み、糸を戻すと毛が浮き上がるというもの。いかにも河童の頭の部分に見える。

【八三】

むしやりむしやり

◉「南無妙法蓮華経」でも題するのだろうか、子供の背中に南無妙法蓮華経の字や、南無阿弥陀仏の字がくっきりと出る奇妙な見世物。信心深いひとびとをごまかすものである。「このように水をかけても字は消えない」「拭いても剥げない」などといって、ますます尊い子供だということを印象づける。子供の背中に墨で字を書き、夏の海岸などで遊ばせて、日に焼けさせると、字の部分だけが白くなるという仕掛け。「むしやり〳〵」は、犬の内臓を美人の女が食べる見世物。むしゃりむしゃりとただ音をたてて食べるだけのものだが、気持ちの悪いことをすると思わせる。「可哀想なのはこの子です……」といって見せる。食べているのは犬の内臓ではなく、軍鶏《しゃも》の肉に、紅を塗って血の色に見せたものである。

曲独楽師松井源水の最後

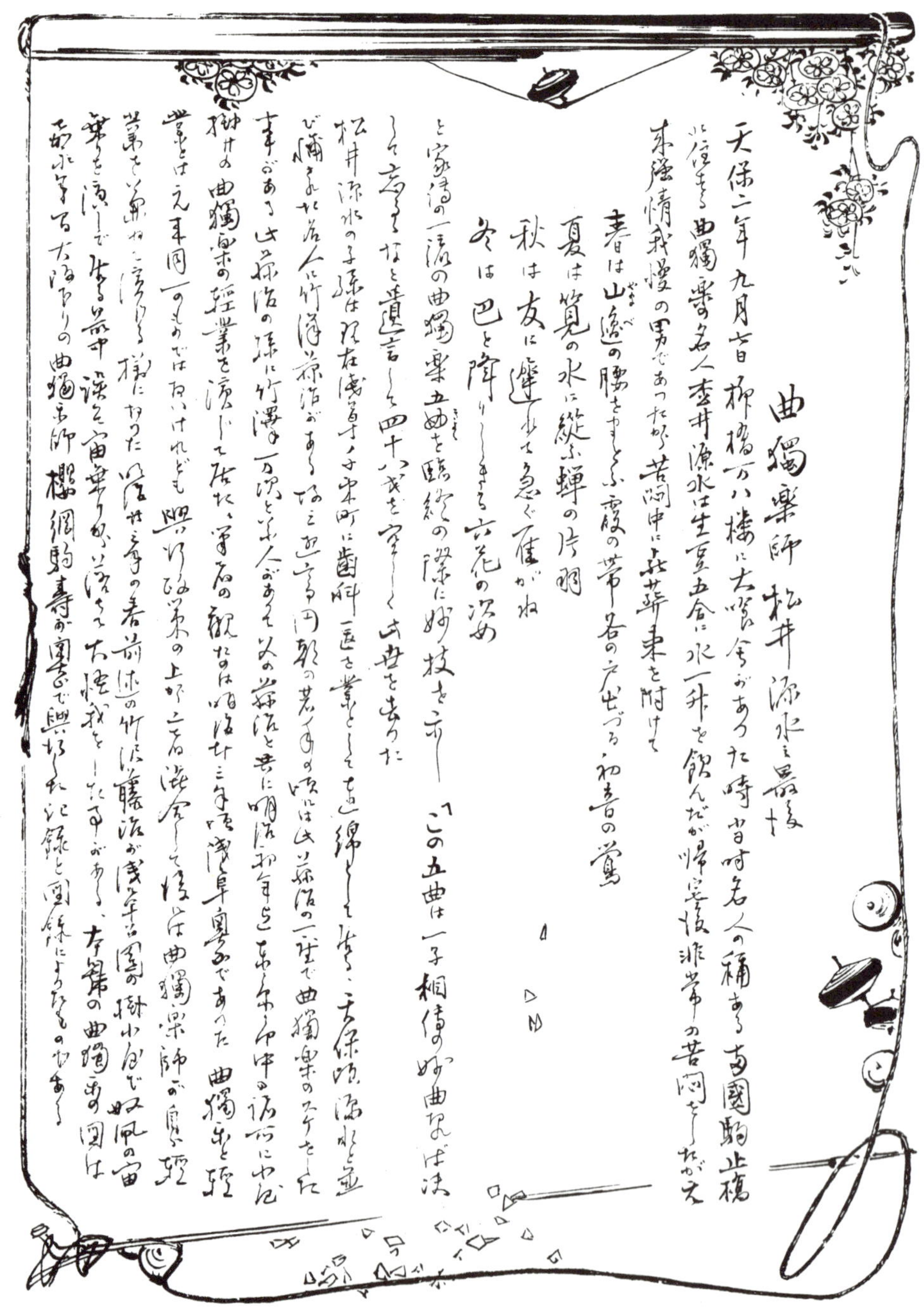

天保二年九月七日、柳橋万八楼に大食会があった時、当時名人の称ある両国駒止橋に住する曲独楽の名人松井源水は、生豆五合に水一升を飲んだが帰宅後、非常の苦悶をしたが元来強情我慢の男であったから、苦悶中に死装束を附けて、

春は山辺の腰をまとう霞の帯　谷の戸出づる初音の鶯
夏は筧の水に従う蝉の片羽
秋は友に遅れて急ぐ雁がね
冬は巴と降りしきる六花の姿

と家伝の一流の曲独楽五曲を臨終の際に妙技を示し、「この五曲は一子相伝の妙曲なれば決して忘る、な」と遺言して四十八才で空しくこの世を去った。

松井源水の子孫は現在浅草千束町に歯科医を業として連綿として居る。天保頃源水と並び称された名人に竹沢藤治がある。故三遊亭円朝の若手の頃には、この藤治の一座で曲独楽のスケをした事がある。この藤治の孫に竹沢万次という人があって、父の藤治と共に明治初年迄東京市中の諸所に小屋掛けの曲独楽の軽業を演じて居た。筆者の観たのは明治二十三年頃浅草奥山であった。曲独楽と軽業とは元来同一のものではないけれども、興行政策の上から二者混合して、後には曲独楽師が自ら軽業を兼ねて演じる様になった。明治二十三年の春、前述の竹沢藤治が浅草公園の掛小屋で奴凧の宙乗りを演じて居る最中、誤って宙乗りから落ちて大怪我をした事がある。本号の曲独楽の図は、嘉永年間大坂下りの曲独楽師桜綱駒寿が奥山で興行した記録と図録によったものである。

松井源水《まついげんすい》

◉松井源左衛門という歯磨き売りが曲芸を見せて、歯磨きを売ったのが始まりである。松井源左衛門は三宝の上に上って居合抜きを見せた。源水は玄水とも書き、独楽回しの源水として知られている。独楽回しは曲独楽ともいい、のちに竹沢藤治が登場するまでは、曲独楽を演じる代表的な演者であった。源水は松井流曲独楽の元祖といわれ、枕拍子に長煙管、白刃などに独楽が渡る曲芸を見せた。一子相伝の秘曲として、春は「山辺の腰をまとう霞の帯」「谷の戸出づる初音の鶯」、夏は「筧の水に従う蝉の片羽」、秋には「友に遅れて急ぐ雁がね」、冬は「巴と降りしきる六花の姿」の五曲を演じた。浅草観音境内に定見世を構えていた。「松井源水曲独楽の名人なれども、本業は枕の曲を家の芸とするよし」とある（『近世商売盡狂歌合』嘉永五年・一八五二）。この枕の曲は箱をつかった曲芸であった。

　十三代源水は慶応二年（一八六六）に海外興行をし、十一種の曲独楽を演じた。目方が七貫二百匁、大きさ三尺五寸の大独楽を軽々と回したという。最後には、この大独楽が二つに割れて、娘のつねが着物姿で飛び出した。この興行はリズリー率いる高野広八を太夫元にした曲芸・手品・独楽回しの一行であった。ここに松井菊治郎の名で記されるのが源水である。羽子板曲独楽・石橋渡り階子・浦島太郎人形独楽・駕籠抜け独楽・提灯独楽などの演目を演じている。源水は慶応四年（一八六八）にロンドンで客死する。

竹沢藤治《たけざわとうじ》

◉初代竹沢藤治は、弘化元年（一八四四）二月中旬、西両国広小路に大きな小屋を構え、三国渡り、鎮西八郎の弓勢、累怪談などの絵看板を掲げた。『見世物研究』にはその時の口上を記している。「三国渡りと号けまして、天竺唐土本朝と三国伝来九尾の妖狐、其来歴に手練の曲独楽を取仕組みましたる大仕懸け、人形の働き宙乗りの離れ業云々」といった後に、人形の動きがあって、舞台背景の後ろから、雲模様の着物と裃姿で藤治が登場し、曲独楽を数曲演じた。八月まで連日大入りであった。九月からは芝神明社で興行したが、翌二年正月からの猿若町での興行は不入りとなり、同年秋には息子の萬治とともに上方への旅興行に出た。三年後江戸に帰り、嘉永二年（一八四九）三月に、萬治改め二代藤治襲名披露興行をおこなった。早変わりの妙で人気を得て、二十四文の木戸銭を取っても、また二百五十文の桟敷料金を取っても、連日大入りであったという。「龍宮城の大仕掛け、乙姫浦島の新曲、水中にて龍の早変わり云々」の絵入番付を出して、新曲を演じた。その後、上野山下に定小屋をつくり定打ち興行をおこなった。藤治が演じた演目には、以下晴雨が描くように、宝船の曲、平将門の亡霊（宙乗り）、水からくりの独楽（独楽から水を出す曲芸）、深草少将百夜通いの曲（蝋燭の上を歩く）などがある。

曲獨楽
宝舟之曲

画面に現はれし
玉は燭火の中から出る
物体を便宜上現はすのみ
平将門の亡霊
幽燭火の宙乗
水からくりの燭火
深草少将
百夜通ひの曲
ローソク仕掛けあり

凧のはなし

たこのはなし

むかし〳〵丹波の国大江山に猪熊入道雷雲といえる大盗賊住みたり。都より征伐に向かえる某という大将に討ち取られけるが、この入道、首を切られながら一念すさまじく、討手の大将の鎧の袖を銜えて、空中高く首が飛び上がったいう。これが凧の始源だという。

真偽は勿論保証の限りに非ず。唯江戸の凧屋はそういう伝説を信じていた。ゐのくま凧といって別に尊んで居た。

凧は十枚を一束として一把という。十枚の内三枚だけは手数の掛かった彩色のある凧で、残り七枚はザッとしたものであった。童子格子、中ヌリ、雲龍、外塗、月浪、だるま、三筋かうもり、雪だるま等は十枚揃いであったが、武者絵は取り交ぜて一把の中に一枚宛であったという事は、凧を小売店へ卸す時、平均相場をとるためである。

江戸時代の単価は今日ハッキリして居らぬが、最高二百文位迄あった相だから、今日の物価に比して相当不廉である。凧の売買は、元来損じ易いのであるから、元価の二倍の小売値段であった。即ち折り返しである。凧は普通半紙一枚張りを「八掛け」と称して居る。これは半紙の寸法がタテ八寸であるからである。凧には一枚張り、二枚張り、二枚半(これが一番売れ行きがよかった)、三枚、四枚、六枚、十二枚、二十四枚位が普通の大凧で、それ以上は別注文でなければ作らぬ。百枚二百枚などという凧は紙を重ねて張るから面積と紙数とは別問題である。俗に面の皮の厚い奴の事を千枚張りというのは、凧から起ったのであろうという。

柳島妙見付近は江戸の凧揚げの名所としてあった有名の所であった。広重の『江戸名所』にも凧が沢山に揚げてある所が描いてある。明治時代になっても仲々盛んであった。

明治時代の凧の値段は、二枚半で壱円二十銭位な高価な凧があった。著者の伯父に当たる岡本北俊《ほくとし》という北斎の門下生で、この人の描いた凧は当時第一人者で、浅草聖天町の凧元という問屋で一枚六十銭の画料を支払って居た事を覚えて居る。この頃の市価として六十銭は現今の約七、八円に当たる。

武者絵の凧は壱枚六銭から七、八銭が普通の相場だから、画料が安い凧の絵は「ひたたれ」で大部分ゴマカシておいて、鎧武者の鎧をザット描いておくのである。

凧の色彩は安い品物は「骨《コツ》描き」だけは木版で印刷し、其の余は手彩色をしたもので、其の彩色の順序は、骨描き(主線)、墨隈鑞(キロウを筆にて光る部分へ塗る、凧は空にて太陽の光線を受け光って見える也)、黄粉、青竹、紺粉(紺屋で用いる)、ヨウシン、紫、樺粉、赤(緋染、明治時代はスカレット)、ゴフン、真鍮粉（金）、銀粉、銀泥トギ出し(刀の部分など光る為に銀泥に塗った処を茶碗等の側面で摩擦する。一枚々々が手細工であるから大変なものだ)、これで仕上げ……。

馬喰町四丁目に、俗称凧金と称する凧の大問屋が明治の中頃迄同所に存在して居た。この店の如きは一年中下職に凧の製作をさせて、出来上がった代物は全部之を三戸前の土蔵の中に納めておいて、暮になると取り出して一斉に江戸中の小売屋へ卸すものである。凧の職人は当時専門家以外は多く諸家のお旗本の家族や御家人などの内職になって居たから、時々大風呂敷を背負った職人がお屋敷の門を出て凧屋へ凧を担いで行くが、帰りには立派なお武士《さむらい》になって帰るなどの珍光景が、本所や麹町辺の小ッ旗本や御家人街に多かった。そして凧が閑になるのは三、四月頃であるから、それから六月近く迄は、盆提灯の絵を内職にして居た。当時の下層の武士の生活は、近代人の夢想だも許さない程悲惨なものであるが、凧に関係が少ないから、この話しは他日提灯と傘の部で詳述することに仕様。

上野黒門のからす凧は江戸名物の一つであって春の景物である。江戸市中には二月に入れば一人も凧を揚げる様なものは無いが、この鳥凧だけは特別な立場をもって居た。『江戸名所図会』にも上野三枚橋畔で盛んに売って居る図が出て居る。この外はズガ凧と称するものがあって、これは非常に立派なもので装飾的で、実用（?）には遠い。スカ糸で糸目を作る所から起った名称で、贅沢なのになると一枚二朱上のものがあった。明治年間になって二十四、五年頃迄浅草観音の年の市で羽子板や破魔弓《はまゆみ》などと共に売っていたが、現今では殆ど絶無となった。

其の他「あんどん凧」といって竹を四角に組んで紙を張った中に蝋燭を入れて夜中飛揚する凧で極めて愉快な凧があったが、間々人家の屋根などへ落ちて危険極りないので明治十五年頃に禁止されたが、時々内密で禁を犯す奴があった。

千住骨という凧は市外千住町から作る特別な骨の太い凧で、これは現在でも北千住町に立派に営業している。その他ホリ龍という凧は俗にトモライ凧と称して居たが、中張り《ナカバリ》で凧合戦には軽快な飛揚力を有して居るので、年かさな子供や大供に喜ばれたものだ。

【九一】 凧《たこ》

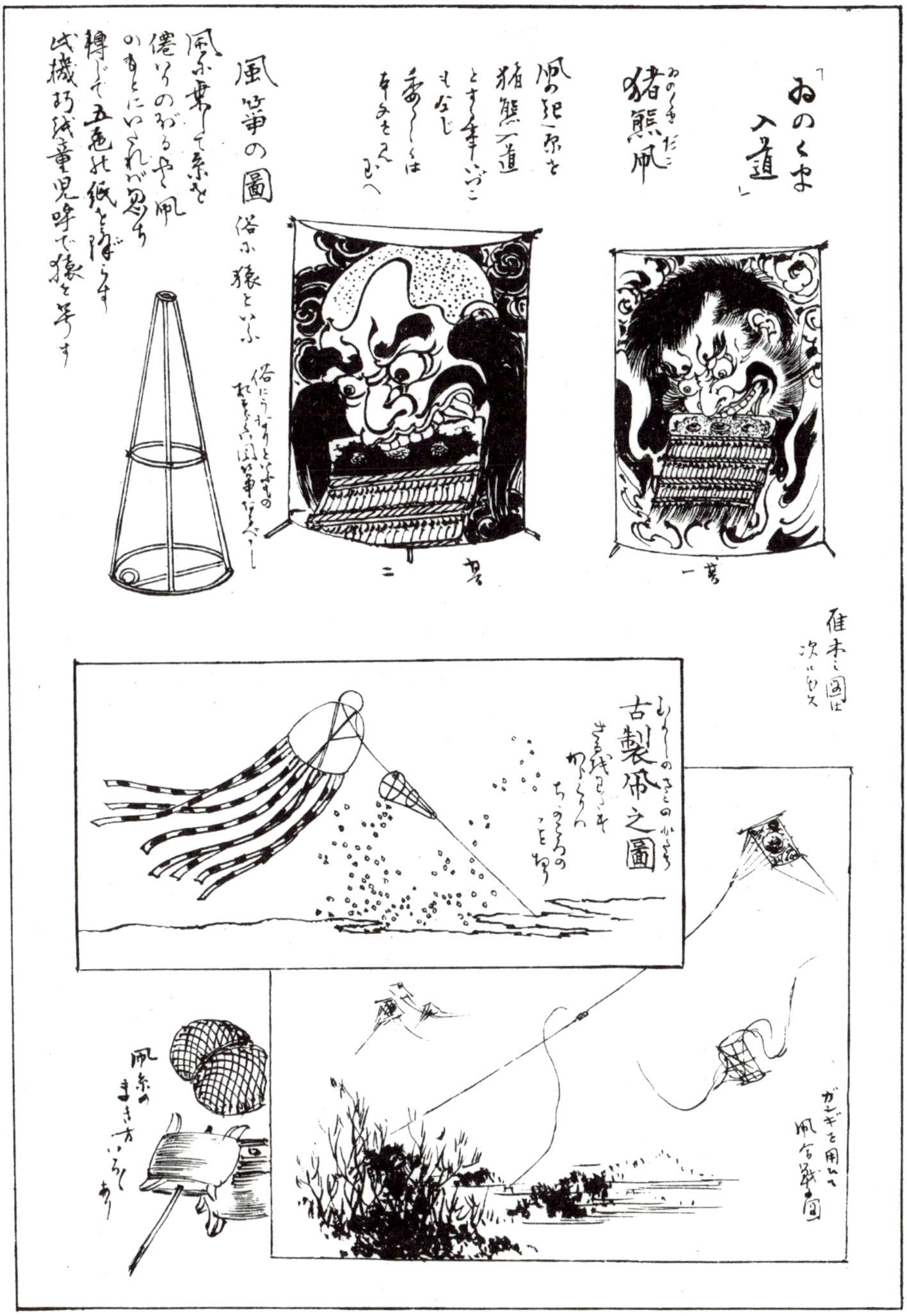

◉凧には凧絵（絵ダコ）や字凧があった。江戸では紙鳶とも書く。八掛けという凧はタテ八寸の半紙を張るところからの称である。絵凧には武将を描いた武者絵凧があり、弁慶、渡辺の綱が描かれる。安い武者絵凧は「ひたたれ」といった。猪熊凧は猪熊入道を起源とする凧である。人物を描くのを丸立《まるだち》、般若の面、だるまなどを描いたのを形物《かたもの》という。凧の種類としては、一般に奴凧がよく知られる。ほかに土器《かわらけ》、とんび、角凧（角物《かくもの》という）、四ツ谷とんび、扇凧、三番叟凧、からくり凧、切り抜き凧などがある。大凧は四枚張、六枚張。小角《しょうかく》は二枚半張、二枚張、一枚張。安永期には四枚張までを横骨二本、筋違二本、立骨一本の骨五本で張っていた。天保期以降、一枚張でも骨を多くするようになったという。同じように糸も、ふるくは一枚張は三ツ糸目、二枚以上は四ツ目糸であったのが、次第に増えていった（『宝暦現来集』天保二年・一八三一）。『江戸自慢』（編年不詳）には「凧は互に引かけ合ひ、奪取を楽みとし、糸附の本に小刀又は小さき鎌などを結び付て、彼の糸を切らん事を専要とせり」とある。

凧売り
（たこうり）

〖九二〗

とっけえべい
一文凧とうろ
（あめをかった凧やちな）
前号参照

安永唄『古画ふ』

夜中うどん凧あげ

あんどん凧
四号白紙 絵はなし
中にローソクを入れ
夜に限り凧揚す

二挺ガンギ
イト
又
一挺ガンギ
イト
又

放大図実物は約二分二位

両大師
上野はまどし
名物切やげ

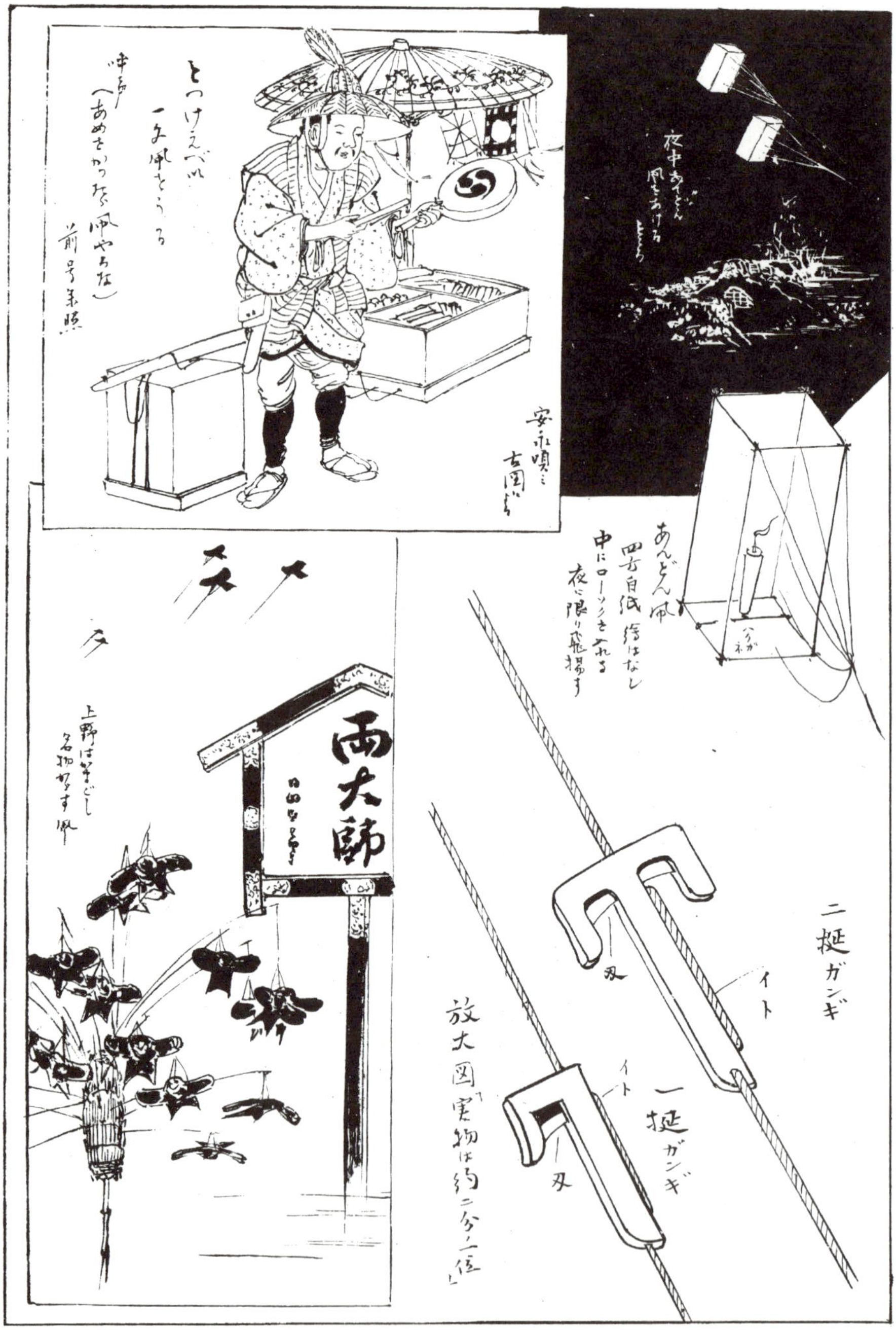

● 凧に絵を描く凧絵（絵ダコ）を扱うのが凧屋。江戸凧の卸し問屋は七軒あり、なかでも上製の品の多いのが、西久保神谷町の伊勢屋半兵衛の店であった。凧半と呼ばれ、浮世絵師の歌川国富が描いていた。揚げ具合のいいのが下谷の「堀龍」と「吹き抜け」、京橋の「白魚」の三店といわれた。大名の家々には凧部屋として、たかといふ。奥州にて、てんぐばたといふ云々」とあるように、さまざまな凧の名称があり、凧屋も多く存在していたとおもわれる。凧屋以外に凧の行商を天秤で担いだ。行商は渋紙張りの籠もあった。安永期（一七七二〜八一）に二枚張は四十八文。寛政期（一七八九〜一八〇一）にはすべて十六文になったのが、嘉永期（一八四八〜五四）になると、一枚張は十六文、二枚張は三十二文、三枚張は六十四文、四枚張は百二十八文と値があがっている。

あった。『物類称呼』（安永四年・一七七五）に「西国にて、たつ又ふうりう、唐津にて、たこと云ふ。はたと云ふ。上野及び信州にて、たかといふ。奥州にて、てんぐばたといふ云々」

鳶凧

奴凧

大小様々あり 羽根の影をぼ丹一色
又は丹と黒にて彩り
清書の部分は丹にて胴長く描く
峰も丹にて細長く描き
緑目は墨にて描きものなし

奴凧に大小あり これは
さまざま喰き割なり
清書に別て繪師齋筆
帯を加って来た 別貢東画

骨組み

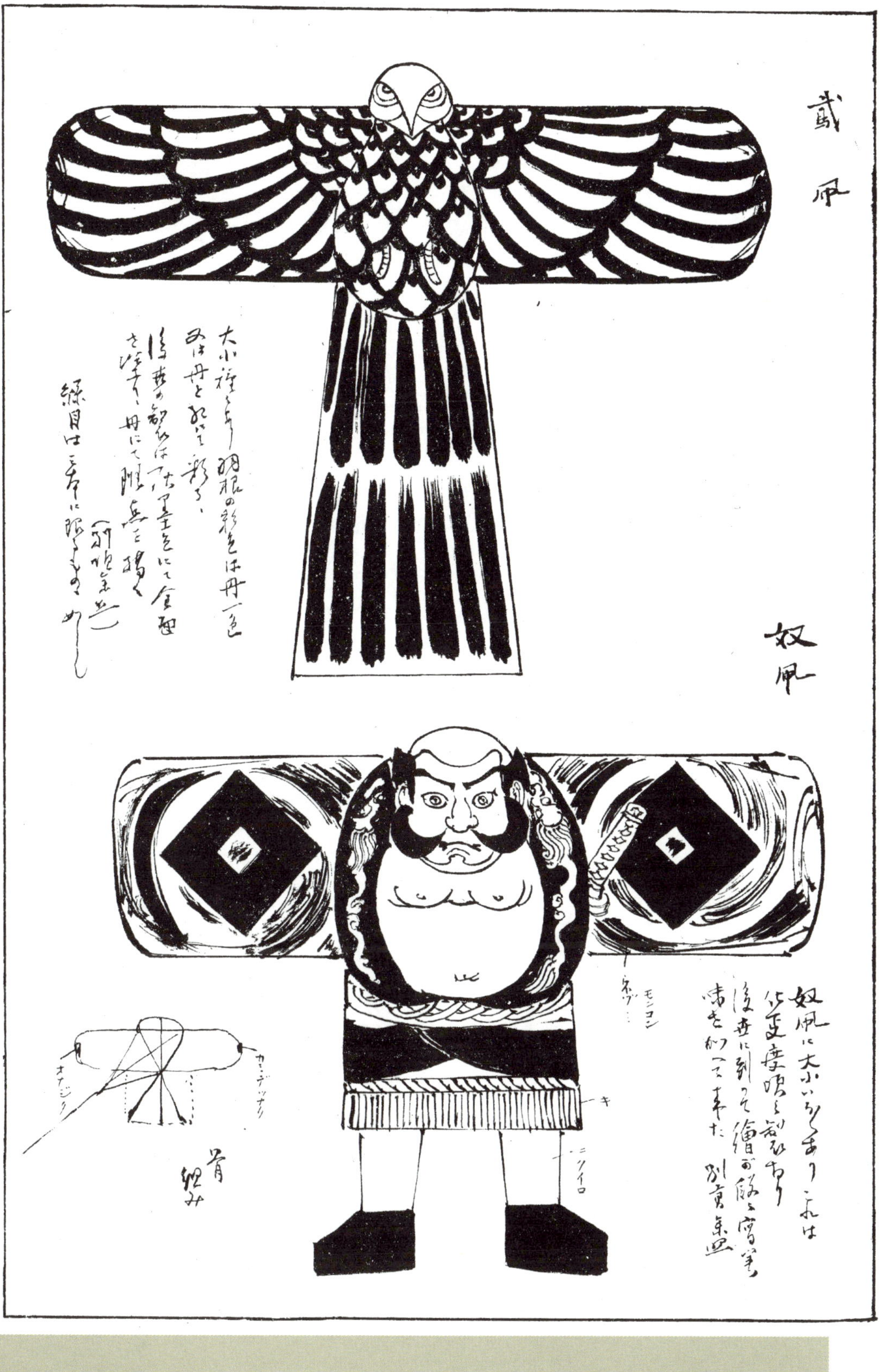

くものす凧

かもめ凧
骨ぐみ
如凧におなじ
みなと
いとめ

木之本
黄赤茶等
みは立

だるま凧
丸目は立年
あげるを凧がふり

一つ目凧
骨ぐみは写生
縁は立年

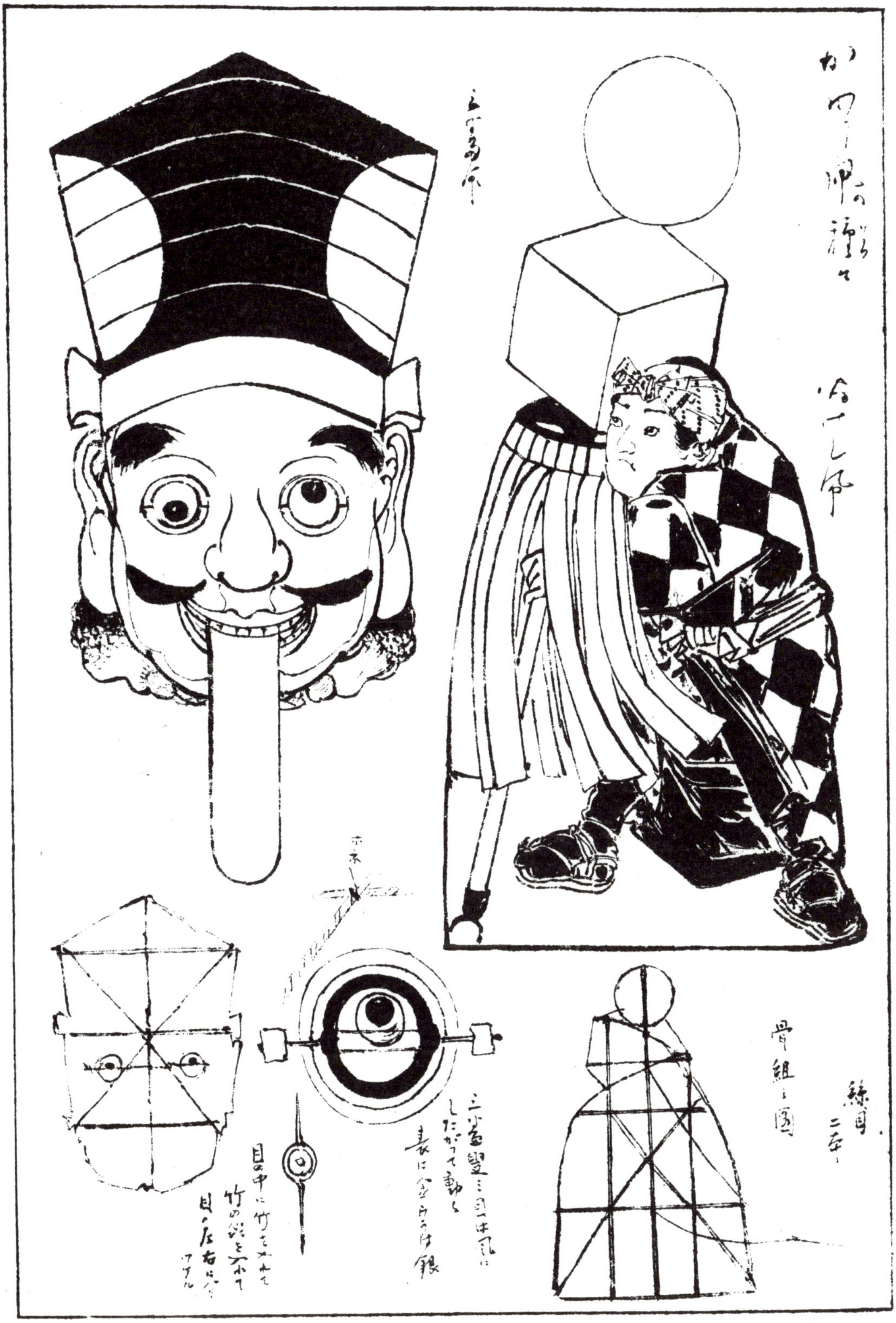
骨組ノ図

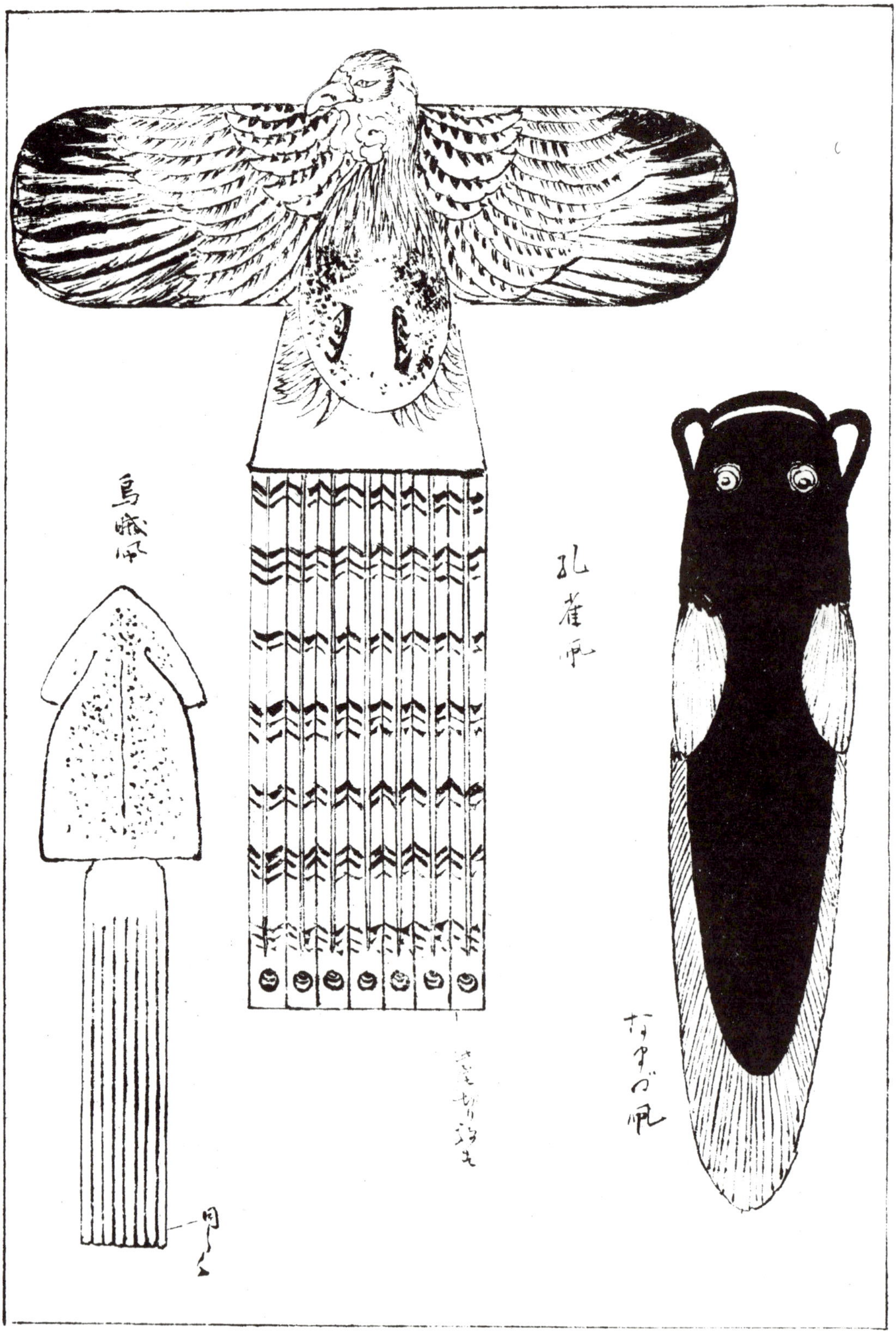
烏賊凧
孔雀凧
なすび凧

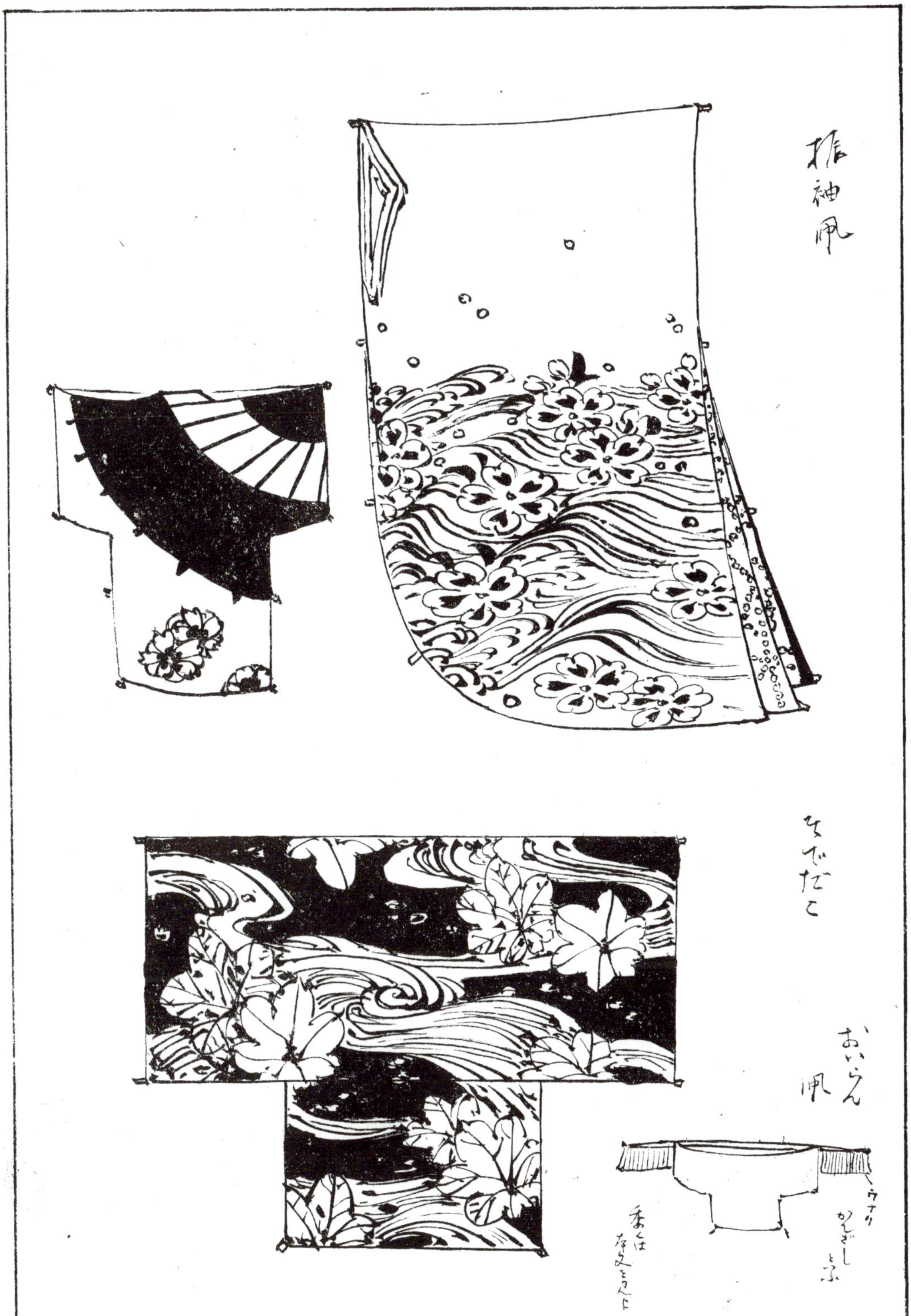
振袖風
そでだて
おいらん風
ウナリ
かんざし
とふ

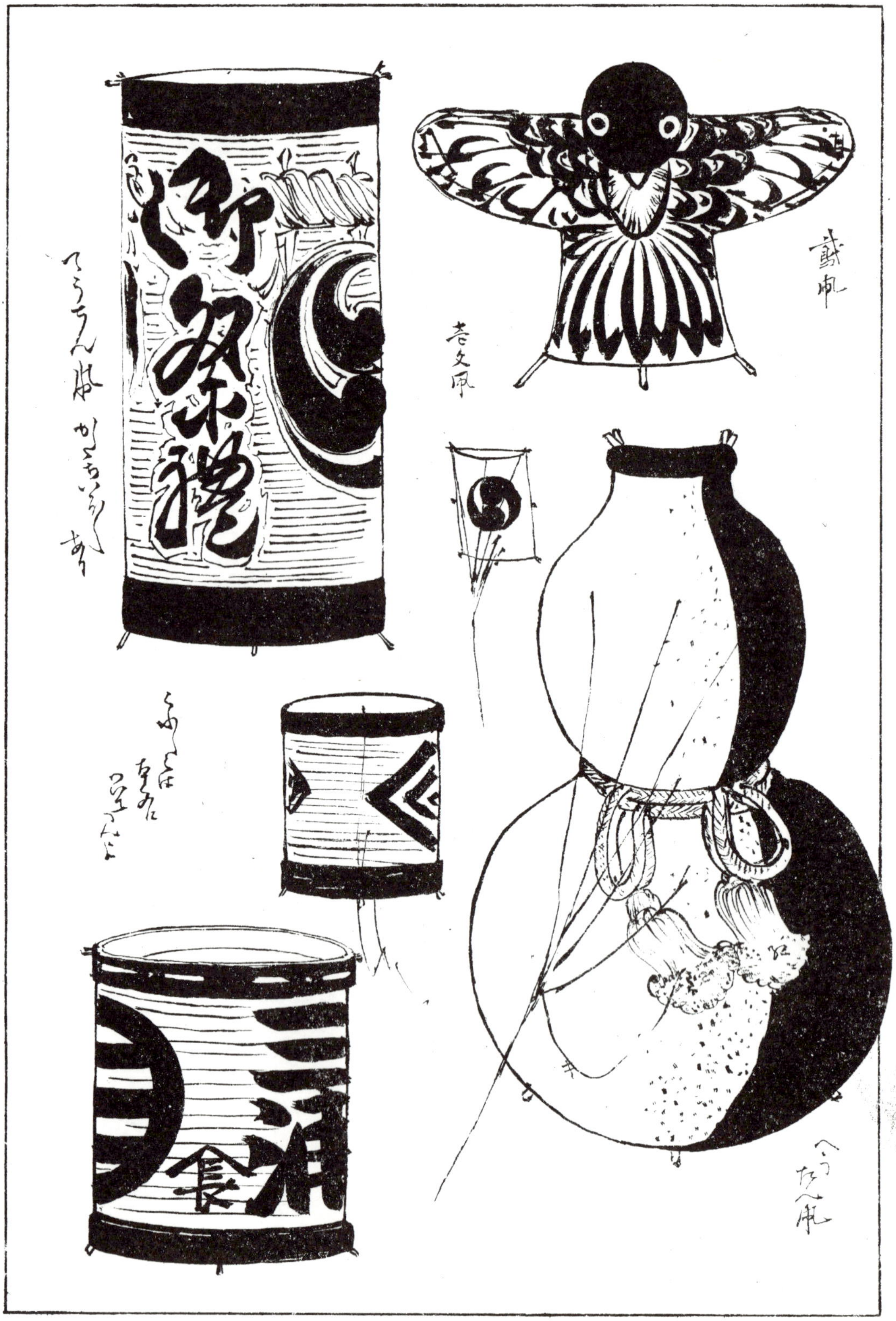
鳶凧
へうたん凧

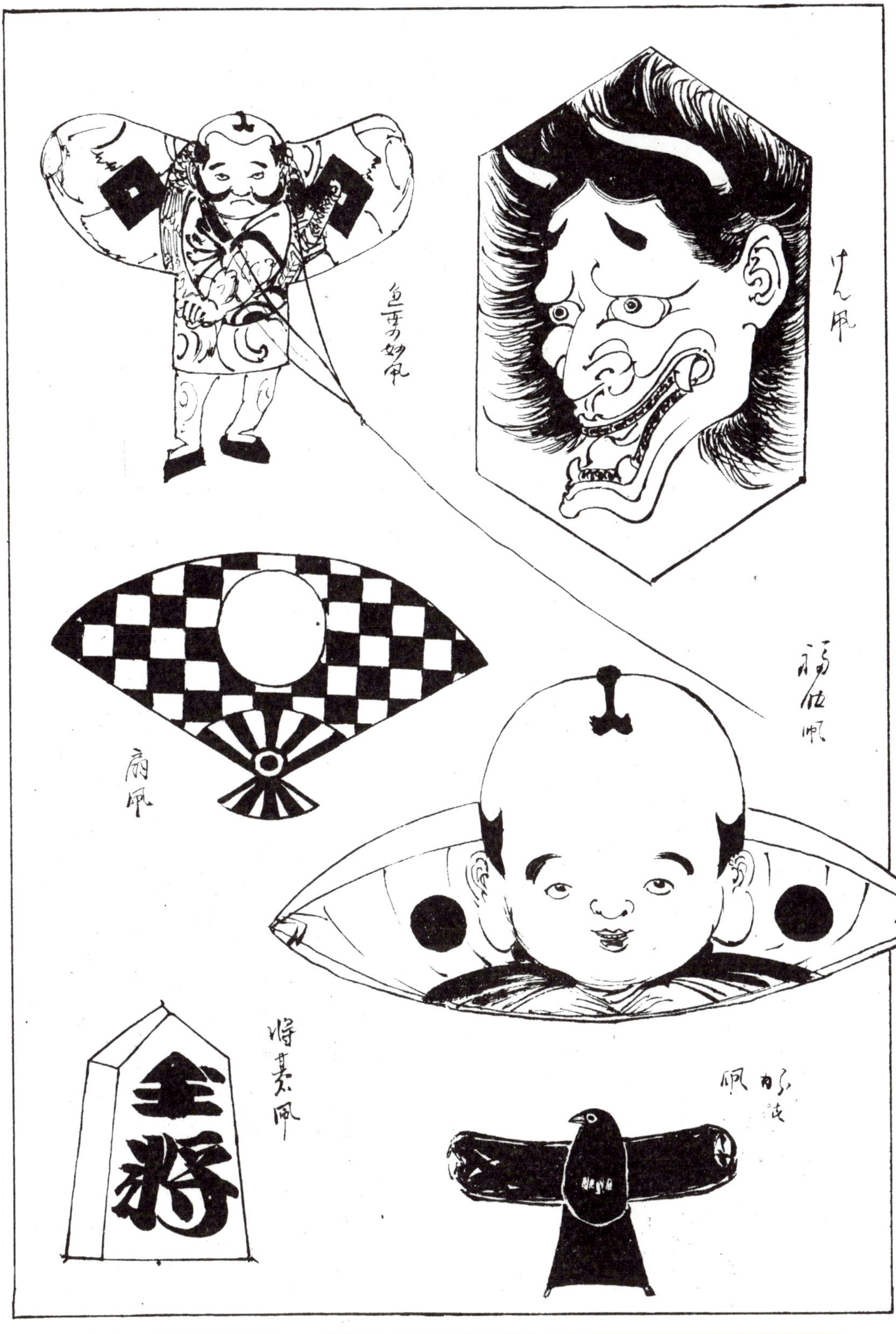
けん凧
福助凧
扇凧
将棋凧
からす凧

カミクヅカゴ
チハル
布
タコノ目
ギン
足八本
凧屋の看板
竹
天ビン棒
カゴ
木
維新前の

朱

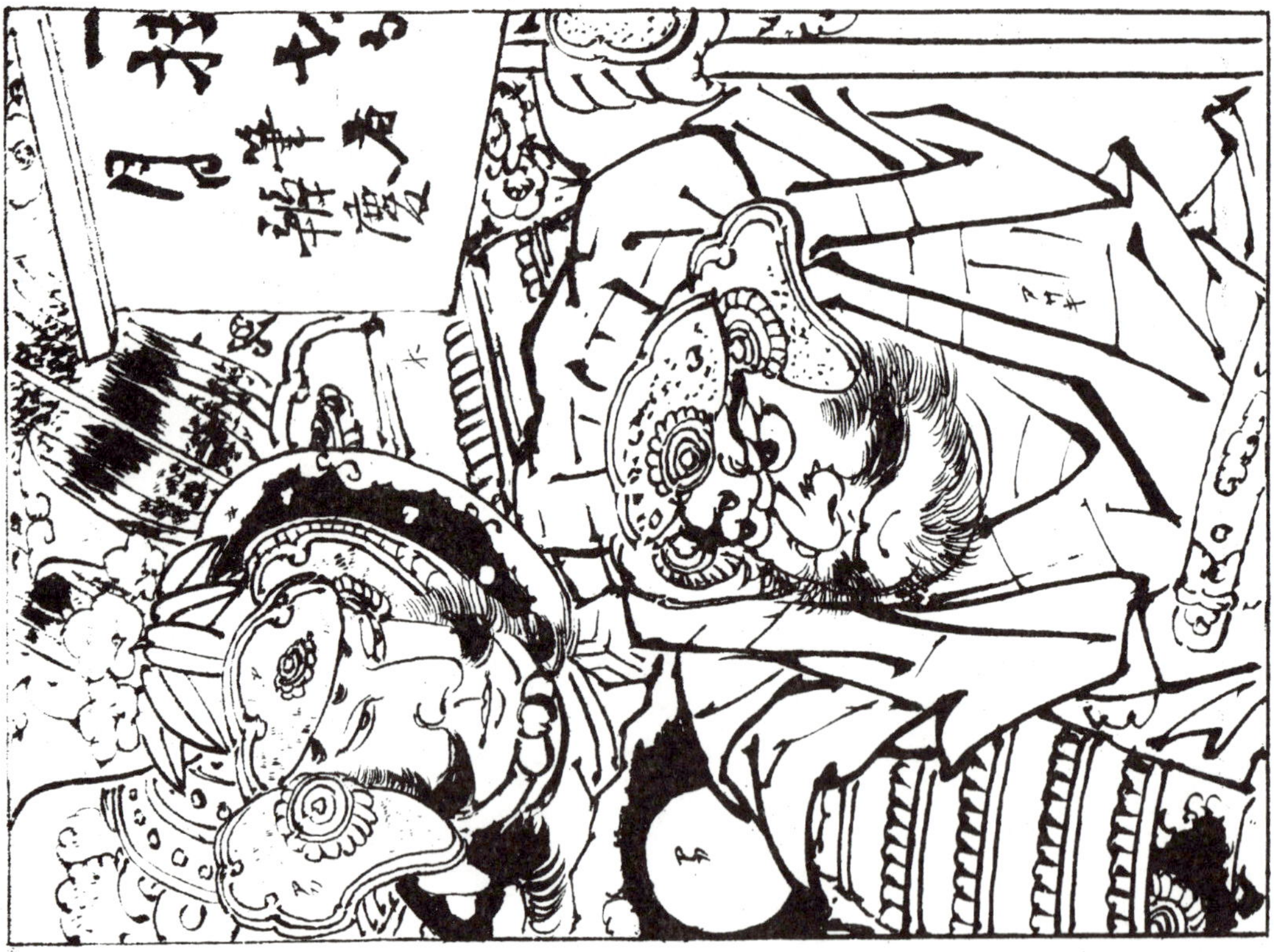

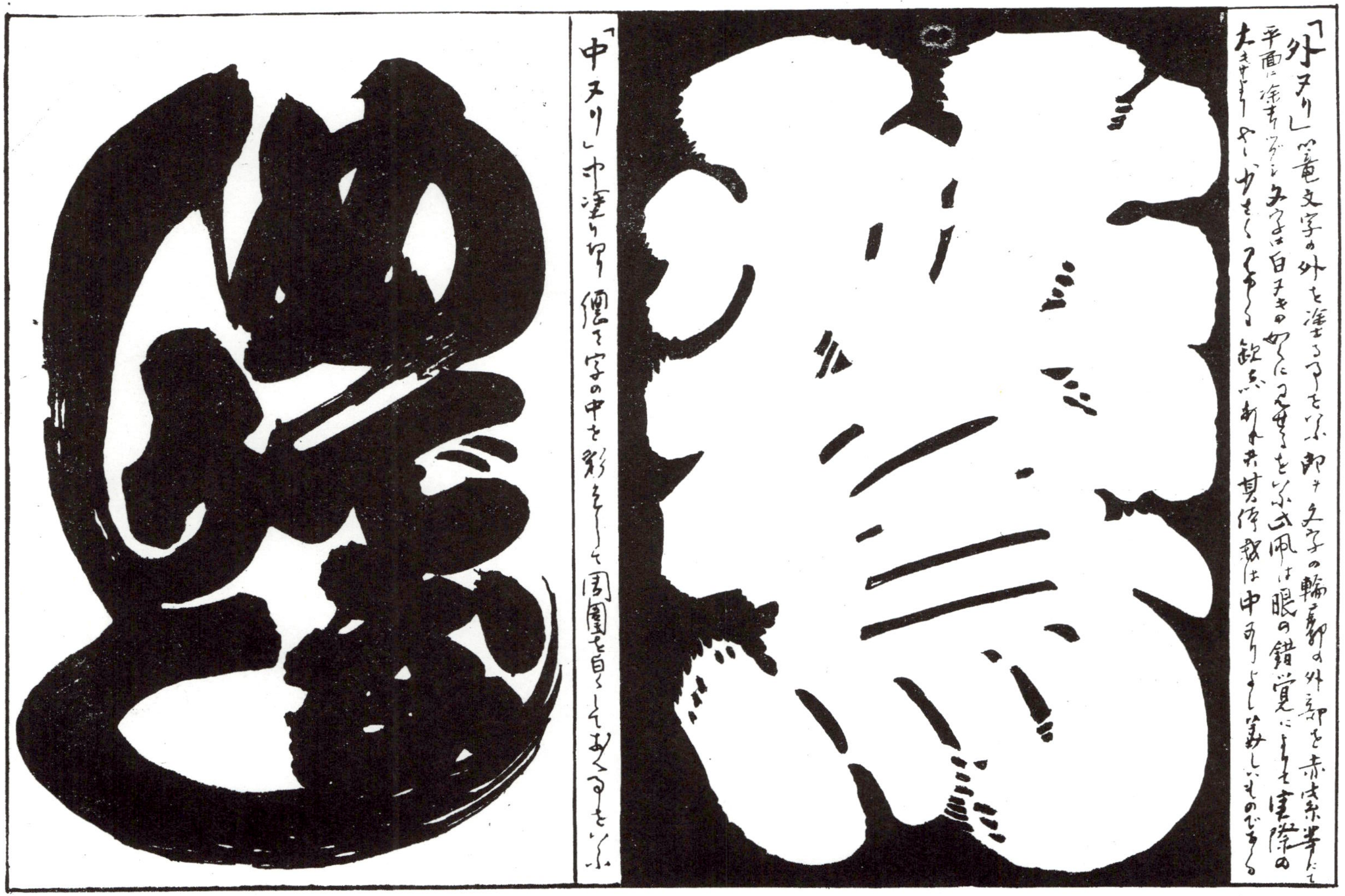
「外ヌリ」は篭文字の外を塗る事を云ふ、即ち文字の輪郭の外部を赤或は黒等にて
平面に塗つたので、文字は白ヌキの如くに見せるを云ふ。此の風は眼の錯覚によつて実際の
大きさよりやゝ大きく見える欠点あれ共其体裁は中ヌリより美しいものである
「中ヌリ」は中塗り即ち篭字の中を彩色して周囲を白くしておく事を云ふ

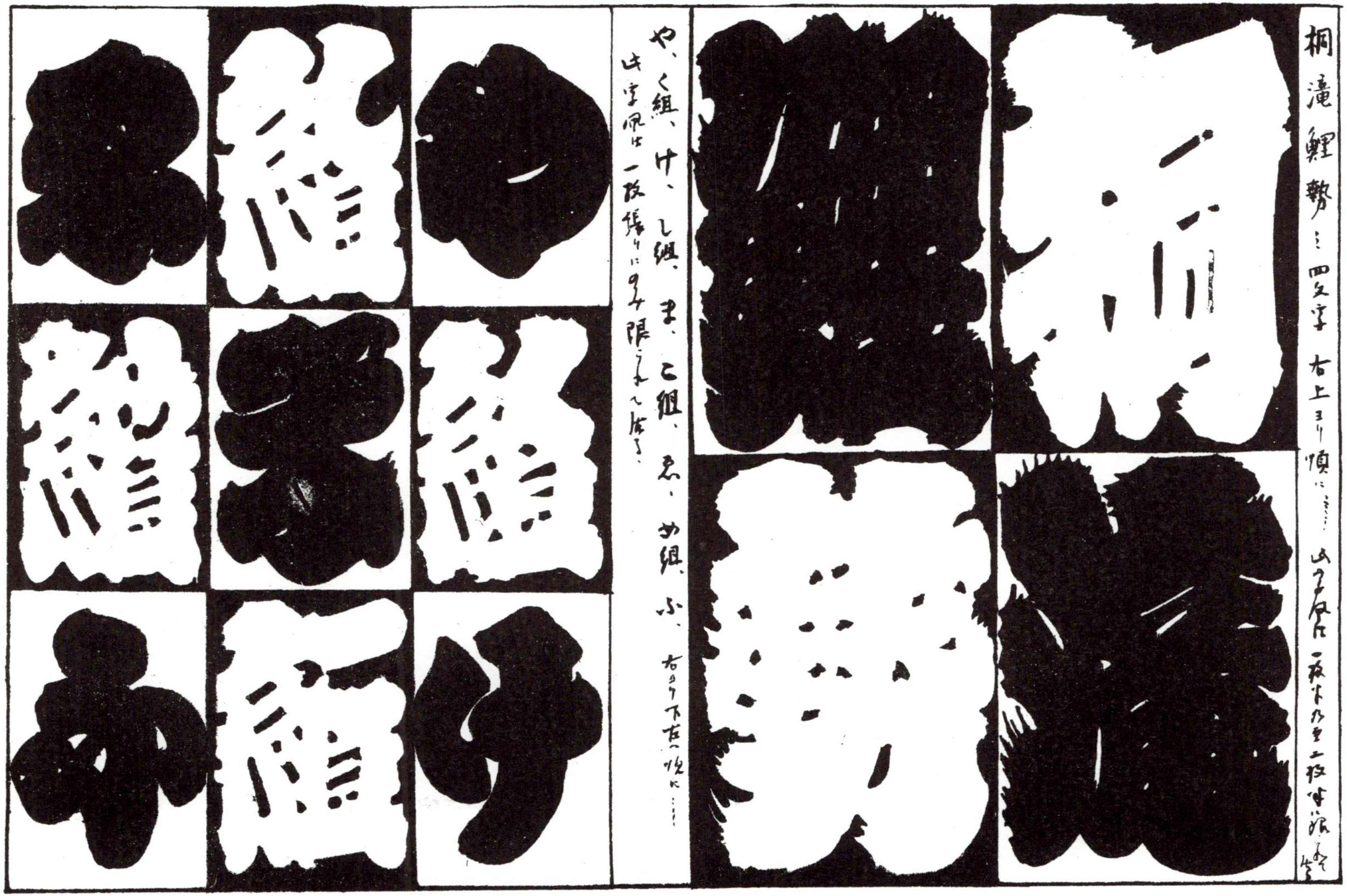
桐滝鯉勢……四文字　右上より順に……
や、く組、け、し組、ま、こ組、え、め組、ふ、　右より下左へ順に……
此字原は一枚張りにのみ限られて居る。

はしがき

浅草寺の絵馬の絵から抜け出した馬は吉原帰りの客を驚かし、上野寛永寺の鐘楼の木彫りの龍は左甚五郎の作なるが故に夜々不忍池へ水を呑みに行く。浮説素より取るに足らざるも、三囲の社頭に雨を祈りたる宝井其角も、君は今駒形あたり時鳥と詠ぜし高尾も、伝説巷説まち〳〵にして、いずれをそれと定めがたし。思うに所謂世の実説と称するものは、之を突きつめて見れば根っからつまらぬものならんか。われは其の真偽の探求を二義的に見て、之を時代相の反映として幾多の物語に多大の感激を以てこの画を作る。その題目の如きは人口に膾炙する所、特に説明の労を省く。図中或は故人の原図を借るもの、僕の写生を基とするもの等各図同じからず。観る人よろしく寛恕あらん事を乞う。

本編の目次

一、座光寺源三郎　本所五人男の一人にて、非人の娘おこよ、雪駄直しの長五郎、梶井左善など明和年間の人物篇中に活躍する事、人の知る処なり。本図の原図は故右田年英氏の筆なり。

二、四ッ谷怪談　これまた著名なれば説明の要なからん。図は尾上梅幸氏の扮装中を市村座の楽屋に於て余が写生せるものにして「よき琴きく」の浴衣をかぶり乍ら顔を作るは家伝なりと云う。

三、白子屋おくま　芝居に大岡政談の講談に現る、当時の風俗史?なり。髪結新三の長屋の戸棚に誘拐されたる処を画くはいささか僕の道楽なり。背景は維新前の州崎弁天なり。

四、浅草観音堂の一ッ家の額　一勇斎国芳の描く所なり。十四代将軍浅草寺参詣の際、特にこの額面を見てその妙技を賞揚す。其の噂一日にして江戸市中に喧し。国芳大に喜び自己の住せる町内全部の人々に赤飯を配りていさ、か祝意を表せりという。当時の名人気質を見るに足るべし。この話は国芳の直門たる前掲の新井芳宗翁の実話なり。

【一一〇】座光寺源三郎《ざこうじげんざぶろう》

◉「おこよ源三郎」の伝説。鳥追い女のおこよと旗本の座光寺源三郎が身分違いの恋をした罪で処罰されたという話をもとに、『月鼈玉の輿』が書かれている。

七百石の旗本の長男、座光寺源三郎は、両親を失ってから身を持ち崩し、吉原通いをするようになったある日、吉原への道の途中に、新大橋のたもとで長五郎に雪駄を直させているとき、鳥追いのおこよを見初める。長五郎はむかし出入りの男で、源三郎は長五郎に取り持ちを頼む。おこよは法恩寺橋の小屋頭喜六の娘であることがわかり、二人は逢瀬を重ねることになる。源三郎は長五郎に隠して、売卜者をおこよの親に仕立て、親類をも偽って正妻とする。長五郎に不審を抱かれ、売卜者の家族は殺害される。これらが露見して、源三郎はお家改易の上、死罪となる。のちに河竹黙阿弥の『夢結蝶鳥追《ゆめむすぶちょうにとりおい》』（雪駄直しの長五郎、おこよ源三郎と呼ばれる）が安政三年（一八五六）に市村座で上演された。

四谷怪談《よつやかいだん》

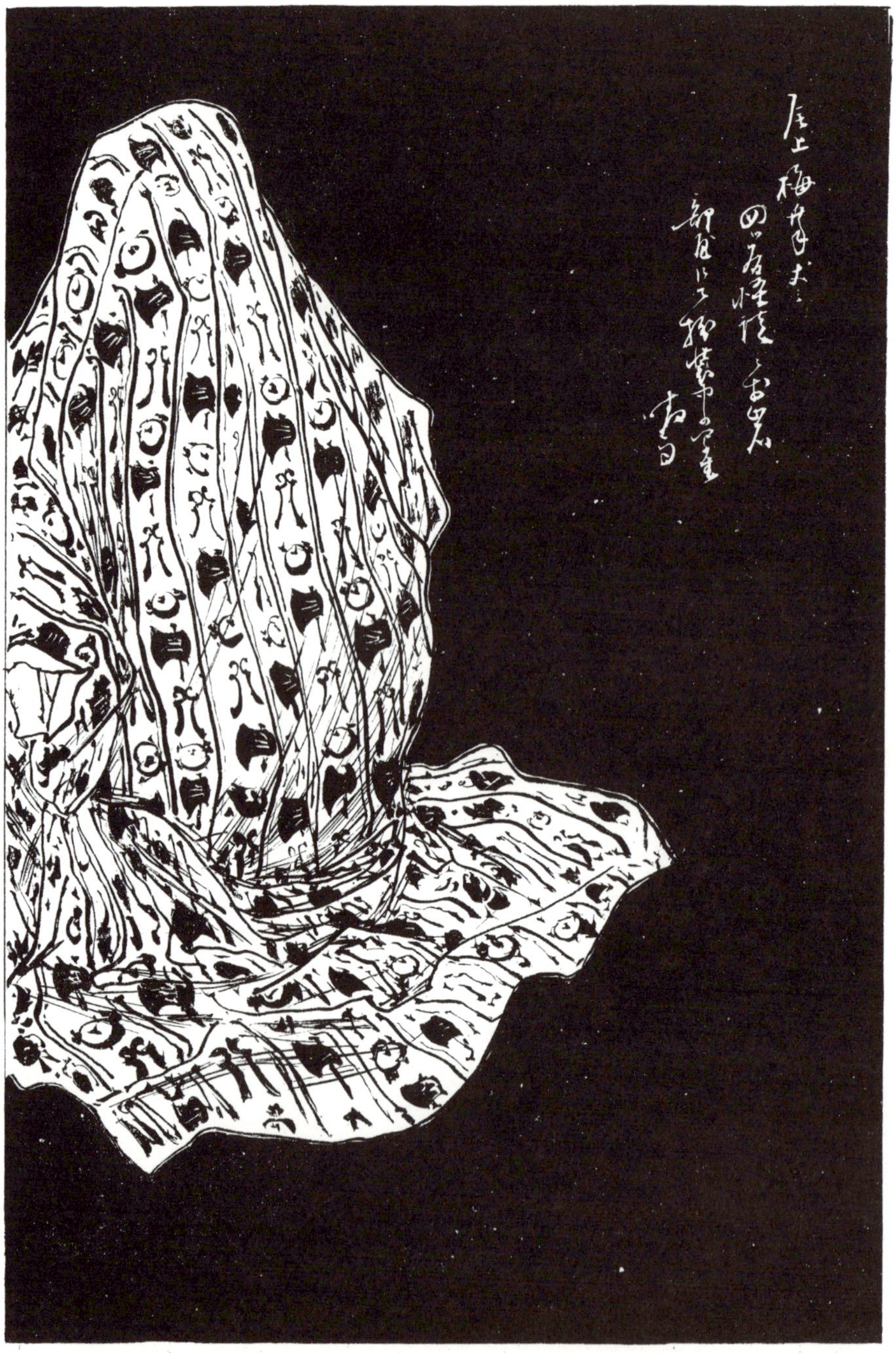

◉お岩伝説。お岩は四世鶴屋南北の歌舞伎『東海道四谷怪談』の女主人公。

お岩は塩屋《えんや》家の浪人、民谷《たみや》伊《い》右衛《え》門《もん》と仮の夫婦であったが、夫が不身持ちのために、父親の四谷左門の意見で離別する。その恨みから左門は伊右衛門に殺される。お岩は伊右衛門を殺害者とは知らずに元の生活に戻るが、冷酷で出世欲の強い伊右衛門の手で毒薬を飲まされて醜い顔になる。お岩はさらに虐待をうけ、伊右衛門の非情を怨んで憤死をとげ、若党小仏小平とともに、戸板の裏表に釘付けされて川に流される。その後、お岩は亡霊となって伊右衛門の前にあらわれては苦しめる。

【一一四】

白木屋《しろきや》

◉「お駒才三」の話である。『恋娘昔八丈』と題して浄瑠璃、歌舞伎で上演された。晴雨は「白子屋」と書いているが、「白木屋」が正しい。

江戸新材木町の材木商白木屋庄三郎の娘の熊と手代の忠八、妻の常らが密通および殺人未遂の罪で処刑された白木屋事件がもととなっている。庄三郎の妻の常は夫のおとなしいのをよいことに、地回りの髪結と密通、娘の熊も母に似て、手代の忠八と通じていた。熊は大伝馬町一丁目の地主弥太郎の手代の又四郎を五百両の持参金で婿にとり、男の子をもうける。この子が忠八の子であることは、人のよく知るところであった。常は熊と忠八と謀って又四郎を毒殺しようとしたが、下男の長助の知らせで又四郎は助かり、五百両を返すことで離縁することになった。常はその五百両を惜しみ、又四郎の落ち度での離縁を謀り、下女の久、腰元の菊らと共謀して、又四郎に剃刀で疵をつけさせて心中未遂だといい触れさせた。そして大岡越前守の裁きでこの事件は落着する。熊、忠八は市中引き回しの上、浅草で獄門、

菊は死罪、久は引き回し死罪、常は遠島、夫の庄三郎は家内不取締りの罪で江戸追放となった。熊は引き回しのとき、白無垢の上に黄八丈の小袖を着たという。熊を駒に、常と密通した髪結を娘の相手にして才三、忠八を丈八、又四郎を佃屋喜蔵という悪者にしたのが、『恋娘昔八丈』である。

一つ家《ひとつや》

◉一つ家伝説。一軒家に住む老婆が、やってくる旅人を殺して所持品を奪う。安達ケ原の鬼女伝説がよく知られる。謡曲の『安達原』、歌舞伎『奥州安達原』などの作品が残る。諸国行脚中の熊野の山伏、東光坊祐慶が、安達ケ原で求めた宿の老婆の部屋をのぞくと、腐乱死体が多く転がっている。祐慶は老婆が安達ケ原の鬼女であることに気づいて逃げ出すと、鬼女と化した老婆が追いかけて食い殺そうとする。祐慶は降伏の祈りをして祈り伏せる。

　この情景を描いた国芳の絵を見上げているのが、十四代将軍徳川家茂である。

次号予告

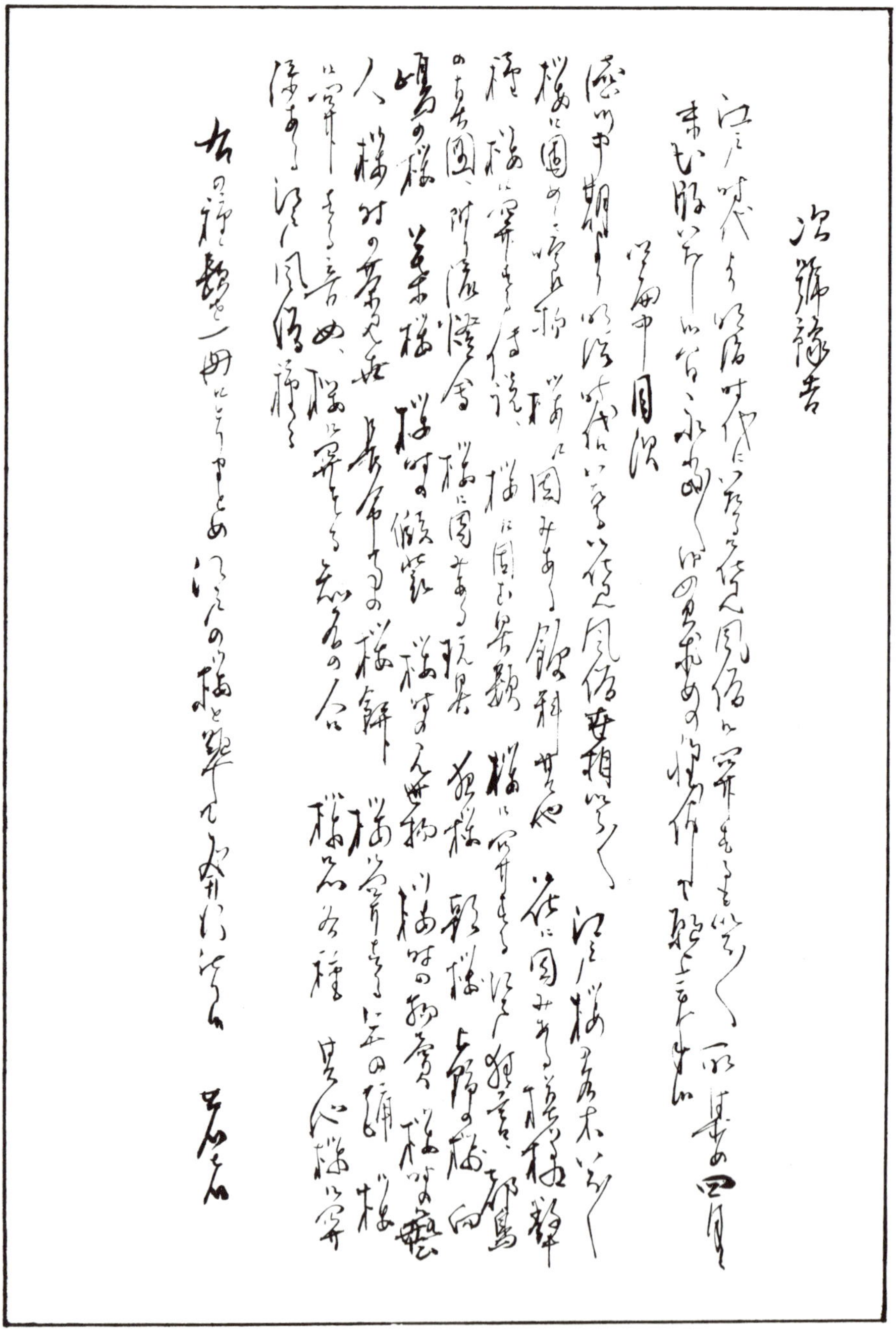

次号予告

江戸時代より明治時代にいたる花見風俗に関するもいろ〱取集め、四月末出版いたし候間、永当〱御買求めの程伏御願上奉候

御篇中目次

徳川中期より明治時代にいたる花見風俗世相いろ〱、江戸桜名木いろ〱、桜に固めて吹上様、桜に因みある飲料其の他、花に因みある模様数十種、桜に関する伝説、桜に因む魚類、桜に関する江戸狂言、都鳥の真図、附り流燈会、桜に因みある玩具、夜桜、朝桜、上野の桜、向島の桜、葉桜、桜時の仮装、桜時の見世物、桜時の物売、桜時の芸人、桜時の茶見世、長命寺の桜餅、桜に関する舞踊、桜に関する音曲、桜に関する知名の人々、桜に御各種、其の心桜に関係ある江戸風俗種々

右の種類を一冊にとりまとめ江戸の桜と題して発行仕り候　著者

不許複製

昭和四年三月二十日印刷
昭和四年三月二十五日發行

いろは引　江戸と東京風俗史辞典　定價金二圓

著者　東京市澁谷町羽澤二十五番地　伊藤晴雨

發行者　東京市牛込區二十騎町八番地　伊藤勝千代

印刷者　東京市本郷區湯島新花町三十三番地　佐藤儀一郎

發賣元　東京市本郷區湯島新花町三十五番地　城北書院

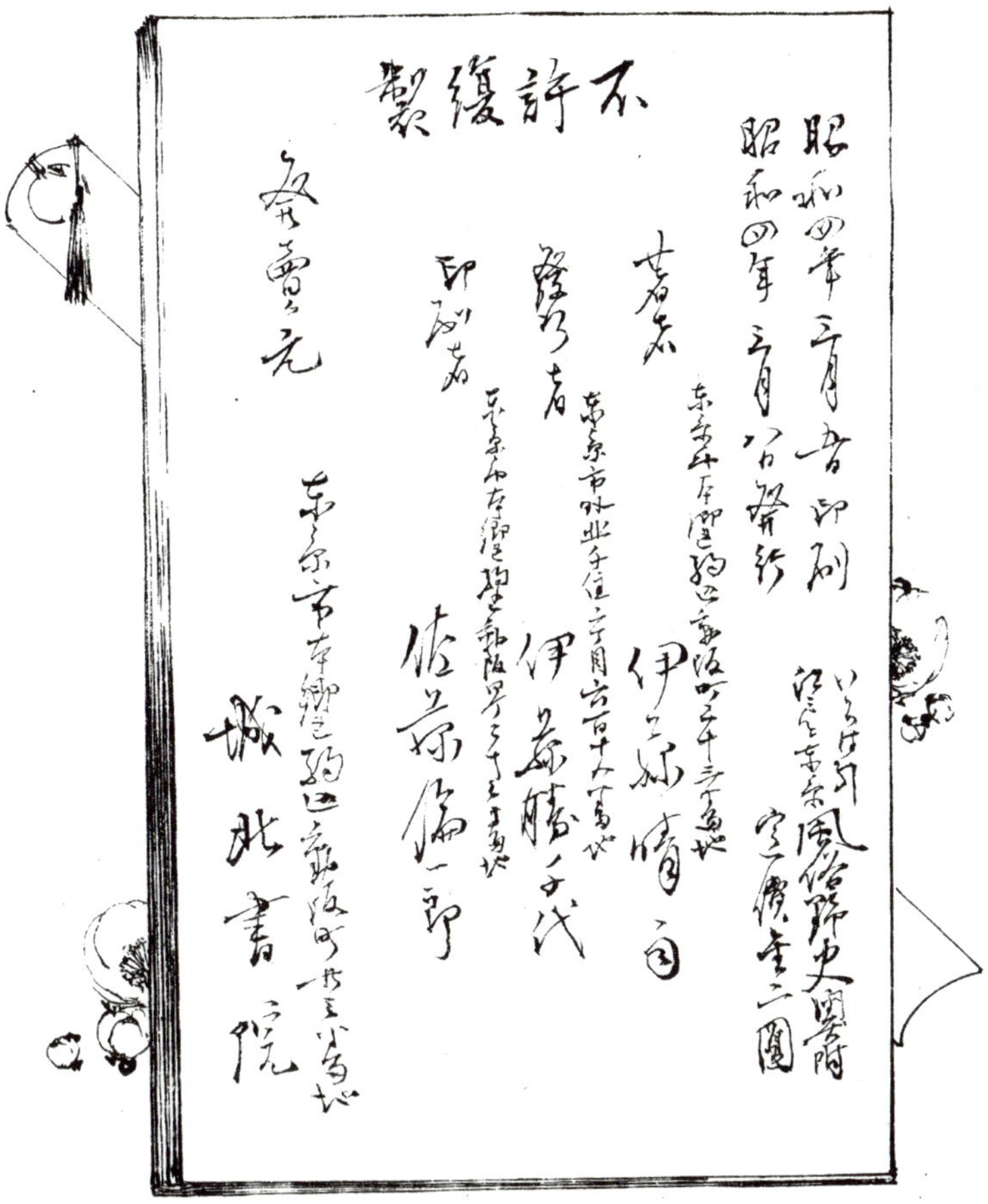

伊藤晴雨著
いろは引
江戸と東京風俗野史
巻の三

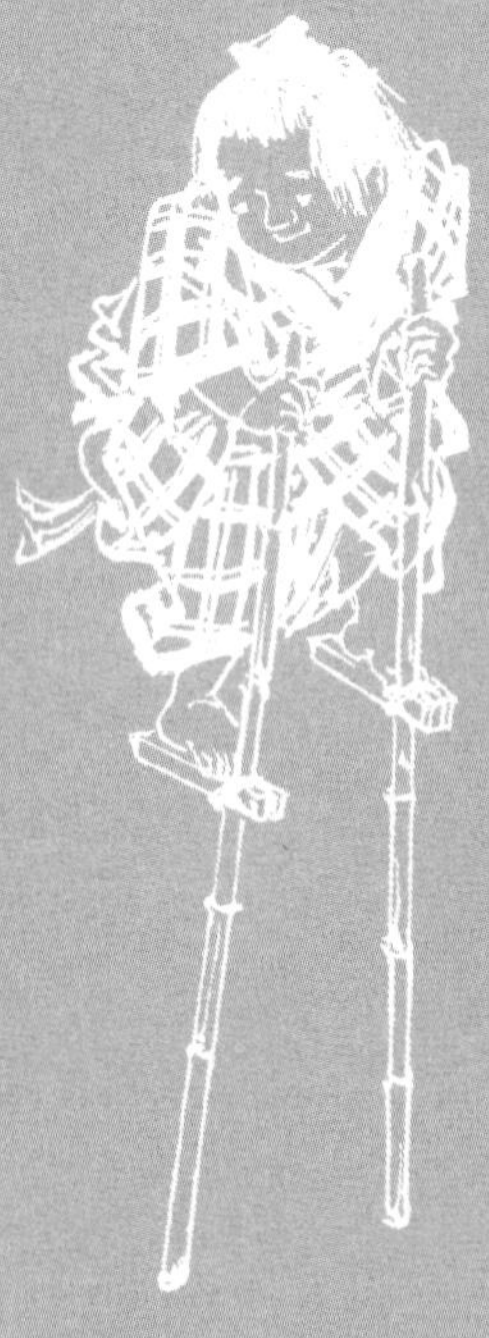

【一二三】

自序に代えて

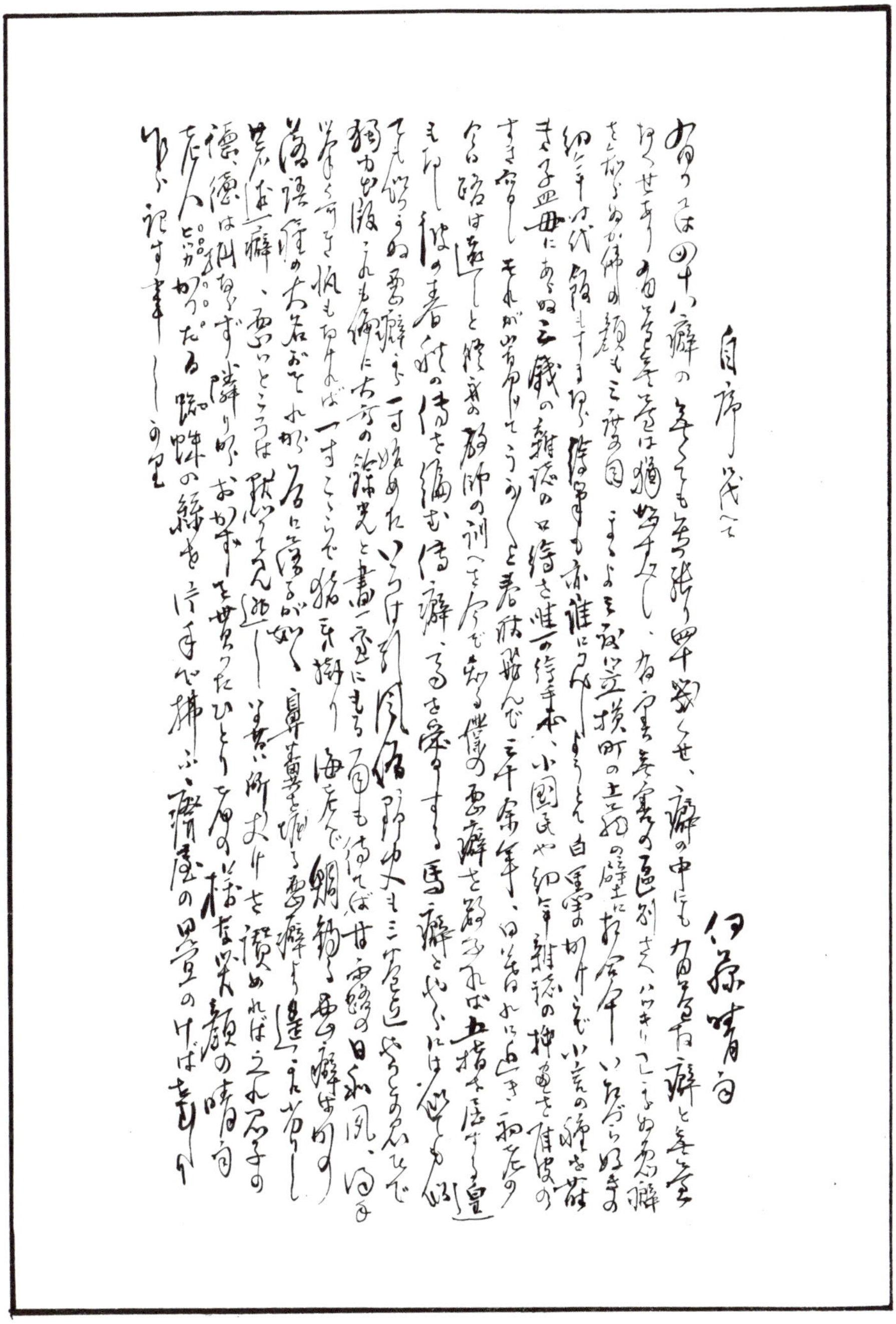

有っては四十八癖の、無くても矢っ張り四十幾くせ、癖の中にも有益な癖と無益なくせあり、有益無益は猶恕すべし、有害無害の区別さえハッキリ判らぬ悪癖を、知らぬが仏の顔も三度目、まゝよ三度笠横町の、土蔵の壁に相合傘、いたずら好きの幼年時代、飯もすきなら絵筆も亦、誰に見しょうとて白墨の、かけらで小言の種を蒔き、孟母にあらぬ三銭の、雑誌の口絵を唯一の絵手本、『小国民』や『幼年雑誌』の挿画を雁皮のすき写し、それが嵩じてうか〳〵と、春秋飛んで三十余年、日暮れに近き初老の今日、路は遠しと修身の教師の訓えを今ぞ知る。僕の悪癖を数えれば五指を屈する遑もなし、彼の春秋の伝を編む伝癖、馬を愛する馬癖とやらには似ても似つかぬ悪癖から、一寸始めたいろは引き風俗野史も三巻迄、やっとの思いで独力出版、これも偏に大方の余光と、画室にもる雨も待てば甘露の日和風、得手拳ぐべき帆もなければ、一寸こゝらで猪牙掛り、海老で鯛釣る悪癖は、かの落語種の大名がそれから谷に落ちるが如く、鼻糞を掘る悪癖より遥かに劣りし著述癖、悪いところは黙って見逃し、善い所だけを讃めれば之れ君子の徳、徳は狐ならず、隣からおかずを貰ったひとり者の様な笑顔の晴雨老人、ヒッカかったる蜘蛛の糸を片手で払う廃屋の、畳のけばをむしり乍ら記すことしか里。

【一二四】

燈火に関した江戸の俗諺俗説数則

「あんどんに疵のないのが嫁のきず」古川柳

むかしは夜の針仕事に行燈に針をさしたものですが、行燈にきずのないのは針仕事の出来ない嫁で、おそらくは素人上りではありますまいと思います。

「去りし女房のかたみとて」唄にも行燈の針のあとがつかわれておりまする。

「馬が行燈をくわえた様な顔」……俗諺

死んだ阪本紅蓮洞君や私の友人鶴見仁兵衛君なぞはまず長面会の総帥でしょう。

「地獄から火を取りに来た様な顔」

僕の知人に漫画家で一人、芝居の頭取で一人あった。一は今人、一は故人、思わず微苦笑を禁じ得ない。名前だけは知名の人だけに内ショく。

「提灯もちは先に立つ」「鼻から提灯」「飛んで灯に入る夏のむし」「長者の万燈より貧の一燈」「燈台元暗し」「吉原が明るくなれば内（家）がやみ」等は普通に使われて居る。

「蝋燭の芯を切ってくんねへ」

明るくしてくれとの意也。又は人のはな先などに立って居る頓馬な奴をしかる言葉に用う。

「天人が小田原町をのぞいて居」古川柳

浅草観音の本堂の天井にある天人が、小田原町から納めた提灯を覗いているという直観的な川柳点……。

「提灯につりがね」釣り合わぬと云う洒落なれど、余り上々の洒落ではなし。

「本所堅川々岸の一つ提灯」本所七不思議の一つで本所堅川河岸の某という旗本の家庭に於ける怪談、但し俗説にして取るに足らず。

「丁字丁字吉丁字……」子供の唄

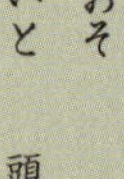

燈心の丸くなって形になったのを、宝にたとえて吉丁字といって縁喜をかつぐ迷信の一種なり。この形によりて吉凶を占う事あり。

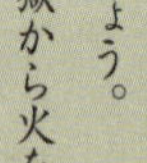

「五本燈心を忌む……」俗諺

火を尊む故に又油を尊む＝燈心多ければ油の費え多し、江戸の商戸互いに相戒めて燈芯を節約す。店頭に五本以上の燈芯を用いたる家は、永持ちをせぬとて噂せりという。但し文化時代の咄を老人に聞けるまゝ。

「灯とあかり」

むかしは火事を恐る、故、放火を戒むる故、夜間燈火を借るに火という言葉を忌む。夜行して提灯の火を借らんとする場合は、「あかりを拝借願います」と云わなければ、決して火は貸してくれなかった。

祭礼の造り物《さいれいのつくりもの》

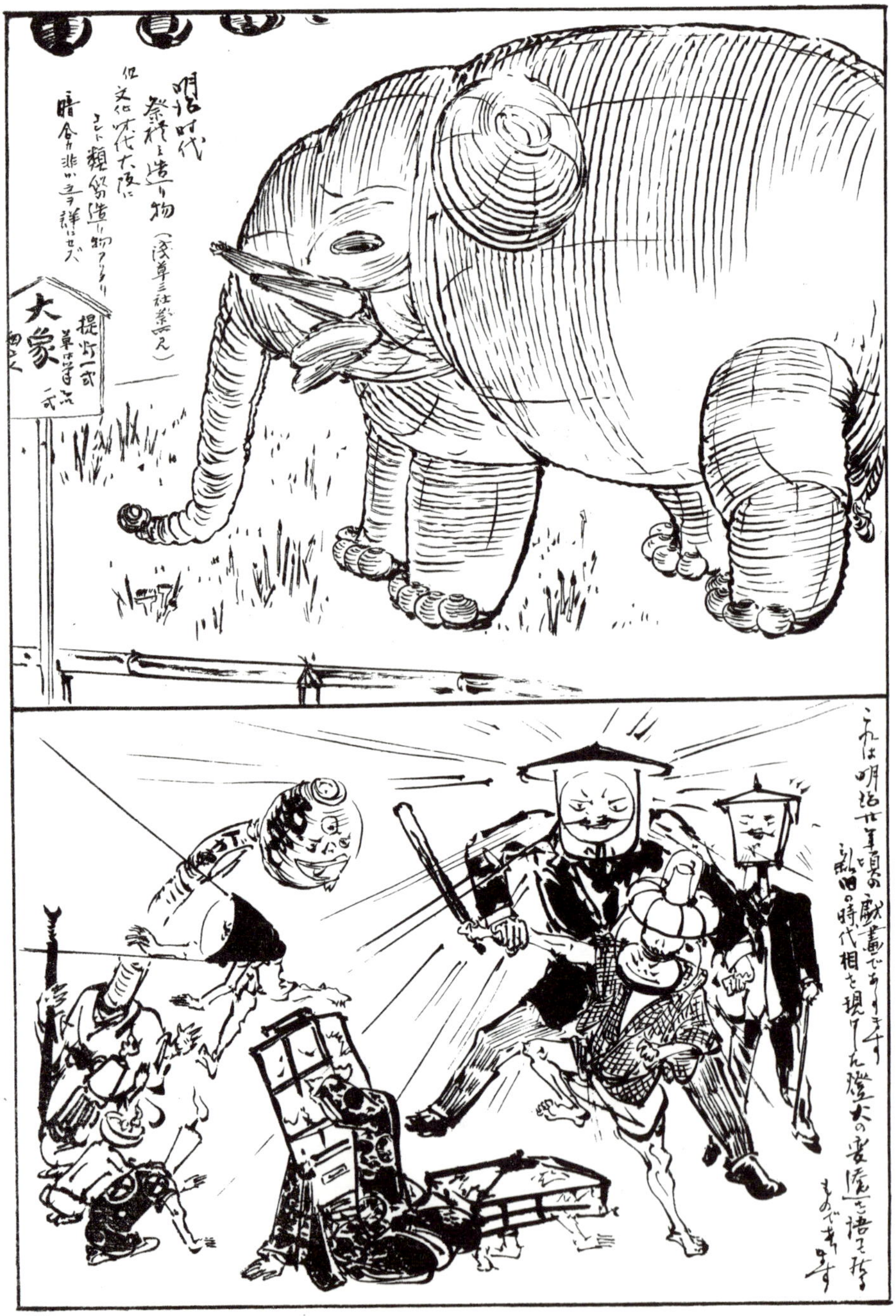

◉ここに描かれているのは、祭礼というよりも細工見世物の造り物である。晴雨は「文化年代大阪にこれと類似の造り物ありたり」というが、文化年間にそのような例は記録されていない。

大阪では難波新地、四天王寺境内などで見世物が行われた。細工見世物は開帳の奉納としてつくられた奉納見世物と呼ばれるもののひとつで、大きな細工見世物の造り物は大阪に限られた。江戸では寛政期（一七八九～一八〇〇）に大造りの細工物の禁止令が出て、それ以降は小さな物しかつくることができなかったのである。象の造り物は、文政二年（一八一九）二月に、大坂四天王寺西門での一田正七郎の籠細工興行で、四丈二尺の大象がつくられたのが、記録の上では最初である。同年に名古屋七ツ寺前でも吉田利三郎による五間の象の籠細工がつくられている。江戸では文政三年（一八二〇）に、二代原舟月の練り物細工で象がつくられた。招き看板には、謡曲『江口』で知られる江口の遊女が普賢菩薩となって白象に乗って西方浄土へ行く細工物をつくった。また嘉永元年（一八四八）に、大阪四天王寺の開帳で、模造大象が竹田亀吉によってつくられている。紋羽細工といわれ、長さ十八間の造り物であったという。嘉永頃（一八四八～五四）には、大阪難波新地で貝細工による長さ五丈余りの白象の興行もあった。

長提燈・馬上提燈・納め提燈・軒提燈

ながちょうちん・ばじょうちょうちん・おさめちょうちん・のきちょうちん

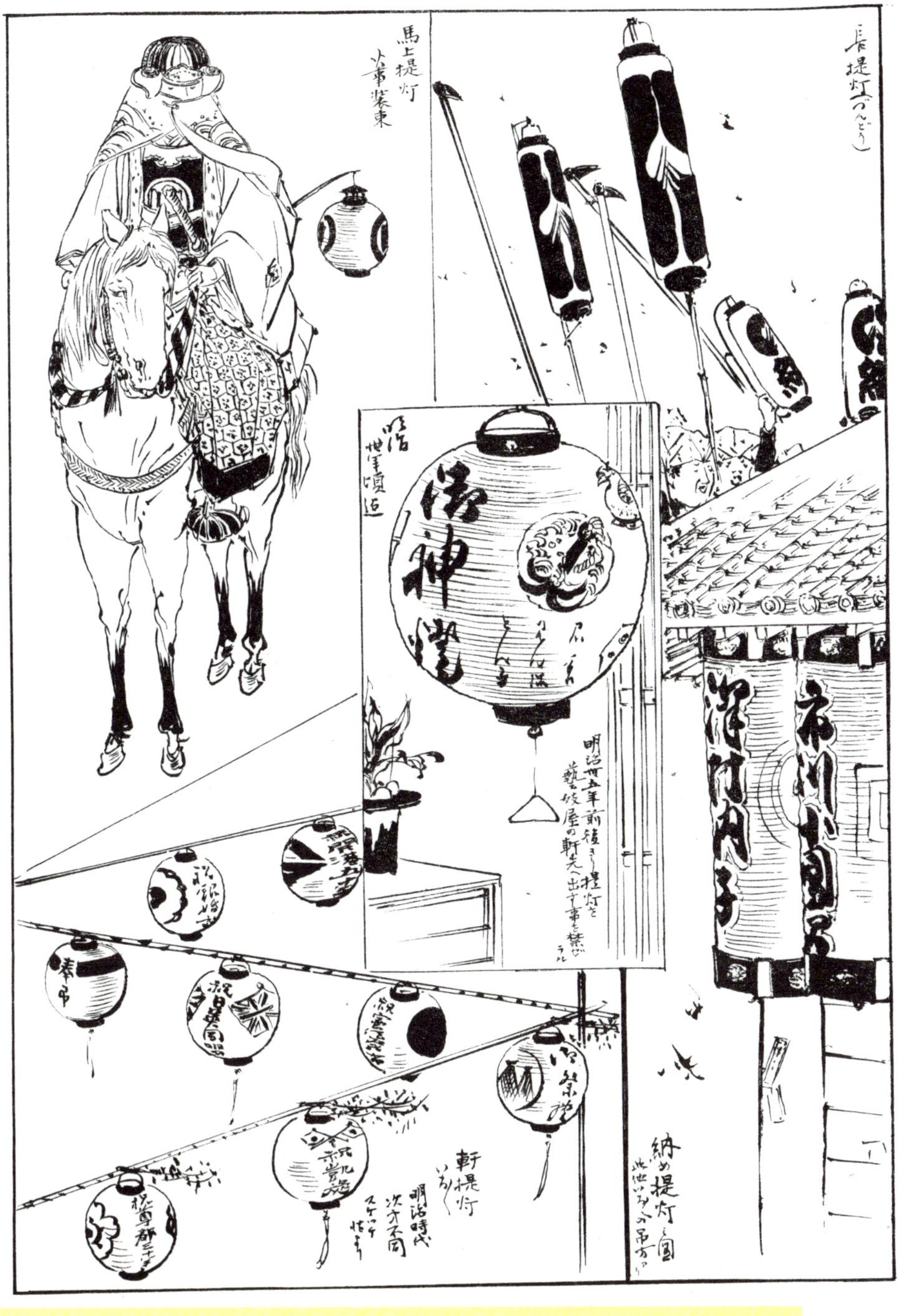

◉提燈が使われるようになったのは室町時代からといわれる。籠提燈《かごちょうちん》がはじまりという。籠の外側に紙を張り、火を灯すときは、台板の中央に立てた竹筒のなかにある松脂蝋燭《まつやにろうそく》に火を灯した。松脂蝋燭は、笹の葉に松脂を包んだものである。提燈以前は行燈で、提燈は中が蝋燭、行燈は燈蓋皿《とうがいざら》であった。蝋燭は紙縒りに燈芯をからませて芯とした。長《なが》提燈は細長くつくった提燈をいう。上部の蓋の金具に柄がついているだけで、ぶらぶら揺れるところから、ぶらぶら提燈ともいい、また花籠の寸胴切りの形に似ているので、ずん胴ともいった。馬上《ばじょう》提燈は馬の鞍につけた提燈。納め提燈は寺社に奉納する提燈のことである。軒《のき》提燈は屋根の軒下に下げた提燈をいう。綱を張ったところに吊るのも軒提燈といった。

川一丸《かわいちまる》

◉大川（隅田川）の屋形船の名。川中に船を浮かべ、川開き・川涼み・花火・花見・雪見・川施餓鬼などに利用された。船遊山《ふなゆさん》といわれる船をつかった遊びは、ことに夏の風物詩ともいえる行楽の一つである。川一丸より大きな船に、吉野丸（吉野ともいう）があった。ほかに関東丸・山一丸・くま丸などの名が知られている。屋形船よりも小さな船が屋根船で、船頭が一、二人いた。文化期には五百余艘を数え、幕末期はさらに増えている。

右に見える「おもはじと思ふも物をおもふなりおもはじとたに思ふ君かな」という和歌は、畳語畳韻例としてあげられる一つで、耳に強く響くのを楽しみとして意識的に用いられた技巧である。『古今和歌集』に「思へども思はずとのみ言ふなればいなや思はじ思ふかひなし」、『後撰和歌集』に「思ふ人おもはぬ人の思ふ人おもはざらなん思ひしるべし」、『玉葉和歌集』に「憂き人に憂しと思はれ人もかな思ひしらせて思ひしらせむ」、などがみられる。

箱提燈・祭り提燈

はこぢょうちん・まつりぢょうちん

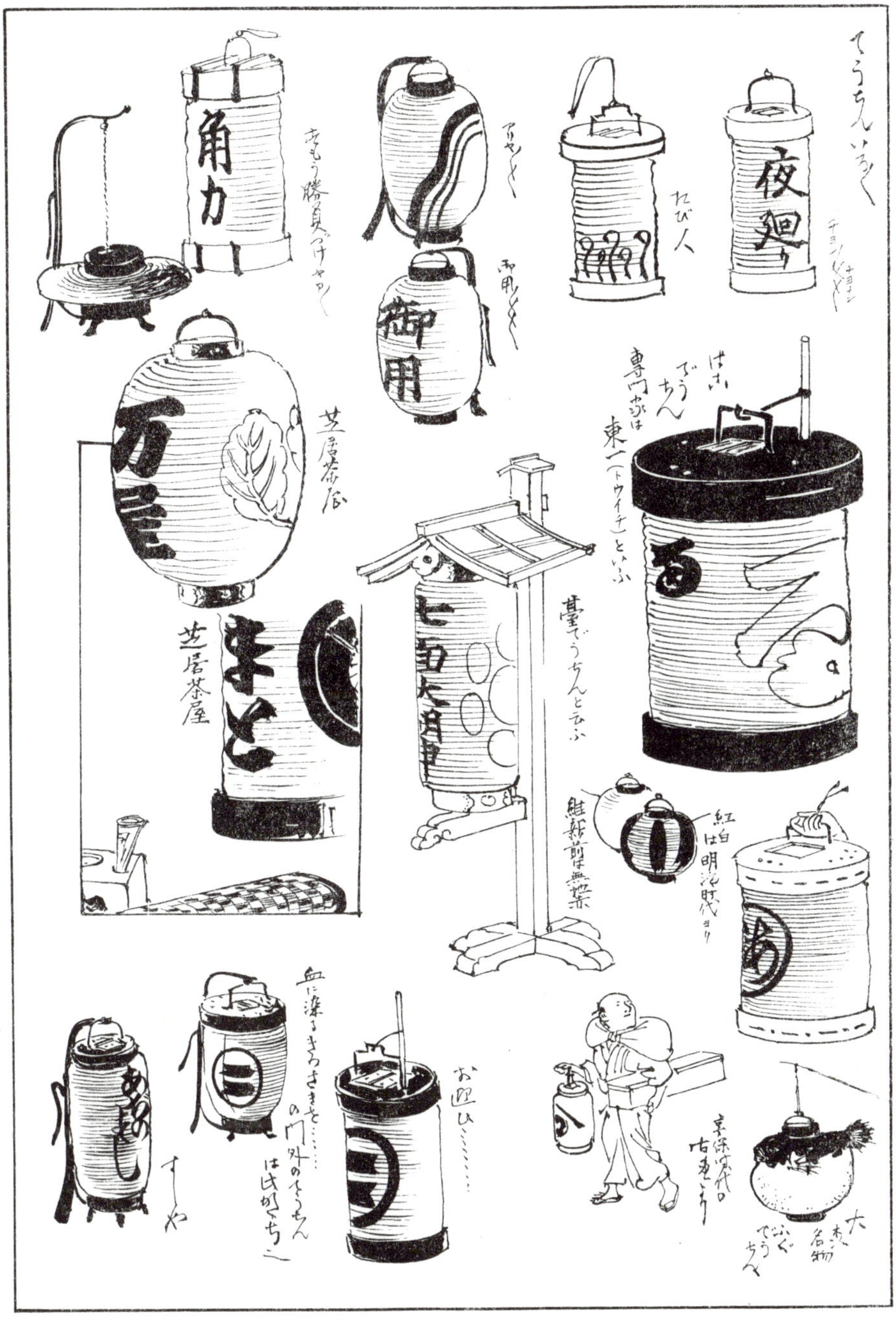

◉箱提燈は上下に丸い蓋があり、中に折り畳めるようにつくった円筒形の大きな提燈。吉原では、五十間道や田町にある編み笠茶屋で編み笠を借り、顔を隠して廓に入る時に、案内の若い者が箱提燈をもった。祭りには万燈《まんど》（まんどうともいう）・またぎ提燈・ほうづき提燈・十二豆燈などの名称をもつ提燈がみられる。なかでも万燈には二種類あり、お会式《えしき》などの花万燈《はなまんどう》は、柳の枝に花房をつけ、実りの多い穂を表現し、垂れるようにつくる。その一枝を持ち帰ると、その年は風邪をひかないといわれる。もう一つは、四角い木枠の小さな箱の四隅に紙を張り、国土安全、五穀豊饒などと文字を書き、箱の下に長い柄をつけて、担ぐようにもつ。これを万度《まんど》とも書く。一万度の祓い箱の形につくるところから名付けられた。一般的には、祭り提燈というと御神燈、御祭礼などの文字を書き、その周りに右三つ巴紋散らしを描くことが多い。他に祭り提燈というと、地口行燈・随身行燈・掛け行燈（大行燈ともいう）などを含める。随身行燈と掛け行燈は、初午祭りに祭神の入り口、鳥居の両側に掛けることが多い。左右は同じような絵でも異なる絵を描くという。大きさは大半紙一枚半。手彩色をほどこしたものが多く、十二、三色を限度とする。江戸時代は絹地を用いたといい、名のある画工が描いたという。掛け行燈は横三尺から四尺の横長の行燈で、中に蝋燭が三本使われた。

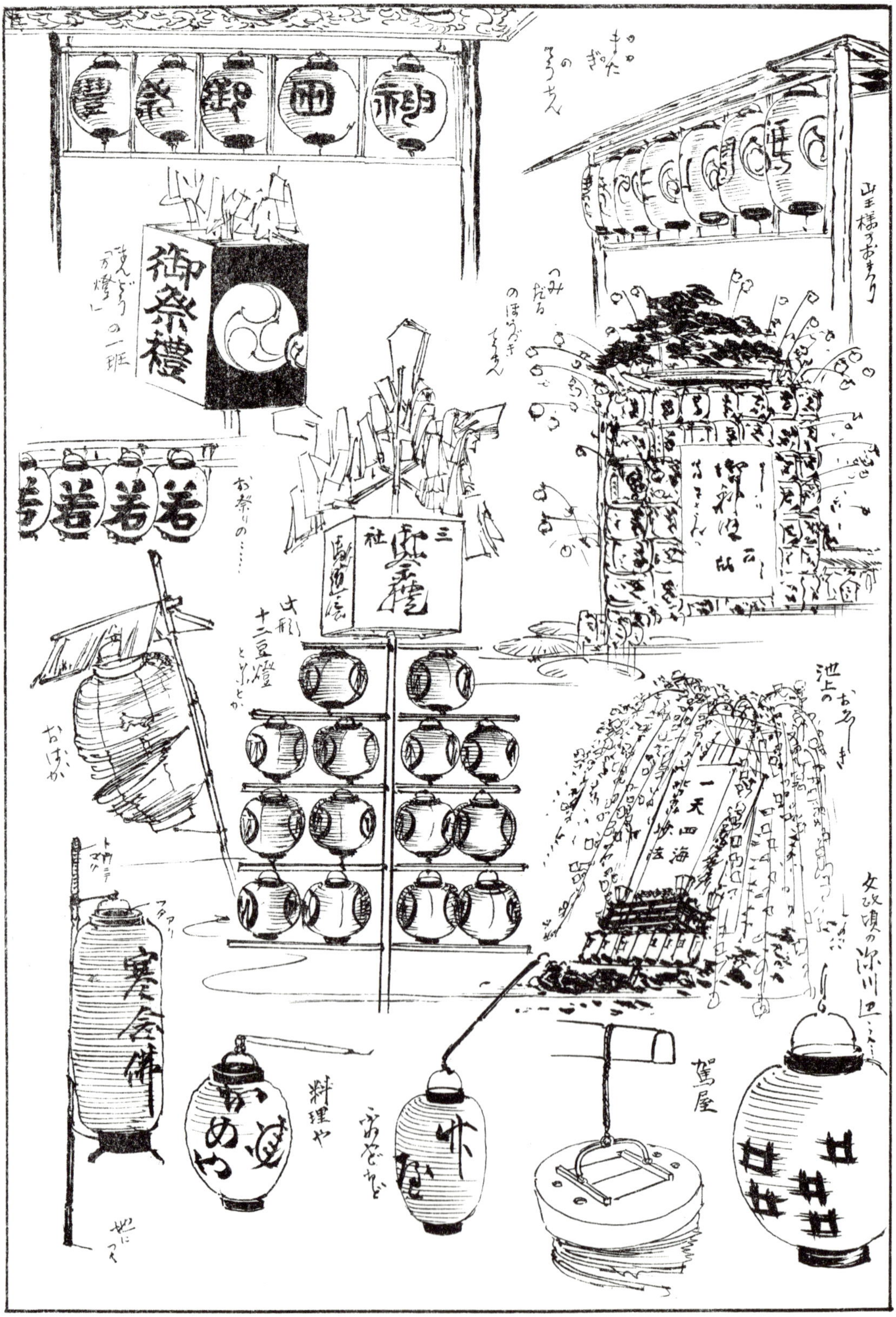
山王様のおまつり
「万燈」の一班
御祭禮
若 若 若
お祭りの……
十二豆燈
おばけ
池上のおえしき
一天四海
妙法
文政頃の深川辺……
寒念佛
料理や
蔦屋
地につく

【一三一】

地口行燈《ちぐちあんどう》

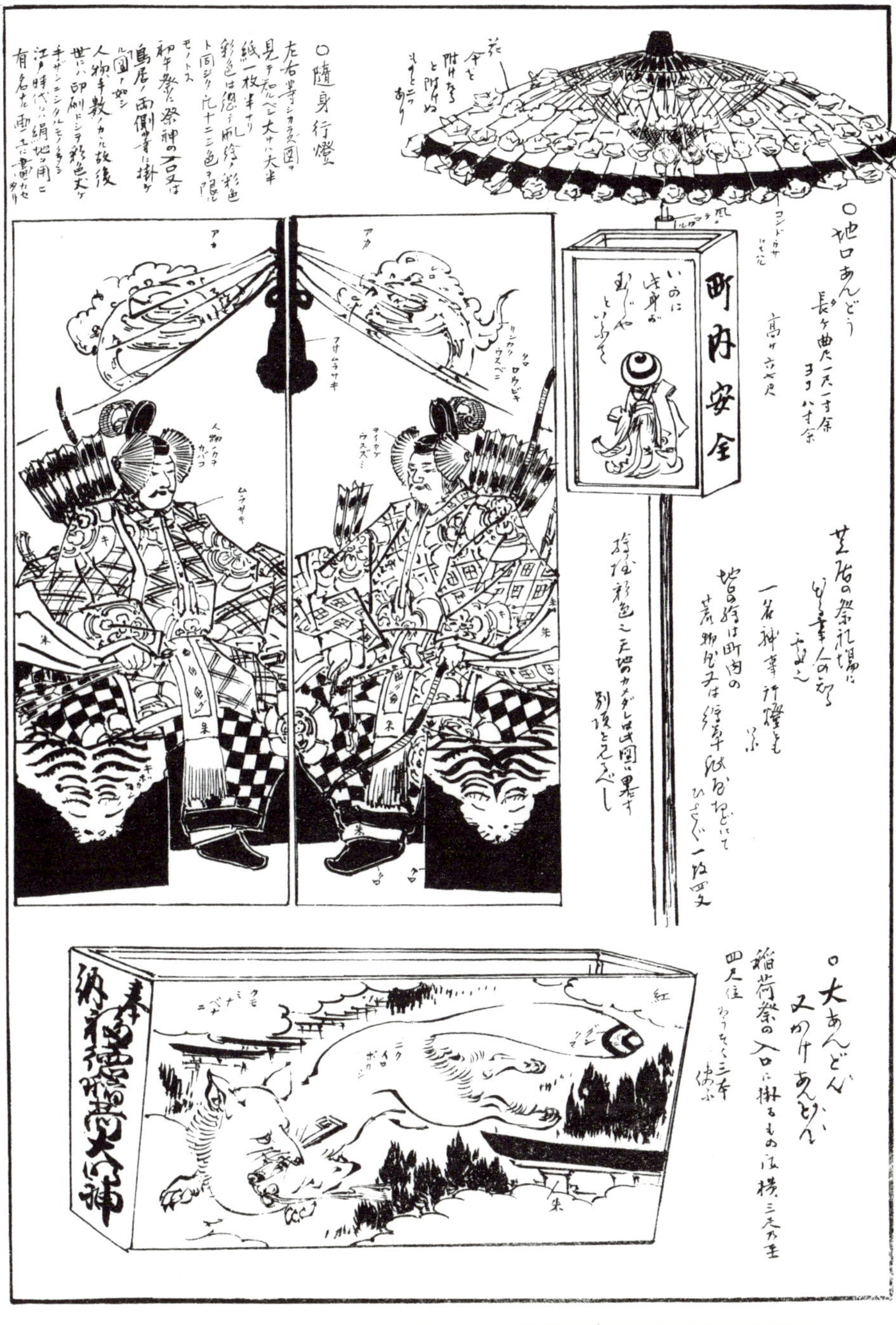

◉神事行燈《じんじあんどう》ともいう。地口は秀句・もじり・語呂《ごろ》・しゃれなどとも呼ばれる。地口の語源には諸説あるが、言葉が似る似口の転訛といわれている。大阪では口合《くちあい》といった。江戸時代には『地口須天宝《ちぐちすてんぽう》』（安永二年・一七七三）、『鸚鵡盃《おうむさかずき》』（安永二年）などの地口本がいくつもみられ、幕末には特に流行した。『神事行燈』といった地口行燈の絵手本も出版されている。

地口は芝居のせりふ、ことわざ、故事成語などを元につくられる。祭りの宵宮《よみや》には、神社参道などに飾られ、謎を解くように歩きながら楽しんだ。長方形の行燈の中に入れたロウソクで燈し、半紙に絵が描かれる。墨で描かれたものに紅・緑・青・黄などの限られた色で着色し、上部には紅色と紫色で霞を描く。側面には国土安全・町内安全・商売繁昌・家内安全・無病息災・五穀豊饒などと書かれる。江戸時代の挿絵の多くは初午の稲荷祭に飾る絵を描いている。『絵半切かくしの文月』（文化十一年・一八一四）、『五節供稚童講釈』（天保二年・一八三一）などの挿絵には、子供と地口行燈とが描かれる。行燈の側面に「子供中」とあるのは初午が子供の行事だからである。昔は町内の荒物屋、絵草紙屋などが描いたが、現在は提燈屋が描いている。

【一三二】

地口行燈の例《ちぐちあんどうのれい》

◉「松風ぶらさげ　松風村雨《むらさめ》（謡曲『松風』に登場する姉妹の名前）」。「大星湯やのぞき　大星由良助（『忠臣蔵』の大石内蔵助）」。「そまの五郎　曽我五郎（『曽我物語』の曽我兄弟の弟）」。「かめが片手はもの中じゃ　金がかたきの世の中じゃ（「金が敵」ともいう諺）」。「せんどうどのもつべきものは帆で御座る　源蔵もつべきものは子で御座る（『菅原伝授手習鑑』寺子屋の段の源蔵）」。「なすはよいものつかひもの　那須与一は強いもの（『平家物語』の屋島合戦に登場する武将）」。

【一三三】

掛け行燈《かけあんどう》

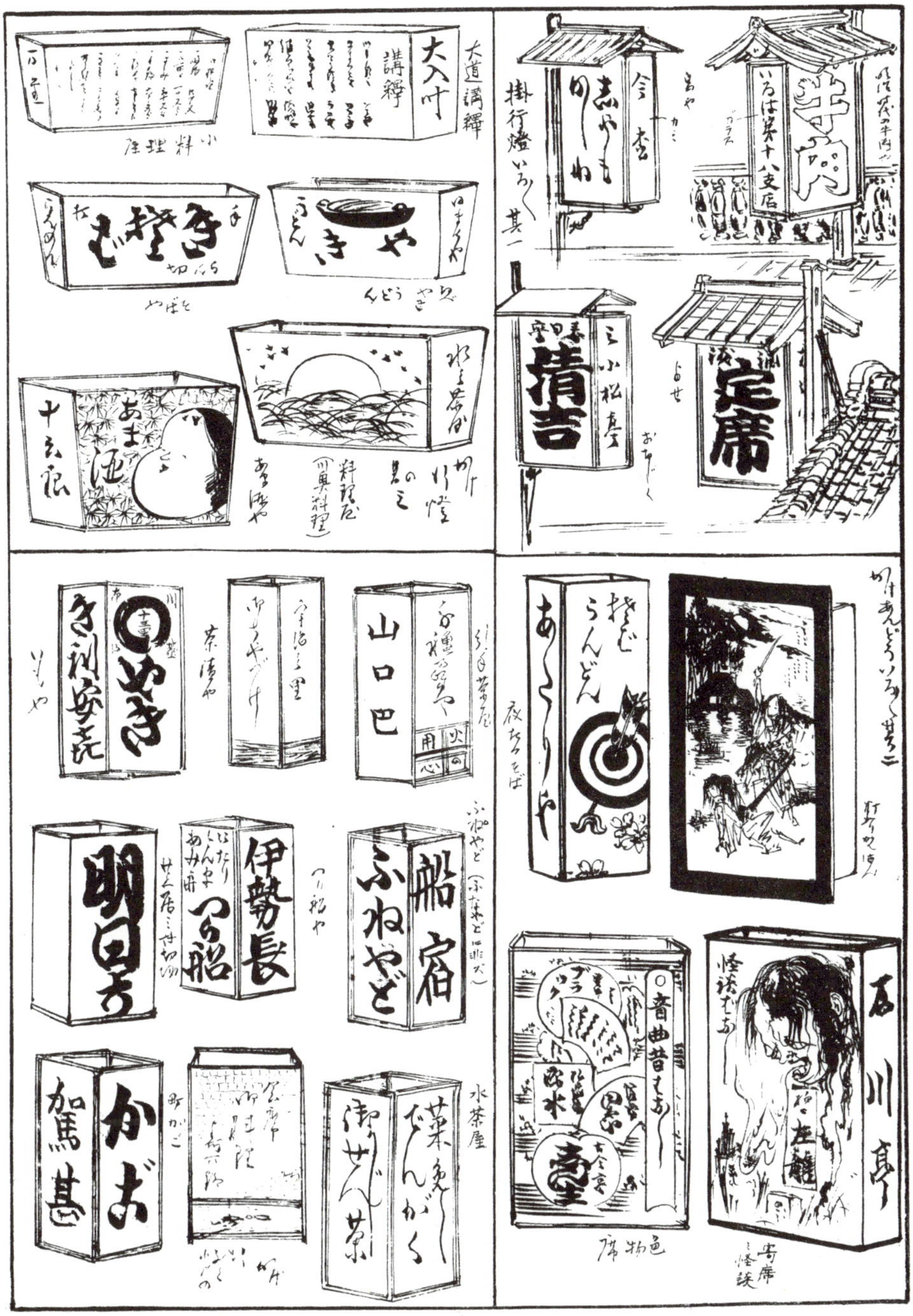

◉家の軒先や入口近くに立てたり、木戸口などに掛ける行燈をいう。正面・側面・裏面の三カ所に文字を書き、絵を描くこともある。軒先にある行燈には屋根がついている。寄席などでは、吊るし行燈、招き行燈ということが多い。吊るし行燈は、軒先に高く掲げた行燈で、寄席行燈ともいう。トリ・スケ・中軸の三人の落語家の名を書くものである。右を書き出しといい、スケの名を書く。中央に中軸の名を書く。トメにトリの名を書く。中軸がスケ、トリよりも格が上だと「突き上げ」といって上に突き出して書き、その下に大入と書いた。この吊るし行燈の下に置く、横長の行燈を子持ち行燈という。招き行燈は、景気行燈ともいう。木戸口に掛けて、上中下三段に名を書く。側面には「千客萬来大入叶」と書いた。

ふねやど

◉前頁で「ふなやど二非ズ」と晴雨はいうが、この区別を明確に記した史料がない。「ふなやど」という読み方が多い。「ふなやど」は船遊山に使う船（主に猪牙船《ちょきぶね》。屋根船もある）を仕立てる家である。柳橋、山谷堀などから出発する。「ふねやど」は宴席の場、男女密会の場ともなるときに使った言葉か。

船の舳先に描かれた「かげ芝居」とは、大川（隅田川）の川開きなどで、屋根船に芝居絵を描き、演目などを記した行燈を舳先に置き、橋の下で呼び込みの囃しを奏しながら、納涼船の遊客からの声を待った。声がかかると三味線、鳴り物などの音曲を入れ、予定の演目を役者の声色で演じた。暗い中で芝居を演じたので蔭芝居といった。代金は一分。

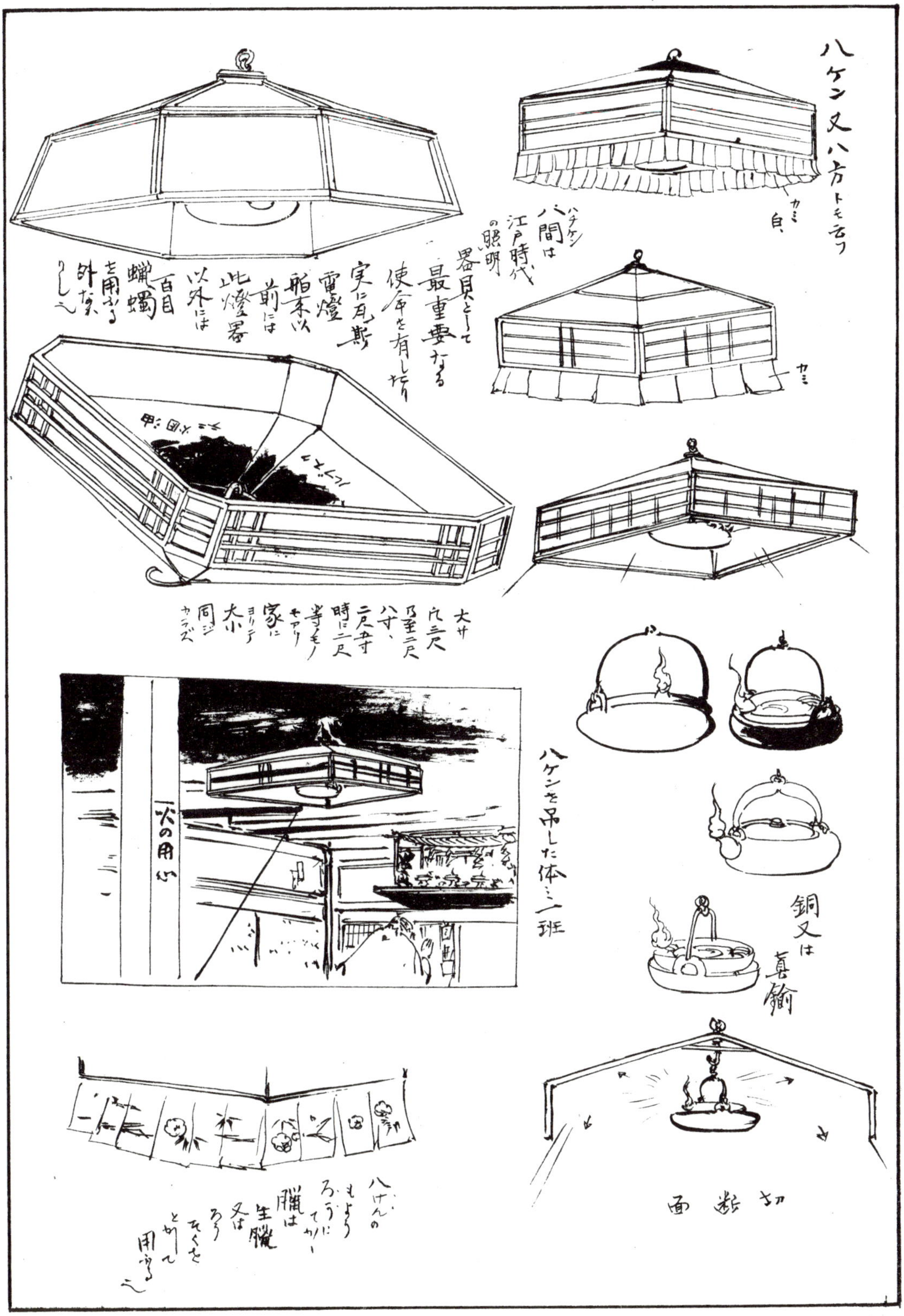
八ケン又八方トモ云フ
カミ
白
カミ
八間《ハチケン》は江戸時代の照明器具として最重要なる使命を有したり
実に瓦斯電燈船来以前には此燈器以外には百目蝋燭を用ゆる外なかりし
大サ凡二尺乃至二尺八寸、二尺五寸時ニ二尺等ノモノモアリ家ニヨリテ大小同ジカラズ
火の用心
ハケンを吊した体之一班
銅又は真鍮
切断面
八けんのもようろうにてかく
臘は生臘又はろうそくをとかして用ゆる

龕灯《がんどう》

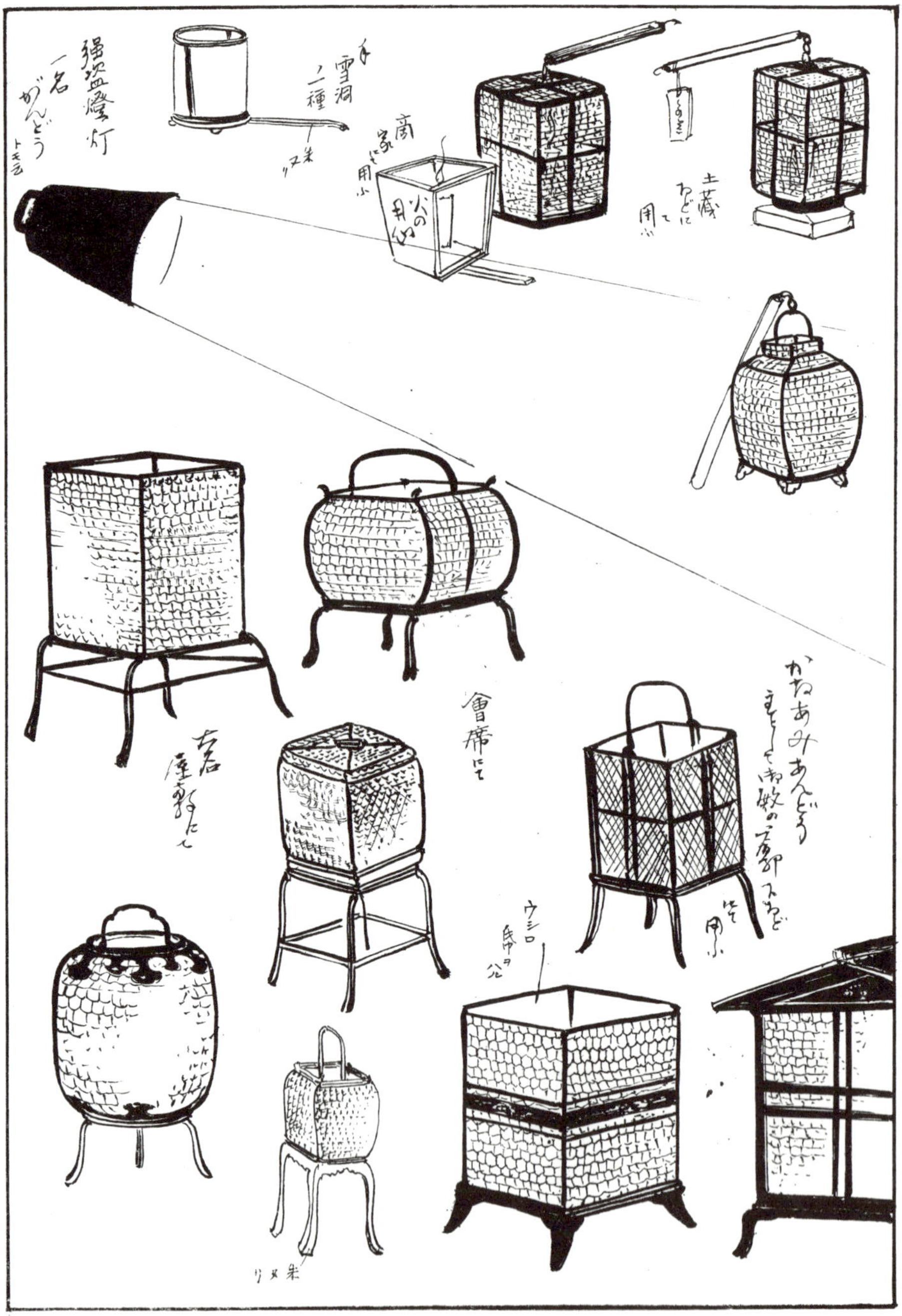

◉がんどうとは強盗のことで、強盗提燈の略である。鉄板などで釣り鐘形の枠をつくり、そのなかに自由に回転する蝋燭立てと反射鏡を取り付けたもので、携帯用の灯火具である。落語の怪談咄でも照明器具として用いる。お化けの登場や、顔の下から照らして顔の凄みを出す場合に用いる。どんな状態でも蝋燭の位置は垂直になるから、消えることがない。また前方だけを照らし、相手からはがんどうをもつ人の姿が見えないので、遮眼灯《しゃがんとう》ともいう。

吾妻橋
開橋式写生

中橋
祇園會
四方あんどう
行燈二三部
を破りて中の
蝋燭のもよう
を示せるは
読者をして想像の
便ならしめんための
著者の老婆のみ心

高燈籠《たかどうろう》

◉死者の霊を弔うために、竹竿の先端に糸で吊り上げる盆燈籠のことである。

【一三九】

石燈籠《いしどうろう》

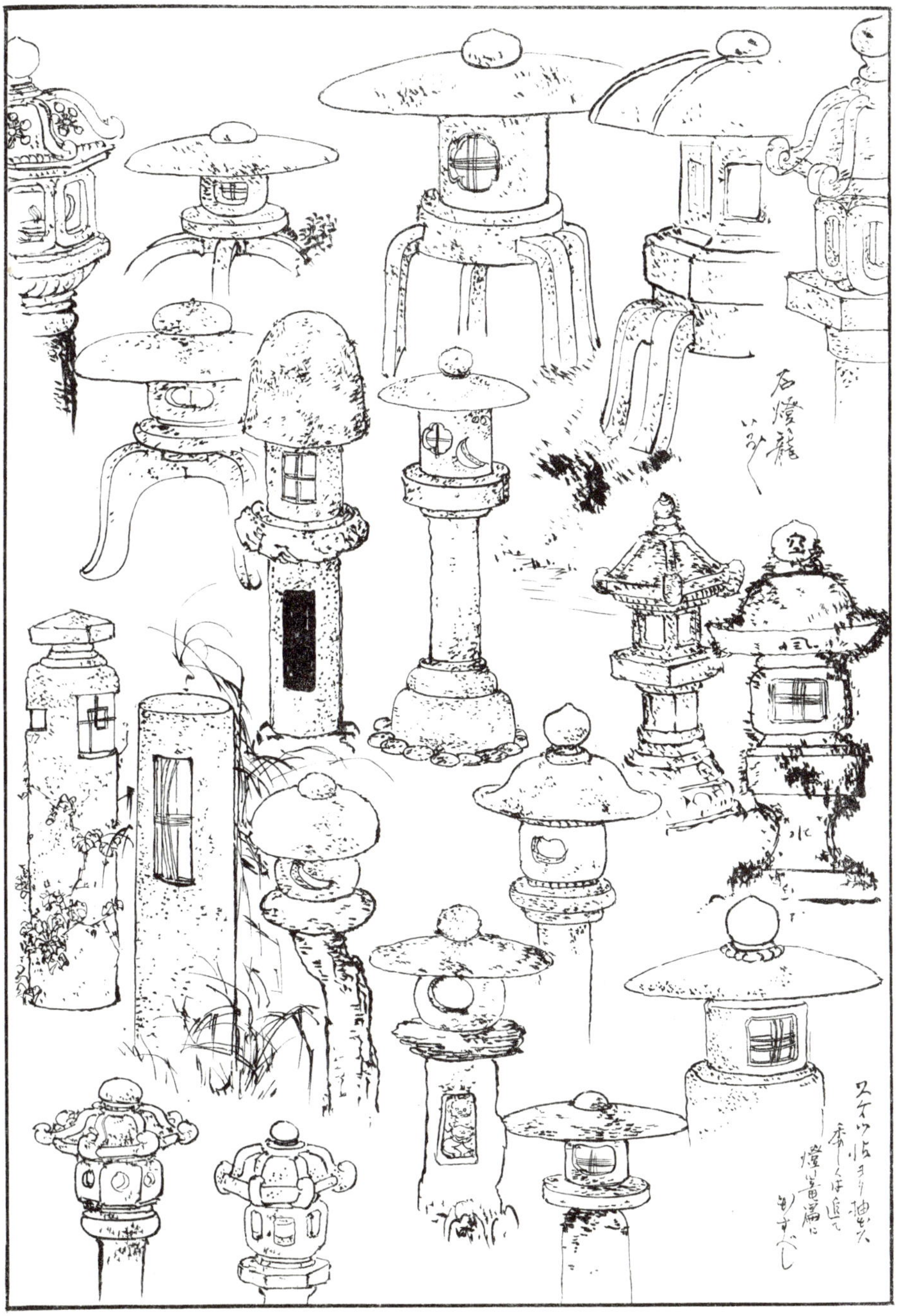

◉社寺の献灯、庭園の飾りとして用いられることが多い。上から下まで名称があり、それぞれ宝珠《ほうじゅ》・笠《かさ》・火《ひ》袋《ぶくろ》・中台《ちゅうだい》・竿《さお》・基礎と呼ばれる。

少年少女の遊戯としてする大人の
実用として蓮の葉の燈
火を作ったのは明治もまだ
ランプ全盛時代であった
往来淋しき街を
提灯代用の蓮の
光を観たのも廿余
年の昔しであった东京
の郊外の車や馬が代燈
紙は七夕紙
青がミ
赤がミ
西瓜とうがんを応用した遊戯燈
古ドビン応用
川船の灯

【一四一】

玉菊燈籠《たまぎくどうろう》

◉玉菊は新吉原、中万字屋の遊女の名。美しく気立てのいい性格で、さらに茶の湯・生け花・三味線・俳諧などの芸事にも巧みで、吉原を代表する遊女であった。二十歳のときに病気になり、療治に手をつくし、お灸を据える間に半太夫節、河東節を聴きたいというと、それを聴きに来た客にも十分な接待をした。こうした贅を尽くすことができたのも、玉菊の後ろ盾に五代目奈良屋茂左衛門（奈良茂）がいたからであった。奈良茂は京都旅行の帰途に、三十余歳で没し、その翌年の享保十一年（一七二六）三月二十九日に、玉菊も二十五歳で没した。玉菊は浅草、光感寺に葬られたが、明和の大火で寺は跡形もなくなる。この玉菊の忌日に、箱提燈を土産代わりに渡したのが、軒に吊るされるようになる。元文元年（一七三六）には、箱提燈の裾に青黒の筋をつけるようになり、翌年からは切子燈籠《きりこどうろう》に代わった。年ごとに華やかな提燈になり、玉菊燈籠と呼ばれて、七月朔日から晦日までの間、茶屋（一～十二日）、妓楼（十三～三十日）で吊され、吉原の三大景物の一つになった。芝居では『繰返廓文月《くりかえすさとのふみづき》』が安永九年（一七八〇）に上演され、瀬川菊之丞が玉菊をつとめている。その後も、『網模《あみも》様燈籠菊桐《ようとうろうきくぎり》』『法四季紙家橘《たむけのしきしいえのたちばな》拙』『星《ほし》舎露玉菊《やどるつゆのたまぎく》』などの作品がつくられた。

劇と講談に
現れたる玉菊

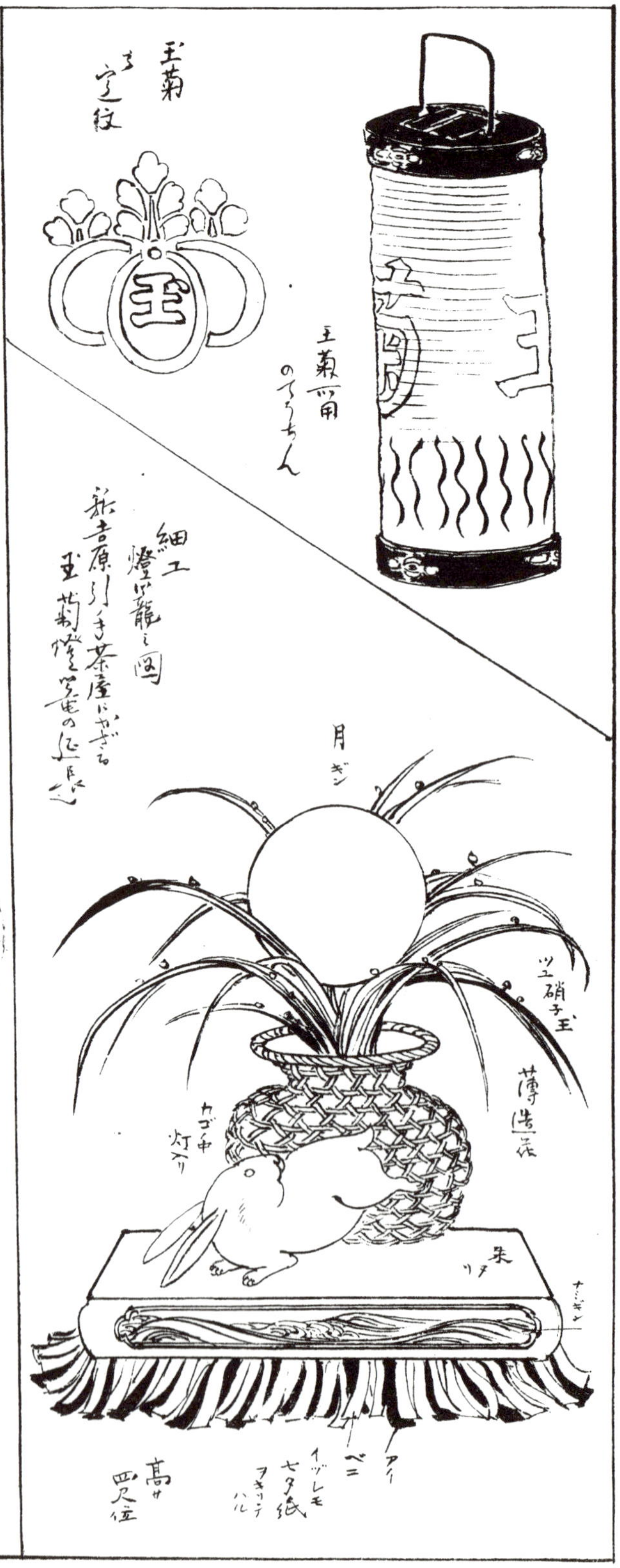
玉菊
字之紋
玉
玉菊所用のてうちん
細工
燈籠之図
新吉原引手茶屋にかざる
玉菊燈籠
月 ギン
ツユ 硝子玉
薄 造花
カゴ中 灯入リ
朱
ナンキン
アイ
ベニ
イヅレモ
七夕紙
ヲキリテ
ハル
高サ
四尺位

【一四三】

盆燈籠《ぼんどうろう》

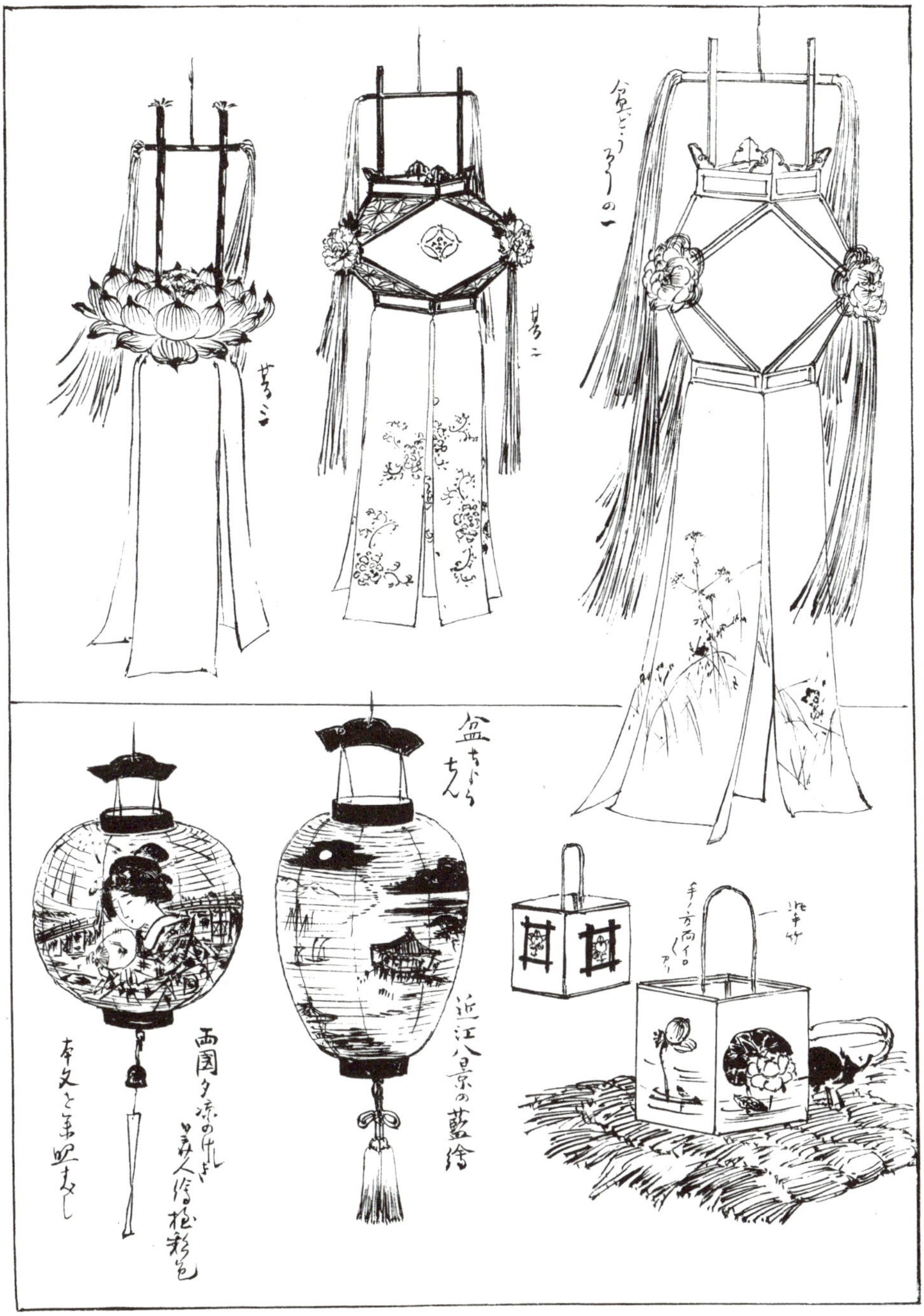

◉切子燈籠《きりこどうろう》ともいう。新盆《にいぼん》の家から出した。大振りの華やかなつくりで、裾には長い布を垂らす。大きな燈籠になっているのは、新精霊が降りてくる場所を間違えないようにするためである。精霊迎えから精霊送りまで飾られ、精霊送りの日に焼き、その煙に乗せて精霊を送る。長野県新野の盆踊りでは、盆燈籠を焼くときに鉄砲を打つ。精霊を音で驚かし、早く煙に乗ってもらうためである。この燈籠を頭に被る燈籠踊りもみられる。燈籠の絵にはススキ・オミナエシ・キキョウ・ハギ・ミソハギ・コゴメバナ・ユリなどの秋の草花が多くみられるが、これは秋の豊年の祈りを込めたものである。座敷に飾るときは、盆花《ぼんばな》とともに盆棚《ぼんだな》、精霊《しょうりょう》棚《だな》の側に置かれる。堀河院の寛喜二年（一二三〇）七月に始まったといわれ、十四日の夜から晦日に飾った。八月も三日まで続けたという。精霊棚に飾るとき江戸では蓮を描いた（上方は白紙）。また大阪では提燈に記号（紋か）を書いたが、江戸は白張り提燈を用いた。なかには南無阿弥陀仏の六字名号や南無妙法蓮華経を書いたものもあった。のちに小提燈に山水草花を彩色（藍一彩もあった）で描いたものを用いるようになった。

回り燈籠《まわりどうろう》

◉燈籠の中に紙を放射状に重ね合わせ、その中心に燈籠の下まである長い棒を差し、下にシジミ貝を置いて、蝋燭の熱気で長い棒につけた影絵が回る仕掛けにしたものである。この影絵は回ることで絵の内容が展開するようになっている。おいらん道中・化け物・にわか雨・船あそびなどがみられ、京都の有楽斎長秀が描いた刷り物が残っている。晴雨が「影絵」と記している上図は、にわか雨で道を急ぐ人々が、角兵衛獅子を演じる子供三人と太鼓打ちの親方などと出会うという筋である。

竹
板
彩色は染料を用ひ故透明なり
水菓子
あま酒
成田山
大福帳
寿
當
玩具の燈籠
へぎどうろう
主に神社佛閣の縁日などで売る
日清戦争頃には種々の珍形もあり

組上燈籠

くみあげどうろう

組上燈籠之図
間口三尺

明治初年板ガラスの普及せし頃好事家の造れる箱庭

◉おもちゃ絵の一つ。間口三尺、奥行き一尺八寸の燈籠。切り組み燈籠、組み上げ、組み上げ絵などという。大阪では立版古《たてばんこ》という。版古は版行、板行のことで錦絵、刷り物をいう。

組み上げるものの多くは、芝居を素材にしている。錦絵に描かれた絵を切り抜いて、それを糊付けで張り合わせ、立体的なものに組み上げる。江戸、京都、大阪の三都で二千種もの作品がつくられたという。それを蝋燭の火で見せるところから組上燈籠という。歴史物、四季風物などを題材にしたものもある。最古のものは、明和期（一七六四〜七二）の鳥居清経画による「仮名手本忠臣蔵九段目山科の段」（いせ次版）といわれる。また寛政、享和期（一七八九〜一八〇四）には、北尾政美、北斎らが描いたものもあるという。『浮世絵類考』に「北尾政美は若き頃切組燈籠画あまた画けり、芝居の燈籠などありし」と記されるが、政美の作品は伝存していない。文化期（一八〇四〜一六）になると、歌川豊久、上方の有楽斎長秀の絵などがあり、幕末になると歌川国郷のものがある。上方では幕末から明治二十年ころにかけて、長谷川貞信・小信親子による切組燈籠がつくられ、これらは芝居の全狂言を網羅するほどで、この時期が立版古の最盛期だったという。明治期の東京では芝居を題材にしたものは少なく、歴史物、新風俗物が中心を占め、二十年以降になって、ようやく芝居物の全盛期を迎えた。

大道具の花火
昔しの舞台裏の光景、電気のない時分には書割りに花火の形を切り抜いておいて正面からは薄く空色を塗つた背景の後ろから百目ろうそくを振り廻すといふ方法であつた。明治になつても此方法は用ひられて居た、因みに只今舞台の蛍なども背景に穴を明けて大道具が二三人でやすりろうそくを用ひたりかりしとやつたものであつた

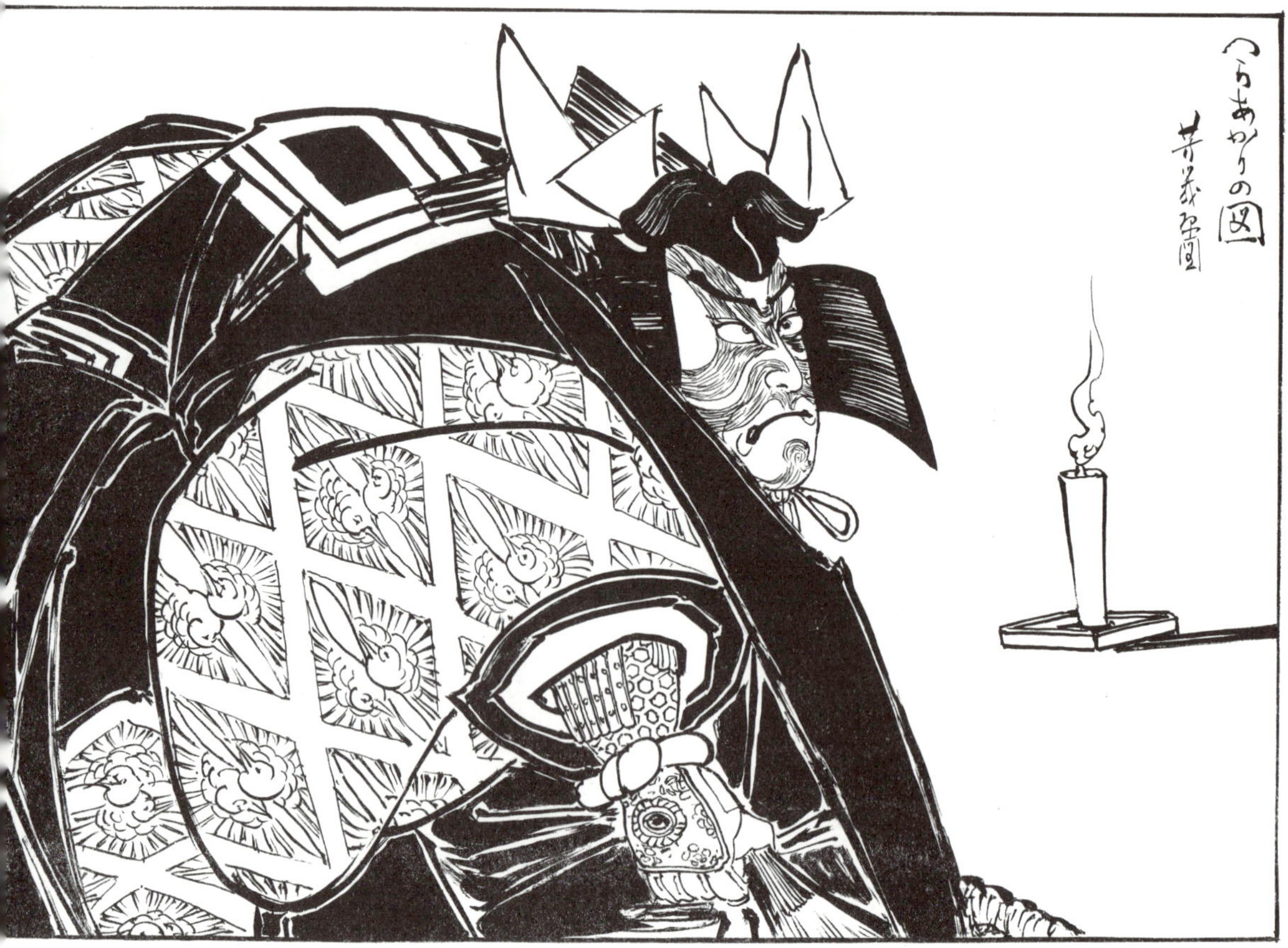

つらあかり

◉芝居で見栄を切るときの顔の凄みを、蝋燭の火で見せるための道具。柄の長い棒の先に蝋燭を立て、それを役者の顔の近くに差し出す。その火で役者の顔（ツラ）を照らした。

天保時代
明治時代の新吉原の桜

隅田川流燈会ノ燈籠
作者は酒井抱一ノ門下にして
明治時代光琳派ノ最后ノ画家
たりし野沢堤雨ノ作る處ニ
現今向島百花園用ニ而
二尺三寸
中にローソク入れる

【一五一】

辻行燈

つじあんどう

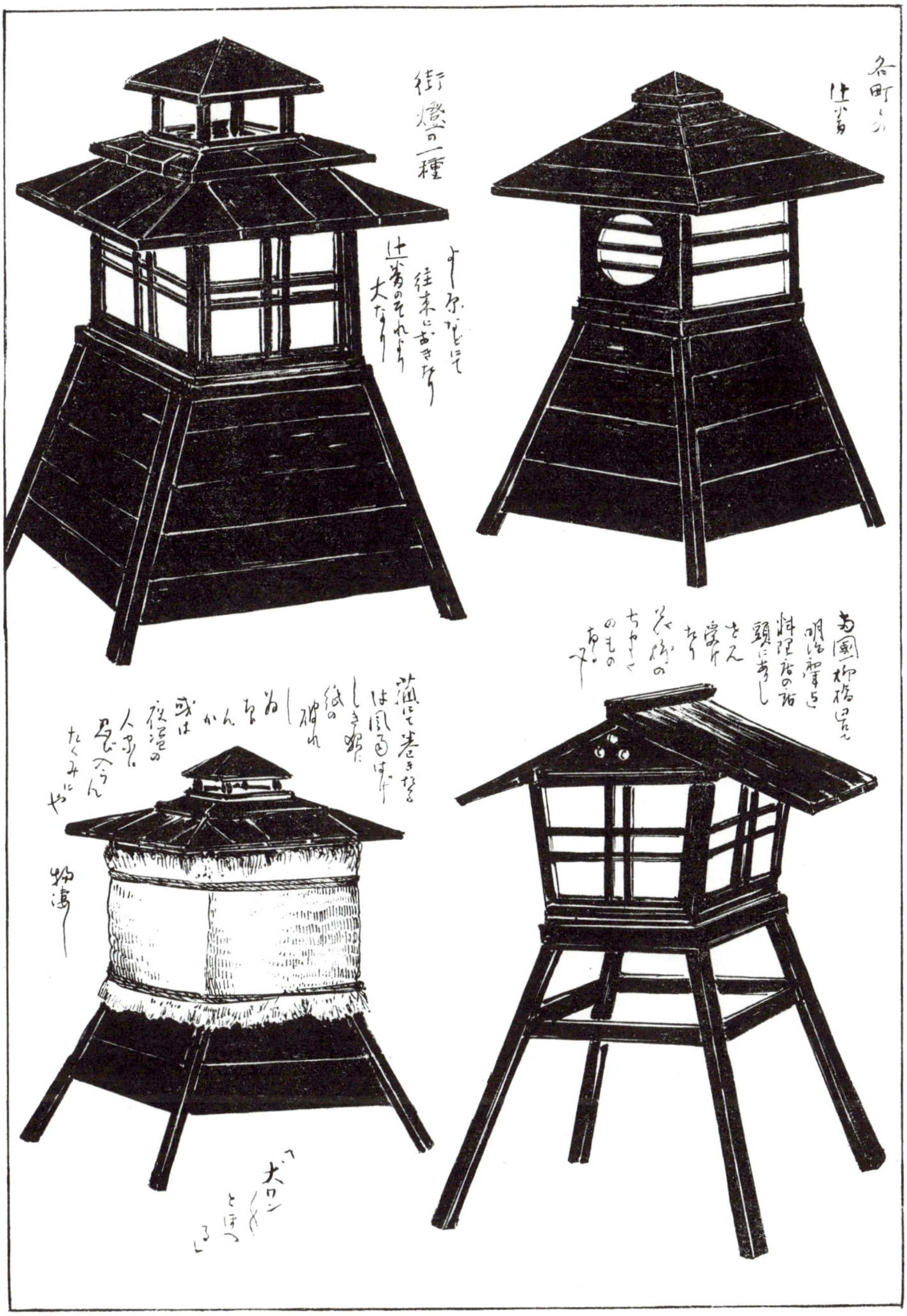

◉辻番所などの前に立ててあった燈籠形の行燈である。上側左のものは、吉原の各妓楼の前に置く、屋根付き方形の誰哉《たそや》行燈。終夜明かりをつけて道を照らした。西田屋抱えの女郎たそやという遊女が闇討ちされたことから、廓中に行燈をおくようになったという。また黄昏《たそがれ》時に点灯したからともいう。

大名屋敷
町内の辻
吉原
やしき
辻番
辻番は
いきた
おやぢの
捨どころ

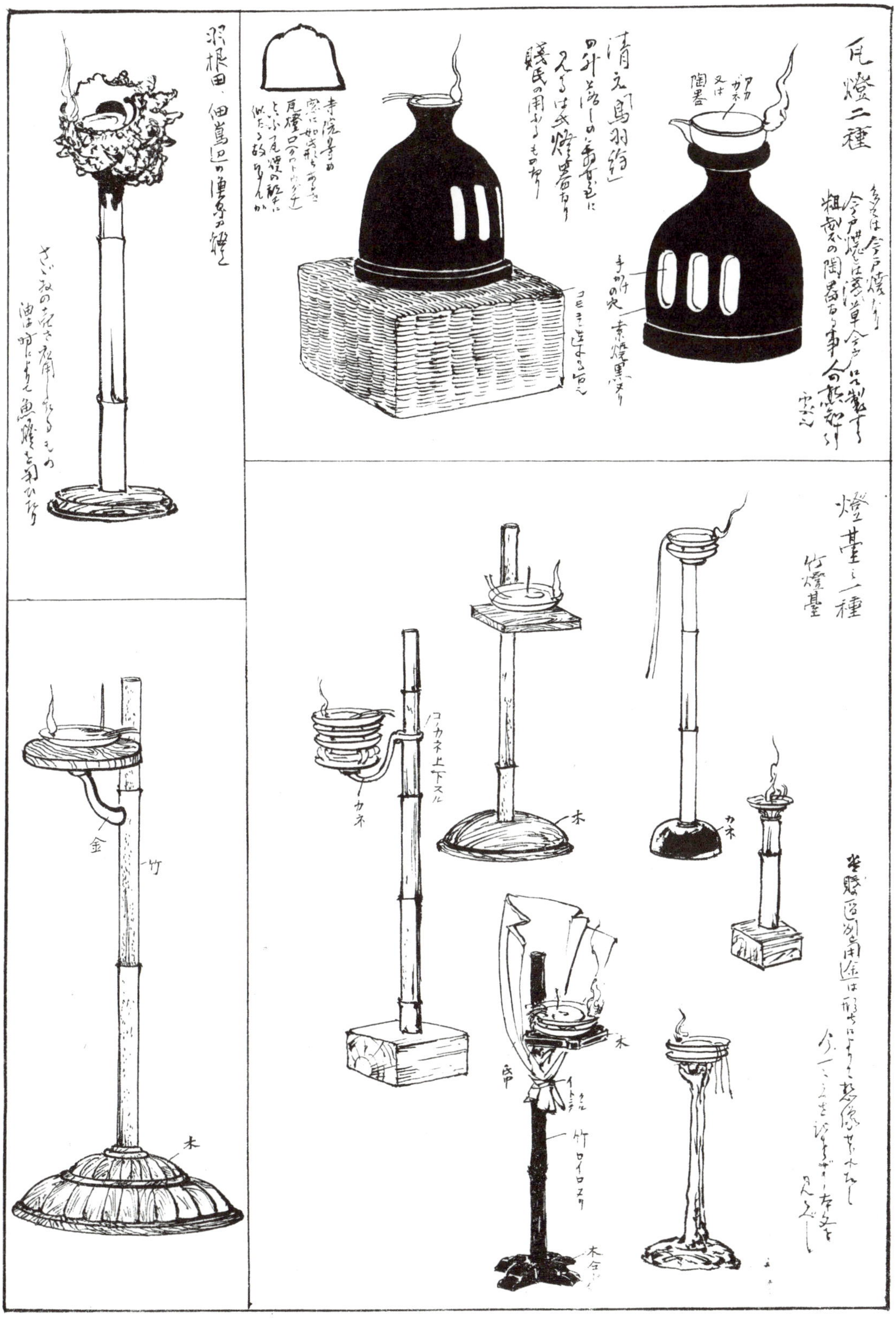
瓦燈二種
アカガネ又は陶器
手かけの穴
素焼黒ヌリ
清元「鳥羽絵」
燈臺ニ種
竹燈臺
カネ
木
金
竹

銅
シンチウ
陶器
銅

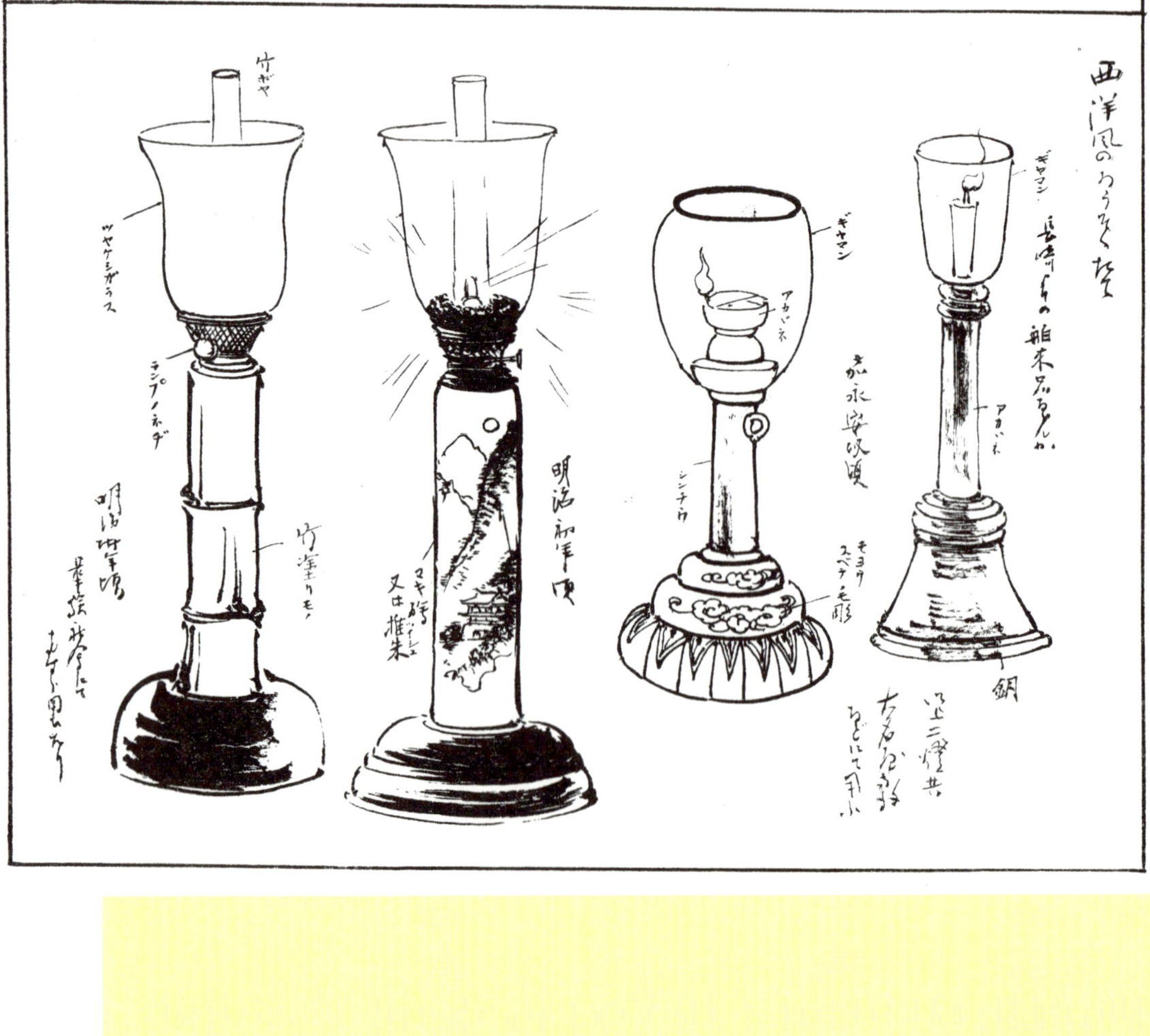
西洋風のろうそく台
ギヤマン
長崎辺の舶来品多し
アカヾネ
嘉永安政頃
シンチウ
モヨウ スベテ毛彫
銅
以上二燈共
大名屋敷などにて用ふ
竹ガヤ
ツヤケシガラス
ランプノネヂ
竹塗リモノ
明治初年頃
又は堆朱
ギヤマン
アカヾネ

【一五五】

行燈づくし《あんどんづくし》

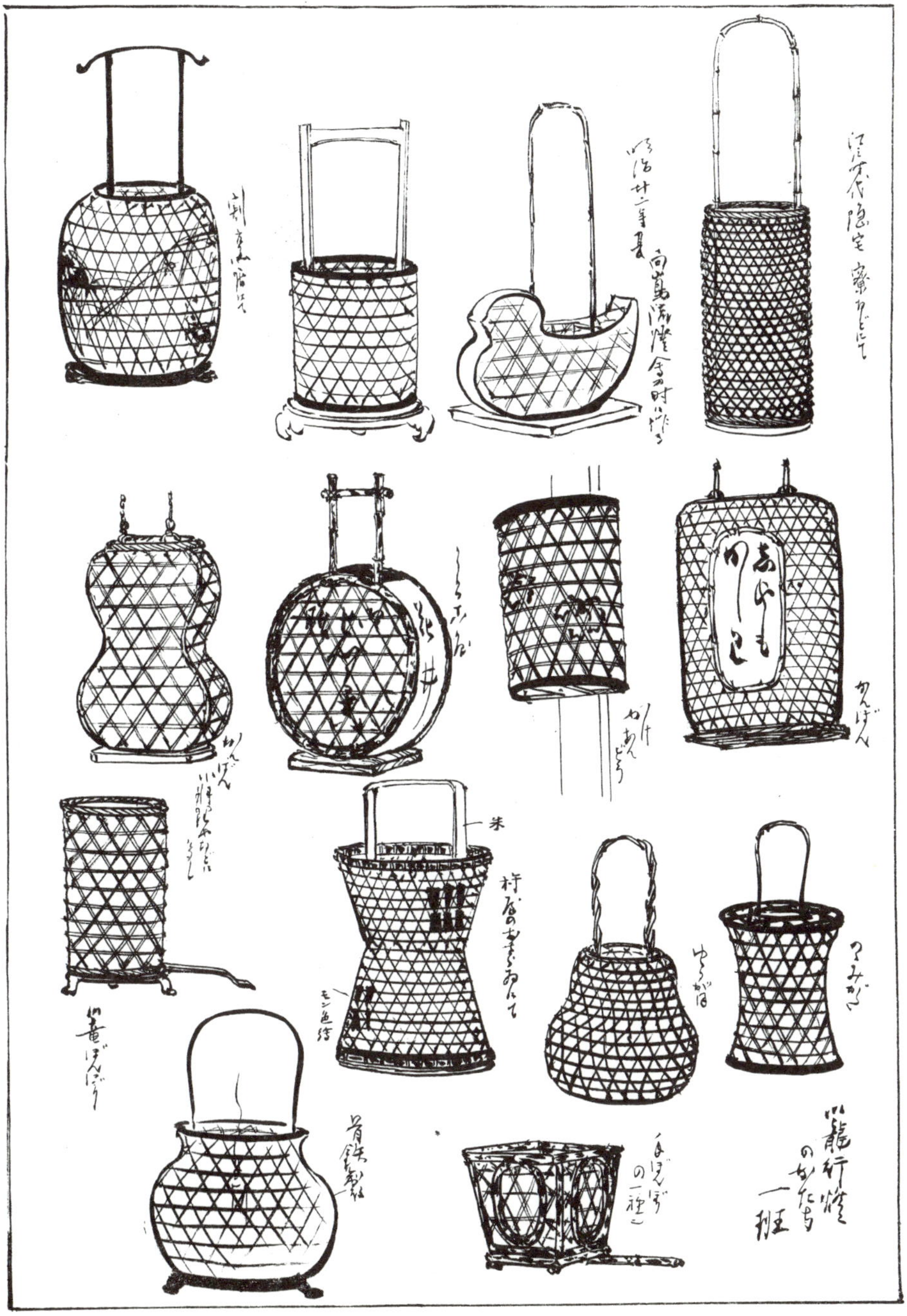

◉ここから十二頁にもわたる様々な行燈を描く。

細い竹で籠を編み、紙を張ったものを籠行燈《かごあんどう》といい、これを持ち歩くと籠提燈となる。次頁には紙張の覆いのある小さな行燈の雪洞《ぼんぼり》を応用した燭台も描かれる。

夜明けまで夜通しともしておく行燈を有明《ありあけ》行燈という。有明の灯《ひ》、ありあかし、ありあけなどといい、遊郭では油差しが行燈の油を差して廻る。油差しは不寝番《ねずのばん》とも呼ばれ、九ツ（午前十二時前後）より拍子木を打って廻った。遊郭では火事を防ぐため、油壷をおかないのが決まりであった。

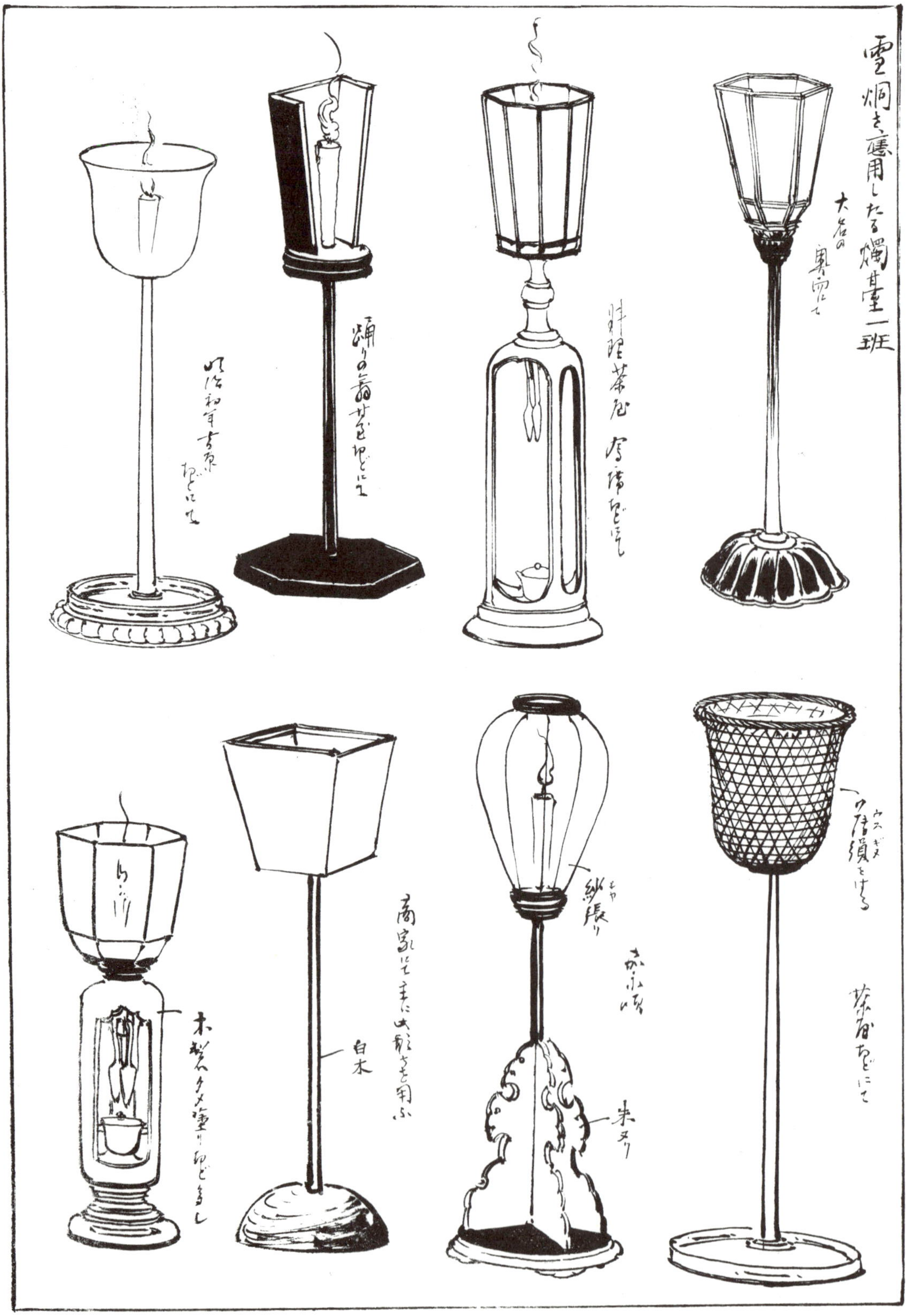
雪洞を應用したる燭臺一班
大名の奥向にて
明治初年吉原などにて
踊りの舞臺などにて
料理茶屋　待合などにて
内ハ薄絹《ウスギヌ》をはる
茶屋などにて
紗《シャ》張り
朱ヌリ
商家にて主に此形さを用ふ
白木
木製ハタメ塗りなど多し

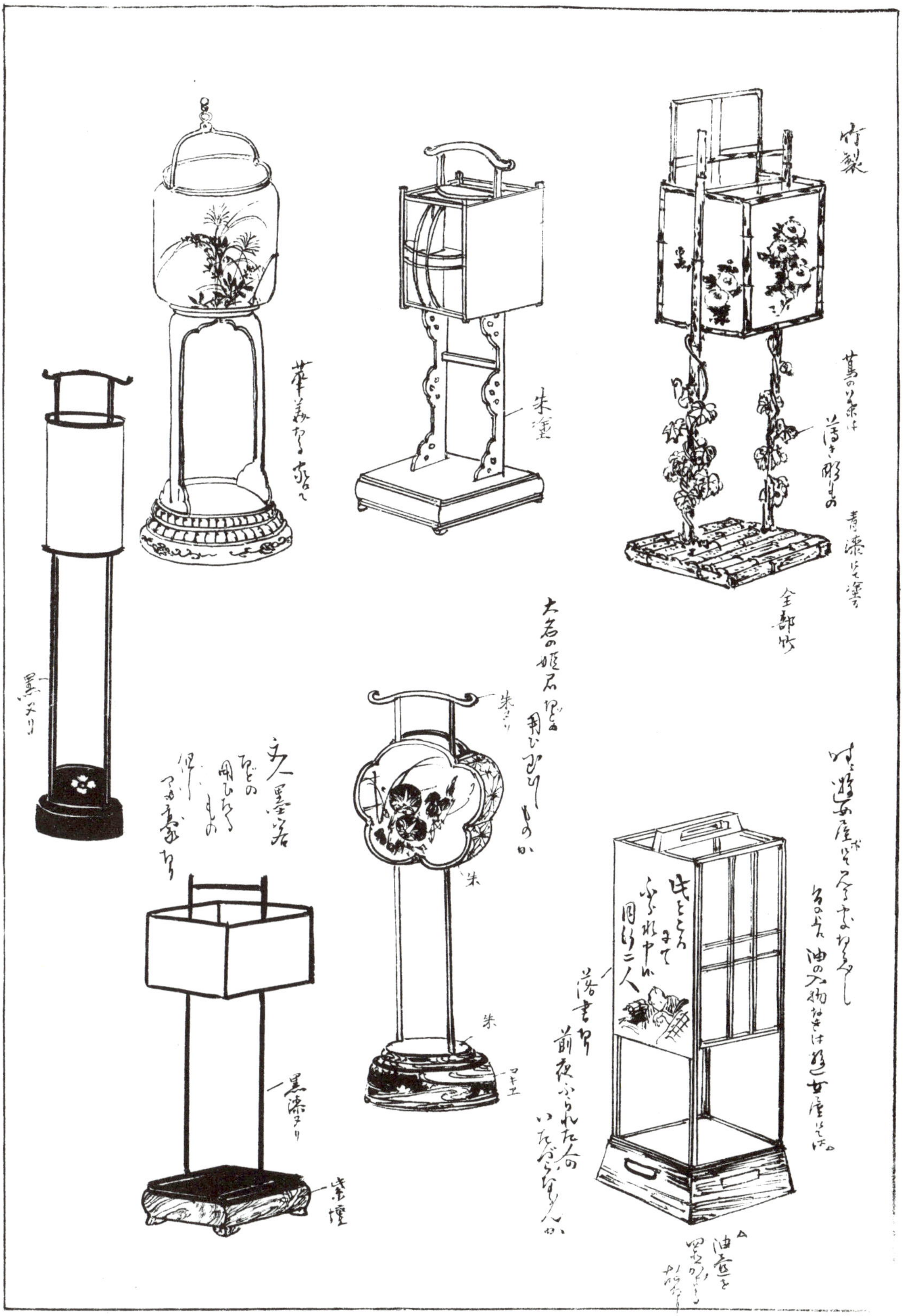
竹製
蔦の葉は
落し彫もの
青漆にて塗る
全部竹
朱塗
墨ヌリ
朱ヌリ
朱
マキヱ
黒漆ヌリ
紫檀

あんどうは燈台に人の手をかりず

アブラッポ

行燈をもちてはこぶ

朱ヌリ又白木

朱ヌリ

行燈にいきる男の形影をかけたり何事をさだや

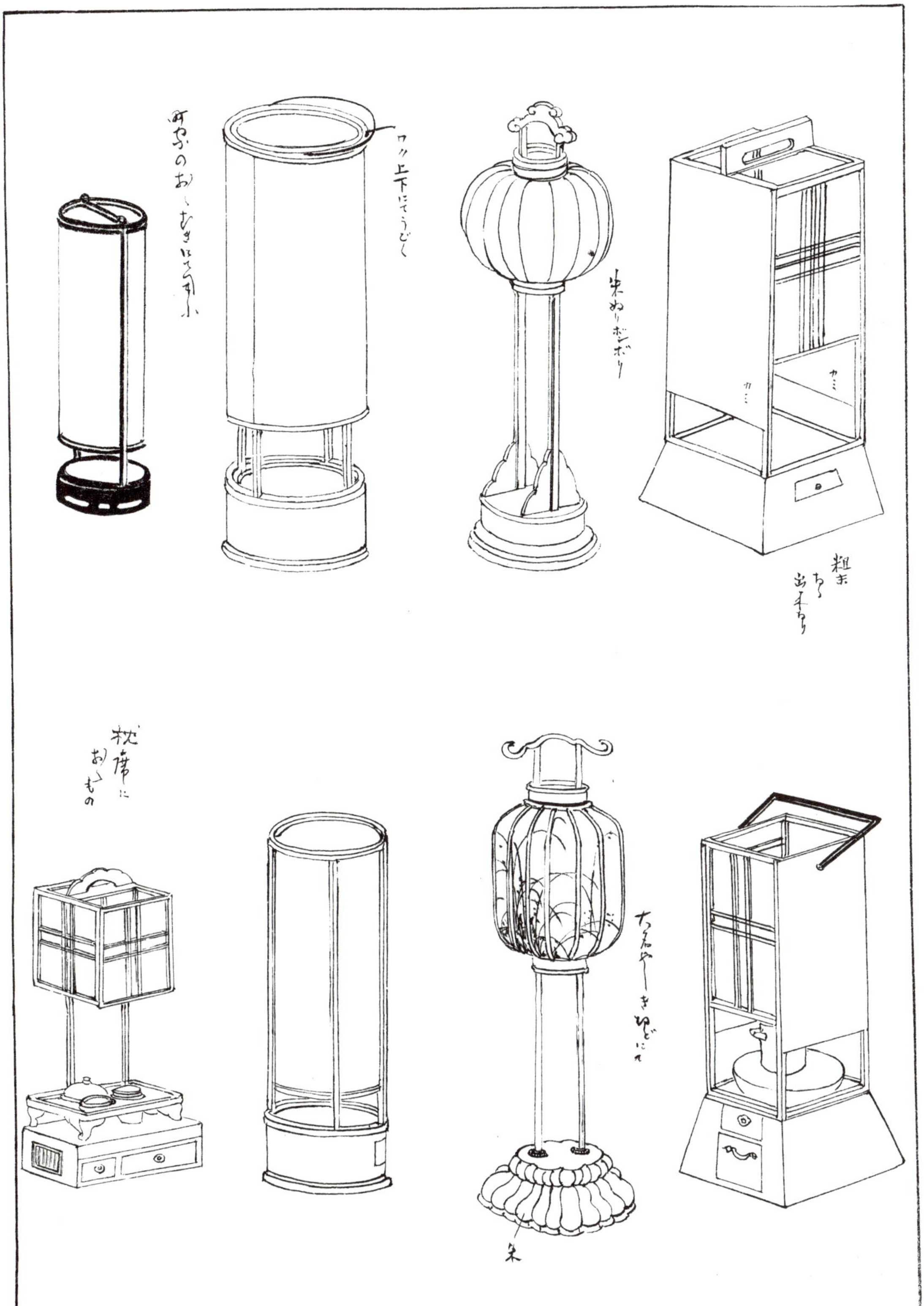
ワク上下にてうごく
朱ぬりボンボリ
カミ
カミ
粗末なる出来なり
枕席におくもの
朱

油煙を上部へぬきをみる

ブリキ
シェ
ナポ

るぬ灯をちそく武子を
月小

クロより

玉より

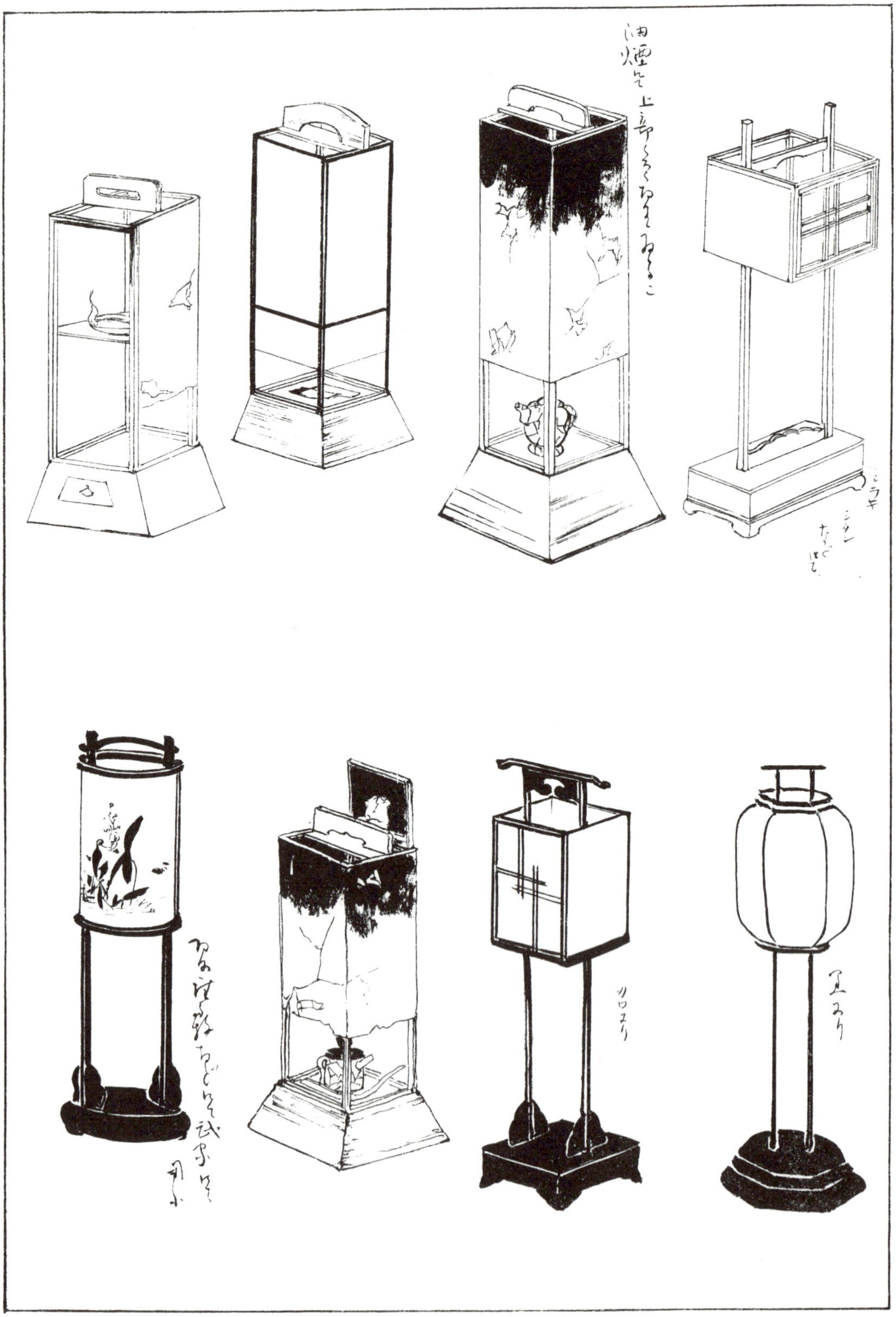

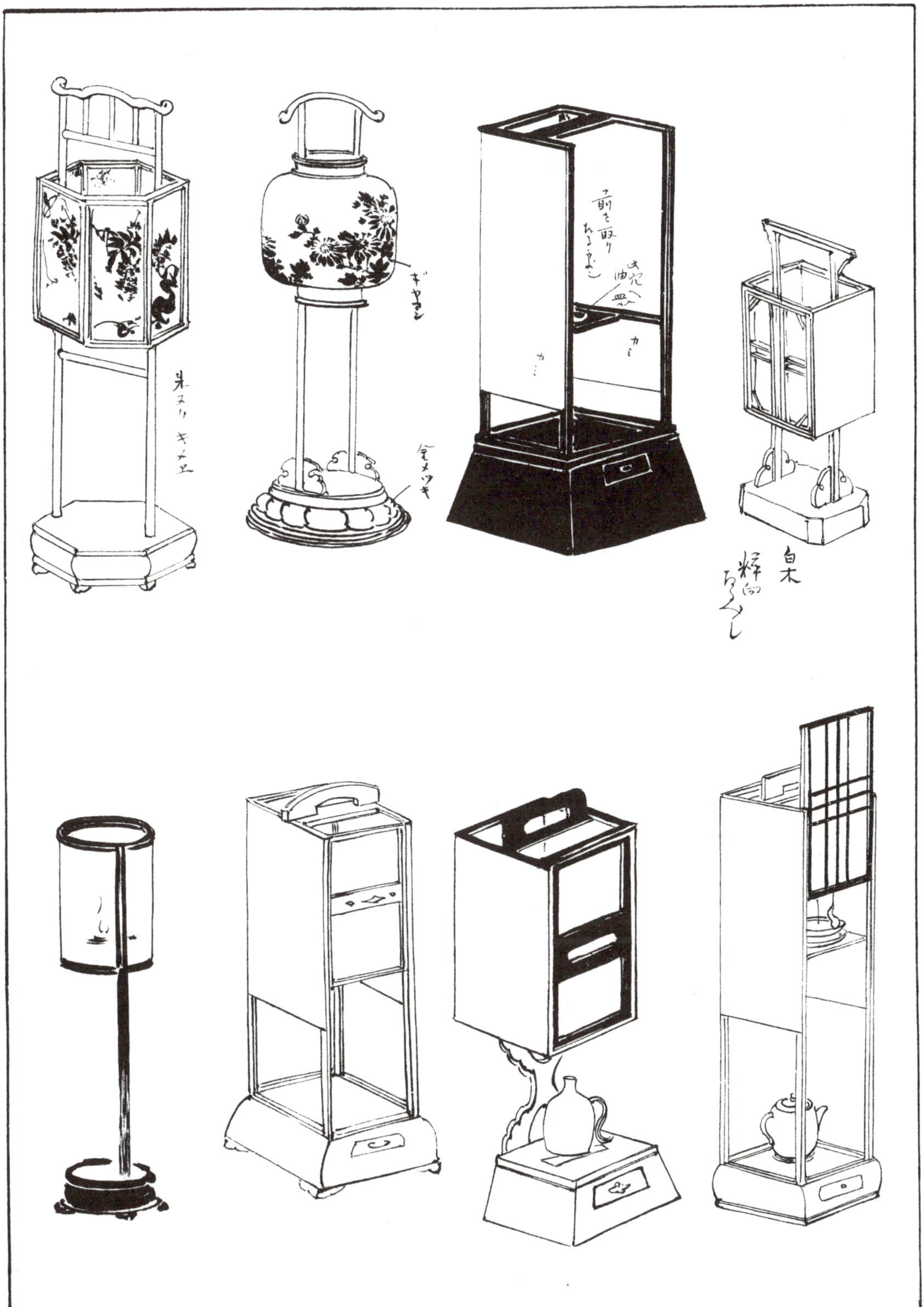
朱ヌリ キンエ
ギヤマン
金メツキ
油皿
カミ
カミ
白木

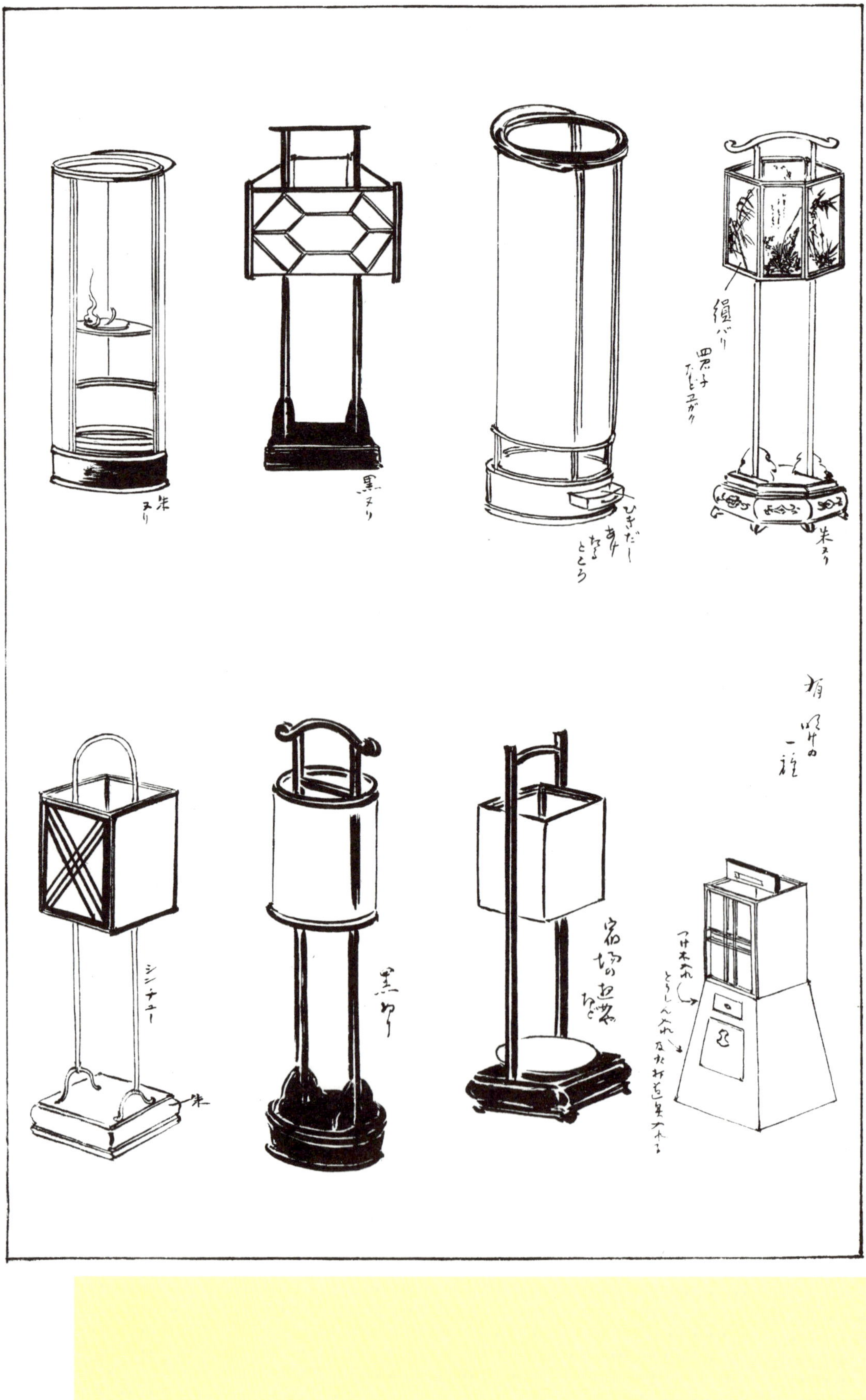
朱ヌリ
黒ヌリ
ひきだしあけたるところ
絹バリ
四君子などエガク
朱ヌリ
有明けの一種
シンチュー
朱
黒ヌリ
宿場の旅籠など
つけ木入れ
とうしん入れ

白燭と薫籠

暗きより妙に伴ひ出にけり

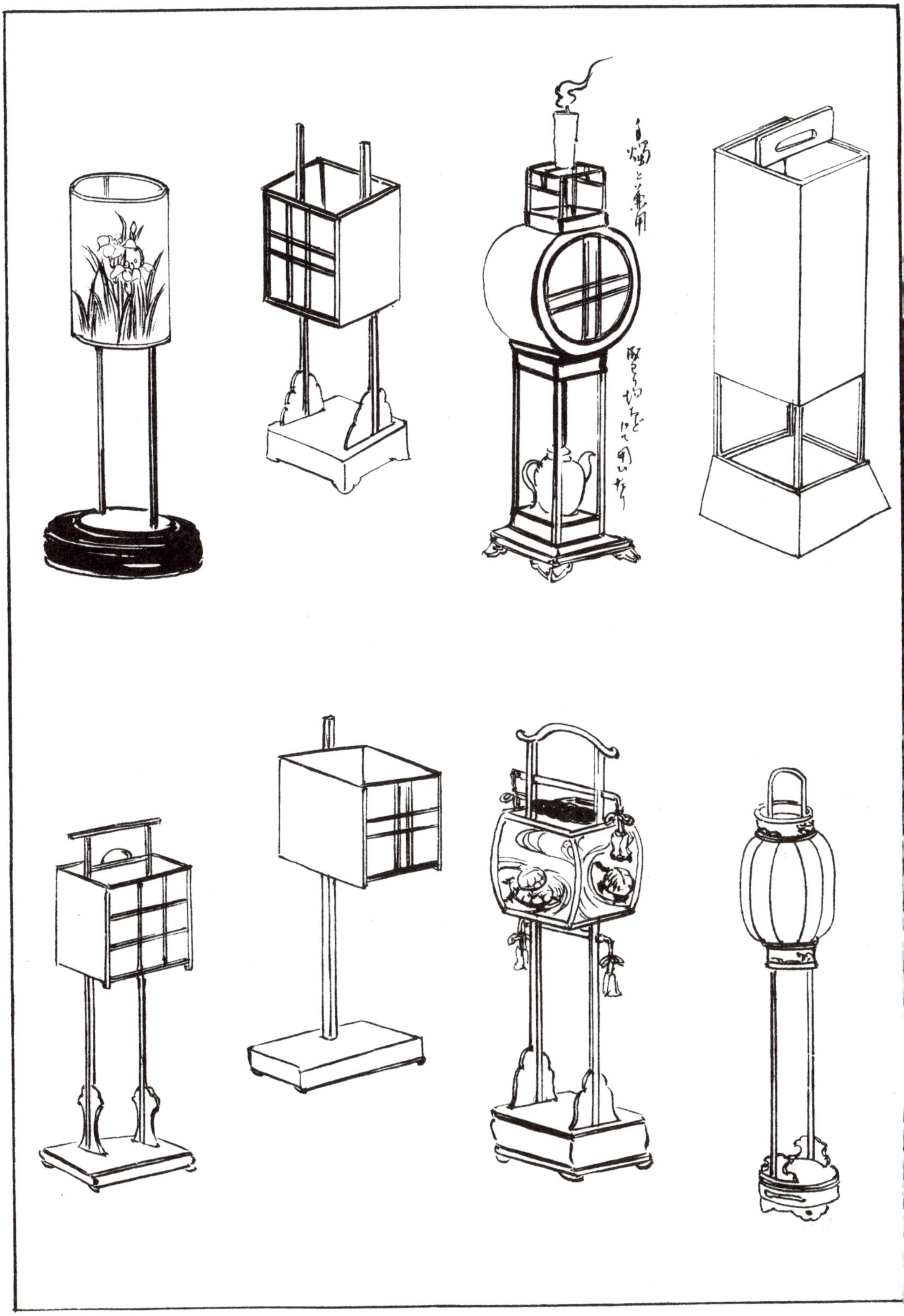

下部墨

船宿ゆどにありし
もの
ひきだし
あけてある

【一六七】

ガス燈《がすとう》

◉燃料ガスを燃やして光を得る照明器具。ガスランプ、ガスライトともいう。天井の照明器具につかわれたものは、花《はな》瓦斯《がす》といった。

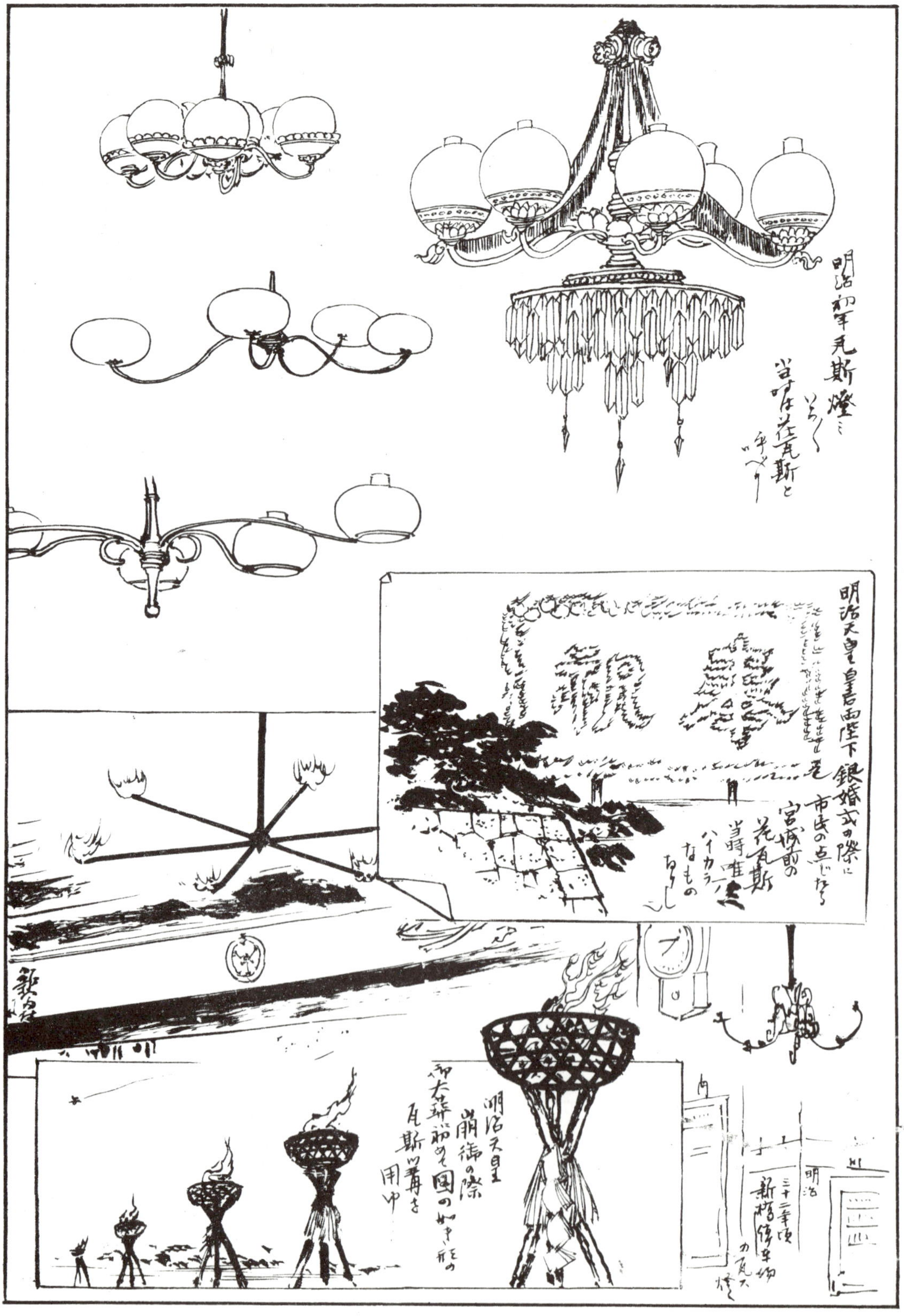
明治初年瓦斯燈ニ
いろく
当時は花瓦斯と
呼べり
明治天皇皇后両陛下銀婚式の際に
市民の点じたる
宮城前の
花瓦斯
当時唯一
ハイカラ
なもの
なりし
明治天皇
崩御の際
御大葬祭初めて図の如き形の
瓦斯篝を
用ゆ
明治
三十二年頃
新橋停車場
カ瓦ス
燈く

ランプ

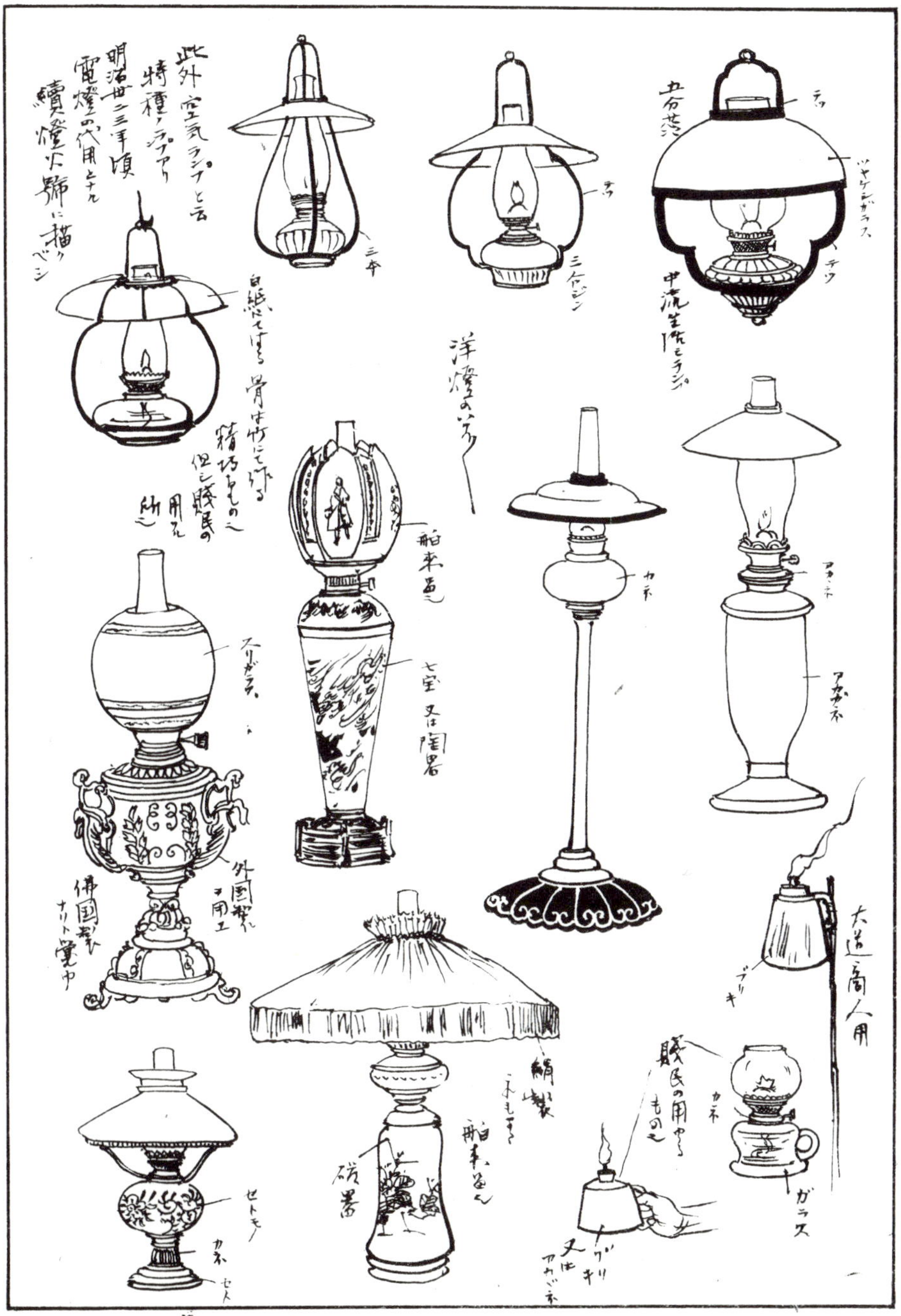

◉ランプはオランダ語である。石油を燃料にし灯心に火をつけ、火を覆い包むガラス製の筒でできたほや［火屋・火舎］をかぶせた灯火器。明治三十二、三年頃には、電灯の代用品となった。携帯用の灯油ランプはカンテラという。これもオランダ語である。のちにアセチレン灯というアセチレンを燃料にした照明用の灯火も出てくる。煤《すす》が多く、強い臭いを出した。

明治十五年頃ノ
ハイカラ娘
英語を読む
よるでも
草双紙の
よめるのが
ありがたい……
河竹
黙阿弥作
「霜夜鐘十字辻占」に出て来る
十二時過ぎて騒ぐのは
布告を知らぬ
ものであろう……
ランプ
シンチュウ
シロ
ナメシガワ
カシ
棒
明治卅年ノ
上野停車場
明治十年頃の巡査
邏卒と云

燈火号の後に

本篇は主として江戸及び東京初期に於ける燈火の年中行事及び其の形容一班を記すに止まる。故に名は燈火号といえども、中に往々燈火に関連したる坊間の遊戯玩具を点出して編次の単調を破りたるは、編者のいささか積年の趣味にして、これ野史の野史たる所以なり。

本書は燈火の形容を蒐むるを目的として、篇中の燈火発達の順序沿革等の順序は時に冠履転倒せるものあり、読者幸にこれを咎めざらん事を望む。

燈火の文献として特に一書を為すも稀なり。最近に於て東京電燈会社発行の『燈火の栞』あり、本邦古来の燈火に就て順次説明を加えて遺憾なし。只望蜀の感を云えば同書はもと電燈器具の一たる燈器の発達等を記したるに止まり、坊間の燈器は記載せざるなり。

本書収むる所は江戸時代の神事、仏事、人事に関し、又江戸東京の年中行事中、特に印象深き事例のみを網羅せり。故に一例を挙ぐればその石燈篭の如きは、僅かに庭園の一隅にあるもののみに止め、寺院神社等の奉納燈篭の如きものはこれを他日に譲り、勉めて読者の目に訴え易く趣味あるもののみを先にして編集せり。故に本号に洩れたるものにして必要なる形状は、之を続燈火号に載す可し。

江戸の繁昌は、江戸城内と三百諸侯の邸宅を除けば、吉原と芝居と各所の盛り場と開帳等に帰着すべし。故に其の燈火の発達の如きも神社の祭礼、寺院の開帳、遊郭の照明器具に発達の跡を見るべく、演劇は大道具の発達と共に漸次採光法も工夫せられたれ共、昼間を主として興行する斯界の燈光は、僅かに百目ろうそく其の他蝋燭の駆使せらる、のみ。

明治に入りて新富座に守田勘弥が初めて花瓦斯を同座の平土間に設けて、日本最初（?）の夜間興行を試みたるは、明治の初年としては実に破天荒の興行法なりしなり。次いで同座に『三府五港写幻燈』の狂言に浪布と月に新工夫を加えて喝采を博したるを始め、順次改良して劇壇は現時の壮観を極め、照明器具また欧米に比して遜色なし、偉なりと云うべし。

演劇の全盛に比し、祭礼と遊郭と仏閣との燈火は、明治初年と今日の電燈時代と、他の進歩発達に比較して工夫改良の点を見ず。これ何の故たるや編者もこれを知らず。これを燈火に問えば黙して答えず。

明治初年、縁日商人がカンテラを使用する以前は、盛んに薩摩蝋燭を用いたり。当時薩長の藩閥政治を罵倒せる新聞紙の論説には、政府を隠に罵ってサツマロウソクの臭気堪え難し等の論文（?）アリ、憲法発布以前の民間の新聞紙の論法の一班を知るに足るべし。

大正以後に至り発達せるは提灯屋にして、衰えたるはろうそくやならんか、明治時代は市中至る処「糸志ん」看板を見ざるなかりしが、電燈の発達は彼を過去の功労者として葬

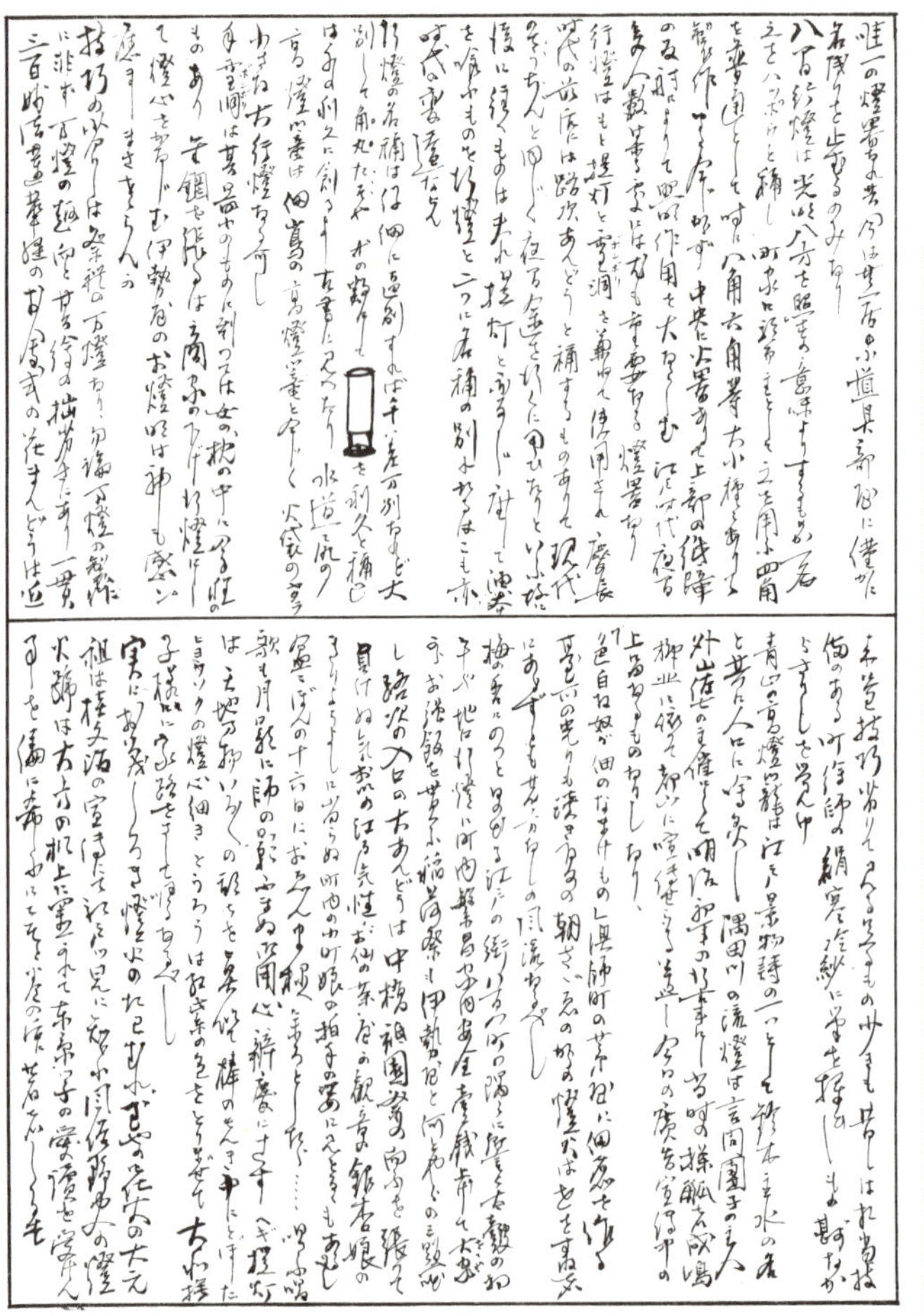

り去り、彼の大正十二年の大震災後、僅かに蝋燭老をして一時得意の独断場たらしめし外、また彼の影を見ず嗚呼。

ガンドウ提灯は一名強盗提灯と云い、一挺のろうそくを前後左右何れにするも風雨と雖も、滅燈の憂なき様作れる江戸時代唯一の燈器なれ共、今は芝居の小道具部屋に僅かに名残りを止むるのみなり。

八間行燈は光明八方を照す意味よりするものか一名これをハッポウと称し、町家に於て主としてこれを用う。四角を普通として時に八角、六角等大小種々ありて、製作また同じからず。中央に火器ありて、上部の紙障子の反射によりて照明作用を大ならしむ。江戸時代夜間多人数集まる処には尤も重要なる燈器なり。

行燈はもと提灯と雪洞［ぼんぼり］を兼ねて使用され、慶長時代の前後には路次あんどうと称するものありて、現代のちょうちんと同じく夜間路を行くに用いたりという。故に後に往くものは夫れ提灯と亦同じ、坐して油だけを食うものを行燈と、二つに名称の別れたるはこも亦時代の変遷ならん。

行燈の名称は子細に区別すれば千差万別なれど、大別して角丸、たそや等の類にして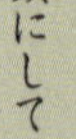を利久と称えしは、千の利久に創まるよし古書に見えたり。水道尻の高燈篭は佃島の高燈篭と同じく、火袋のヤタラ小さな大行燈なる可し。

手雪洞は其の最小のものに至っては、女の枕の中に入る程のものあり。金網を張るは商家の下げ行燈にして、燈心をかなじむ伊勢屋のお燈明は神も感ン応ましまさざらんか。

技巧の劣りしは祭礼の万燈なり。勿論万燈の製作に非ず、万燈の趣向と其の絵の拙劣さにあり。一貫三百妙法蓮華経のお会式の花まんどうは、近来益々技巧劣りて見るに足るもの少きも、昔は相当技倆のある町絵師の絹、寒冷紗に筆を揮いしもの少からざりしを覚ゆ。

青山の高燈篭は江戸景物詩の一つとして鈴木主水の名と共に人口に膾炙し、隅田川の流燈は言問団子の主人外山佐七の主催にして明治初年の行事なり。当時の操觚者成島柳北に依って都下に宣伝せらる。蓋し今日の広告宣伝中の上品なるものなりしなり。

「色白な奴が佃のなまけもの」漁師町の茅屋に佃煮を作る。台所の光も淡き夏の朝、さゞゑのからの燈火は、世をすね者にあらずとも、せん方なしの風流なるべし。

梅の香にのっと日の出る江戸の街、八百八町の隅々に響く太鼓の初午や、地口行燈に町内繁昌家内安全、壱銭売上げて大家からお強飯を貰う稲荷祭も伊勢屋と何とやらの三題話し、路次の入口の大あんどうは中橋祇園祭の向うを張って、負けぬ気おいの江戸気性に、お仙の茶屋か観音の銀杏娘のきりょうよしに劣らぬ町内の小町娘の拍手の姿に見とる、もあるべし。

盆々ぼんの十六日に、おゑんま様へ参ろとしたら……唄う唱歌も月影に、師の影ふまぬご用心、弁慶にさすへギ提灯は、天地万物いろ〳〵の形を真似て棒の先、中にとぼしたヒヨウソクの燈心細きとうろうは、紅葉の色をとりまぜて大和撫子様々に、家路をさして帰るなるべし。

実におもしろき燈火のたわむれ、玉やの花火の大元祖は桂文治の宣伝にて江戸ッ子に知られ、風俗野史の燈火号は大方の机上に置かれて、東京ッ子の愛読を受けん事を偏に希うにこそと、巻の後に著者しるす。

不許複製

定價金二圓

昭和五年五月五日印刷
昭和五年五月八日發行

著者及發行者　東京市本郷區駒込動坂町廿三番地　伊藤晴雨

印刷人　東京市本郷區駒込動坂町廿三番地　佐藤倫一郎

發行所　東京市本郷區駒込動坂町廿三番地　城北書院

發賣元　東京市日本橋區呉服橋二丁目　六合館　電話日本橋七七六、七七七、振替東京二三七一番

關西取次店　大阪市南區南炭屋町廿五番地　だるまや書店　電話南四九四九、振替大阪二七〇〇〇番

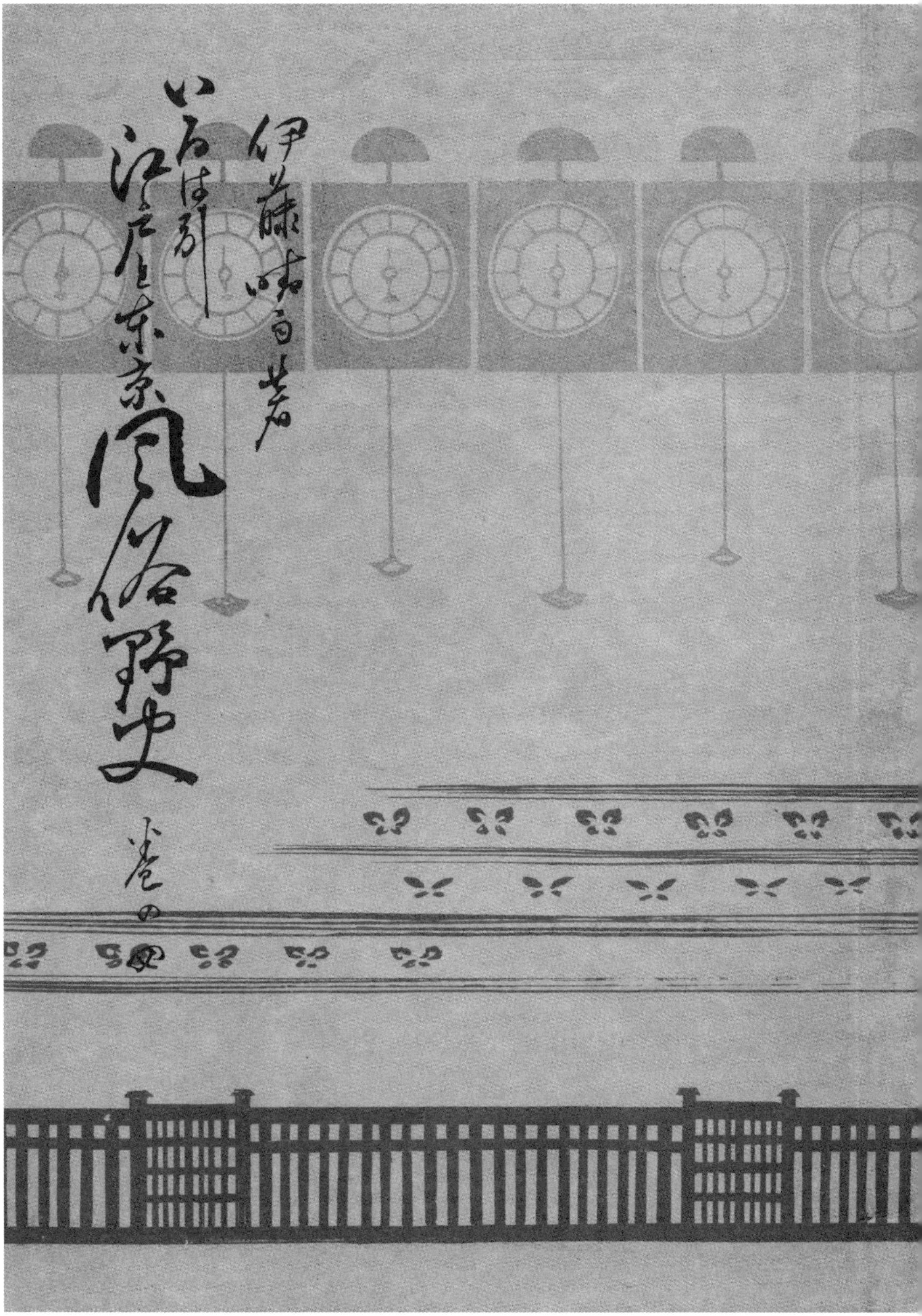
伊藤晴雨著
いろは引
江戸と東京風俗野史
巻の四

大吉利市
黄金山
江戸時代
行商

いつ頃よりの云い習わしか、江戸を八百八町四里四方に限り、商人の算盤を十二万三千四百五十余石を限り、腹は八分目、眼も亦八分目に、口も八丁、手も八丁、牛の小便は十八丁を限り、喧嘩の男は一足に限られ、間男代は七両二分と限り、人間の首代は十両を限る。役者の身上は千両を限りとし、職人の手間は三百文を限りとすれども、労働争議の声を聞かず。徳川の天下は三百年を限りとすれども、江戸は東京に流れて千古不滅。場違いましたらご免蒙りまして、一夜漬けの三十六大通、人限りありて江戸気分に限りなく、火事と喧嘩は現代に於ても名物ならずとせず。曰く大震火災、曰く日比谷の蛙喧嘩等々、皆之れ江戸のなごりに非ざるはなし。其の江戸名物の数々は往くさ来るさの人影にうつるかげ絵のそれならで、彼の式亭三馬翁が名著『四季交加』のそれならで、取ッ鷹見たかのやっつけと叱られても、無いあたまから立つ湯気は、浅間にあらぬあさましさ、似ても似つかぬ往来の諸商人の風俗類聚と名づけ、之を江戸行商篇という、当たれるや否やをしらず。

一声と三声は呼ばぬ玉子売り、黙って売るは虫屋と定斎屋、呼んでも後へ帰らぬは初鰹売、子供の怖がるいたづらもの、親のすね噛るむすこの歯の白さには、今日はおはようのはみがき売りも、赤い舌を出す事必定なり。牛は牛連れ、馬の背を分けて降るなる夕立の、後は涼しき蚊帳売りも、水は方円の団扇売り、秋立つと云う扇売り、吉原細見顔見世番付け、冬空に売る煤はきの笹や〳〵の売り声も、師走に近き春のまち、霞に明けて一声は大吉利市と縁喜を祝いて〆る大福帳、帳三李四の諸商人の姿を梓に上すと雖も、市に三虎の識りもなからん。商いは飽き無いに通ずるも、著者の味噌にはあき〳〵し給わん事を恐る、ものから、毎度お邪魔な前口上、サンマは目黒に限るのたとえ、序文に代えて世迷言、ア、こんな馬鹿な著述は僕に限ると皆様が仰有いました。

【一七九】

お宝
おたから

◉七福神が宝船に乗る絵の刷り物を「お宝」という。絵は縁起物の一つとして、宝物を積み込んだ帆掛け船に、七福神（恵比寿、大黒、毘沙門、弁天、布袋、福禄寿、寿老人）が乗り込んだところを描いている。「ながきよのとふのねふりのみなめざめなみのりふねのおとのよきかな」の回文歌が記される。回文は、上から読んでも下から読んでも、同文になるものである。正月二日の夜の初夢をみるときに、お宝を枕の下に敷いて寝ると、吉夢をみるという。もともと初夢によって吉凶を判断する初夢合わせを、いつも吉夢であるようにと、縁起を担いだのがはじまりである。半紙四つ切大の紙に、墨一色の七福神の乗る宝船の絵を刷った。それを売り歩いたのが、お宝売りである。呼び声は「おたからア〜〜〜、おたからア〜〜〜」という。お宝売りは商家の若旦那がおこなったという。売り手はいい値で売り、買い手は付け値で買った。正月物を値切ることは縁起が悪いからである。買い手は代金を白紙に包んで、宝船の絵と交換した。宝船の絵は絵草紙屋から百枚一束で卸売りされたという。

汁粉売り《しるこうり》

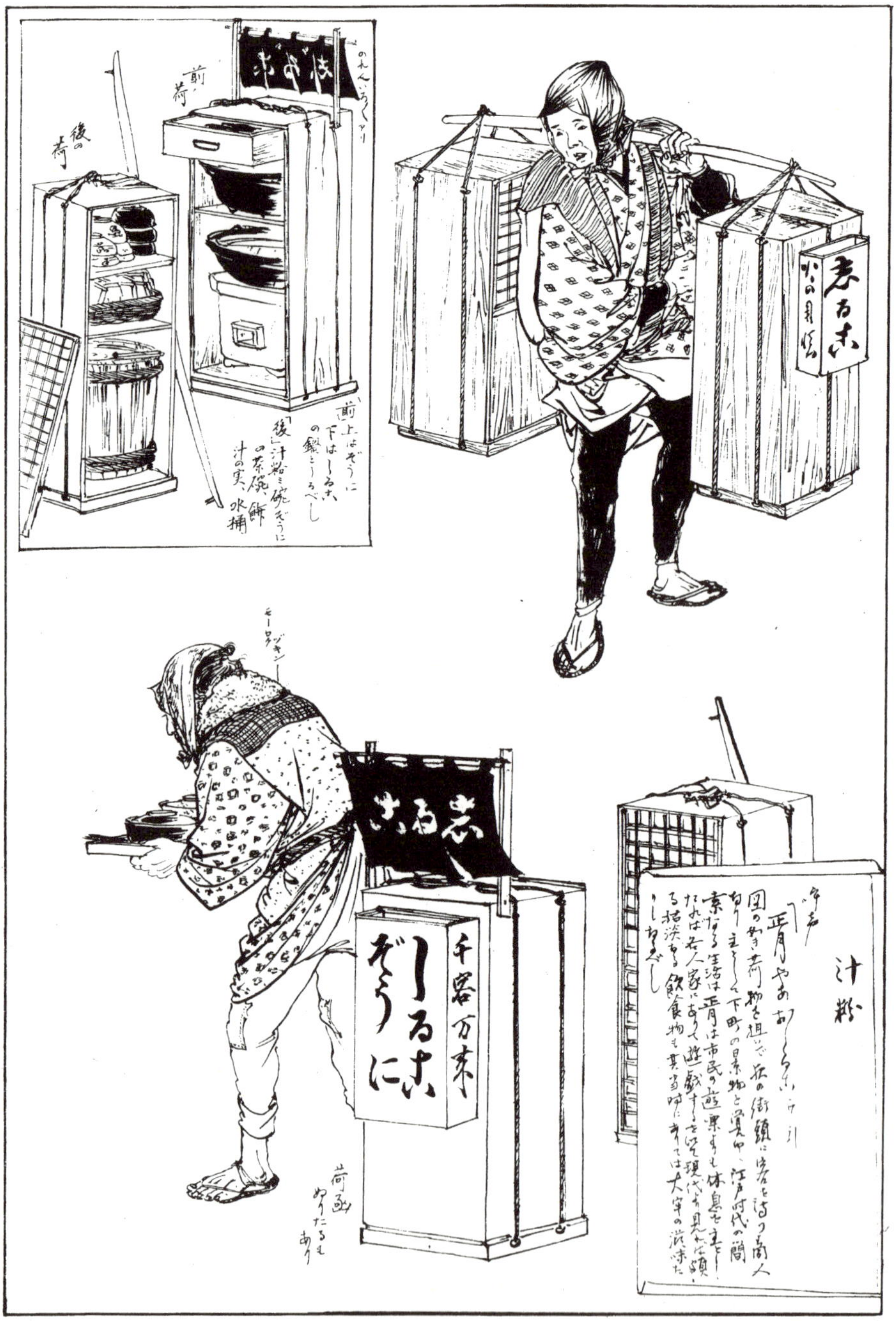

◉汁粉は、赤小豆の粉を汁にしたものをいうとは限らないという（『嬉遊笑覧』）。江戸では切り餅を入れて煮、上方では丸餅を入れた。上方では善哉《ぜんざい》といい、京都では汁粉餅という。善哉は仏教語で、よろこびの意。江戸では汁を濃く、どろりとさせたのを善哉という。赤小豆の粒が混じっている粒《つぶ》し餡《あん》のものを田舎汁粉といい、混じっていない漉《こ》し餡《あん》のものを御膳汁粉という。この汁粉を売ったのが汁粉売りである。呼び声は「正月やア、おしるこウー」という。天秤棒で「しるこ」「しるこ　ぞうに」などと書いた行燈をつけた箱を担いで売りにきた。前の荷には二つの鍋が入り、上に雑煮、下に汁粉を入れる。後の荷には汁粉の椀、雑煮の茶碗、お餅、汁の実、水桶を入れた。また前の荷の正面には「しるこ」と書いた小さな暖簾を掛けた。

懸想文売り《けそうぶみうり》

◉縁起を祝う辻占の一つである。懸想は希望の意味をもち、御符に刷られた文は、古雅な艶書風のめでたい文句が書いてある。この御符を売り歩いたのが、上段右の懸想文売りである。化想文とも書く。のちに恋文を売った。恋文は恋を成就させるもので、ほかにも縁談、商売、長寿などの願いも適えるというので評判となった。恋文は小正月の左義長《さぎちょう》のときに焼き、願いが適うようにと祈った。左義長はどんど焼き・とんど焼きとも呼ぶところが多い。元日から小正月までの間に、毎朝早くから京都の松原弓矢町や清水（または祇園）の犬神人《いぬじにん》（つるめそともいう）が編笠をかぶり、覆面をして売り歩いた。寛文三年（一六六三）に始まるという。売り歩く姿は侍烏帽子、小袖袴、素袍の出で立ちであった。その後中絶し、文化十五年（一八一八）に復活したが、ふたたび中絶し、さらに文政二年（一八一九）に復活した。このときの懸想文は、顔を白木綿で包み、梅が枝に松竹梅を描いた大文箱を伊達紐で結び、「懸想文〳〵」と呼び歩いたという（『椎の実筆』）。弘化二年（一八四五）に大阪船場の狂言師、石村金助によって再興されたとき、布衣《ほうい》または水干《すいかん》に立烏帽子、目だけを出した覆面をして、足に藁脛巾をつけ、胸元に守り袋を下げた。手には白梅の枝に持ち、そこに懸想文を挟んだ。懸想文を箪笥や鏡台の中にしまっておくと願いが適うという。

地紙売り《じがみうり》

◉地紙は扇の地紙を売る行商で、扇《おうぎ》地紙売《じがみう》りともいった。四月半ばに地紙形の箱を五、六つ重ねたのを肩に担いで売りにきた。呼び声は「地紙〳〵」または「扇地紙〳〵」といった。買い手との値段交渉が成立し、「折りてよ」というと、その場で折り立て（張り直し）た。それを持ち帰って折り立て、翌日に持ってくることもあったという。文化十年代（一八一三～一八）には見られなくなったという（『塵塚談』）。

左側の絵に、晴雨は扇形の箱を担ぐ姿を描いている。地紙売りは、伊達衣服を着て、役者の声色、浮世物真似などをして、買い手へ愛嬌を示した。『賤のおだ巻』（享和二年・一八〇二）には「奇麗なるひとへ物に（極暑といへとも単物足袋を用）足袋雪駄をはき云々」とある。『盲文畫話』（文政十一年・一八二八）には「其姿は様子能は縮の帷子、紅麻などの襦袢、左なくとも新しき晒の浴衣、当世帯、印籠抔下ゲたるも有、白さらし手拭襟へ巻、大きなる加賀骨扇をかざし、足袋雪駄にて云々」とある。歌舞伎にも『染手綱初午曽《そめたづなはつうまそ》我《が》』（宝暦七年（一七五七）春。市村座）の扇子売り、新七役の山下金作を、路考亀次が声色で誉めた「扇子地紙づくしにてほめことば」が残り、また『江戸紫根元曽我《えどむらさきこんげんそが》』（宝暦十年（一七六〇）春。中村座）でも、扇売りに扮したときの台詞が「年玉扇うりのせりふ」と題して出版されている。

すし売り

鮓や、こはだのすし、あぢすし

春の物売の中でイナセなは江戸生粋の代表とも言うべきものは寿司売りあらう。昼は左手にまぶり、夜は提灯にしゃれを書いて売り歩く。呼子「すしや」「こはだのすっきり」と売声もきまっていて道来にも春の色をそえたものである。昔は商人に限らず道楽にして出来ばえを人に示すことを名人芸であったそうで、武家の中程から自宅製を用いてなどもある程の丸のねり味噌を用いて古からも出してつかったすしや喜の字屋の不程にしは上品に食べさせたものであった。これらの丸の中から出たものである。吉原にはとりわけ吉原の色師に持って出す一日に五斤の飯がねりを使ったというしこの頃には吉原で中堂と里家を持得名家あり服装中揃ふだを使って長ひきの立派鮨の仕度で居たという。祇園の上で真田紐文腹にしめて真田紐は元は普色の紐と結んだもので云ふそうであるふつうの日常使用するものは芳光の店に定着物を売る鮨や見せる初九重の頃にしは下げて布の絞り結いて立ったものである。

すし売り二図

ひる てうちんなし

よるハ てうちんを もつ

鮓や 昔二十五年前 京盛

鮓や 昔二十年前 江戸を離れば半世紀 すしや アー鮓屋ふなひ...... 国本妖怪......し

●夜は提燈（「あぢのすし こはだのすし」とも、草履の姿で、すし箱を重ねたのすし」などと書かれた（九重）のを真田紐、または布の売った（昼は提燈をもたない）。豆紐で結び、肩に担いで売りにきた。絞りの手拭で鉢巻きし、半纏、腹掛呼び声は「すしやアー、あじのすしけ、股引き、足袋、黒足袋（紺足袋（こはだのウスシー）」といった。売

るすしは、のり巻き、蛤剥き身、切りりするめ、おぼろ、鉄砲などであった。一箱に二十四個のすしを詰めたという。このすしには大締めの問屋があり、そこですし売りに渡されたという。一つ四文であった。飯に酢を加えてつくったすしの登場は江戸時代からで、江戸末期に酢飯が主材となって握りずしと呼ばれ、散らしずし、握りずしがつくられた。最初は、三都とも押しずしであったが、江戸だけが握りずしになった。江戸には、すし見世が毎町一、二軒あったという。蕎麦屋が一、二軒に一店であったから、かなり多い。すし見世では、すし一つ八文で、玉子巻きは十六文。散らしずしは、百文から百五十文であった（『守貞謾稿』）。

ふくじゆそう
はぜうり
唐もろこしを煎つてはぜたものをはぜといふ現代に云ふ雛祭に用ゆるものと同形し紅と黄と萌黄の三色にて彩る、稀には砂糖を味付けとするものを計量りて売る
呼声
はぜやア はぜやあ引
蜜柑函二つ数寄の箱を丸ぐけの紐で結び首にかけてあるく
函は手習の清書のお直しで張る
天地玄黄
春の初め敢て迷信ならずとも福の神を招かんとするもの、なべて縁にちなめる草の名も福寿草と呼ばれて元日より江戸の市民に買はれたるなり、由来三日(正月一日二日三日)は商家などにては出る事を忌みて買物をせざる習慣あり、此福寿草売りとはぜ売りのみは此習慣の外にありて元日の早天より売り歩行する

【一八五】

新粉細工《しんこざいく》

◉新粉は米麥粉とも書く。精白したうるち米を洗い、干してひいた粉。細かいものを上新粉《じょうしんこ》という。この新粉を蒸して餅状にしたものに、いろいろな彩色を施し、鳥、獣、草木、人などの形につくり、一、二寸の薄い杉板の上につけて、縁日などで売られた。子供を対象にした遊び物でもあり、奇麗に細工されたもので、ほとんど食べられることはなく、つくったままに飾った。道具箱を台にした上に、飴細工と同じように棒に差したものもみられた。新粉でつくっているので、時間が経つと、ひび割れして形が崩れる。東京では、現在の足立区花又にあったハナマタ（花又）一家が総元締めとして知られていた。晴雨は「風流　しん粉細工」の看板のある屋台を描いている。

　飴細工は客からの注文でつくる。手のひらに握れる程度の飴を、引き出しから出し、それを竹の管の一端につけ、管の片方から空気を吹いてふくらませて、さまざまな動物、鳥などの形をつくる。はさみをつかって飴を切り、形を整えていく。最後に彩色をほどこした。つくり立てを注文客がもっていくので、いつも飴を飾る管を差す釘だけになっている場合が多い。鏝をあてると簡単に割れる。現在ではつくったものをビニール袋に入れて、輪ゴムで袋の口を締めて、持ち帰ることができる。東京では小松屋一家が飴細工の元締めだったという。近年まで、文京区の湯島天神境内で飴細工を伝承する篠原氏が店を出していた。

鼠とり薬《ねずみとりぐすり》

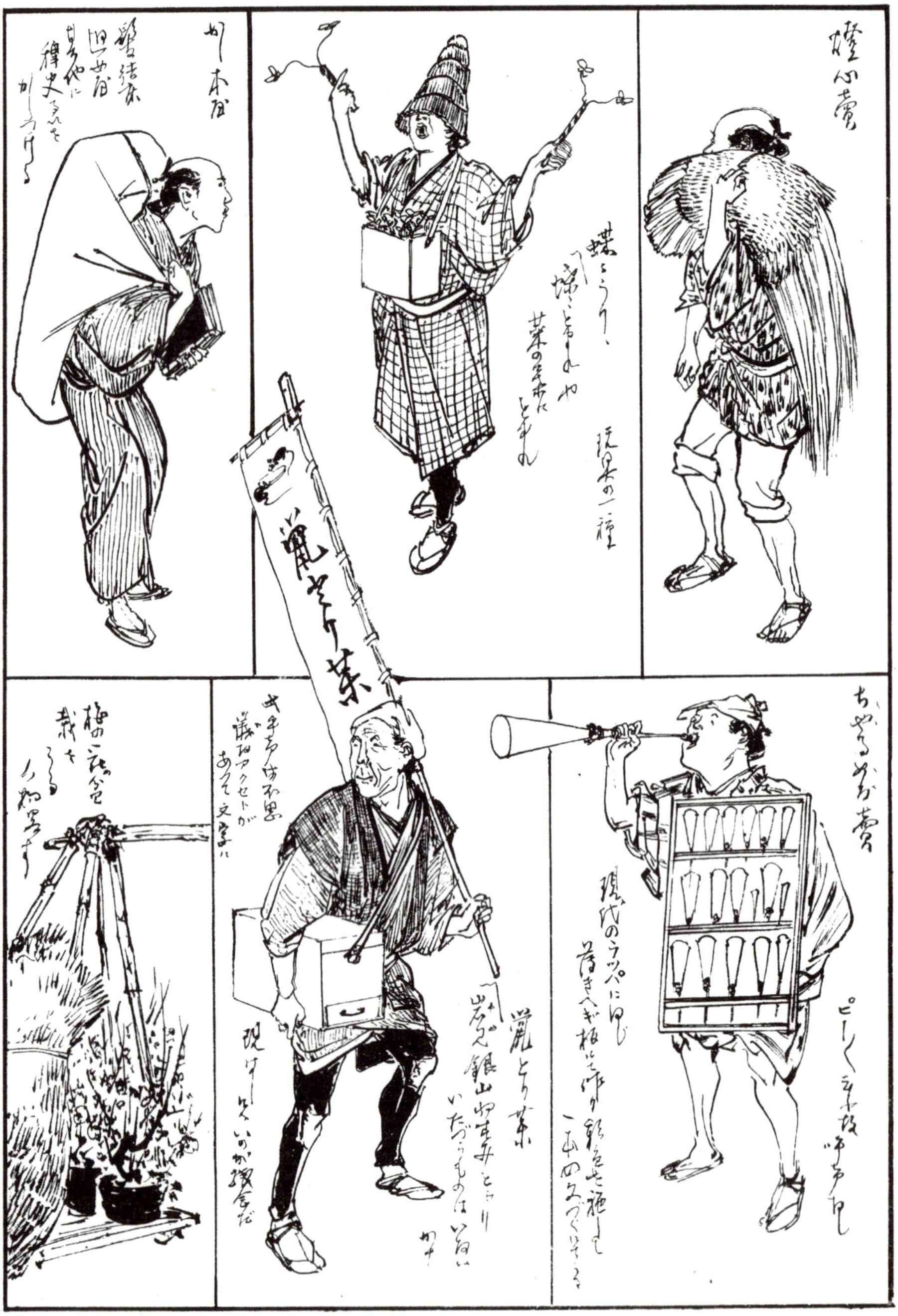

◉鼠を毒殺する薬を売った。三都とも売る姿は似ていて、小幟をもつ。幟には薬を食べている鼠を描き、その絵の左右に「岩見　銀山」とあり、「ねつミとり薬」とある。京阪では「大坂下寺町　江戸屋小三郎」、江戸では「馬喰町三丁目　吉田屋小吉」と書いたものが多かった。京阪での呼び声は「猫いらず鼠とりぐすり云々」、江戸も同じであったが、のちに「いたづらものは居なひかな」というようになった。晴雨は、呼び声を「岩見銀山ねずみとり、いたづらものはいないかナ」と記し、この呼び声の抑揚には独特の癖があったという。

【一八七】

太鼓売り・絵馬売り

たいこうり・えまうり

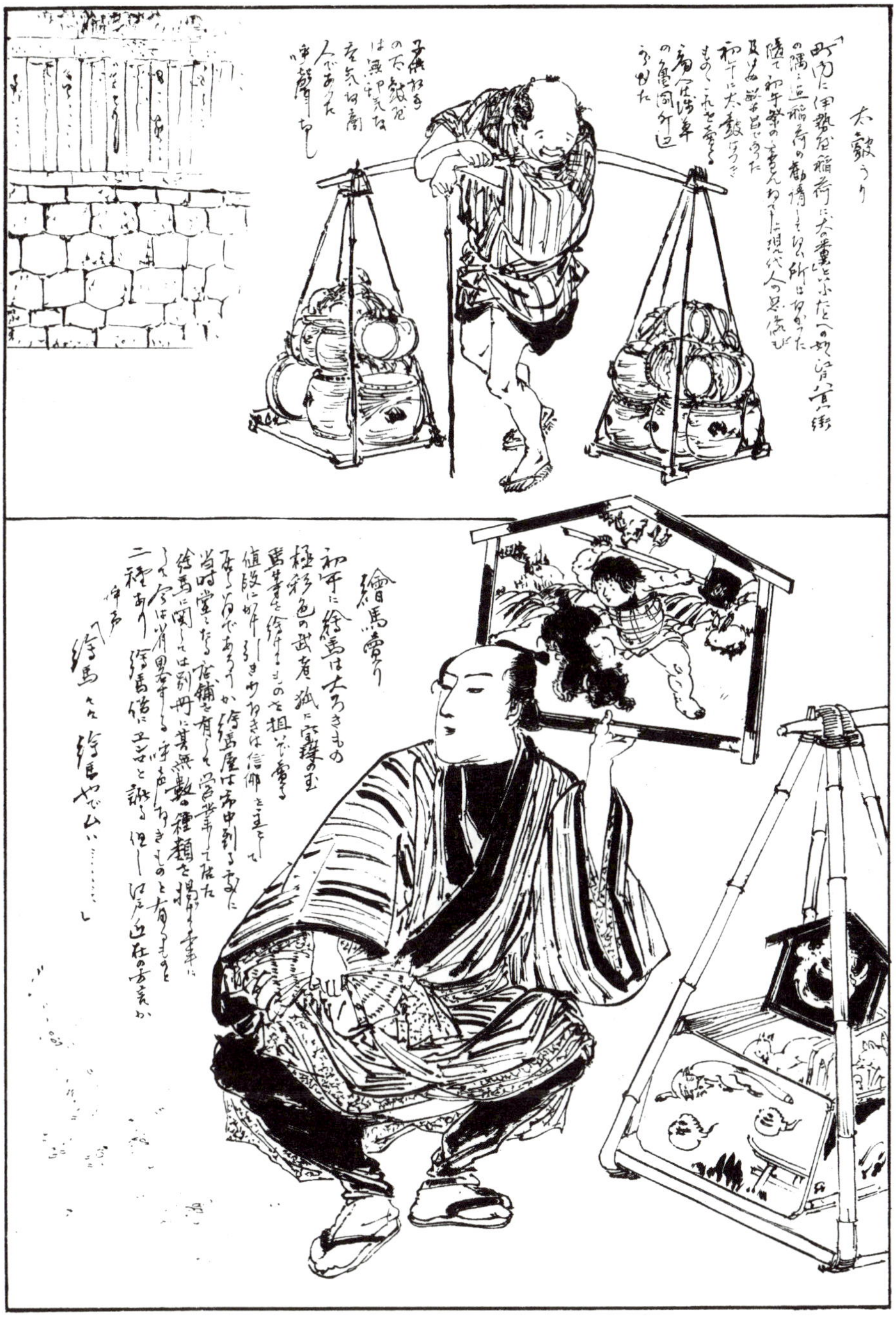

◉正月二十五日ごろから二月初午の稲荷祭りに、天秤を担ぎ、前と後ろに太鼓を積み、どんどんと叩きながら売りに来た。初午の日に売られる太鼓は、初午太鼓と呼ばれた。買うのは子供たちであるので、小太鼓が多く売られた。稲荷祭りでは赤い幟、赤飯、油揚げが供えられた。子供たちは境内に集まり、太鼓を叩く。また家々を回っては「お稲荷講、万年講、お十二燈お上げお上げにこあげ云々」といって、銭をもらった。十二燈は十二文のことである。夜は随身行燈、地口行燈に灯が入り、夜おそくまで賑わった。太鼓売りは浅草亀岡町辺から売りにきたという。亀岡町には太鼓問屋が何軒もあった。太鼓の音を鳴らし、売り声はない。大中小の太鼓や締め太鼓を売ったという。

江戸では絵馬を俗に「えんま」という。絵馬売りは天秤を担いで前と後ろに絵馬を積み、呼び声を「絵馬〳〵、絵馬屋でござい」といった。呼び声のない絵馬売りもあったという。ここでは、初午の日に売りに来るものが描かれている。奉納額となる大きな絵馬ではなく、小絵馬よりも少し大きめの絵馬が主に売られた。初午の日の売り物なので、描かれるものは、狐と稲荷社・飛び狐・宝珠の玉などであった。宝珠の玉は、火炎が燃え上がった状態を表し、願うことをなんでもかなえたという。初午は田の神を祀る日であるが、農神の稲荷神とむすびついて、稲荷信仰が盛んになった。田の神は、馬に乗って降りてくることから、初午と絵馬とがむすびついたのである。

【一八八】

手車売り《てぐるまうり》

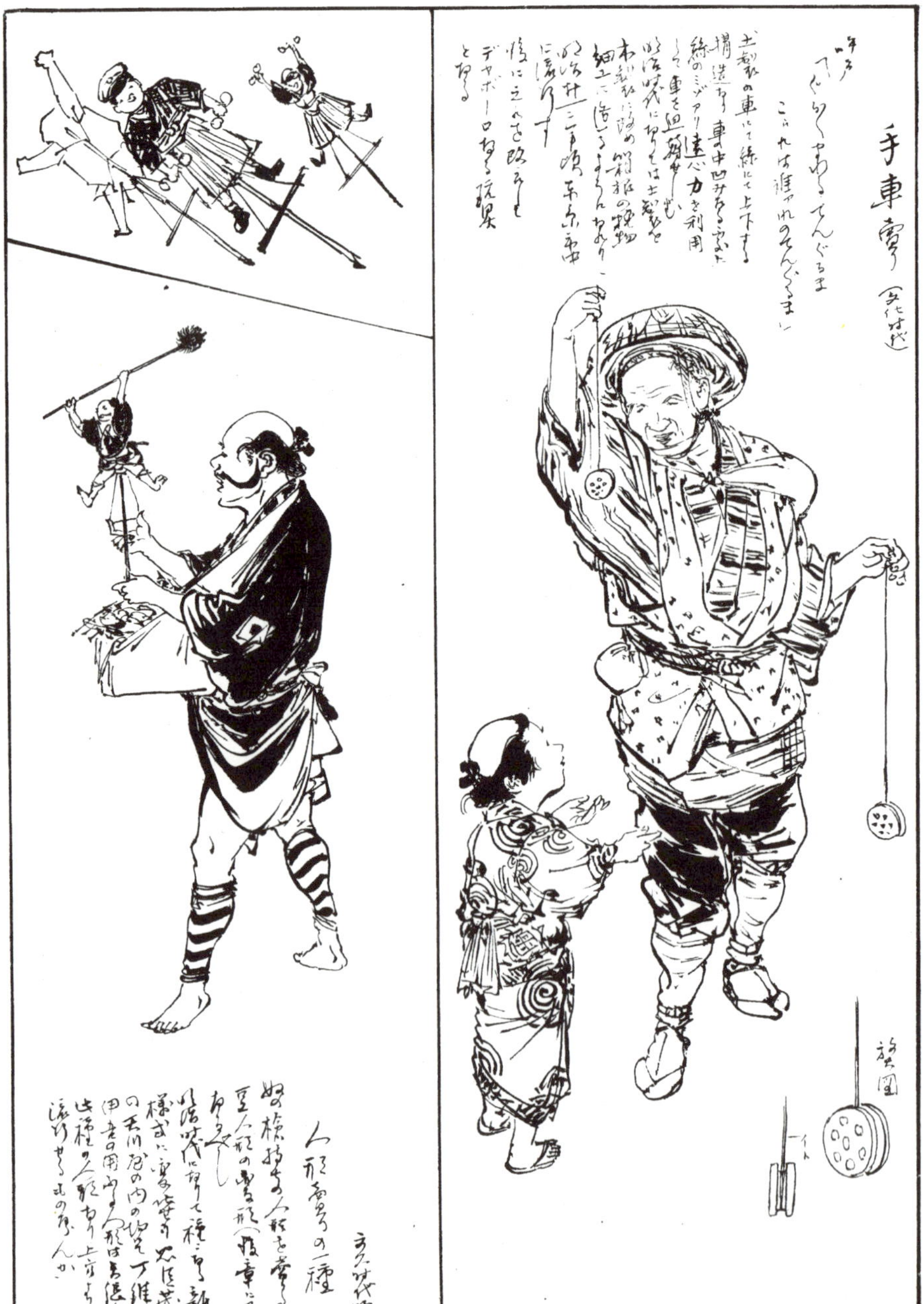

◉玩具の一つ。外国ではヨーヨーという。菊の花や井戸車の形の小さな車に、紐をつけて遊ぶものである。饅頭のように二個の土または木を合わせたところは凸状になっており、その軸となる部分に紐を巻いて、上から下へ降ろすと、その回転の反動で、こんどは紐が逆に巻かれて、ふたたび下から上に上っていく。この繰り返しを楽しむ。これを手車といい、「ぐる〱まわる　てんぐるま　こウれは誰アれのてんぐるま」の呼び声で売りにきた。手車を「てんぐるま」といっていたのだろうか、それとも呼び声だけのいいかたであったか。江戸時代は土製であったが、明治時代になって木製になったという。晴雨は、木製は箱根の挽物細工でつくられたと記している。

同じようなものに輪鼓《りゅうご》（輪子とも書く）がある。中国から伝来した散楽の曲芸の一つで、放下師の芸として伝えられた。鼓の胴のような中央がくびれた形の道具に、緒を巻いて、それを回しながら空に投げ上げて、ふたたびそれを緒の上に受ける。『見世物研究』に「英国式玩具と称して、三都に行はれた「デアボロ」に酷似したもの」と記すが、晴雨はデアボーロと記している。現在ではディアボロといわれ、空中コマともいう。二本の棒で回す遊びである。ジャグリング（曲芸）の演目の一つとして、いまも演じられている。

百眼《ひゃくまなこ》・目鬘売り《めがつらうり》

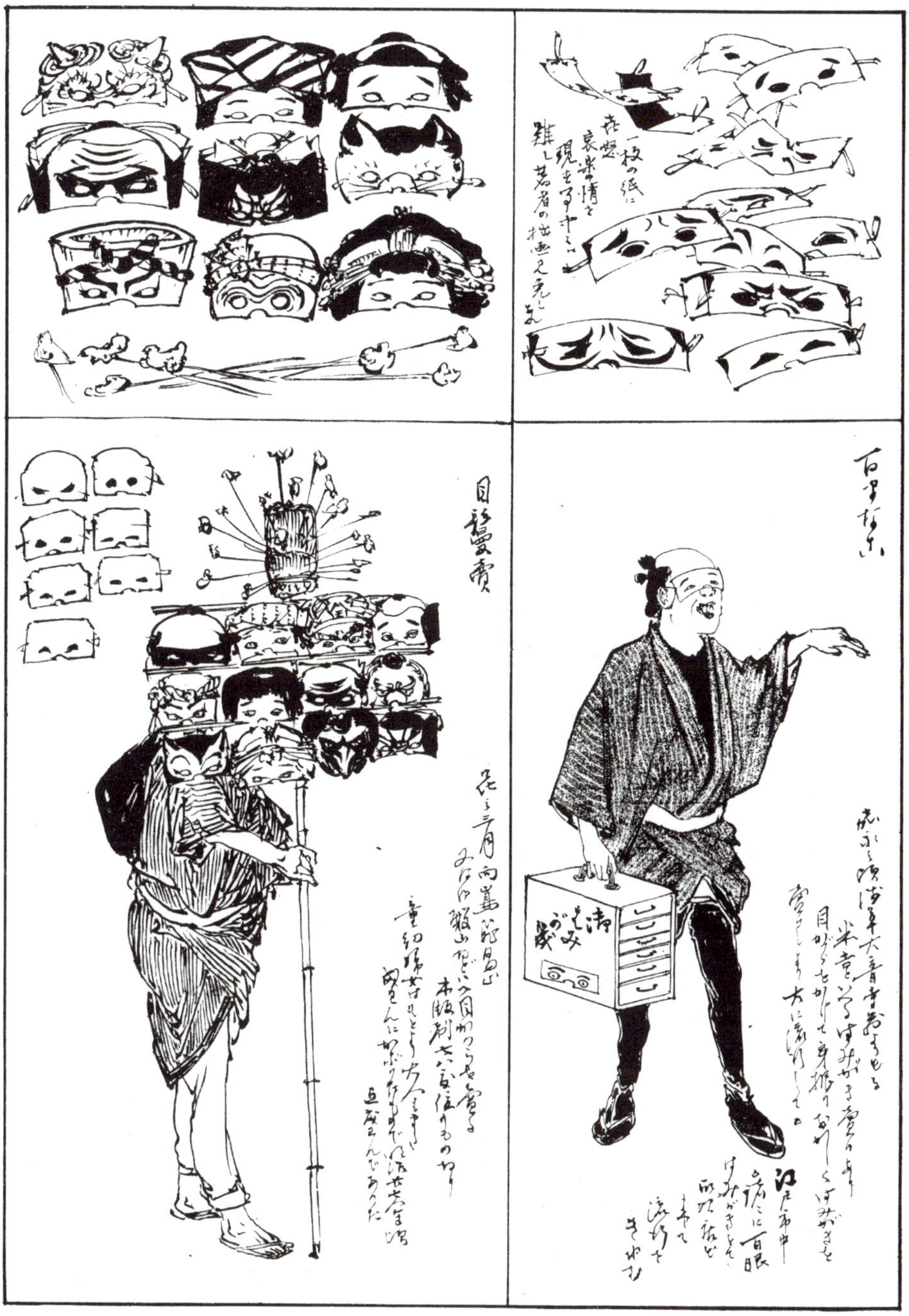

◉百眼はひゃくめともいう。はじめは目鬘《めがつら》といった。吉原の太鼓持ち（幇間《ほうかん》ともいう）の目吉《めきち》が、七変目という座敷芸をはじめたのを、落語家の初代三笑亭可楽が百眼と命名し、門人の初代三笑亭可上《かじょう》が寄席で演じた。可上は百眼元祖と名乗っている。目鬘は厚い紙でつくり、両端へ紙捻りをつけて耳にかける。紙は肌色（肉色）に染め、膝の上に重ね置き、俯《うつむ》きながら替える。この目鬘を改良したのが可上の百眼で、差目鬘ともいった。代赭色の厚い紙の顔、眼に淡青色を施し、左右に割り竹をつけ、目鬘を何枚も重ねて、登場人物を演じるごとに抜き取っていった。その後、下谷大音寺前で梅勢散という歯磨きを売る米吉が、歯磨きを購入した人のご愛嬌にと、百眼を真似て演じて評判になった。嘉永六年（一八五三）二月に、河原崎座での『霞色連一群《かすみのいろつれてひとむれ》』の景事に、大坂下りの嵐璃玉《りかく》が歯磨屋米吉に扮して、この百眼の身振りを舞台で演じた。この場面が、常磐津の『目鬘売《めがつらうり》』に残り、風俗舞踊の一つとして、中村流だけに残っている。舞踊では百眼を用いた米吉と、目鬘売りの目鬘とが混じったものになっている。

　眼鬘売りは百眼を変化させた目鬘を売り歩いた。これは現代のお面に近いもので、百眼のように目だけではなく、鬘に相当する頭の部分もつけていた。

絵馬売り《えまうり》

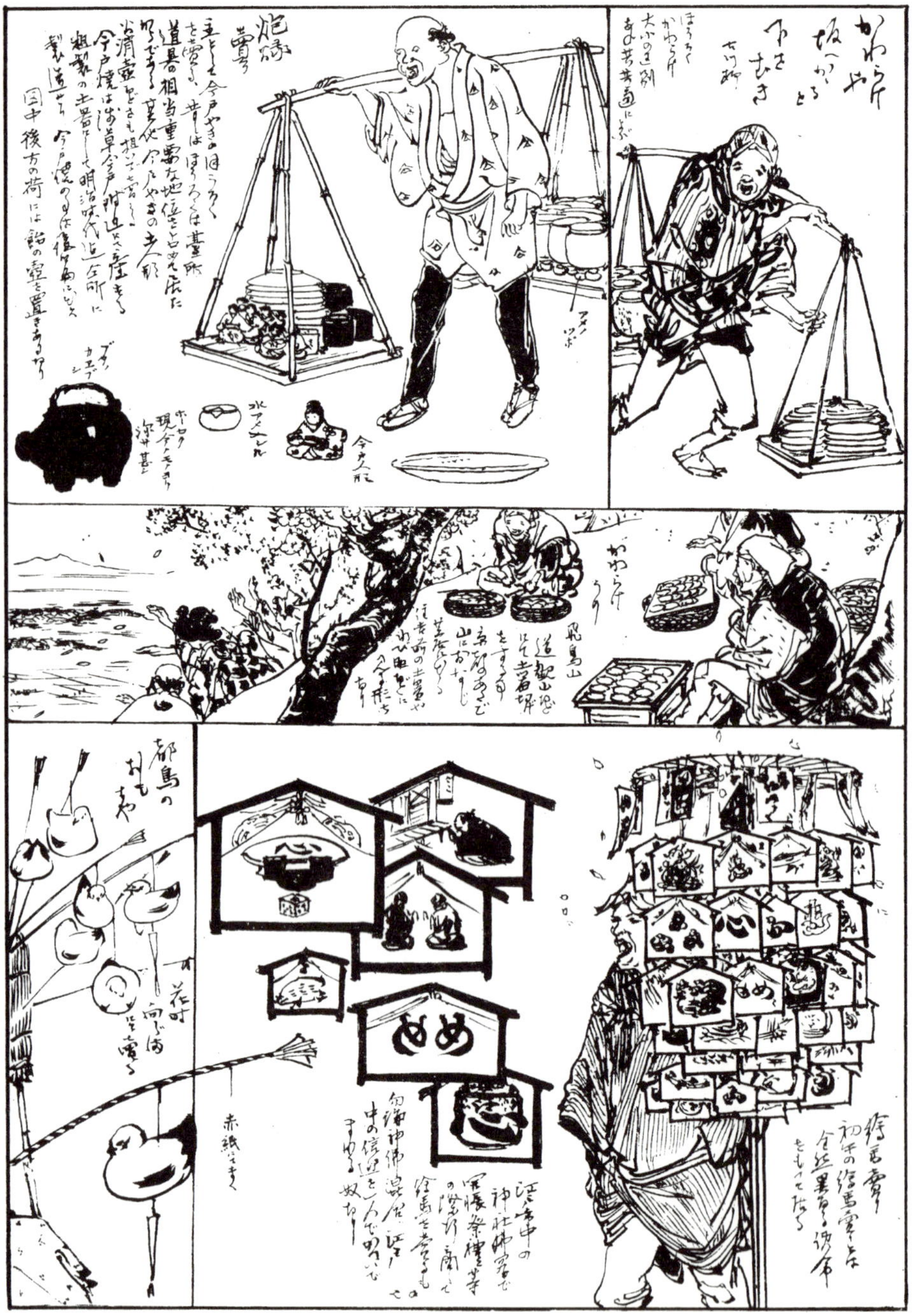

◉下段に描かれる絵馬売りは、先に出てきたものと違い、小絵馬を売る業者である。江戸の神社仏閣でおこなわれる祭礼、開帳などの人出で賑わう場所で売られた。小絵馬は祈願にかかわる絵が描かれたもので、小絵馬を買いもとめた人は、裏側に名前を記して奉納した。断ちもの、錠ものなどという絵馬は、断ちごとをあらわすものに錠をかける図を描く。盃に心の絵馬は、「こころから酒を断ちます」の意味をもつ。盃の下にはサイコロがみられるが、これは賭博《とばく》を断つこと。二つの願を掛けている。ほかに巻煙草や煙管《きせる》の絵馬は禁煙などと、断ちごとの例は多い。なかなか断つことができないという人は、三年の間、一年などと書いた期限つきのものがある。絵馬の奉納は本人が行なうものだが、家族や友人が代わりに祈願することもできた。断ちものの絵馬はどの神社仏閣に奉納してもよいことになっている。なかには絵馬の図柄から奉納先がわかるものもある。二股大根は大黒天、蛸は蛸薬師、鳩は八幡神社、巳は弁財天、鰻は虚空蔵菩薩、天狗は金毘羅宮、めの字の向き合ったものは薬師（薬師は目の病を直すという）などである。

【一九一】

飴売り《あめうり》

◉朝鮮飴売り、唐人飴売りなども描く。このほかにも、あまいだ飴、飴売り紅勘、あめこかいな飴、お駒飴、おじいが飴売り、お万が飴売り、狐の飴売り、土平飴売り、ほにほろ飴売りなどと、いろいろな飴売りがみられる。飴売りの(一)に描く飴売りの呼び声は、「飴のなかからおたさんが飛んで出たよ」、「飴のなかからおたさんがにこ〳〵笑てひょいと出た」という。棒状の飴を切ると、切り口にお多福顔が出てくる。切っても切っても同じ顔が出るので「飴のなかからおたさんが出たよ」と歌われた。おたさんとはお多福のことである。同じものに金太郎顔が出てくる金太郎飴がある。呼び声に「飴のなかから金太さんが出たよ」という。細長くした顔の部分の飴を重ね合わせて、棒状に伸ばしていく。そのほかに般若顔、鬼顔、ヒョットコ顔、天狗顔などもつくられた。朝鮮飴または唐人飴の呼び声は「飴やこうばし〳〵〳〵」という。手に真鍮のラッパをもって売りに来た。ラッパはチャルメラ(チャルメロとも)ともいう。天秤棒の前の箱の上に、縦長浅底の箱を置き、売る品物をみせながら歩いた。唐人飴は、大きな日傘を立て、唐人の姿で唐人踊りをみせて売った。ジャガラカ糖の飴売りの扮装と似ている。文化十二年(一八一五)三月、中村座での『其九絵彩四季桜《そのここのえさいしきざくら》』で唐人詞をいいながら、踊りをみせた三世中村歌右衛門が評判となっている。

玉屋《たまや》

◉しゃぼん売りともいう。しゃぼん売りは、三都とも夏の時期に来る。子供を対象にしたもので、すでに延宝年間（一六七三〜八一）から売り出されている。しゃぼんはヨーロッパから輸入されたもので、平賀源内は、宝暦十三年（一七六三）の『物類品隲』で石鹸と訳している。しゃぼんを水に浸してできた液体に、葦の細管をつけて、口から空気を吹きこむと、丸い泡がふくらむので、しゃぼん玉、吹き玉といった。上方では、頭巾を被り、左手に木箱をもった。呼び声に「ふき玉や、さぼん玉、吹けば五色の玉が出る」という。色は赤黄緑青菫の五色とも、橙緑または藍紫を加えた七色ともいわれる。江戸では、傘（宝珠の玉の形を大きく描き、「たまや」と書いた）を手にもち、木箱（宝珠の玉を描く）を首から下げて来た。呼び声に「玉や〳〵〳〵」という。宝珠の玉は、しゃぼん玉の丸さが似ているので描かれたといわれる。清元の『玉屋《たまや》』には、売り立て口上がみられる。「さあさあ寄ったり見たり吹いたり、評判の玉屋玉屋、商ふ品は八百八町（中略）あたつて怪我のないおみやげで曲はさまざま大玉小玉ふきわけは、その日その日の風次第」とある。曲とは、玉を吹き分ける技のことである。天保三年（一八三二）七月、中村座での『おどけ俄煮珠取《にわかしゃぼんのたまとり》』で、四世中村歌右衛門が演じて評判になった。

【一九三】

竹屋《たけや》

◉竿竹売りともいう。衣服を干すのに用いる竹竿を、肩に担いで売りに来た。季節にかかわりなく、いつでも売りにきたが、夏場は大いに売れた。そのときの呼び声は「かたびらざほ〳〵」といった。帷子《かたびら》は夏用の麻の小袖のことで、それを洗い干すのに用いる時期が売り時であった。他の時期は呼び声も変えている。一般の呼び声は「竹やア、竿竹エ」「竹や物干しざおや、つるべざお、竹やア竹エ」などである。物干し竿だけではなく、はたきの柄にも用いたが、その呼び声はなかった。江戸では、神奈川竹を売りに来たという。似たものに樋竹売りがある。樋は雨水を流すもので、呼び声は「とゆだけ」「といだけ」といった。

鰹売り《かつおうり》

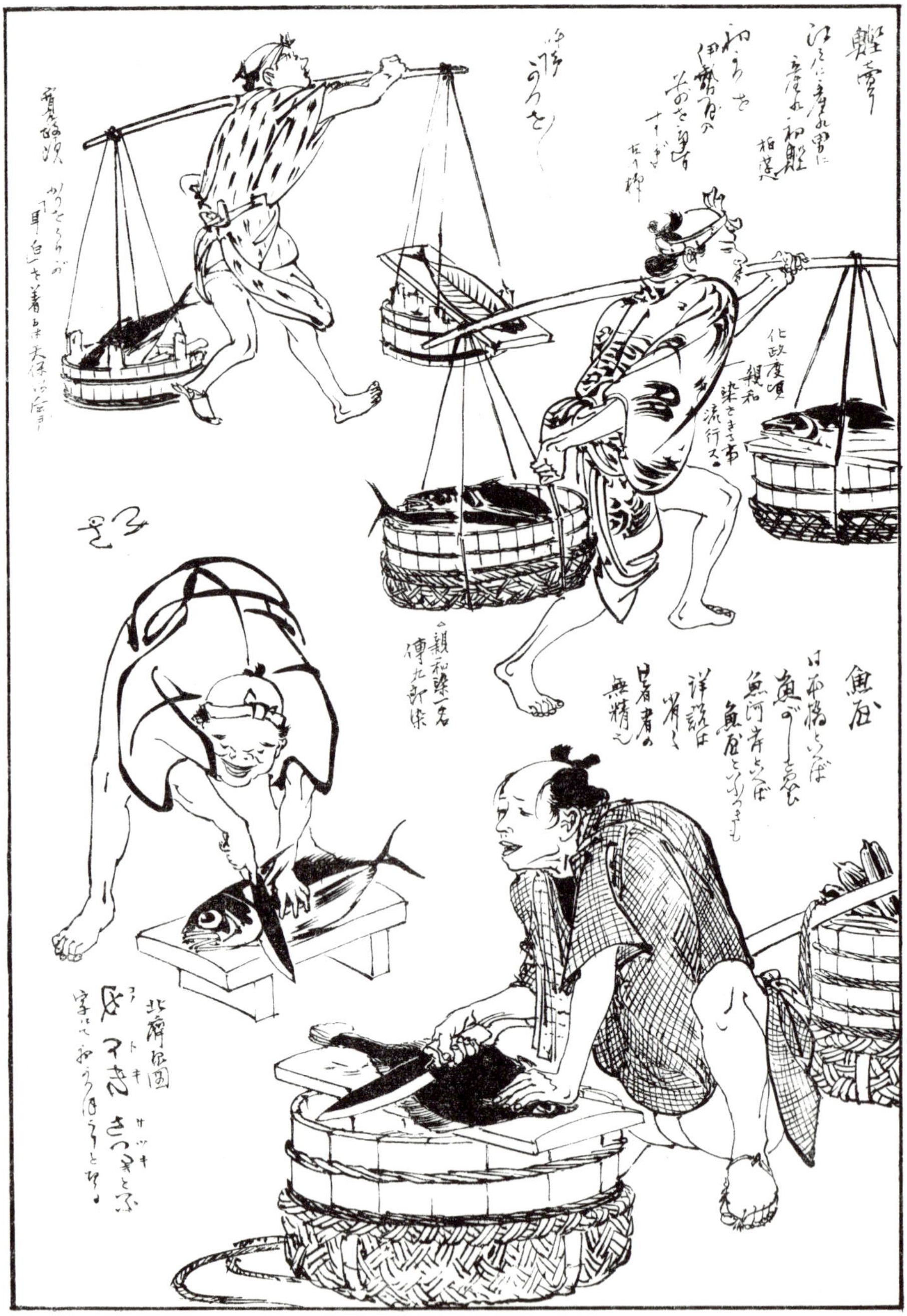

◉初鰹売りともいう。鰹は松魚、堅魚とも書き、烏帽子魚ともいわれる。干して固くなるので、かた魚といい、それが略されて、かつおになった。「四月初松魚売を盛也とす二三年前は初て来る松魚一尾價金二三両に至る小民も争て食之近年如此昌ること更に無之價一分二朱或は二分ばかり也故に魚売も其勢太だ衰へて見ゆ」(『守貞謾稿』)とある。鰹売りは、天秤棒を担ぎ、畚《もっこ》の上に籠を置き、籠に盤台《はんだい》を置いた。盤台は、浅底で大きな円形または楕円形の盥《たらい》である。江戸では、盤台も籠も楕円形であった。畚は縄を網の目のように編み、四隅をまとめるようにして担ぐ。もっこうともいったが、晴雨は、この絵を描かないで、籠の上に盤台を載せたのを描いている。

鰹売りは「カツー、カツー」または「かつお〳〵」の呼び声で売りに来た。鰹売りについては「魚売りはいそがしそうに早脚でゆききしていた。とくに鰹売りなどは侠客の気風で、魚を切ることなどは差置いて、価を下値にでもつけると、首だけは売らぬとか、自分は売りたいけれど魚がいやだと言っている、などの雑言を吐きちらして出て行った」(『塵塚談』)という。

【一九五】

唐辛子売り・鰌屋

とうがらしうり・どじょうや

◉唐辛子は蕃椒とも書く。六尺ぐらいの張り子の唐辛子の形をつくり、それに紐をつけて、肩から下げた。張り子には小袋に入った唐辛子を入れている。一袋三文という。呼び声は「とんとん唐辛子、ひりりとからいは山椒の粉、すは〱からいは胡《こ》椒の粉、芥子《けし》のこ胡麻のこ陳皮《ちんぴ》のこ、とんとん唐辛子、中のよいのが娘の子、いい子ふりするのが禿《かむろ》の子」といった。短い呼び声に「唐辛子〱、七色唐辛子」がある。薬研堀の中島は、唐辛子屋の老舗で、呼び声も「薬研堀七色唐辛子」といった。赤い唐辛子を彫った箱を肩に、半纏に腹掛け、赤手拭を姉さんかぶりにして、股引きに白足袋、草履ばきの姿で売りに来た。内藤新宿の八つ房の唐辛子は、最上等品といわれた。明和二年（一七六五）十一月、市村座での『降積花二代源氏』で、沢村喜十郎が張り子の唐辛子を背負って舞台に出たという。『穴色通がらし』（天明年間・一七八一〜八九）には、張り子の大きな唐辛子を背負う絵が描かれている。

　泥鰌屋は、江戸では文化元年（一八〇四）十月に、浅草駒形の越後屋（初代渡辺助七）が開業したのが古く、いまも駒形どぜうとして店が残っている。泥鰌汁を出したのは、南伝馬町三丁目の万屋で、文政年間（一八一八〜三〇）という。泥鰌をさいて骨首、わたを取りさって鍋煮にした。天保初期（一八三〇頃）に、横山同朋町の柳川が泥鰌鍋をはじめてから、柳川鍋、略して柳川というようになった。泥鰌は満二年で成長し、雌は雄よりも成長が早いという。この泥鰌を売りに歩くのが泥鰌売りである。呼び声に「どぜう〱ー、どぜうツ〱ー」といった。

柏の葉売り《かしわのはうり》

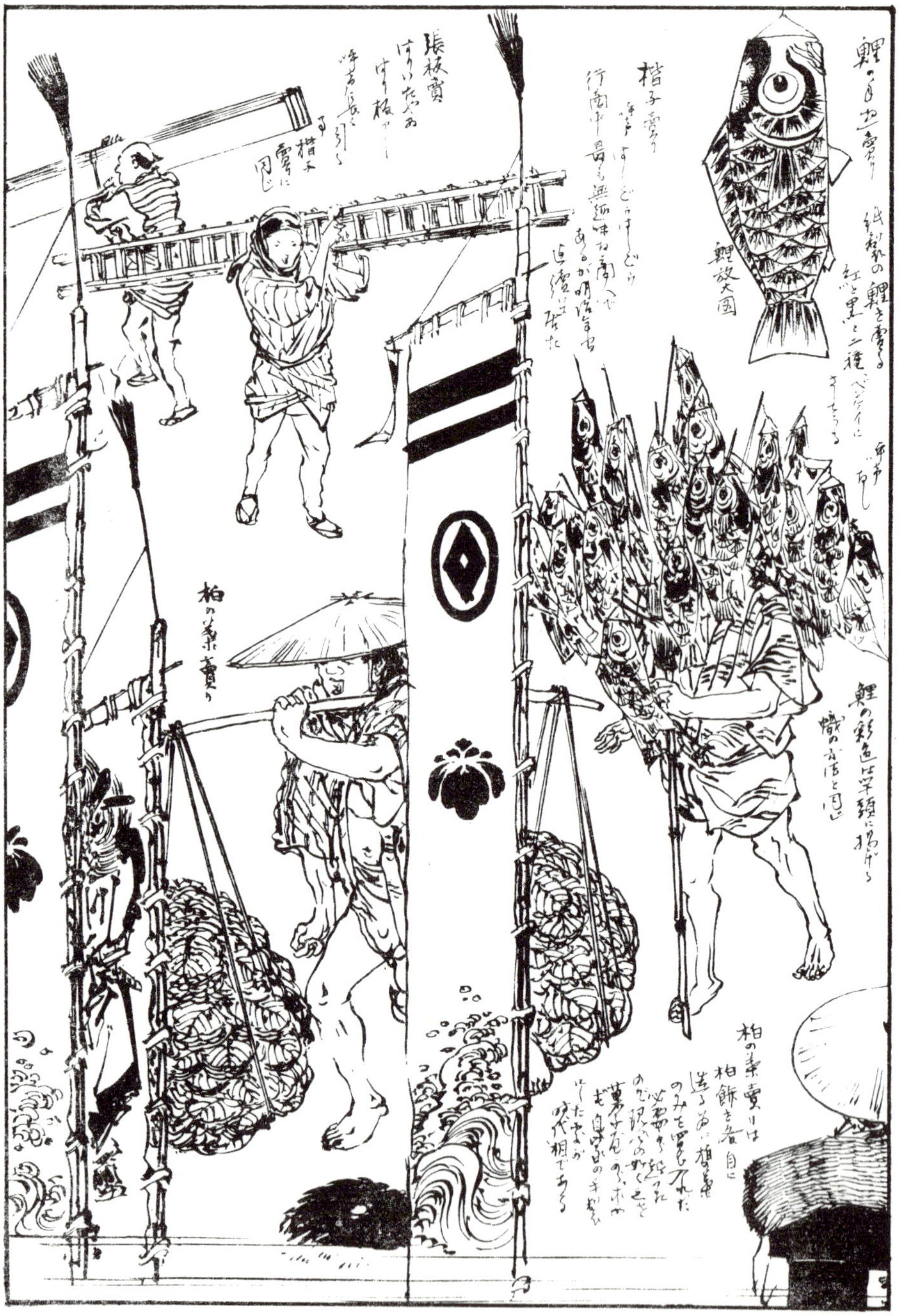

◉端午の節句に柏餅を食べる風習は、江戸時代の宝暦期（一七五一〜六四）にはじまる。柏の葉に上新粉と葛粉（片栗粉）を混ぜた新粉餅に、餡をはさみ、編み笠のように二つ折りにして包んだ餅が柏餅である。柏餅には、黒餡と味噌餡がある。黒餡は、柏の葉の表側を中に餅を包み、葉の裏側が外になる。味噌餡は、柏の葉の裏側で餅を包み、葉の表側が外になる。柏の葉は新芽が出ないと古い葉が落ちないので、家系の絶えない縁起のよいものとされた。また古代から、飯を木の葉の上に盛ったものをカシワといい、この炊《かし》ぎ葉《は》が語源ともいう。柏餅にかぎらず、葉で包むことが邪気を祓う意味をもっていたことから、粽《ちまき》ともかかわっている。粽は、龍の形に巻いて蘆竹葉、菰の葉で米を包み、灰汁で煮たものである。粽を食べると毒虫の難から逃れられ、毒虫を殺すという。上方では、初節句のときに粽をつくり、二年目からは柏餅をつくるという。

お釜おこし

おかまおこし

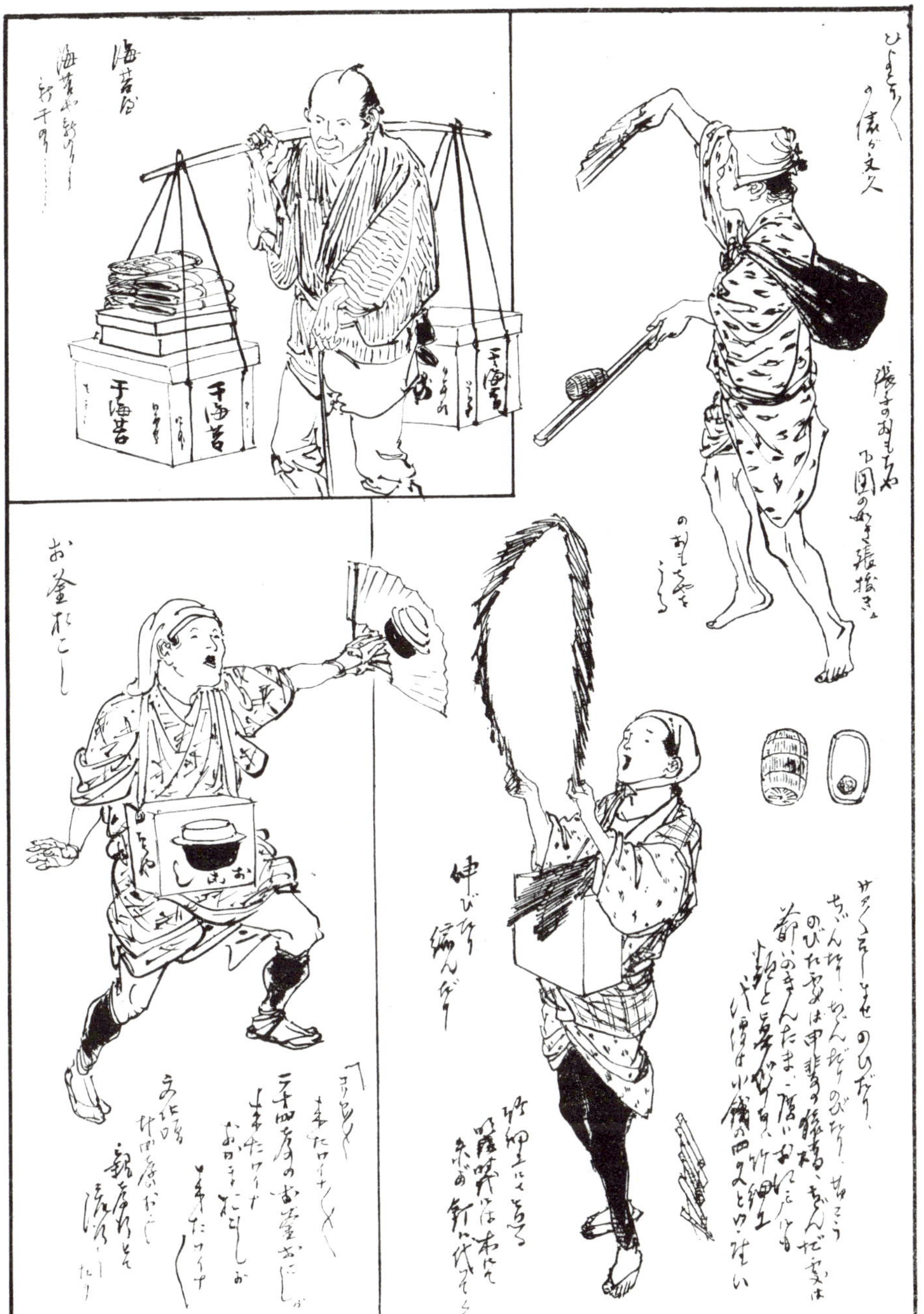

◉廿四孝のおこしともいう。呼び声に「コリャ〳〵〳〵、来たわいな〳〵〳〵、廿四孝のおかまおこしがきたわいな、お釜おこしがきたわいな〳〵」という。廿四孝とは、中国に伝わる二十四の孝行話をいう。その一人の郭巨《かくきょ》の故事にむすびつけたのが、お釜おこしである。郭巨は、家が貧しく、老母が減食するのをみて、一子を埋めようと思い、穴を掘った。日頃の孝行心によって、穴の中から黄金が出て、その上に「天、孝子郭巨に賜う」と書いてあった。

家の財産を「おかま」といい、「釜をおこす」という言葉は、ますます財産が増えることから、縁起をかついだのがはじまりである。おこしは、おこし米を略したもので、米や麦を煎ってふくらませることをいう。煎ってから水飴でこねて固めたもので、文化年代（一八〇四～一八）に売り出された。天保末年（一八四四）に売られた時は、ほとんど売れなかったという。お釜の絵を描いた箱を首から紐でつり、手にはお釜の絵を描いた扇子をもち、頭には頭巾をかぶり、脚絆に草鞋ばきで踊った。

江戸では、享保年間（一七一六～三六）につくられた「雷おこし」が知られている。おこしの真ん中に黒豆をつけて売った。黒豆は雷の臍という。また入船おこしは、天保年間（一八三〇～四四）、品川沖に大鯨が漂着した時につくられたものである。大阪の粟おこしは硬かったので、岩おこしといわれた。

【一九八】

甘酒売り《あまざけうり》

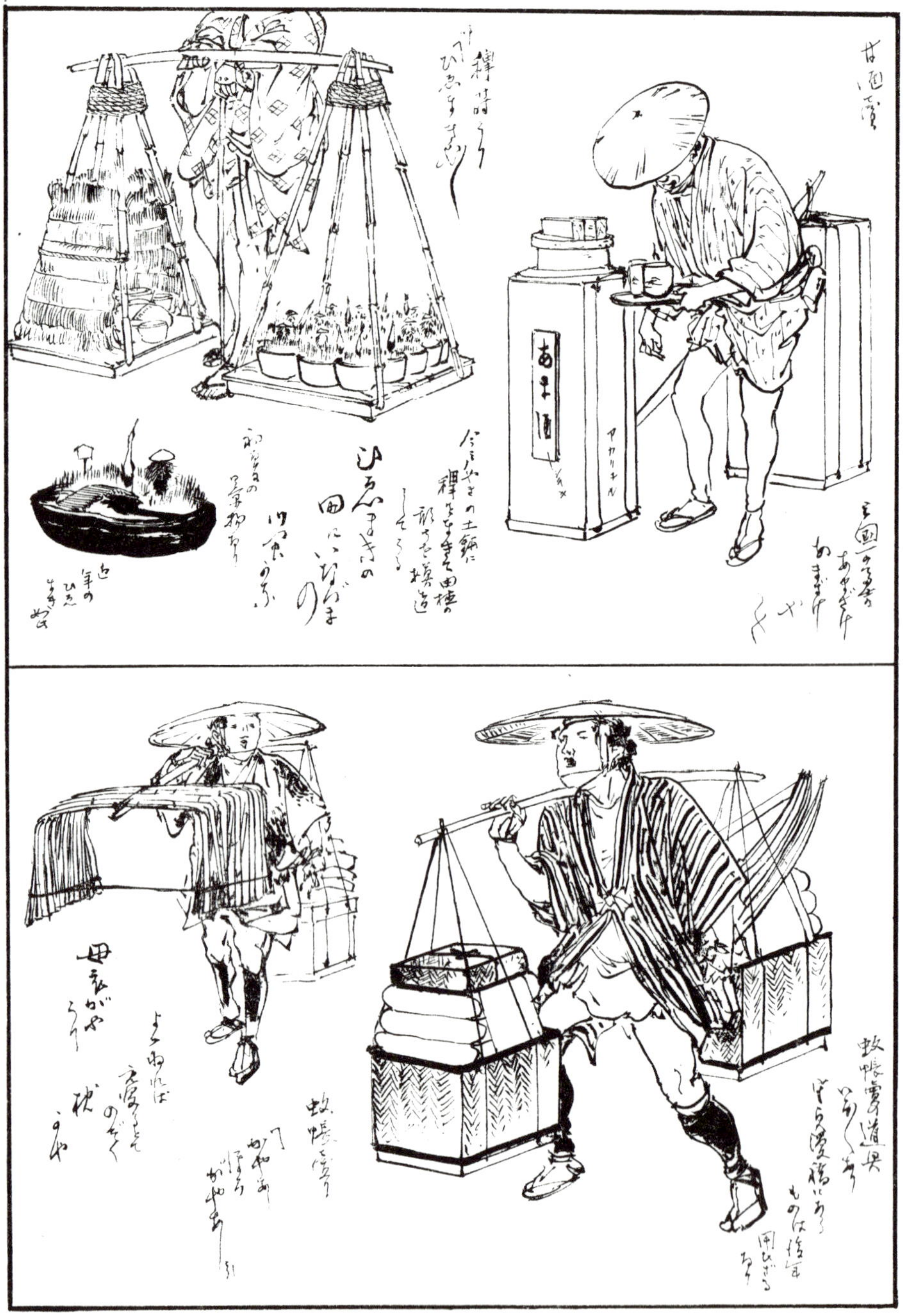

◉酪、醴とも書く。甘酒は白米を柔らかい粥のように炊き、冷まして麹を混ぜ合わせたのを、醸して甘くしたものである。また酒粕《さけかす》を溶かして、甘みをつけたものを甘酒ともいう。

甘酒を入れた赤く塗られた箱を、天秤棒に担いで売りに来た。箱には、白木に「あま酒」と書いてある。箱の上には、真鍮釜が置かれ、箱のなかに鉄釜を入れていた。上方では、鉄釜のみで真鍮釜はなかったという。片方の箱に、器などを入れていた。江戸では一杯八文、上方は六文という。呼び声は「三国一の富士のあまざけ、あまざけや〳〵」という。江戸では最初、寒い冬の夜に売りにきたが、しだいに季節にかかわりなく売りに来るようになると、夜だけの物売りではなくなった。上方では、夏の夜に売りにきたという。店構えの甘酒屋は、浅草本願寺前の店が古く、ほかに四、五軒あったという。天明頃（一七八一～八八）、江戸横山町で「三国一　白雪醴」という名で売られたのは、木花開耶姫が富士浅間社の祭神だったからである。

【一九九】

まんどう売り《まんどううり》

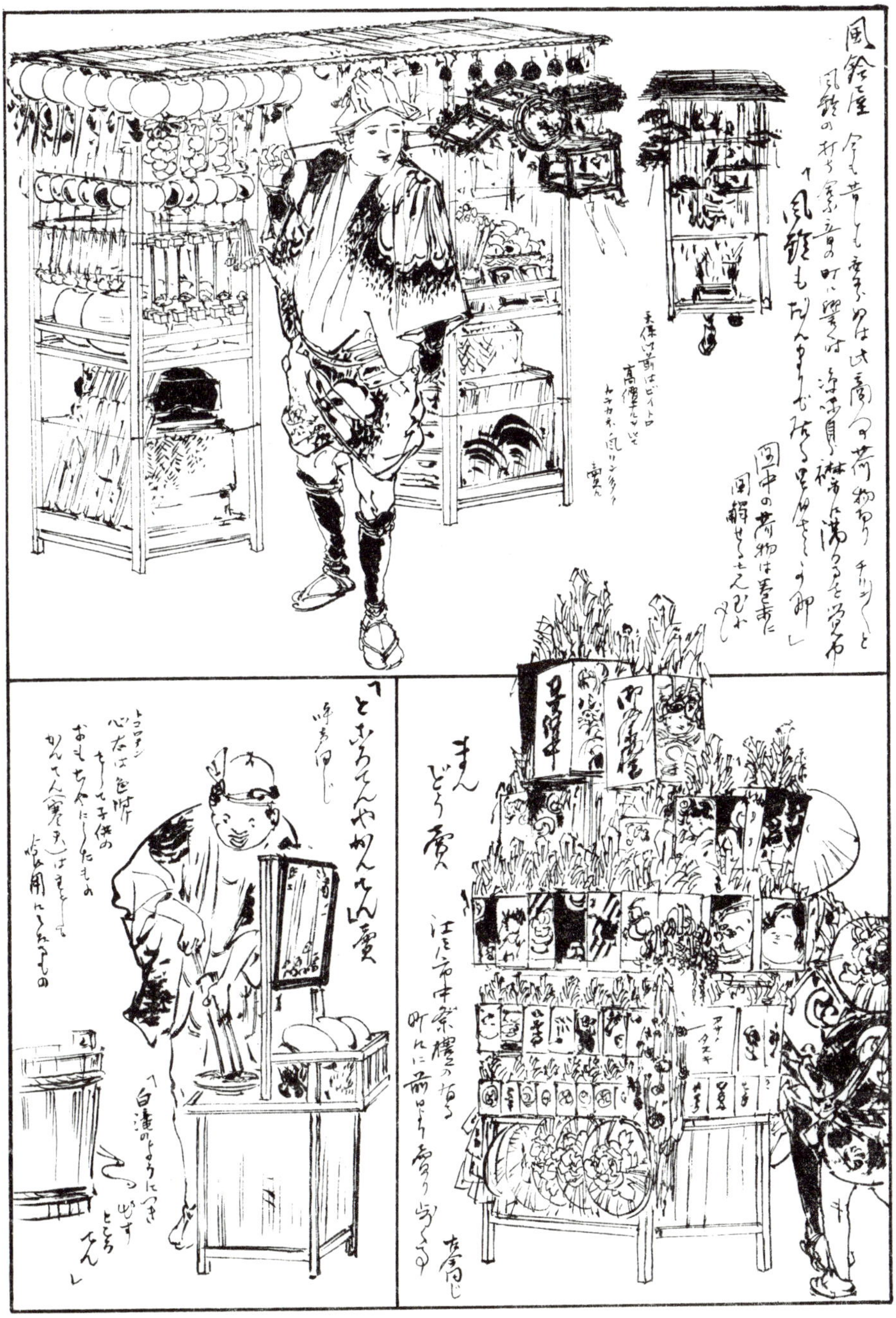

◉下段右にみえる万燈は、提燈・燈籠の一種である。万燈の頂きにつく飾りは御幣である。御幣は依代《よりしろ》または招代《おぎしろ》であり、神を降臨させる目印となった。万燈の多くは、長方形の枠に紙を張り、表裏に絵などを描く。側面には御祭禮、商売繁昌、国土安全、無病息災などと書いた。万燈の特徴は長い柄がつくことである。練り歩く時に持ち歩き、高くかざすためである。小さいのは子供の持つ万燈。「まんどう売り」が笠、麻の襷《たすき》などを売ったのは、祭り、祭礼の諸道具を売る商いを兼ねていたからであった。祭り道具一式となれば、足袋、草鞋、草履、半纏なども売ったとみられる。万燈の大きなものは、回りに柳の枝を垂らし、そこに花を飾る。これを花万燈《はなまんどう》といった。花は稲穂を見立てたもので、枝が垂れるのは稲の実りが多いことを願う表現であった。

【二〇〇】

定斎屋《じょさいや》

◉じょうさいやともいう。定斎とは薬のことだが、もともとは薬種屋の人物名であった。大阪新右衛門町通、大阪屋藤右衛門の定斎屋が知られている。薬を入れた箱を天秤棒で前後にかつぐときに「カタ〳〵〳〵」と音が鳴るので、定斎屋が来たことがわかったという。この音は薬箱の鐶が揺れて鳴る音である。このため呼び声を出さなくてもよかったが、近くに来ると「定斎やでござい、じょさいやー」といった。絵に描かれている薬箱に書かれた文字（「大阪屋藤右衛門」、「新右衛門町通、定斎」）と紋は、朱漆や螺鈿（青貝を埋め込む）でつくってあり、立派な箱であった。薬箱から丸薬の入った小袋を出して売った。大阪屋の大の字を紋（隅切角に大の字）に染め抜いた半纏に、手甲、脚絆、草鞋ばきの姿で、笠もかぶらずに売りに来たという。炎天下でも笠を被らないのは、定斎の効能を示すためであった。また是《ぜ》斎《さい》売りという同じような薬売りもあった。「是斎売　消暑の抹薬也東海道草津駅の東に梅木村と云あり其所に此薬舗五六戸あり一戸を是斎と云其他定斎等の音近きを名とす」という（『守貞謾稿』）。『世事談』には「定斎薬は大明の沈惟敬本朝に来て霊薬を秀吉に献ず茲に大坂薬種屋定斎と云もの俳優を好し秀吉申薬を催す時召に応て意に合ひ彼名方を授く定斎業之とす故に名とす今京東洞院青木屋は定斎の裔也云々然ば本名定斎也」とある。

【二〇一】

孫太郎虫売り《まごたろうむしうり》

◉孫太郎虫とはヘビトンボの幼虫の俗称である。体長四、五センチ、黒褐色で川底に生息し、小虫を食した。昔から黒焼きにして小児の疳の薬としたことで知られる。孫太郎虫売りは、菅笠を被り、紺の風呂敷に引き出しのついた箱を包み、それを背中に背負った。風呂敷は前でむすぶ。これはうしろから盗人などが首を絞めるのを防ぐためであり、そのために結び目のところを緩くもった。前掛けを帯にはさみ、煙草入れを必ず、前に挟む。また竹製の胴乱《どうらん》を肩にかけ、山椒魚のいぶしたもの二十匹を五把、手にもった。胴乱は植物採集用の円筒形や長方形の入れ物のことである。呼び声に「奥州はアサイ川の名産ンー、孫太郎むしイー、五疳驚風一切の妙薬ウ云々」「箱根の名産、山椒の魚、胃腸血の道、ひえ一切の妙薬ウ云々」といった。明治時代の呼び声は「えぼたのむし、胃病ろくまくの妙用薬」であった。店構えでは、江戸日本橋本町三丁目の小西が知られている。文政時代（一八一八～二九）の句に「中橋が実母本町孫太郎」「孫太郎姑の疳の虫にきゝ」がある。中橋が実母は、中橋通り（現中央区八重洲一、二丁目）の木谷藤兵衛が売った、産前産後の妙薬の実母散《じつぼさん》のことである。最初は薪炭を扱っていたので、真木屋薬《まきやぐすり》といっていた。

苗の種類《なえのしゅるい》

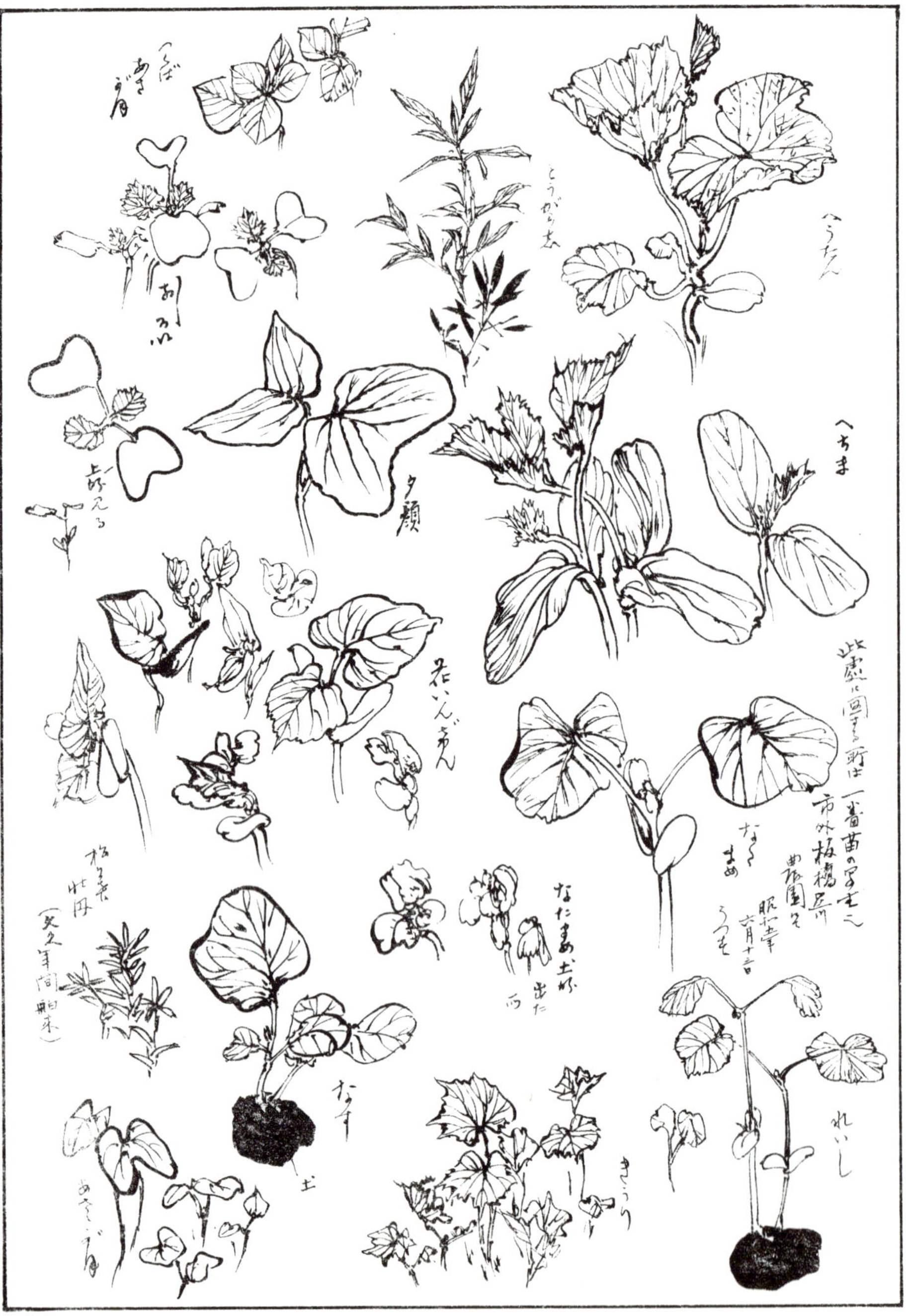

◉苗売りが商った苗を描く。瓢箪《ひょうたん》（ウリ科の一年草。ユウガオの変種。茎は長く伸び、巻きひげで他物にからまる。葉は心臓形。花は白色。果実は中間部がくびれ、熟すと果皮が硬くなる）、唐辛子《とうがらし》、衝羽根《つくばね》、朝顔（ナス科の一年草。茎は十五～五十センチで卵形の葉を対生。上方の葉腋に広漏斗状の花を開く。花色は紫、紅、白）、おしろい（オシロイバナ科の多年草。一年草として栽培。高さ一メートル内外。葉は卵形で対生。夏秋に茎頂に緋紅色、黄色、白色の花がつき、夕方開き翌朝萎む。よく分枝し半珠形に広がる）、へちま（ウリ科のつる性一年草。葉は掌状に浅裂。夏に黄色の花をつける。果実は細長い円柱形で深緑色）、夕顔（ウリ科のつる性一年草。茎は長く伸び、葉は円心形。夏の夕方に先が五裂した白色の花を開く。果実は大形の円柱形または扁球形）、花いんげん、なたまめ（マメ科のつる性一年草。夏に淡紅紫色または白色の花をつける。のち長さ二十五センチの平たい湾曲した豆果を結ぶ）、松葉牡丹（スベリヒユ科の一年草。全体に多肉質で乾燥に強い。茎は地をはってよく分枝し円柱状の葉を互生。夏に枝頂に径三センチの五弁または重弁の花をつける。花色は黄、白、赤、桃）、茘枝《れいし》（ムクロジ科の常緑高木。よく分枝し、葉は羽状複葉。帯黄色の小花を大形円錐花序につけ、夏に結実。果実は径三センチの卵形の核果。皮は硬く薄い）、きゅうり、なす、朝顔などがある。

【二〇三】

苗売り《なえうり》

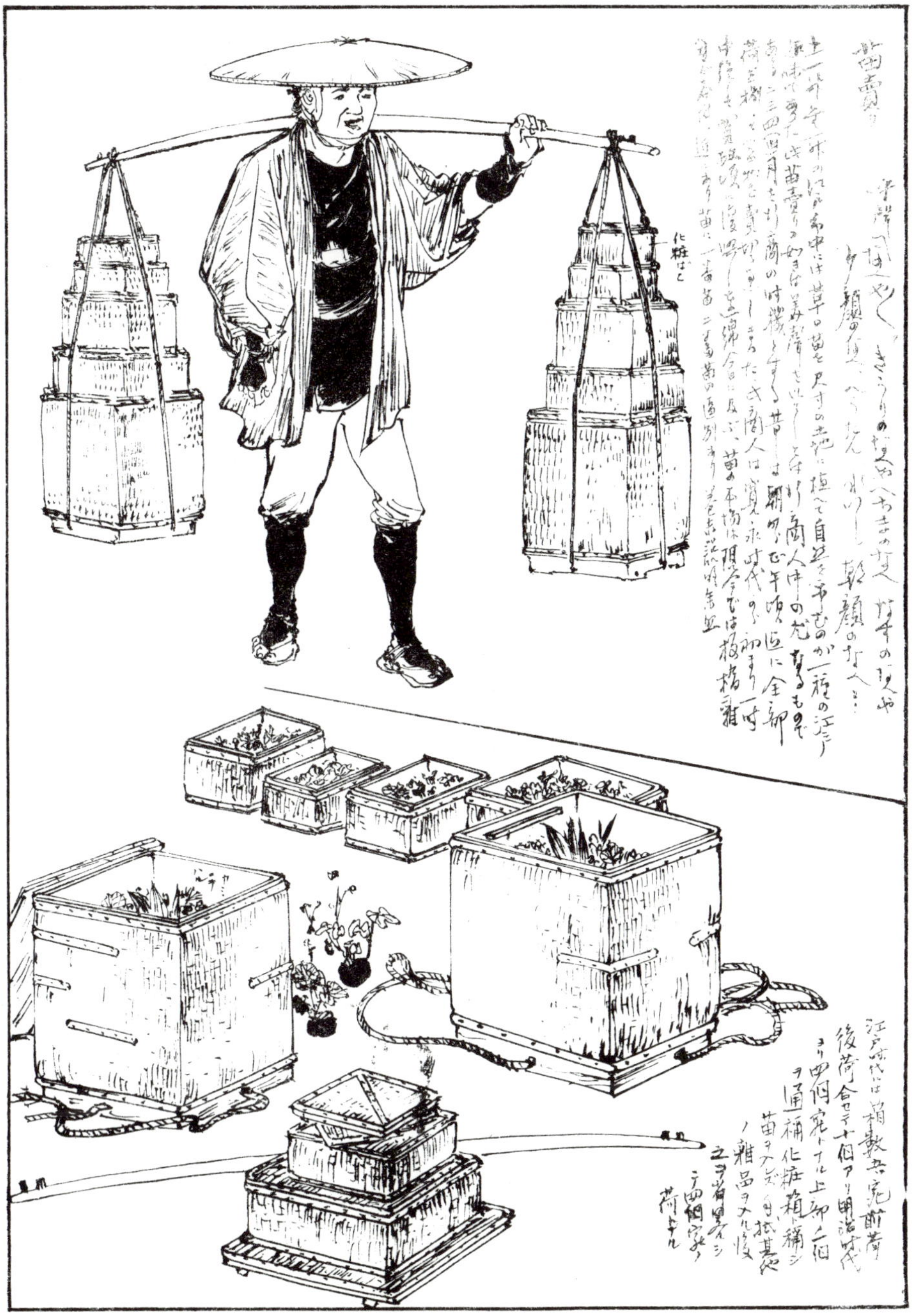

◉箱の中に苗を植え、その箱を四個から五個に分けて天秤棒で担いだ。江戸時代は五個であったのが、明治時代に入って四個になったという。一番上の箱は、化粧箱といい、苗売りがつかう手拭い、雑品などを入れた。売る苗は、板橋（現東京都板橋区）、雑司ケ谷（同豊島区）付近でつくられ、一番苗、二番苗の二種を売った。朝から売りはじめ、昼頃にはすべてを売り捌いた。旧暦二、三、四月が苗売りの繁盛期であった。呼び声に「なえや〳〵ア。きうりのなえや、へちまのなえ、なすのなえや、夕顔のなえ、ひょうたん、れいし、朝顔のなえ云々」といった。買い手が女性であったので、呼び声が美声でないとなかなか売れなかったという。寛永年間（一六二四〜四四）にはじまり、その後、一時中絶したが、ふたたび寛政年間（一七八九〜一八〇一）に売られるようになった。わずかな庭に苗を植えて、自然と接する自然愛好者が、江戸時代からいたことがわかる。江戸時代のガーデニングは、この苗売りの行商人が広めたといってもいいだろう。

ほうづき売り《ほうづきうり》

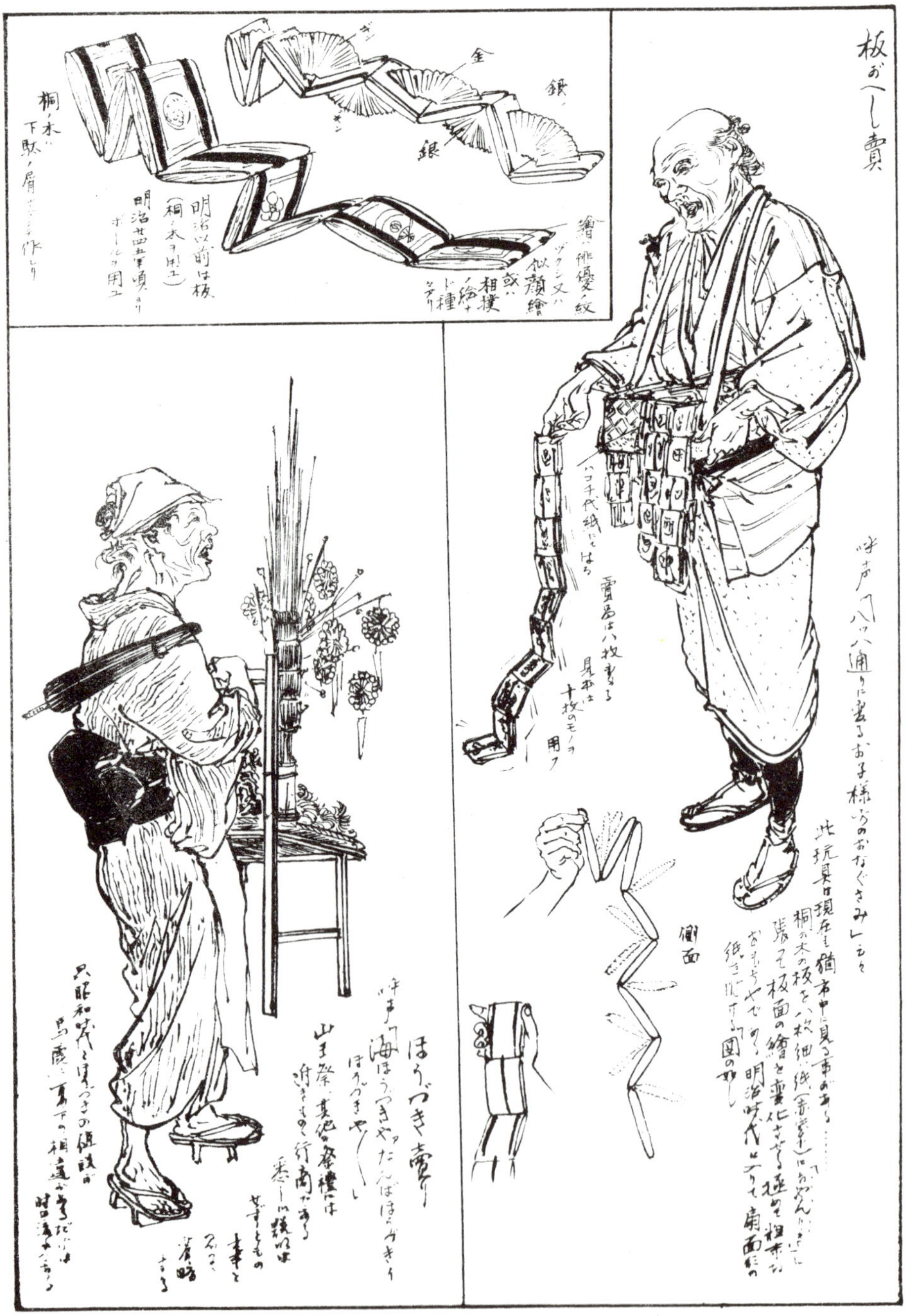

◉ほうづきは、ほおずきであり、酸漿、鬼燈と書く。夏に黄白色の花が咲き、袋状の萼《がく》に包まれた球形の液《えき》果《か》が橙赤色に熟す。液果にはおおくの種子があり、これを抜き取り、口にふくんで鳴らす。根は鎮咳、利尿薬とした。この酸漿を棒の咲きにつけ、飾り物として売った。山王祭りや、そのほかの祭礼でも売られ、売り手には女性が多かった。呼び声に「海ほおずきやア、タンバほおずき、ほうずきやー」という。浅草観音の酸漿市では、鉢植えの酸漿を売った。市は七月九、十日に立った。この日は、千日参りとも四万六千日《しまんろくせんにち》ともいい、一日で四万六千日も参詣した功徳を得られるので、境内は賑わった。市は浅草観音より以前に、芝の愛宕神社の千日参りで、青酸漿を売ったのがはじまりとされる。『東都歳時記』に「癪或は小児の虫の根を切る」効果があるといい、酸漿の地下茎が薬になった。浅草観音では、酸漿を売る前は、赤色の玉蜀黍《とうもろこし》が売られていた。この玉蜀黍を天井にはさむと、雷除けになった。赤色の玉蜀黍を吊るしていた家が落雷を除けたことから、売られるようになった。また赤袋に附子の粉を入れたのも売っていた。赤いものはなんでも雷除けになるといった評判で、しだいに赤い酸漿も売られるようになった。

とっけえべい

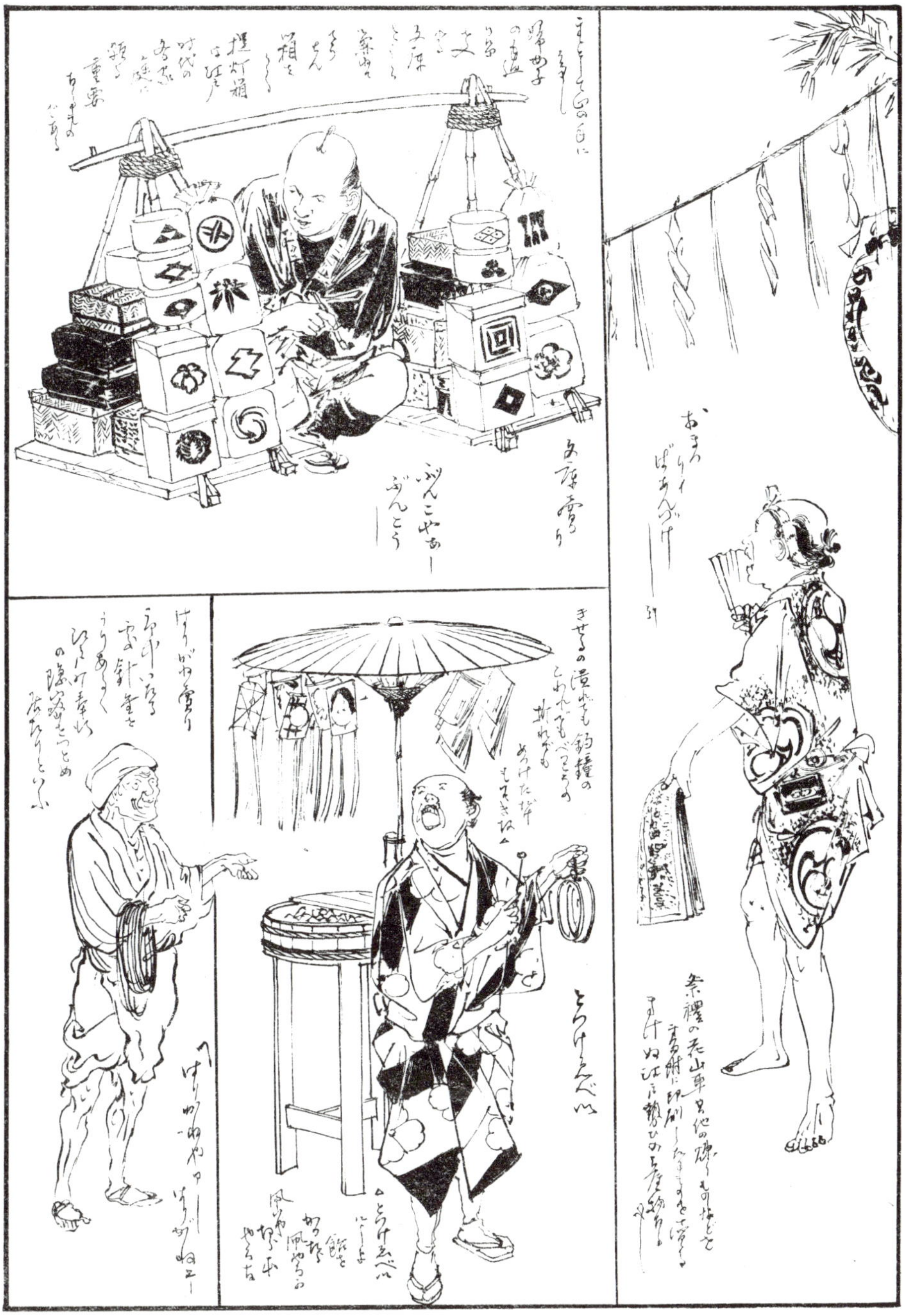

◉下段中央に描かれる「とっけえべい」は飴売りの一種。とっけえべいは「取り替えましょう」という意味である。宝暦年間（一七五一～六四）に盛んに売られた。呼び声に「きせるの潰《つぶ》れでも、釣り鐘のこわれでも、鼈甲《べっこう》の折れでも、めっけただけもってきな、とっけえべいにしよ、飴を買ったら凧やろか、凧いやなら本やろな」といった。高足の台の上に、盤台を置き、そのなかに飴を入れる。盤台の傍らに傘を差し、開いた傘の骨に絵凧や本などをぶら下げた。売り手は、手に鉦をもち、鉦を叩いた音で客を呼んだ。呼び声も鉦を鳴らしながらであった。

浅草田原町に住む紀州生まれの紀伊国屋善右衛門のところに、道成寺の僧が訪ねてきて、釣り鐘建立の協力を請うと、善右衛門は、古鐘によって鐘をつくろうと考え、それを飴と交換して集めるというアイデアを出した。この話をもとに、神田小柳町の甚右衛門がおこなったのが、とっけえべいである。飴売りは、ほかにも唐人服に唐人笠をかぶり、唐人笛（チャルメラ）を吹いた唐人飴売り、浅葱《あさぎ》木綿の頭巾に、袖なし羽織を着た土平《どへい》飴売り、黒い塗り笠をかぶり、前垂れをかけて、口に紅をさした女姿のおまんが飴、唐人笠をかぶり、紙でつくった馬にまたがった姿のホニホロ飴売りなどが知られている。こうした飴売りは歌を唄いながら、飴を売った。現在江戸川区、八王子市、東大和市、武蔵村山市、檜原村などに残る、ヨカヨカ飴屋の歌、飴売り歌などは、その名残りである。

【二〇六】

枇杷葉湯《びわようとう》

◉右下に描かれた枇杷葉湯は、枇杷の葉を干して、そこに肉桂《にっけい》、甘茶などを切り混ぜて煎じたもので、暑気払いの薬である。『彩入御伽草』に「この枇杷葉湯は烏丸大納言様の御製法にて諸人助けの為に御調合下されしを今売り拡むる第一の効能は暑気あたり霍乱《かくらん》下り腹渋り顔」とある。また式亭三馬の滑稽本『一盃綺言』には「京都烏丸本家枇杷葉湯〳〵の儀な毎年四月上旬より八月下旬まで煎湯にいたしてたひら一面におふるまひ申す」とある。天秤棒でかつぐ穴のあいた箱を前後にかついだ。箱には薬売りの定斎屋《じょさいや》と同じように引き出しがある。金鐶の音もしたとおもわれるが、定斎屋のようなカタカタという音を記したものがみられない。前箱には小さな七輪が入っており、後箱には同じく小さな樽が入る。箱の正面には丸に烏紋を描き、その絵の脇に「本家　京都」または「京都」などと書き、下に「ひわやうたう」または「本家」などと書いた。絵にみえる「馬喰町三丁目　山口屋又三郎」は江戸での枇杷葉湯販売元の生薬屋である。前箱の上に飾る丸に烏紋の提燈は、夜の商いのときに用いる。菅笠をかぶり手に団扇を持った。夏であるので素足に草履の姿で売りに来た。また手甲、脚絆をつけたともいう。団扇には鳥の絵が描かれる。呼び声に「本家えー、京都からす丸、枇杷葉湯うー、第一暑気ばらいとかくらん、毎年五月節句より御ひろう仕りま。煎薬は代物に及ばず、たらいいちめんに御ふるまい申します、一包み四十八銅、半包みは二十四銅、御用なら御求め下さい、京都からす丸、枇杷葉湯でござい」というが、宣伝のために無料で振る舞ったという。

【二〇七】

羅宇屋《らうや》

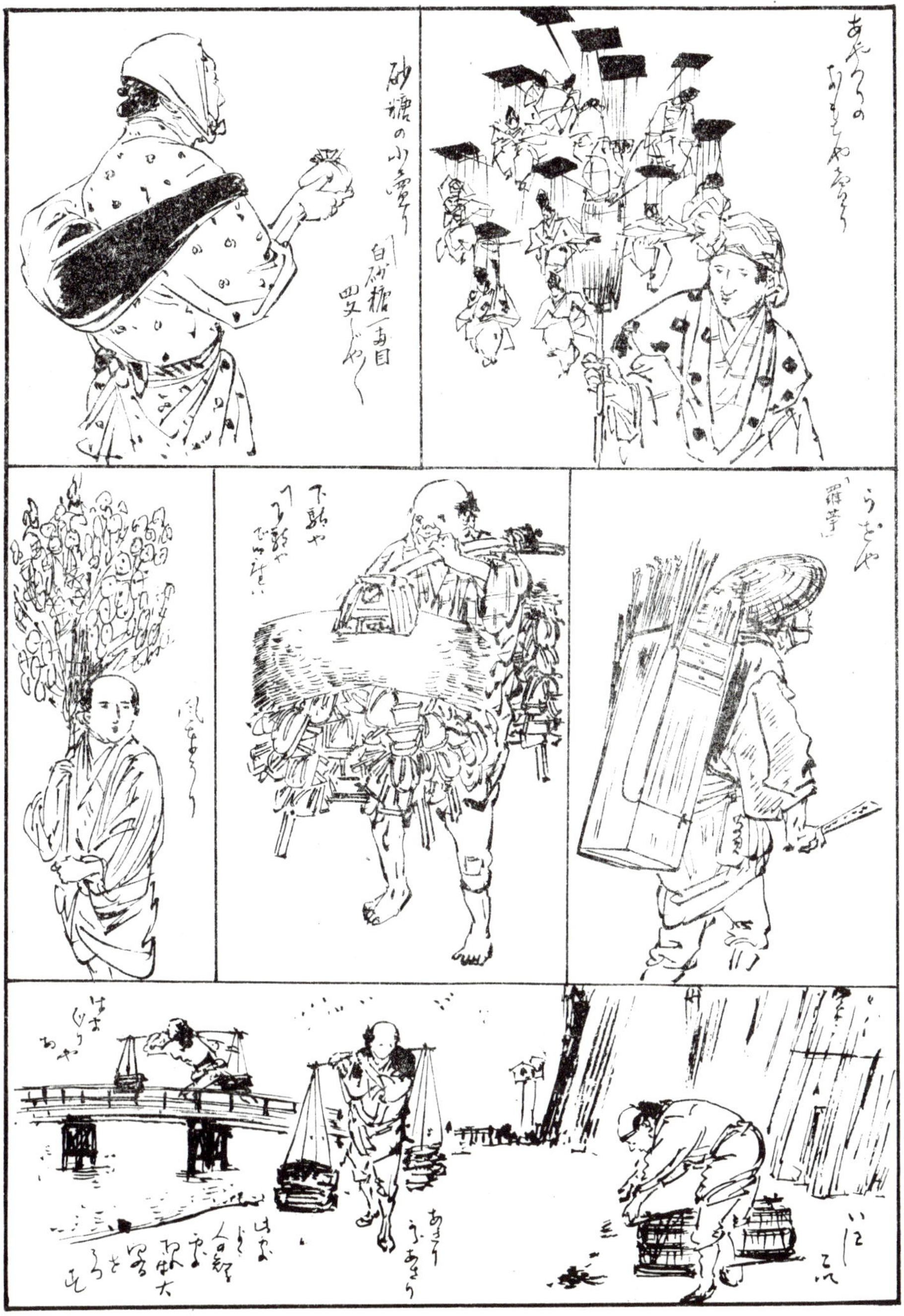

◉中段右にみえる「らうや」は、らおやともいう。羅宇とは羅宇竹のことで、煙管の雁首《がんくび》（火皿《ひざら》）と吸い口をつなぐ竹の管のことである。『俚言集覧』に「羅宇　煙管の筒をいふ唐土の西南安南の西北なる老《ラ》木《オ》過国の竹にて作りしもの舶来せしよりこの名あり」とある。老木過国はラオスである。羅宇屋は、羅宇のすげ替え、取り替え、羅宇の掃除などをした。また煙管、刻み煙草なども売った。呼び声に「らうー〳〵」または「羅宇や―煙管」という。上方では呼び声を「羅宇のしかえ」といった。羅宇屋は引き出しのついた箱（一箱）を背負い、箱の上には取り替えの羅宇と、売り物の煙管を差している。長い寸法の羅宇などは、箱の外側の袋などに差す。上方では二箱で廻った。羅宇は矢竹、まだら竹などを用い、漆を塗ったものもある。朱色は朱羅宇といい、黒色は黒羅宇といった。三都とも煙管は長さ八寸を定めとし、七寸を殿中《でんちゅう》といった。羅宇は八文、長いものは十二文以上の値であった。村田屋、住吉屋の煙管屋が知られ、村田屋は米沢町にあった村田七右衛門の店である。御蔵前黒船町にも同名の店があった。しかし煙管屋といえば米沢町が知られていた。住吉屋は池之端にあった店である。夢中散人寐言先生の洒落本『辰巳之園』（明和七年・一七七〇）に「きせるを張らせるなら池の端より米沢町の村田が所がいい」とある。その村田屋の流れを汲む羅宇屋、中島兄弟が豊島区巣鴨地蔵通りの入り口や浅草雷門の前で、移動しやすいバイクや自転車に、大きな道具箱を取り付けて、近年まで店を出していた。

鯉売り《こいうり》

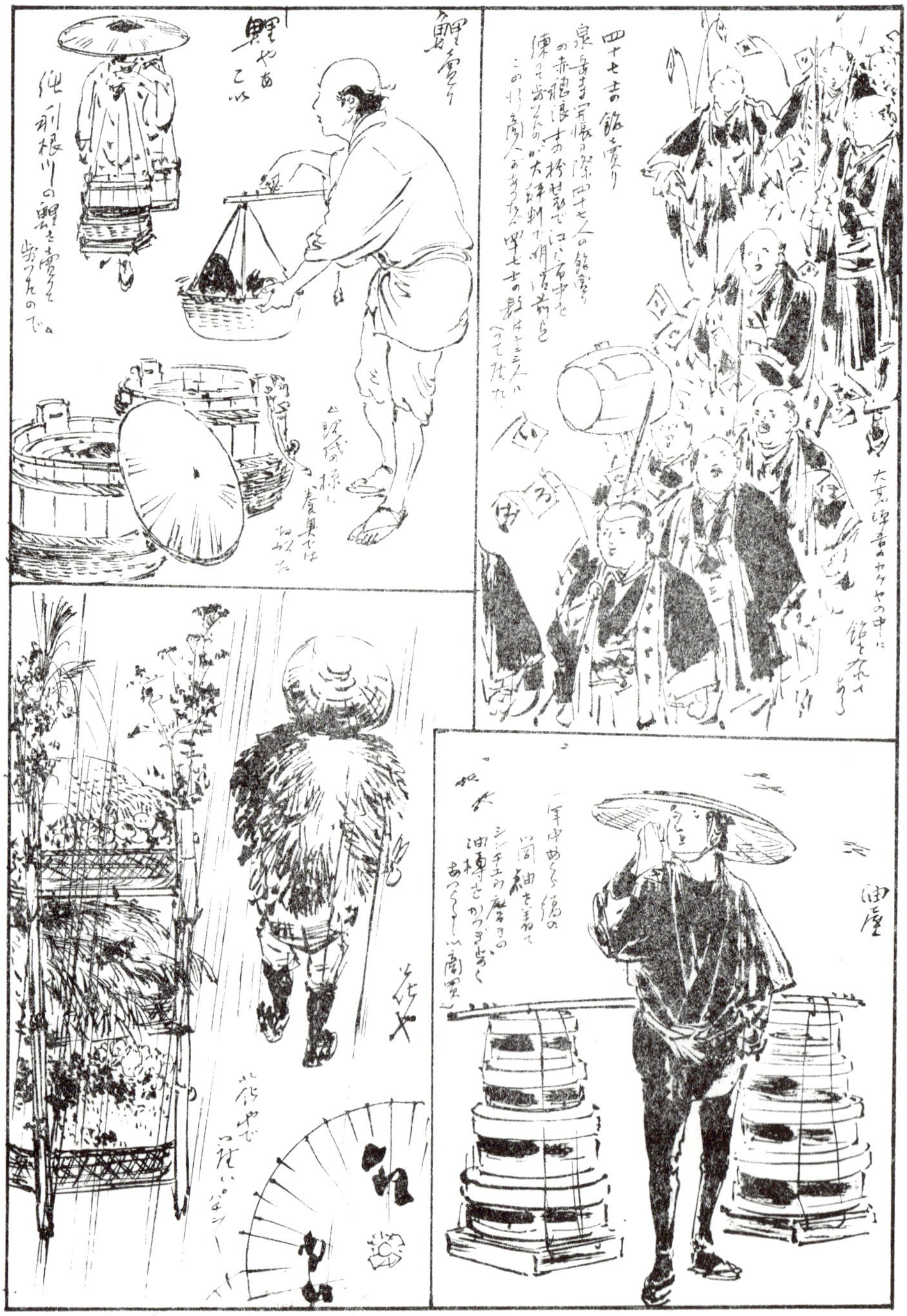

◉鯉料理は高級なものの一つで、それを直売するのが鯉売りである。利根川で取れたての鯉を売った。左上の絵にあるように、呼び声は「鯉やー、こい」という。鯉は祝魚として用いられたが、婚礼の祝儀にかぎって用いてはいけないとされる。それは鯉の腹部にある第五の鰭《ひれ》を「ことどめのひれ」といい、子を産まずに止めるので、不吉とされたからである。「鯉の羹《あつもの》食いたる日は鬢《びん》そそけず」という諺があるが、鯉の吸い物を食べた日には、脂肪分が多いので、耳際の髪がほつれないでぴんとしているという意味である。鯉の養殖も江戸時代の文化、文政期（一八〇四〜三〇）頃から始まった。

刻み煙草売り《きざみたばこうり》

◉上段中と左に描かれる。刻み屋ともいう。『盲文書話』に「小箪笥程なる曳出しの多く付たる箱に、きざみたばこ種々入て、箱の後の鐶へ手拭杯《など》通し、方々の肩へ掛て後へ荷ぎ、刻み多葉粉《たばこ》はよふ〱と呼て売る、買人《かいて》あれば腰より秤《はかり》を出し、目分量にたばこをつまみ出し、秤に懸て五匁、七匁と売る、引出しの鐶多き故、途中ぐはた〱と鳴りて、遠くより来るも知れしなり、是も享和頃までにて、今はなし」とある。神田鍋町の叶屋《かのうや》は、十数人の切《き》り子《こ》をかかえ、担ぎ荷六、七荷を出して、江戸中を売りひろめたという。これが担ぎ荷のはじまりとされる。宝暦年間（一七五一〜六四）には、天秤棒での担ぎ箱から担い箱になった。『塵塚談』に「ガチヤ〱多葉粉売の事（中略）引出しの中に仕切りを入、二行に刻多葉粉を入、蕨拳の鐶を引出し毎に附、肩へかたかけにして売歩行けり、鐶がガチヤ〱と鳴により、其音を聞て呼入かひけるなり」とある。煙草の葉を刻む職人を「ちんこ切り」といった。古くは粗く刻んだ五分切りであったのが、細かく刻むようになったという。刻む板を駒板《こまいた》（略して駒ともいう）または押さえ板、切り台という。『我衣』には「若き女中などの類は、やに深きをきらい、刻たばこやにて色合黄なる和らかなるを調のみたり」とある。刻み煙草の刻み方にも、注文があったことがわかる。

【二一〇】

ざるやみそこし

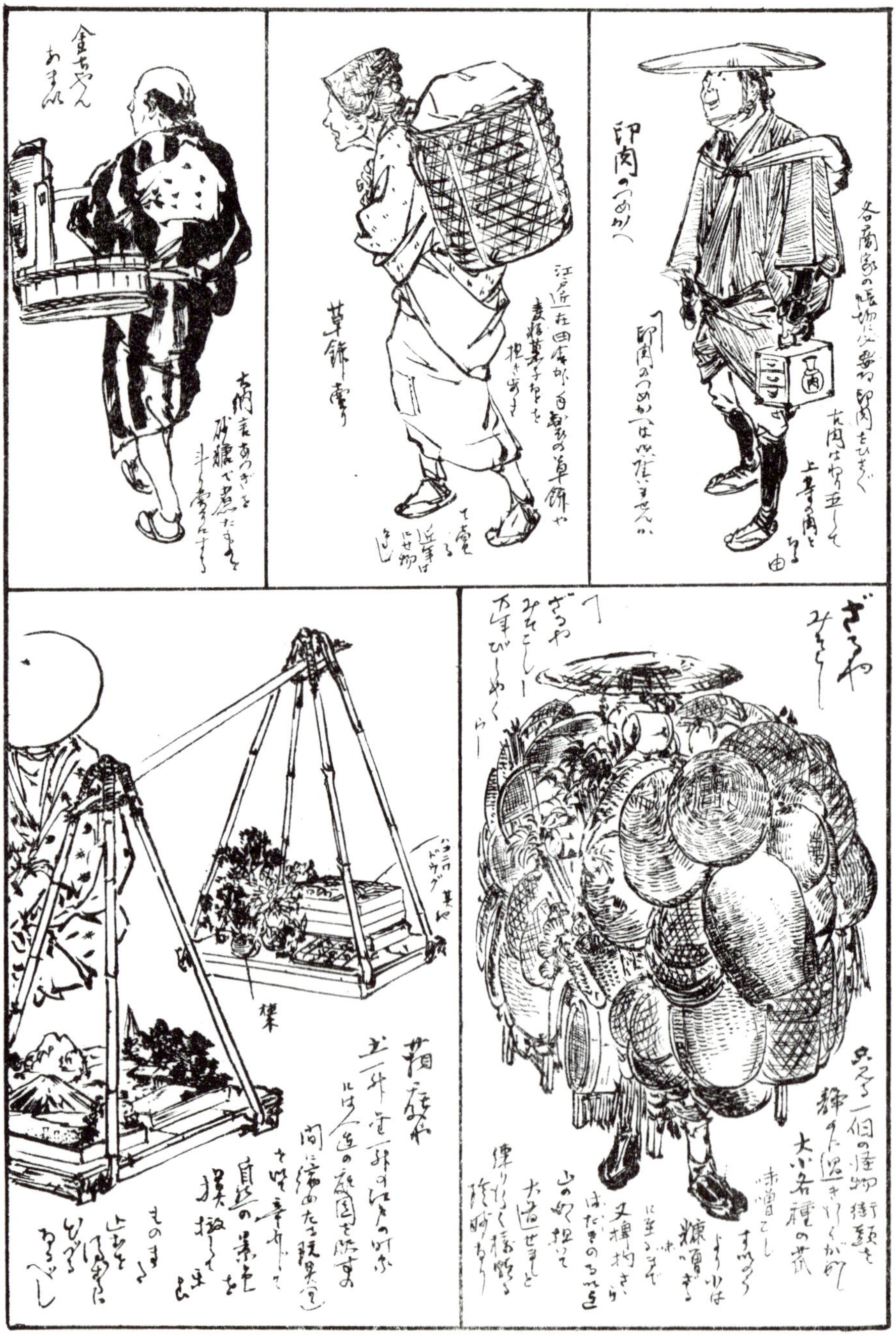

◉右下の図。家庭で用いる道具を売る。笊《ざる》、味噌こし（味噌をこして滓《かす》を取り去るのに用いる。曲物《まげもの》の底に細かい目の網を張る。みそこしざるともいう）、水嚢《すいのう》（食品の水を切ったり漉したりするための篩《ふるい》。馬尾で織った布や金網、竹などを張ったもの。みずぶるい、みずこしともいう）、糠味噌ざる（糠味噌汁をつくるのに用いる。古くなった糠味噌をすって味噌代わりにして汁に仕立てる）などを売り歩いた。ほかに柄杓（木製の水汲み）、ささら（細かく割った竹を束ねたもの。鍋を洗う束子《たわし》の用をする）、杓文字《しゃもじ》（近世女性語。飯を盛ったり汁をすくうのに用いる道具。めしじゃくし、いいがい、へらなどともいう）、叩《はた》き（長い柄の先に束ねた布や羽根をつけたもの。障子や桟や器物などのほこりを払うのに用いる）などを売った。雑貨品を売った商人でもある。呼び声に「ざるやみそこしー、万年びしゃくウー」という。

【二一一】

新わら屋

しんわらや

◉新わら売りともいう。新わらは田植えの苗の色の優れたものをいう。向島請地村堀切付近、または亀有村などから売りに来たという。この地で栽培された苗は色のよさが格別で、江戸市中でも評判になった。呼び声に「新わらや〳〵」という。田植え前の苗に、熱湯を注いで乾かすと、色もきれいな薄緑色となり、この苗で女性が洗い髪の根をむすぶと邪気を払い、血行が治まるという俗信があった。天明、寛政期（一七八一～一八〇一）頃より流行し、花街では明治まで行われた。幕末には、一把十文から十五文で売りに来たという。新しい苗であることと、それをむすぶ行為に、邪気を払う効果があると信じられていた。

【二一二】

七夕の竹売り《たなばたのたけうり》

◉笹売り、笹竹売りともいう。江戸では七夕竹を立てる風習があったため、七月五、六日頃に売りに来た。呼び声に「たけや〳〵、七夕の竹やア」または「竹や〳〵」といった。

この青竹に、短冊色紙などをつけて、家の屋上に立てた。この色紙短冊を売りに来たのが、短冊売りである。短冊に願いごとを書くと、その願いが叶うとされる。とくに織姫と彦星の年に一度の出会いであるので、恋の成就を願うことが多い。歌川広重の『名所江戸百景』には「市中繁栄七夕祭」と題して、数多くの青竹についた飾り物の、華やかな光景が描かれている。飾り物には、紅白のだんだらの紐状の紙、願いの糸（竹竿に糸をかけて自分の願いを星に祈る）に模した切り紙、吹き流し、瓢箪に杯、そろばんに大福帳、千両箱、切り西瓜、鯛などの縁起を担いだものが多かった。はじめは飾り物を家々でつくったが、のちに帳面、西瓜、筆、ほおずきなどのつくりものを買うようになった。七夕祭りが終わると、海や川に流す七夕送り、七夕流しが行われた。

【二一三】

盆の行商
ぼんのぎょうしょう

◉盆に用いるものを、七月十二、十三日に売りに来た。江戸では草市といった盆市があり、そこで供え物などが売られている。十二日の夜に市が立ち、「揃いました〳〵」といった。下段に描かれているように、こうしたものを振り売りするものが多かった。苧殻《おがら》、樒《しきみ》、線香、盆燈籠、ませ垣、盆花、真菰《まこも》、藁細工の牛、馬（いまは茄子の牛、胡瓜の馬）、鬼灯《ほおずき》などである。苧殻は迎え火、送り火に焚く、また供え物に添える箸として用いた。あさがらともいった。

上段左のように経木《きょうぎ》（一枚に一人ずつ戒名を書く薄い板）を売るときは「おがらや〳〵〳〵、上板の経木」といった。下段左のませ垣売りは、竹や木でつくられた低い目のあらい垣（籬《まがき》、ませともいう）を売る。盆花を飾る盆棚、精霊棚である。呼び声は「あぼへぼやア、ませ垣ア」という。盆花は多くは萩、桔梗などの秋草で、ほかに蓮の花や葉もある。次頁にあるように、この盆棚、精霊棚が、鈴ヶ森に捨てられた。鈴ヶ森は刑場であったので、不浄の場とみて捨てる場所になっていた。

未枯荷盖犹遮影
新落松花便可餐
杖藜徐步

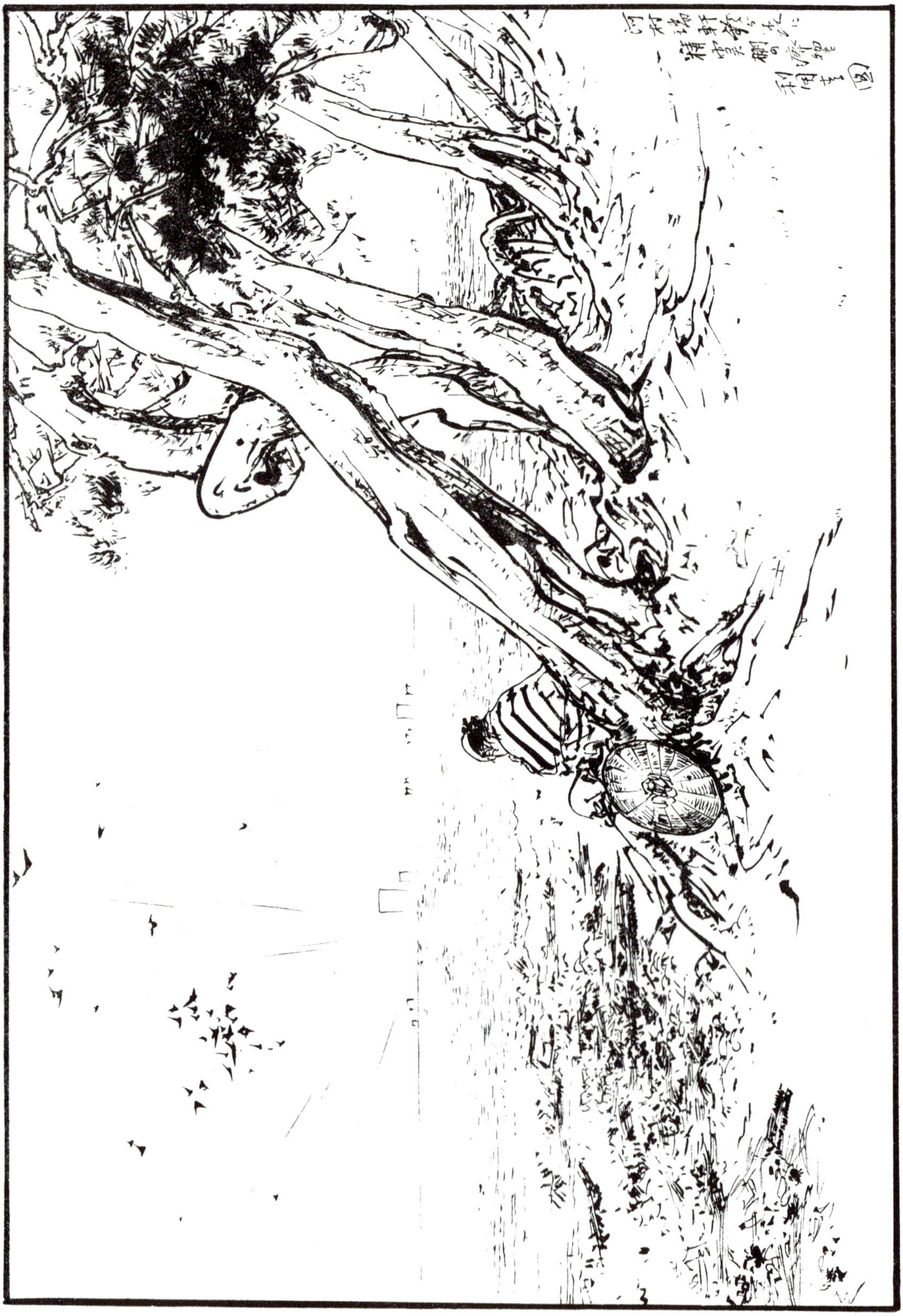

茶《ちゃ》めし

【二一五】

◉茶めしは、淡く醤油・酒などを加えて炊いたものである。黄枯《きがら》茶のめしに煮染めをつけたので、黄枯茶めしといい、略して茶めしといった。桜茶めしともいう。また茶を煎じた湯に塩を少し加えて炊いたものもある。ここに大豆・小豆・栗などを加えたのが、奈良茶めし（奈良の興福寺、東大寺などではじめたことによる称）である。江戸では、明暦の大火（一六五七）後に、奈良茶めしに豆腐汁、煮染め、煮豆を添えたものを出す店が、浅草寺門前に出て流行した。天和期（一六八一～八四）には浅草並木町にも店が出来た。こうした決まった場所で商いをする者と、歩く商いとがあった。行商は茶めし、ちゃめしと書いた看板で、客寄せをした。この絵では、茶めし以外に、あんかけ豆腐・から汁・煮染め・おでんを売っている。おでんは、おでん茶めしといって、かならず茶めしがつくようになった。

細見売り《さいけんうり》

◉左下の図。吉原廓内の茶屋、遊女屋の名、遊女の名（呼び出し、昼三《ちゅうさん》、附廻《つけまわ》し）、屋号、位付けなどを記した遊女細見、吉原細見を売った。はじまりは明暦、万治期（一六五五〜六一）につくられた遊女評判記である。評判記には、遊里案内記、遊女の評判がおさめられる。呼び声は「新よしわら細見んー」で、この呼び声が美声であったという。呼び声にいう新吉原とは、葺屋町にあった吉原（元吉原という。葭茅《よしかや》が茂っていたからとも、東海道葭原からとったともいう）から、明暦二年（一六五六）に場所替えを命じられ、翌年六月に代地の日本堤下の千束村に移った吉原のことである。吉原といえば、この新吉原のことをいう。江戸の北に位置しているので北国、北州、北里ともいった。江戸町《ちょう》一丁目、江戸町二丁目、京町《ちょう》一丁目、京町二丁目、角町《ちょう》を五丁町といい、のちに揚屋町《まち》、伏見町《ちょう》が加わった。町は両側に遊女屋のある通りをいう。中央の通りを仲の町《ちょう》といった。

【二一七】

夜鷹《よたか》そば

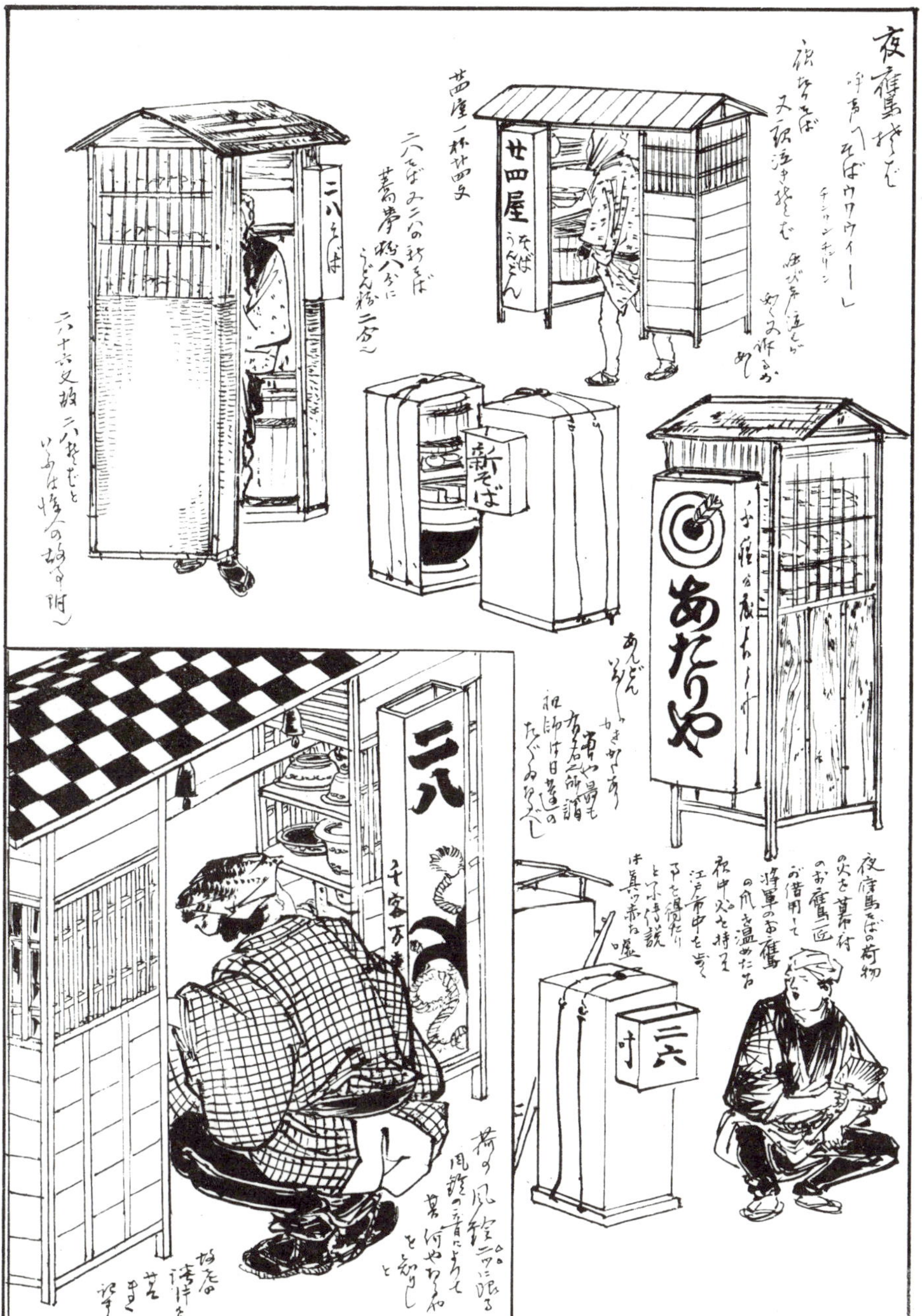

◉夜に屋台を担いで蕎麦を商った。夜鷹蕎麦のほかに、風鈴そば・風鈴蕎麦切り・夜蕎麦切り・夜蕎麦売り・夜泣きそば・二八そばなどといった。風鈴そばは、左下の図にみえるように、二つの風鈴を道具箱の荷に下げ、音で蕎麦屋の来たことを知らせた。二八そばは、蕎麦粉八分、うどん粉二分の割合からの名称である。値段が十六文であったからというのは、後人の付会説という。行燈に二八、二八そば、二六、廿四屋、あたりやなどと書いた。廿四屋は一杯二十四文による。夜鷹蕎麦の呼び声は「そばウワウイー」。茣蓙をもつ姿が夜鷹（私娼）のように見えたので、その名がある。夜鷹蕎麦の名は、夜鷹が蕎麦をよく食べたからとも、また鷹匠が食べたからともいう。

【二一八】

稲荷鮓売り

いなりずしうり

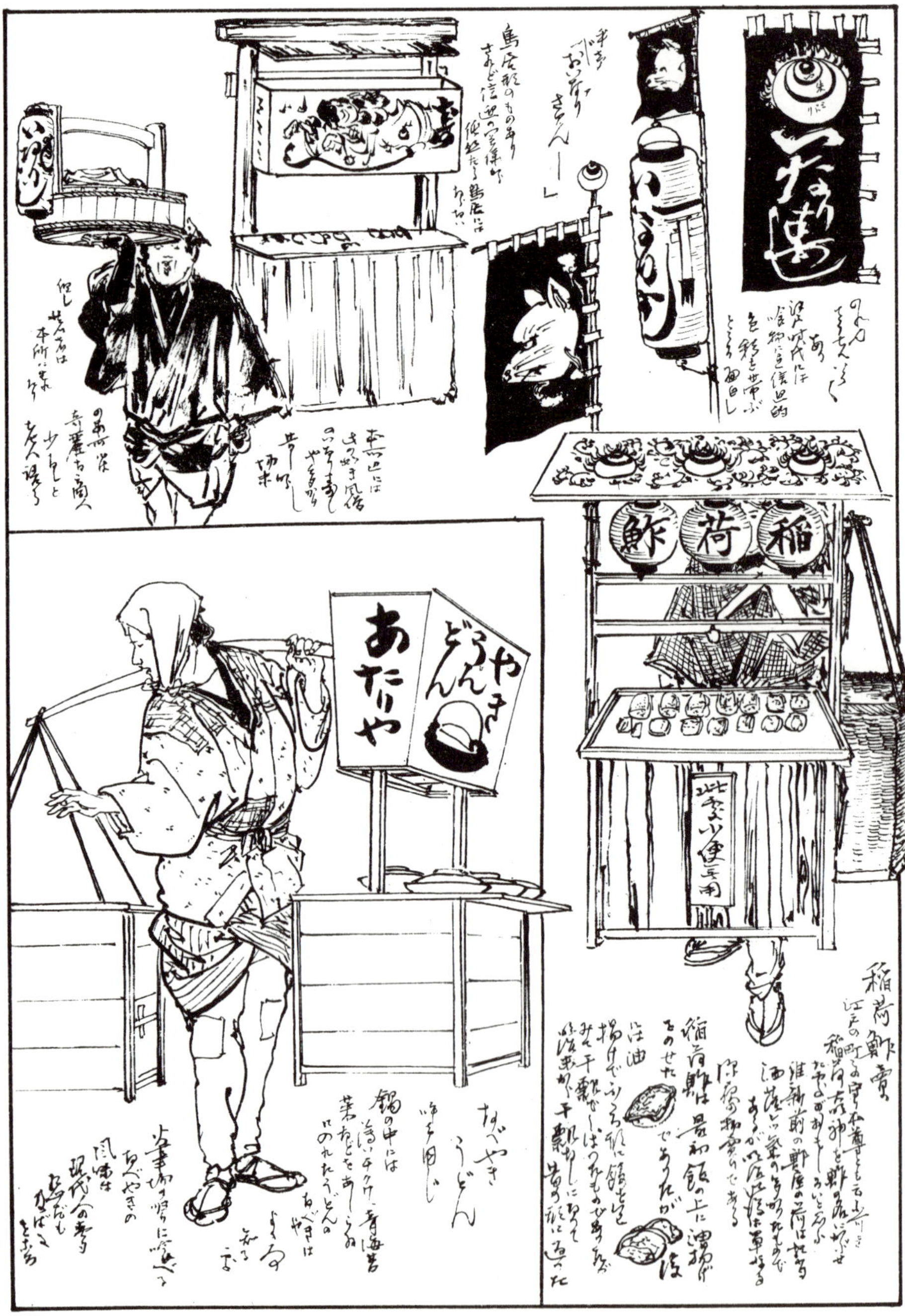

◉稲荷鮓は信田鮨《しのだずし》、狐ずしともいう。飯の上に油揚げを乗せたのがはじまりといい、また天保期（一八三〇〜四四）の飢饉のときに、豆腐殻《おから》を入れて売り出したのがはじまりともいう。屋台見世と振売りがあった。店売りとしては、日本橋十軒店の治郎公、浅草第六天の稲荷鮨が知られている。油揚げの袋に、酢飯を入れて、干瓢で縛るようになったが、次第に干瓢を省いて、元の形に戻ったという。呼び声に「おいなアりさアん—」という。ほかに「さアさアお稲荷イさアん。これは評判の信田鮨、十軒店におきまして売りまする。すなわち正銘のお稲荷さん」（『魂胆夢輔譚』弘化二年・一八四五）。信田は『芦屋道満大内鑑《あしやどうまんおおうちかがみ》』の大詰の信田の森に出る、葛の葉狐からついた称である。江戸では稲荷信仰が盛んであったから、いたるところに稲荷社があった。「伊勢屋稲荷に犬の糞」といわれたことは知られるところである。その稲荷大明神を鮓の名にかぶせて、目印の幟に、宝珠に「いなり寿し」と書き、また狐の顔を描いたりした。「いなり寿し」に鳥居を描いた提燈も掲げた。これらのほかに稲荷鮓を売る屋台も鳥居形をかたどっている。このように信仰とむすびつけたのも、稲荷鮓がキツネ色の油揚げでつくられているからであった。

【二一九】

口説《くど》き

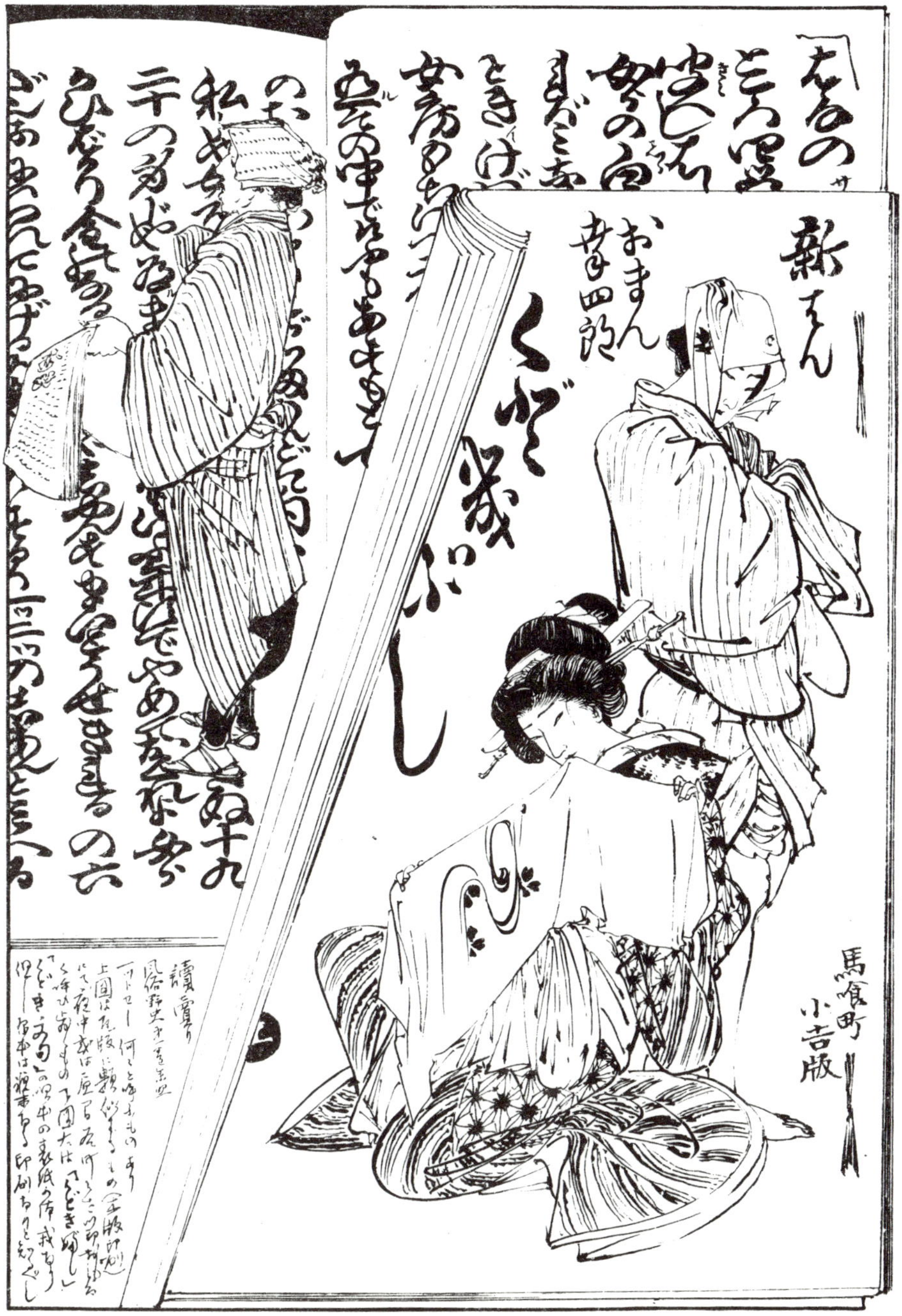

◉音曲の曲節の一つ。平家語りといわれる平家琵琶による平曲の曲節のなかに、朗詠調に語るところを口説きといった。恋慕、傷心などを表現する曲節となり、浄瑠璃のなかで哀艶な情緒を強調する調べとなって、聞かせどころになった。こうしたものが唄祭文や門説《かど》経のなかでも歌われて広められ、口説《くど》き節《ぶし》といわれるようになった。もともと口説きとは、異性にこころの内を切々と訴え、思いのたけを伝えるものであるが、次第に長編の叙事的歌謡となっていった。さらに寛政期（一七八九〜一八〇一）に越後十日町の新保広大寺《しんぼこだいじ》（こだいず）の土地争いに、十日町の豪商最上屋が、和尚攻撃の唄をつくり、願人坊主を動員して、江戸まで歌い広めた新保広大寺節が流行したのが、長編の口説き節に発展したという。これには盲目の女性遊芸者の瞽女《ごぜ》が、三味線に合わせて、新たな節を加えて歌い、また飴売りが飴を売るための客寄せ唄に歌ったのも流行したという。歌のリズムもよく、各地の盆踊り唄でも歌われた。盆踊りの口説きには石童丸、国定忠治、鈴木主水《もんど》、那須与一などの物語となって歌われる。群馬、栃木両県の八木節は、口説きを華やかなリズミカルな音頭に改編したものとされる。他に関東では万作踊り、おしゃらくなどのなかに手踊り曲として残っている。こうした口説き文句を唄本にしたものが江戸時代から売られ、その流行とともに、また新しい口説きがつくられていった。

【二二〇】

濁り酒売り

にごりざけうり

◉濁酒の滓《かす》を漉さないものをどぶろくという。略してどぶ、どびともいう。濁醪《だくろう》が転じて、どぶろくになったともいう。また、もろみざけ、もろみともいった。『物類称呼』に「関西にてどびろくと云ふ。関東にてはどぶろくとも、濁り酒ともいふ」とあるが、『狂歌才蔵集』（天明二年・一七八二）に「濁りなくすみわたりたる月のよにせめて呑ほすどびろくもがな」とみられるように、その区別が明確にあったとはいえない。濁酒は清酒に対する称で、酒の醗酵したままのものをいい、その色が酉余《ど》酉靡《び》に似ているので、酉余《ど》酉靡《び》漉《ろく》、酉余酉靡緑と書いた。緑は緑色の緑青のことで、かびの青黄色からついた。江戸では千住・板橋・新宿・品川の四宿付近で売られ、山の手の一部でも荷を下ろした。寒中の時に、茶碗で濁り酒を居酒屋の代わりに売ったという。濁酒をごんく・ごんどかぶり・しろうまという地方もある。

うろうろ船《うろうろぶね》

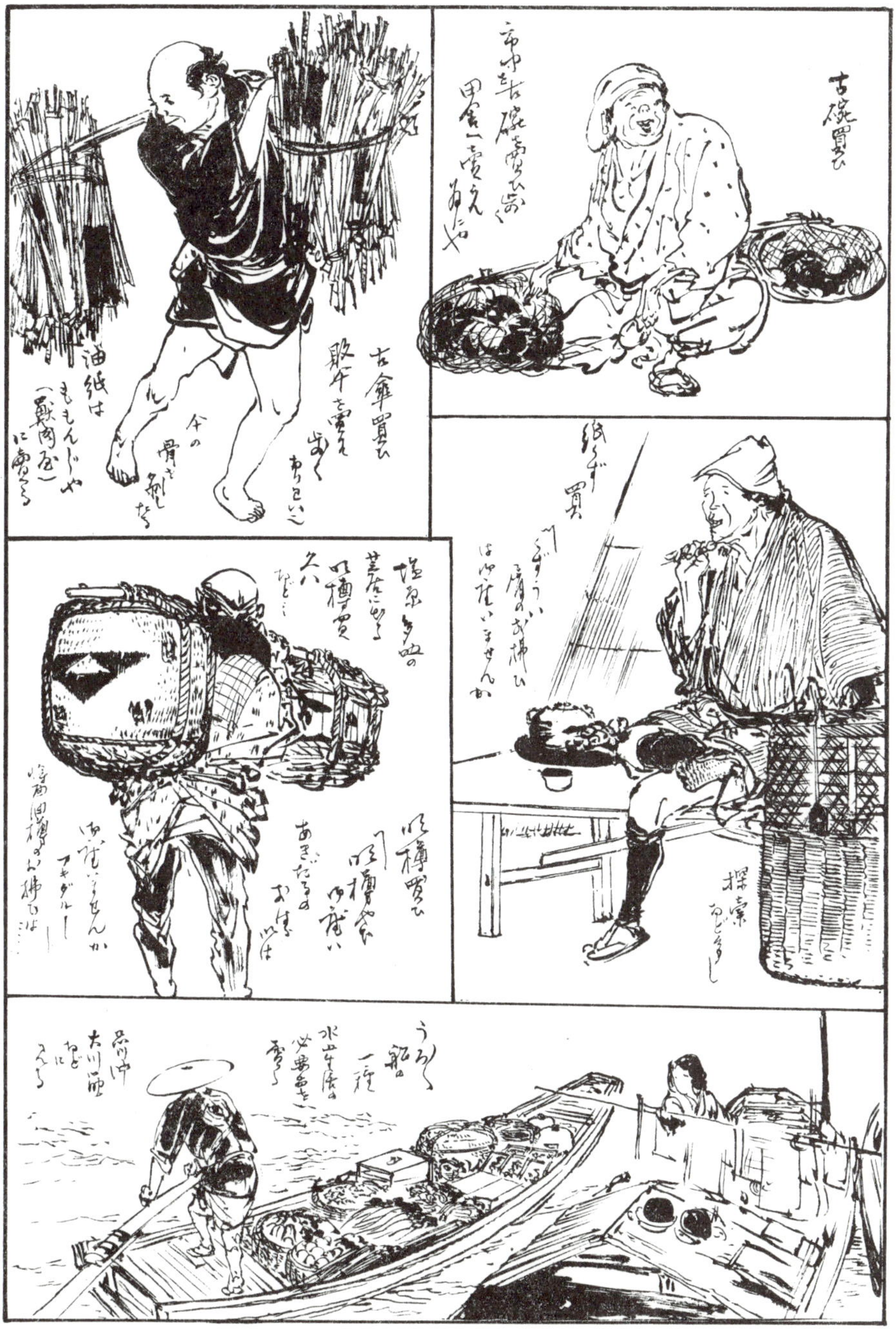

◉下段の絵。隅田川から神田川や小名木川辺などで、川遊びの船をめあてに、小伝馬船で酒や食べ物を売って回った物売り船のことをいう。うろうろとは「売ろ、売ろ」の呼び声からついた名とも、また川をうろつくからともいわれる。安永期（一七七二〜八一）以降に記述されてくるので、この頃に登場したとみられる。虎渓山人の笑話本『獨楽新話《どくらくしんわ》』（天明八年・一七八八）に「舟まんぢうに泊つて居るとうろうろ舟が通るをよんで、酒をかひ、さかなはこんにやくのおでん」、また式亭三馬の滑稽本『浮世風呂』四編下（文化十年・一八一三）に「西瓜玉蜀黍のうろうろ舟ヤ馬鹿囃子のさわぎ舟が出やうもしれねへ」とある。ほかに田楽、団子なども売られた。この江戸のうろうろ船と同じものが、大阪の「くらわんか船」である。これは呼び声による通称である。京都の伏見、大阪の八軒家を往復して、淀川を上下した三十石船が、枚方《ひらかた》付近にさしかかると、小船が船に寄ってきて「飯くらわんか、餅くらわんか、酒くらわんか」などといった。十返舎一九の滑稽本『東海道中膝栗毛』六編上（文化四年・一八〇七）には、その会話を写して、商人と弥次、北八のやり取りを描いている。

【二二二】

竹馬の小切れ売り

たけうまのこぎれうり

◉小切れ、端切れを、竹馬といわれる道具に結んで売った。竹馬商ともいった。『事跡合考』に「本町二丁目家城太郎治と云呉服の大商は、寛永六七頃、始て京都より江戸に下り、常磐橋づめに立て、腕に呉服もの二三端づゝかけて居たり、之れを大名御旗本の家来ども買に来りたり、余りに腕もかいだるくなり、商ひもおほくなりし故、木馬の如く竹にて両足をしつらひて、上の方に長き竹を横たへて、それに呉服ものをかけて商ひたり、是末代絹もめん布などの商人、竹馬とて右の如くしつらひ、その商物をかけてかづきありく製の始なりしと云々」とある。寛永六、七年頃（一六二九～三〇）からはじまったという。その後、『盲文畫話』（文政十年・一八二七）には「此竹馬のきれ売《うり》、今も専《もつぱら》有といへ共、安永天明の頃のは、片荷《かたに》高くして上に包《つつみ》を乗せ、惣體《そうたい》大風呂敷にて覆し故、高き片《かた》頭《かしら》平首《ひらくび》の形に似たり、其外今の通り故、馬の形猶相当したりし、今のは頭平首無しといはむ歟」とあり、安永・天明期（一七七二～八九）の竹馬のことがわかる。晴雨の描く竹馬の小切れ売りは、明治期に入ってからのものとみられる。すでに竹馬の形が変形しており、この絵からは竹馬を想像することができない。晴雨は、大呉服店に行くことのできない裏店の女房や娘たちに喜ばれたといい、また色気のある男が売りにきたとも記している。

【二二三】

行商人の荷物《ぎょうしょうにんのにもつ》

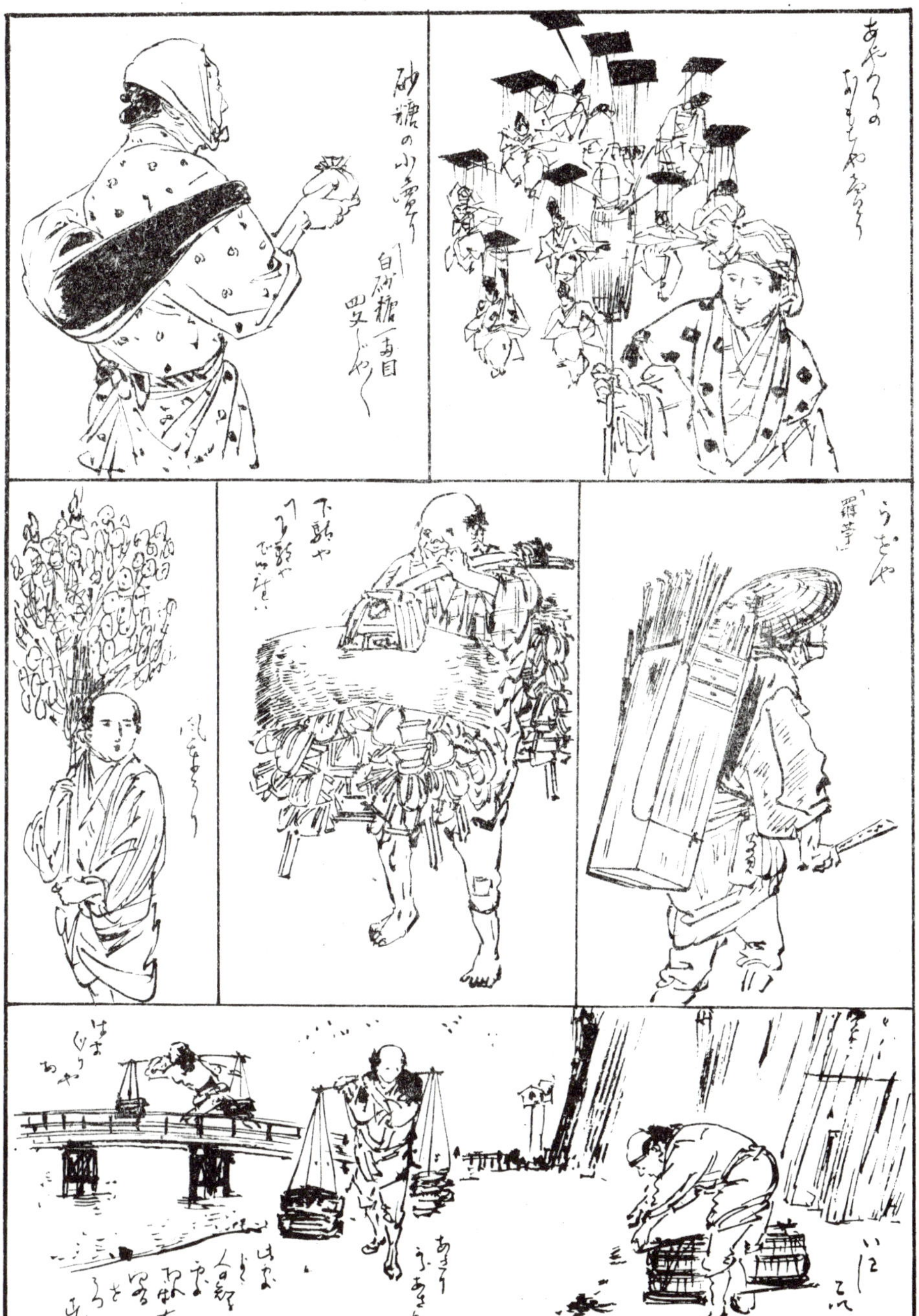

◉二頁にわたり、風鈴屋・飴細工・まんどう屋・飴屋・団扇売り・稲荷鮓売り・竹馬小切れ売り・おでんや・ところてん売り・竹屋・新粉屋・定斎屋などの行商人の担ぐ荷物や売る品物を、詳細に描いている。正面から描いた図の裏側を描き、また道具の骨組みの中の隠れてみえないところも描いている。寸法などの記述に、晴雨の記録への情熱がみられる。

風鈴屋などは風鈴だけを商っていたのではなく、子供相手の品として水遊びの道具なども売っていた。稲荷鮓売り、竹馬小切れ売りは、道具の骨組みまでを描く。稲荷鮓売りは中に御幣を立てていた。表向きだけではなく、実際に信仰することも、信仰とむすびついた商いの特徴である。門松の〆飾りの例としては、武家屋敷の門飾りの土台の部分を描く。門松は鳶職の仕事であり、行商人の仕事に含むものではないが、露店商いという概念から、街頭にみられる仕事の一つとして取り上げたようである。薪を縦に積むのは松の根の部分を表している。門松は神の依《よ》り代《しろ》、招《お》ぎ代《しろ》となる。左義長《さぎちょう》の流れを汲むもので、薪は一年十二ケ月を表した十二本を縦に並べる。閏月のある年は十三本を並べた。

おでんやの白トック

トックリの徳利

土瓶

酒をつぐ

チョク

三九 竹馬というて山やぶ小馬に入れ廻す

万年びや 竹箒

水やの盆 白やきと

在三キツ梨

アンネンピシマク

ところてん、かんてんつく

みそをすくひ具棒子

スカゲミ

荷のや竹

生骨の荷葉がごオモヤリ

武者の門飾り
オキタテニシム

だんご

のもち のやき志ん

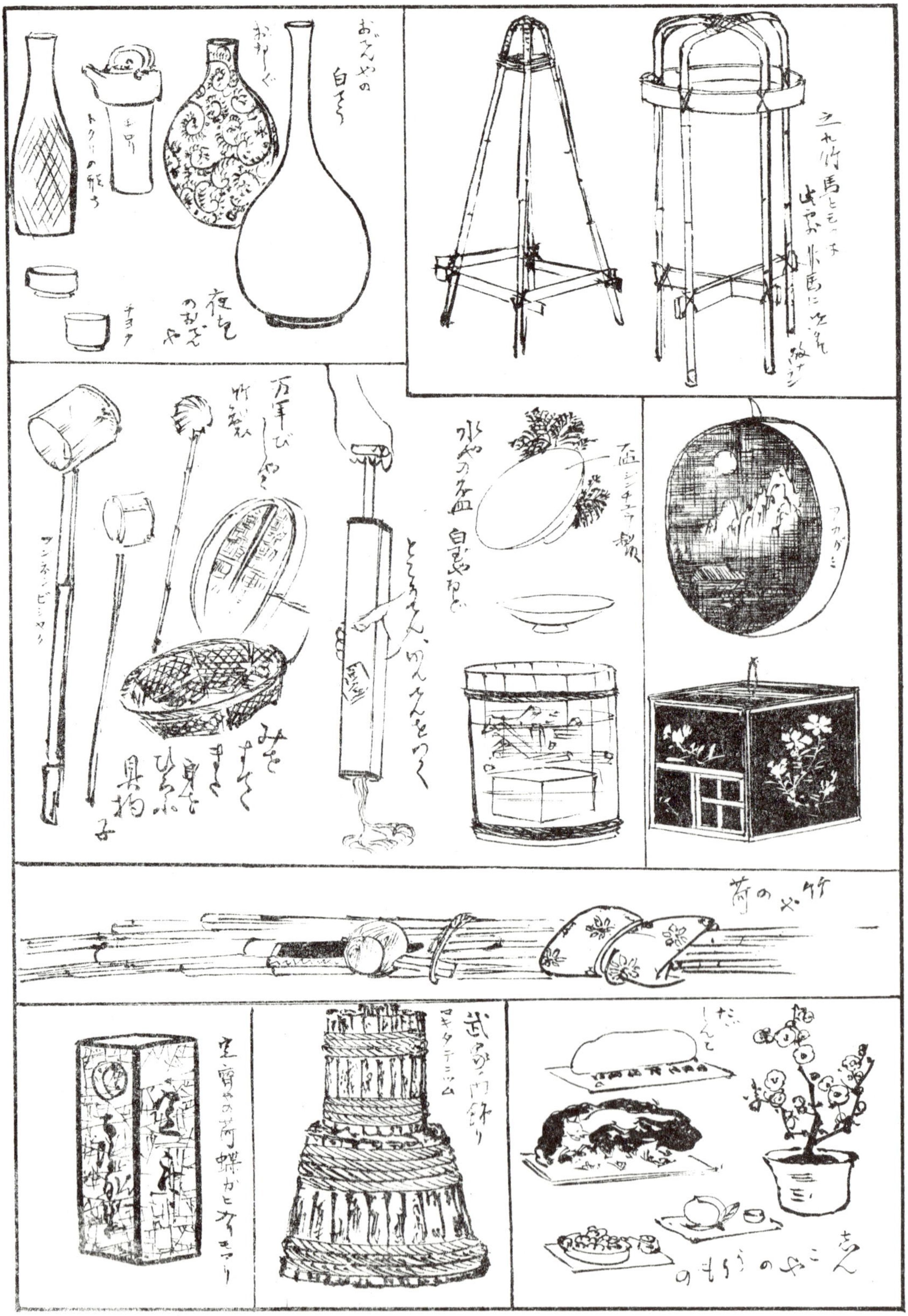

行商篇の末に

江戸の行商を主体として編輯した本巻は、文化、文政、天保を中心にして、正月から十二月迄、稍々順を追って画いてみた。全五十頁に総ての行商人を収める事は頗る六つ敷いので、誰も知って居る商人の中から、成る可く姿体や風俗の面白い、興味本位のものを収集した。題して行商篇と云うと雖も、中に一二行商ならざるものがないでもないが、便宜上ここに収めたものもある。読者の御諒察を乞う。

各商人の呼び声の如きも、文字の上では到底表現し得ない音律をもっているものが沢山ある。今は忍んで文字の羅列に止める。商人の荷物の如きは、一々縦断面や切断面を以て委細に記述せねばならないが、限定された紙面であるから、その一部に止めておく。読者幸いに、其の一班を以て全貌を察し玉わんことを乞う。

行商人の中に、時代の変遷に連れて、服装其の他に幾多の異種類を生じた。これを全部記載し能わざるにつき、其の中最も興味深く普遍的なものを選んで画いておいた。実に、九牛の一毛である。これも亦幸いに諒とせられたい。

色彩を必要とするものは、他日本巻全部発行の後、色彩入りの挿画を加えるつもりである。

図中「水売り」の如き、又蚊帳売りの如き、古書に散見する各種の荷物の図様は、ここには成る可く絵画的効果のより多いものを選んで画いた。

晩春から初夏へ、初夏から盛夏へと、時候の変わり目に来る商人で、必ずしも月の順序、節の前後に依らぬものがある。見た眼本位の配列にして画いておいた。

江戸時代の衣類は、商人は多く木綿を用いたので、その衣類に生じた襞（ひだ）はこれを絵画に表現する場合、昭和年間の映画や演劇に現れたる衣類の線は、これを絶体に避けるのが正しい。私はこの書を著わす時、昔の行商人について昔のま、の服装……松阪木綿の昔使ったま、保存してあった行商の衣類を着せ、モデルにして写生して見た。その結果は現代の挿画画家が好んで画く所の映画から来た様な線でなく、明治初年頃月岡芳年などの画いた、アノギゴチない歌川派の線描が、真の江戸生活者の線であることを発見したのは、今更乍ら古人の周到な用意に感心した。

次は商人の足である。江戸時代の人々は現代の人々よりも足が達者であった。それは脚半が大に足を助けている事だ。これも現代人のより違った感触がある。足の脛からモ、へ掛けてウンと堅く締め付ける脚絆であるため、一見足は棒の様に見える。即ち単独に足としての自然を失っている。一方にはまたブク〳〵の股引を穿いて、モウロク頭巾をかぶった老人の行商もいるが、若い人々は彼の俗称「カワナミ」と称する股引を穿いて居るから、足は如何にも軽快に見えた。これも現代の挿画には見られない現象である。こうした一寸した事にも、江戸という都は特色を持っていたのである。

行商人は、一年中一定の職業（？）に従事して、一定の品物を売って生活しているものを甲としておく。それから四季折々、次から次へと売る品物を取り替えていくもの、即ち月に依って商品を代えるものを乙と仮定する。

甲種は主として「カタギ」の商人であるが、乙種は香具師に属して居る。其の最も悪い意味に於て「のれん師」がある。「のれん師」というのは全部インチキな品物を持って歩く商人で、たとえば、天井のない蚊帳を売るとか、茶渋と「にがり」で造った模造の醤油を売るとかという一種の欺瞞行為である。

こうした方面の関係は非常に複雑を極めている。乙に属する中で飴細工屋、志んこ屋等は、其の技術が美術的であるために、甲種の如く年中一種の営業を続けている。志んこ細工の総元締めを「花又」といって、埼玉県花又村（鷲神社所在地）の人であるという。飴細工は小松屋一家が親分で、昭和年間に牛込辺に居る。（未調）而してこの小松屋一家は、見世物の方面にも多大の勢力をもって居る……。

苗屋が山椒魚売りに変り、山椒魚から又錠前直しに変る等、一人でその節に依って商品を代えて行くのが普通になって居る。

江戸時代には飴が子供の間食の主要な立場をもって居たものの如く、俗に飴菓子といった位のものであるから、飴売りの風俗が非常に多い。これは別に、「江戸街頭飲食篇」の部に於て画く事にする。ここにはその四、五を録することにした。

江戸時代には現代の如く、市場の組織が一般民衆と直接交渉が無いから、粗末な物品と雖も、悉くこれを肩にして行商したものである。しかのみならず、夜間は婦女子の外出稀で、昼間と雖も良家に於ては猥りに外出せしめなかったから、買物は悉く大家は出入商人より、細民はまた行商人より買った。随って行商の種類も生活の単純な割には種々雑多なものがあったと云えよう。

私は初め、式亭三馬著『四季交加』の様式に倣って、一年中の往来の人物を画こうと試みたが、それでは余りに複雑過ぎて「画の辞典」としての性質＝索引の不便なる事を思い、江戸人の生活を充分に解体するには、行商人のみの絵巻（?）を作る方が面白くて、便利であると思って……。

江戸行商篇に次いで明治行商篇を出すつもりであります。それは同じ油屋であっても、とぼしが石油にかわり、らうやきせるが蒸気の笛を応用する如く、其の対照の妙が言外の趣味ある可きを信ずるからである。

前にも云う如く、この羅苧のすげかえの如きは、必ずしも行商とは云われないかも知れないが、江戸時代には自らの品（?）を自ら販売して生活する人々を称して「職あきんど」と呼んだ。であるからこれを広義に解釈すれば、行商人の中に入れても差し支えあるまいと思うて、之れ等の職業的商人も少々計りは取り入れた。

商人の荷物其の他に就いては、古図に拠りたるもの一二を除くの外は、大抵写生、若しくは模型を作って写生して画いたので、先人の画を模写したのは一二に止まって居る。

図中、虫売りの荷や金魚屋の荷の如き、実に千差万別であって、これは明治篇に再出する事にする。

露天商人も亦一種の行商と見られるので、之れも次篇に取り入れることにする。金魚屋の如き、植木屋の如き、飴屋の如き、ドッコイ〳〵の如き、皆行商にしてまた露店であらねばならぬ。

商人の商品や荷物で、放大して示さねばならぬものは、別紙に画いた如くである。これは大略の寸法を記しておいたから、後年模型でも作る人には何分かの参考にもなろうというものだ。

まだいろいろ書いてみたいが、貧しい紙面はこれで丁度一杯である。では読者諸賢どうぞよろしく〳〵〳〵

昭和五年九月四日夜記　晴雨生

小詩復習

昭和三年九月十一日印刷
昭和三年九月十五日發行

著作者
東京市西郷區駒込坂下町三丁目
伊藤晴雨

發行者
東京市本郷區駒込東片町百十番地
佐藤佐一郎

印刷所
東京市本郷區駒込東片町
城北書院

發賣元
東京市日本橋區芳賀橋二丁目
久飯

關西取次
大阪市南區道頓堀九之二
たくま書店　電話南四九三九
振替大三七〇〇番

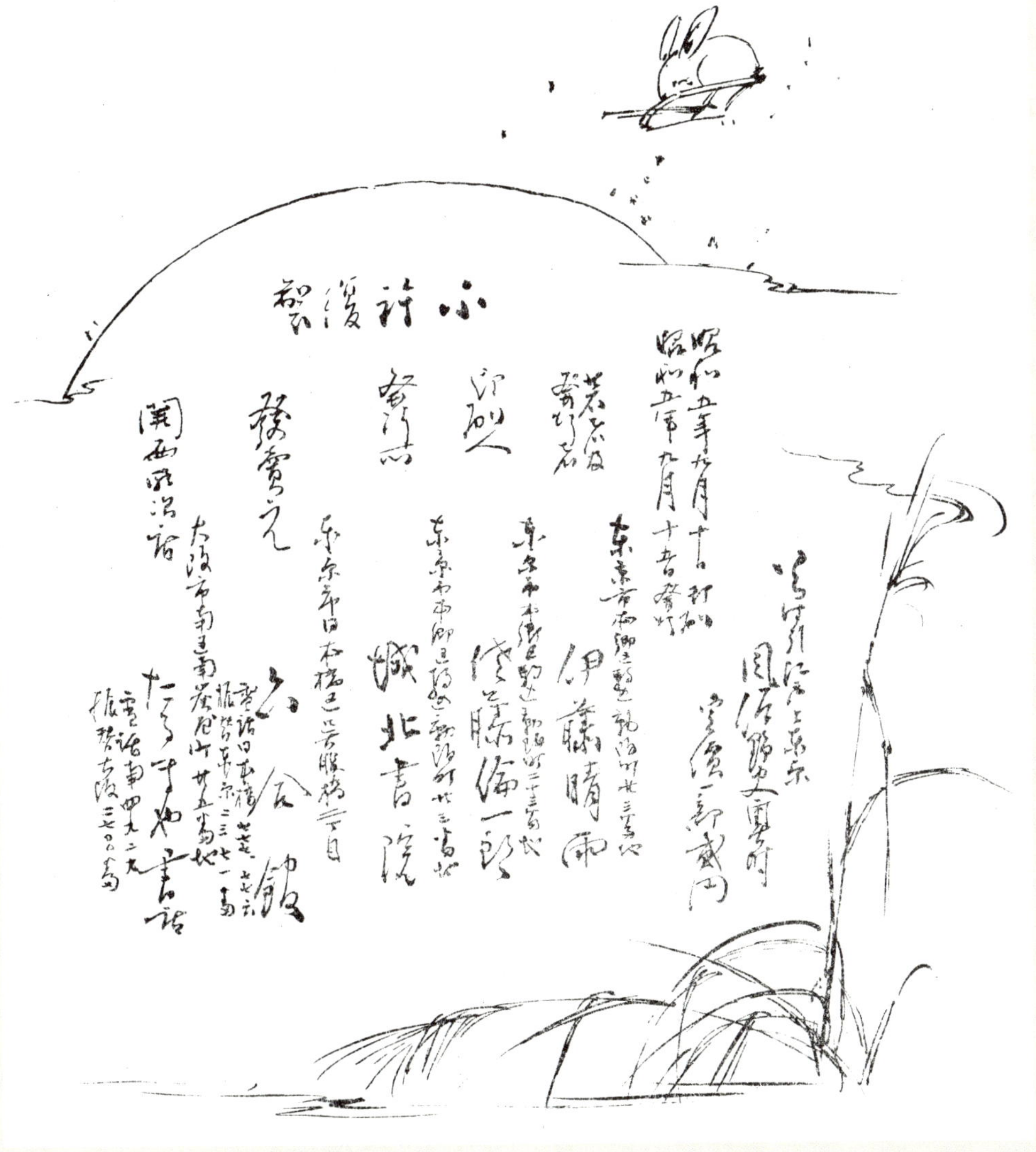

伊藤晴雨著
いろは引
江戸と東京
風俗野史
巻の五

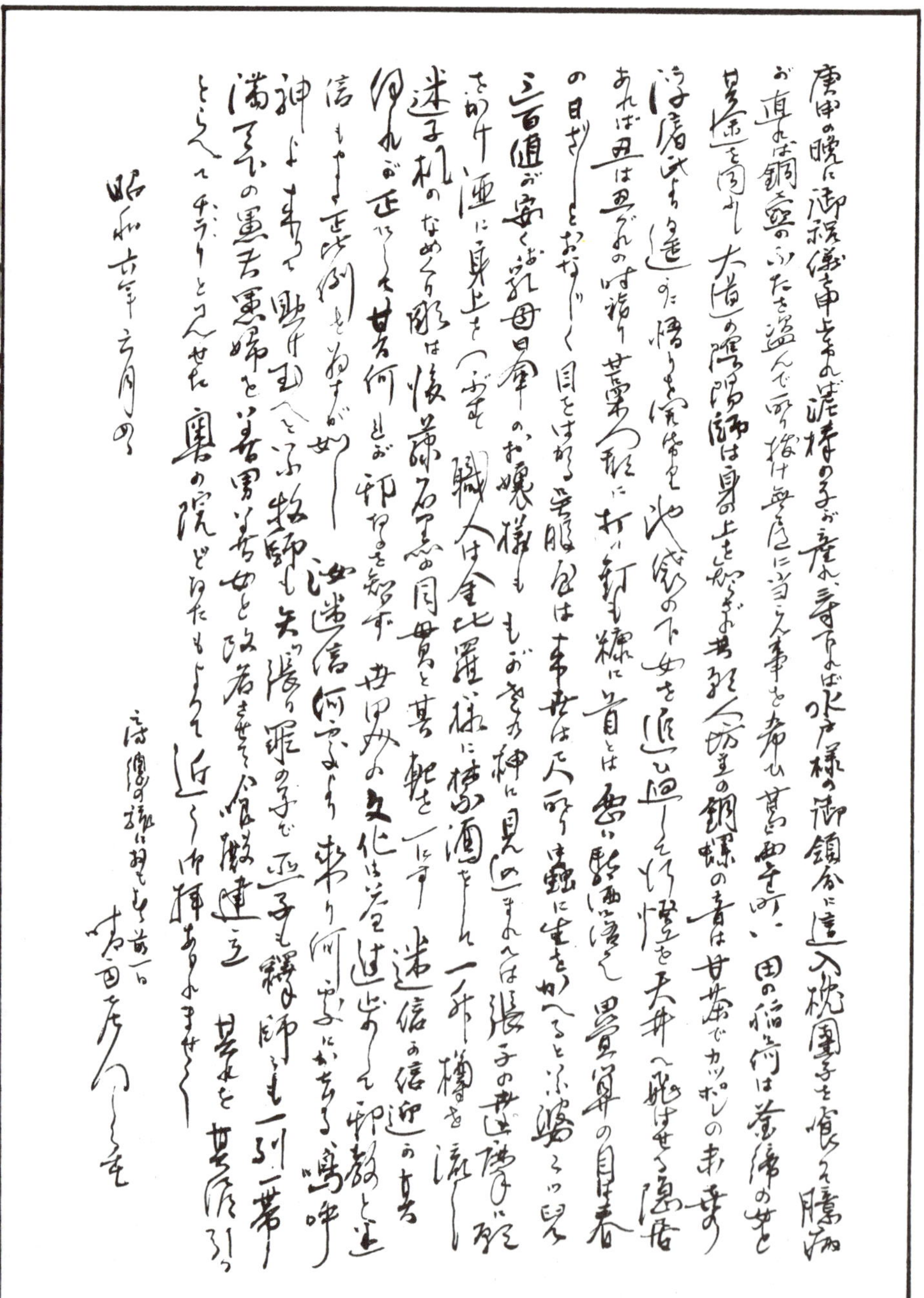

庚申の晩に御祝儀を申上げれば泥棒の子が産まれ、三寸下がれば水戸様の御領分に這入り、枕団子を食って臆病が直れば、銅壺のふたを盗んで取り抜け無尽に当らんことを希い、葛西金町半田の稲荷は釜締めの女とその途を同じうし、大道の陰陽師は身の上を知らざれ共、願人坊主の銅鑼の音は、甘茶でカッポレの末世の浮屠氏より遥かに悟りを開けり。池袋の下女を追い廻して行燈を天井へ飛ばせる隠居あれば、丑は丑づれの時詣り、藁人形に打つ釘も、糠に首とは悪い駄洒落也。畳算の目は春の日ざしと同じく目をはかる、呉服屋は来世は尺取り虫に生をかえるという。婆々ッ子三百値が安く、お乳母日傘のお嬢様も、もがさの神に見込まれては、張子の達磨に願をかけ、酒に身上をつぶす職人は、金比羅様に禁酒をして、一升樽を流し、迷子札のなめくり彫は、後藤石黒の目貫と其の軌を一にす。迷信か信仰か、其の何れが正にして、其の何れが邪なるを知らず。世界の文化は益々進歩して、邪教と迷信もまた正比例をなすが如し。汝迷信何処より来り何処にか去る。嗚呼神よ来りて助け給えという牧師も矢ッ張り罪の子で、巫子も釈師も一列一帯、満天下の愚夫愚婦を善男善女と改名させて食殿建立、それをそのま、引っとらえて、チラリと見せた奥の院、どなたもよって近う御拝あられましょう。

仁王の股潜り

におうのまたくぐり

仁王尊の股潜り

逞き仁王門の鍵番を頼む、鍵と為は廿四銅を以て門の楯を開けあたふる式料金は廿四銅であった若し男の子より女の子の方が多かったという事だ浅草寺の外仁王股潜りをあらけ坊は駒込の吉祥寺や即ち今の殿き寺の札き顧鷹に刺とを浮き観んえがある。　知伝
橋のお茶の紙内様に

浅草寺の仁王門仁王尊右左かたの躰を拝し、いまだ庵麿ちを小児を此にとられ連れ行き仁王尊の股を潜らすれば庵麿ばかりが至て軽しとて江戸や市中毎月八日十七日の両日に限り股潜りを許す人には多く伝法院へ立さ行けむ之へ

● 仁王は、寺門または須弥壇前面の両側に安置した、一対の仏教護持の神像である。忿怒の相で、一体は口を開き、一体は口を閉じて、両者で阿吽の相をなす。仁王の性格を金剛

力士とする説などもある。金剛力士は、煩悩を打ち砕く仏の智慧を象徴する法具の金剛杵をとって、仏法を守護する天神。忿怒の相をなす。浅草観音仁王門に安置される仁王の股

を潜ると、疱瘡や麻疹にかかった子供が軽くなるという。毎月八日、十七日の二日にかぎり、股潜りがゆるされる。股潜りをしたい人は、伝法院へ行き、仁王門の鍵番に依頼すると、仁王の安置する金網の扉を開けて、中に入れてくれた。二十四銅の費用を鍵番が取り、これは鍵番の副収入だったという。股潜りは女の子のほうが多かったというが、顔の疱痕を気にする親の願いからであろう。八日は衆生の病患を救う薬師如来の縁日で、十七日は観音の縁日の前日である。

股潜りは、胎内潜りの一種。胎内潜りは、人が潜れるほどの山間の洞穴や石室、小さな鳥居、寺の本堂内の柱穴などを潜るもので、潜ること を抜け出ることとし、苦しみから抜け出て、願い事が叶うと考えられた。

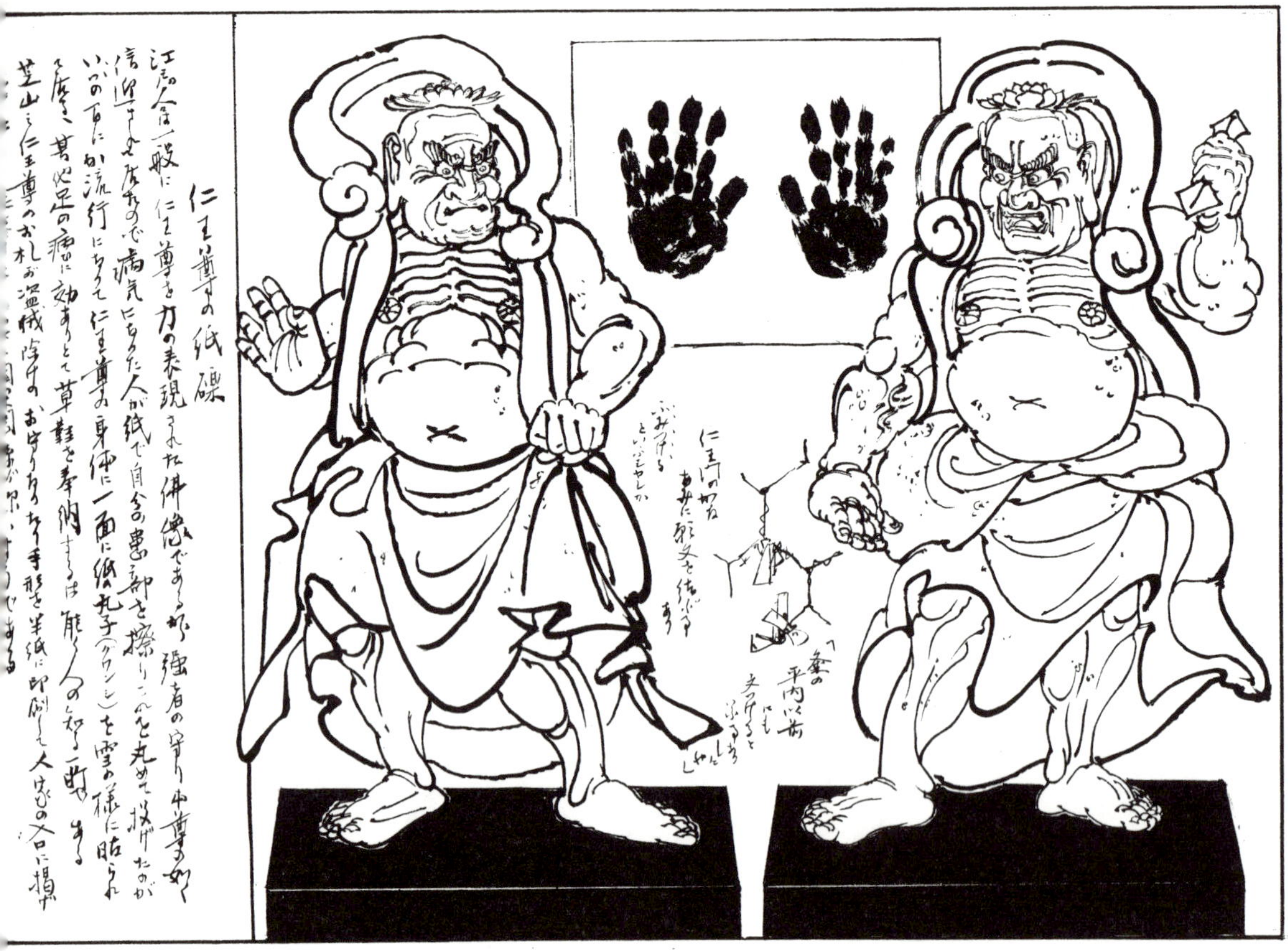

仁王の紙礫

におうのしたく

●仁王は力強い守り本尊として信仰されてきた。病気になった人が、自分の患部を紙でさすり、その紙を丸めて仁王に投げ付けると、仁王が救ってくれると信じられた。そのため仁王の体には多くの紙がくっついている。これを「仁王が紙の礫にあった」といった。投げ付けた紙を仁王の体につけるには、紙に糊をつけて投げたといわれている。

また仁王を安置することもあった。これは仁王が力強く踏みつけて、願い事を叶えてくれると信じられたからである。踏み付けるを文(ふみ)付けるに掛けた。お御籤を境内の樹木に結びつけるのも同じ方法である。しっかりと結ぶことで、願いが塊となって通じるとされた。

仁王は願い事を何でも叶えるといい、ことに病気を治すと考えられてきた。さらに仁王の手形(墨色の両手)を紙に刷り、家の入り口に張ると、泥棒が入らないという。盗賊除けのお守りに仁王がかかわっているのもすべて仁王の強さによるものである。

仁王尊の紙礫

江戸会一般に仁王尊を力の表現された仏像であるが、強者の守り本尊として信仰せらるるものにて、病気になりたる人が紙で自分の患部を擦り、これを丸めて投げたるがいつの頃にか流行になりて仁王尊の身体に一面に紙丸子(グワン)を雲様に貼られ居り、其他足の痛に効ありとて、草鞋を奉納するは勿論の事、芒山に仁王尊のお札を濫載する是おまもりとし、手形を半紙に印刷して人家の戸口に貼らせり

赤紙の仁王
あかがみのにおう

赤紙の仁王尊

東京府下滝の川田端…東覚寺

この赤紙の仁王尊は病者の患部と同じき仁王尊の部分へ赤紙を貼り祈願すれば病気平癒疑ひなしと現代に尚信者絶えず、両天の習合に非ざれば仁王の面体を持たざるを得ず。

蓋し雨水の為に面部の赤紙の剝れ其他何下部の雑司ヶ谷鬼子母神境内にも赤紙の仁王尊一對あり尊像同様仁王尊一對あります。

像の大さは田端のそれより大なり

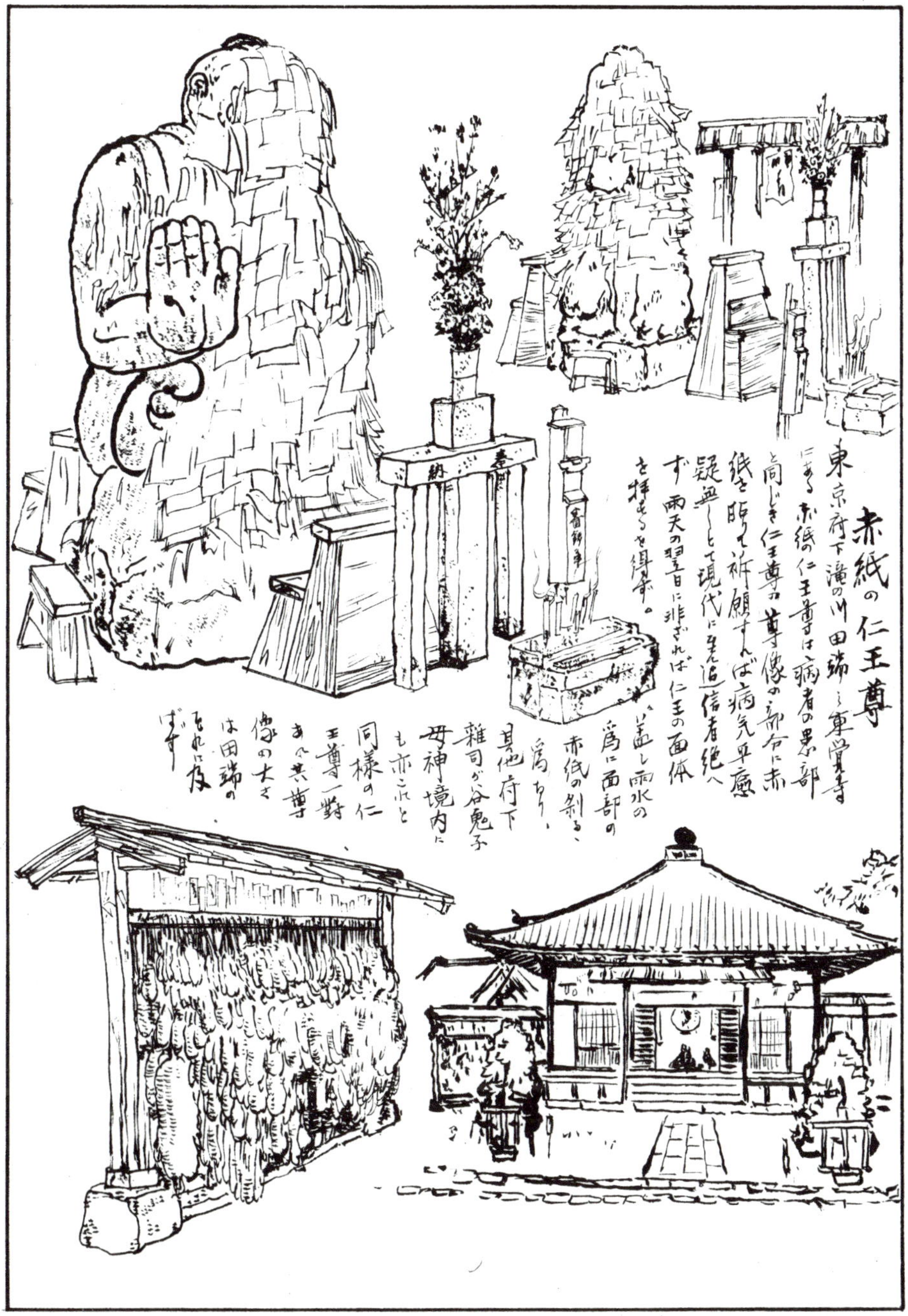

●病気の患部と同じところに赤紙を貼ると、病気が平癒するという。ふるくから赤紙は魔を除ける色とされた。この仁王の石像がある北区田端の東覚寺は、同田端の与楽寺（六阿弥陀第四番）の末寺とも、田端八幡の別当寺ともいい、白龍山寿命院と号す真言宗の寺である。東覚寺の門前右側の観音堂前に、寛永十八年（一六四一）と彫られた仁王の石像が置かれる。ふるくは八幡宮門前にあったという。この仁王が赤紙仁王といわれた。仁王の体のいたるところに、赤紙が貼られているからである。仁王の石像の回りには、紙を貼るための大小の台が置かれている。この台に上って赤紙を貼っている光景が、毎日みられたという。雨の日の翌日になると、この赤紙が剝がれて、仁王の石像を拝むことができた。仁王の石像の後ろには、多くの草鞋が奉納されている。草鞋は足の病を治す願いとして奉納される。

丑の時詣り

うしのときまいり

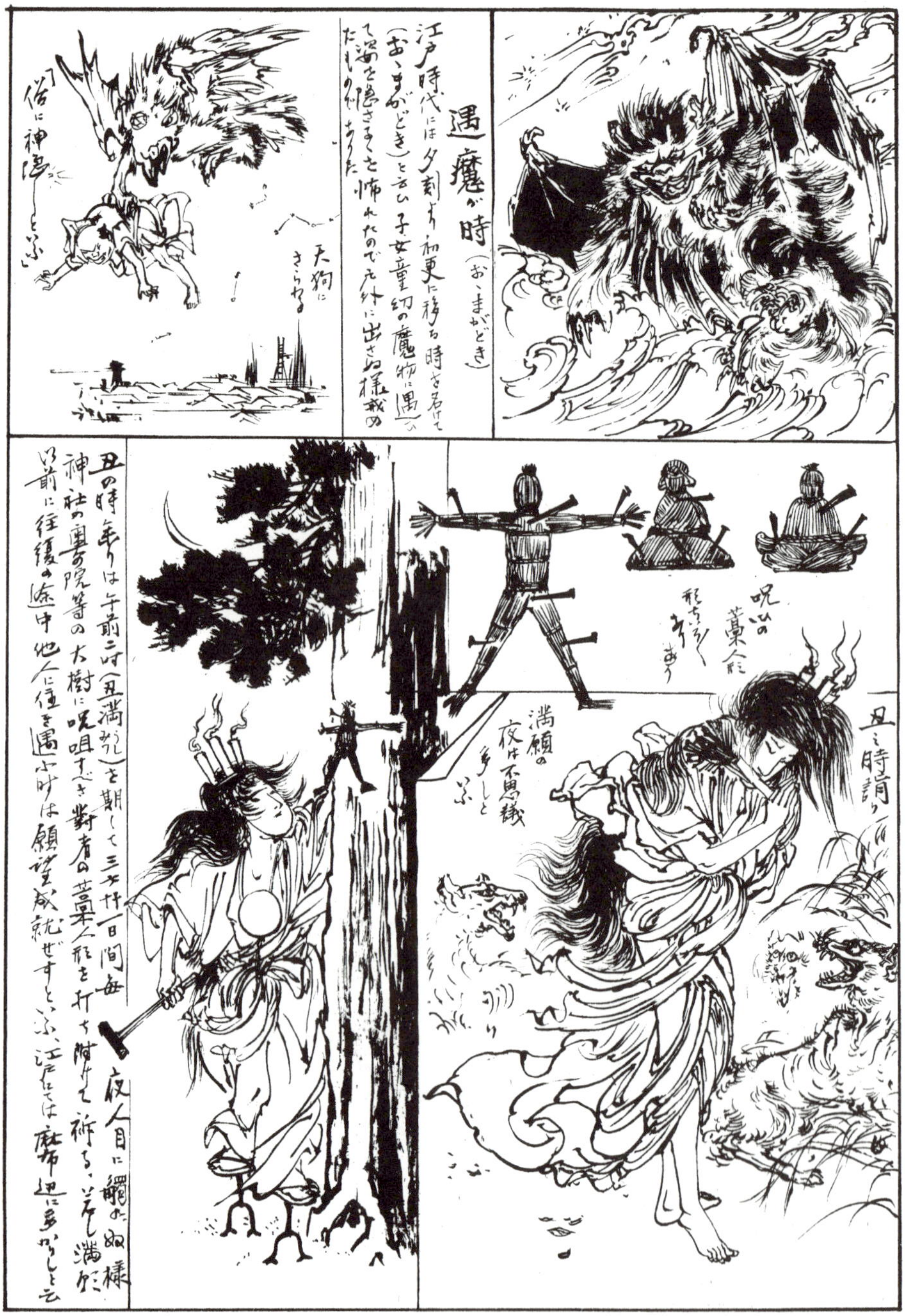

◉丑の刻参りとも書く。丑の時詣《もうで》、丑参りともいった。憎いと思う人を呪い殺すために、丑の刻（丑満つ時。午前二時前後）に、神社や寺に二十一日間、人目に触れないように参詣することをいう。満願成就の日に、呪われた人は死ぬと信じられた。髪を解きはなして白衣を着て、頭に五《ご》徳《とく》を逆さにかぶり、五徳の足に火をともした蝋燭を三本挿す。足は一本歯の高下駄をはき、または素足で、胸に鏡をさげ、手には金槌と五寸釘を持って、相手をかたどった藁人形や形代《かたしろ》を、鳥居や境内にある神木（おおくは杉の木）に打ち付ける。神木以外に松の木に打ち付ける例も見られる。その姿を人にみられると成就しないという。おもに嫉妬深い女のすることとされた。謡曲の『鉄《かな》輪《わ》』には、京都鞍馬山の貴船神社の丑の刻参りがみられる。赤衣を着て、顔には丹を塗り、頭に鉄輪をかぶり、茅の人形をつくり、夫婦の名字を書き、三重の高棚に五色の幣を供えて祈った。また説経の『信徳丸』には、清水の神木に百三十六本の釘を打つとある。さらに、浄瑠璃の『蝉丸』には、四十四本の釘を人形の両眼・耳・舌・胸・腹足に打ったとある。そのほか、白紙に人の目を描き、つぎの日には耳を描き、日を経て藁人形に釘を打ったというものもみられる。

【二三七】

荒神祓い《こうじんばらい》

◉竈《かまど》祓い（釜戸《かまど》祓い）、釜祓《かまはら》い（かまばらいともいう）、釜〆《かまじめ》、かまっぱらいともいう。毎月、晦日に竈を祓い清めて祀ることをいう。多くは巫女《みこ》が行い、のちに男の神官が行うようになった。荒神は、竈神《かまどがみ》として祀られる三宝荒神《さんぽうこうじん》、屋外に屋敷神《やしきがみ》・同族神・部落神として祀る地荒神、牛馬の守護神としての荒神に大別される。台所の竈の上方に設けて、荒神を祀る棚を荒神棚《こうじんだな》といい、また炉や竈の近くの荒神を祀る柱を荒神《こうじん》柱《ばしら》・力柱《ちからばしら》という。荒神の絵馬には鶏が描かれる。鶏は神の使いという。『人倫訓蒙図彙』（元禄三年・一六九〇）には、京都の大原神子《おはらみこ》が、釜祓いを勧進したことを記している。「女は鈴を振ば、一荷《いっか》のかますをかたげたる男、鈴をあはする太鼓の調子をそなはつて云々」とある。『明和誌』に「神子の形りをし、供にははさみ箱または両がけをもたせ、晦日晦日に出入ある家々に来り、荒神を拝み、初穂百銅或は米一升、銭三十二文ぐらいをもらう云々」とある。川柳に「かま払しもげたおやぢ箱をもち」「かまはらひたいで鈴をふり納」「かまじめの直を聞にくる新世帯」などがみられる。

【二三八】

鹿島の事触れ

かしまのことぶれ

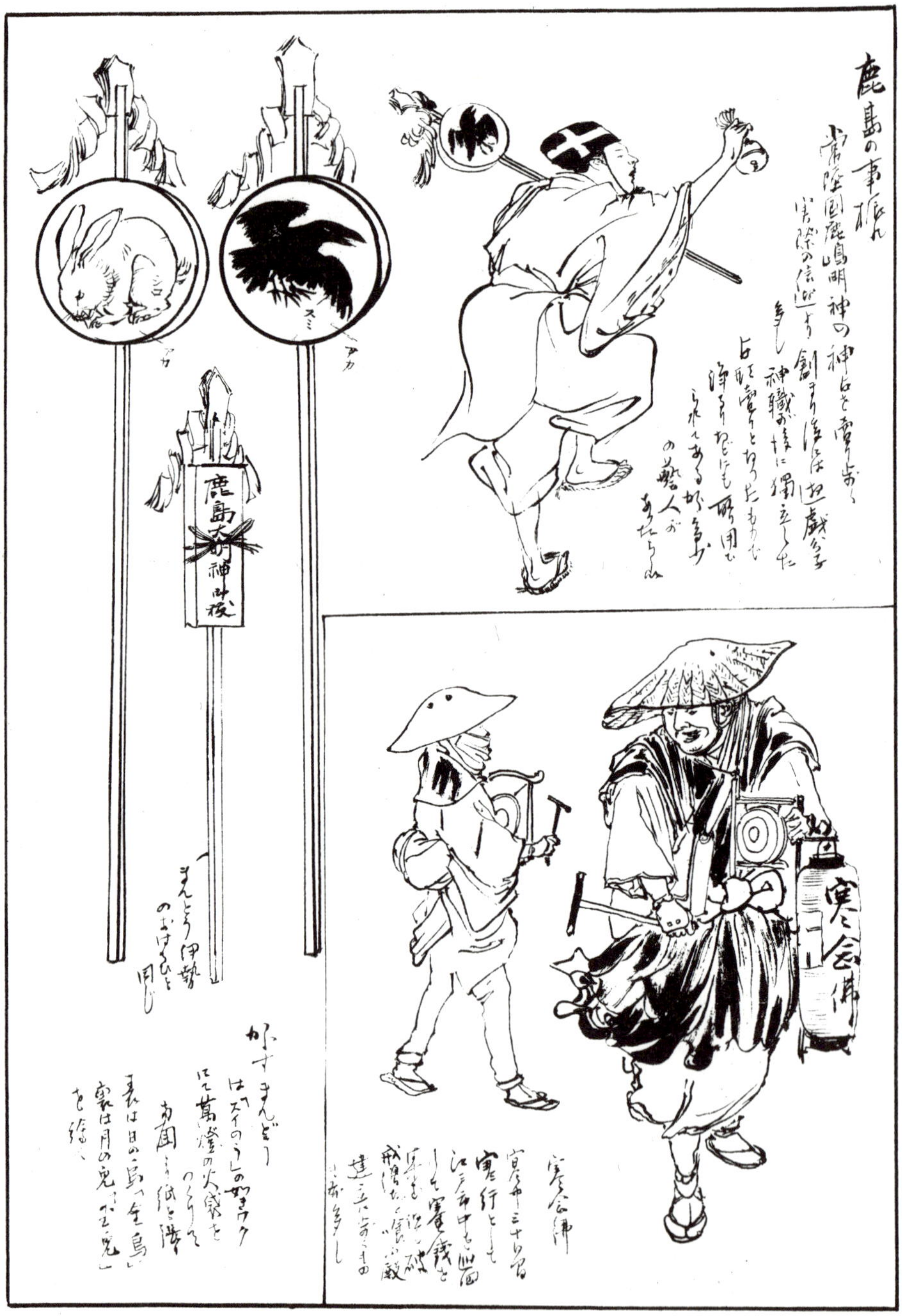

◉毎年正月三が日に、茨城県鹿島神宮の神官が、神託と称してその年の吉凶を全国に触れ回った。のちに、それを真似た門付けがあらわれ、白丁を着て、烏帽子をかぶり、烏万《からすまん》燈《ど》（烏万度《からすまんど》ともいう）をもった男が門に立ち、鹿島神宮の霊験を言い立て銭を乞うた。寛政から文化期（一七八九〜一八一八）に流行した。ふるくは白の浄衣に幣束をもっていたが、のちに鈴と烏万燈をもつようになった。肩に担ぐ烏万燈の頂きには幣束が挟まれ、その下に円形の万燈がつく。その表裏は日月を表し、日に「金の烏」、月に「玉の兎」を描く。地はともに赤であるが、金の烏というのは、地が金だったからであろうか。烏は墨で描かれる。玉兎は白兎を描く。『人倫訓蒙図彙』（元禄三年・一六九〇）に「毎年鹿嶋の神前にして行《おこなひ》の事あり。神必人に託《たく》し給ひて、天下の吉凶をしめし給ふと、それを日本にあまねく告しらせける事、此神官の役也。然ば末世には是をもつて宮雀のすぎはひとなして、よいかげんにあらぬ事までたくみなして、愚夫愚婦をたぶらかすとかや云々」とある。文化十年（一八一三）三月、中村座初演の『四季詠寄三大字《しきのながめよせてみつだい》』のなかに、鹿島の事触れを舞踊化した長唄「鹿島踊り」がつくられた。二世瀬川如皐作詞、初世杵屋勝五郎作曲、市山七十郎振付で、三世坂東三津五郎が踊った。いまも神奈川県湯河原、静岡県伊豆半島に鹿島踊の名称で残り、東京都羽村市に風流踊りとなって残っている。

【二三九】

願人坊主

がんにんぼうず

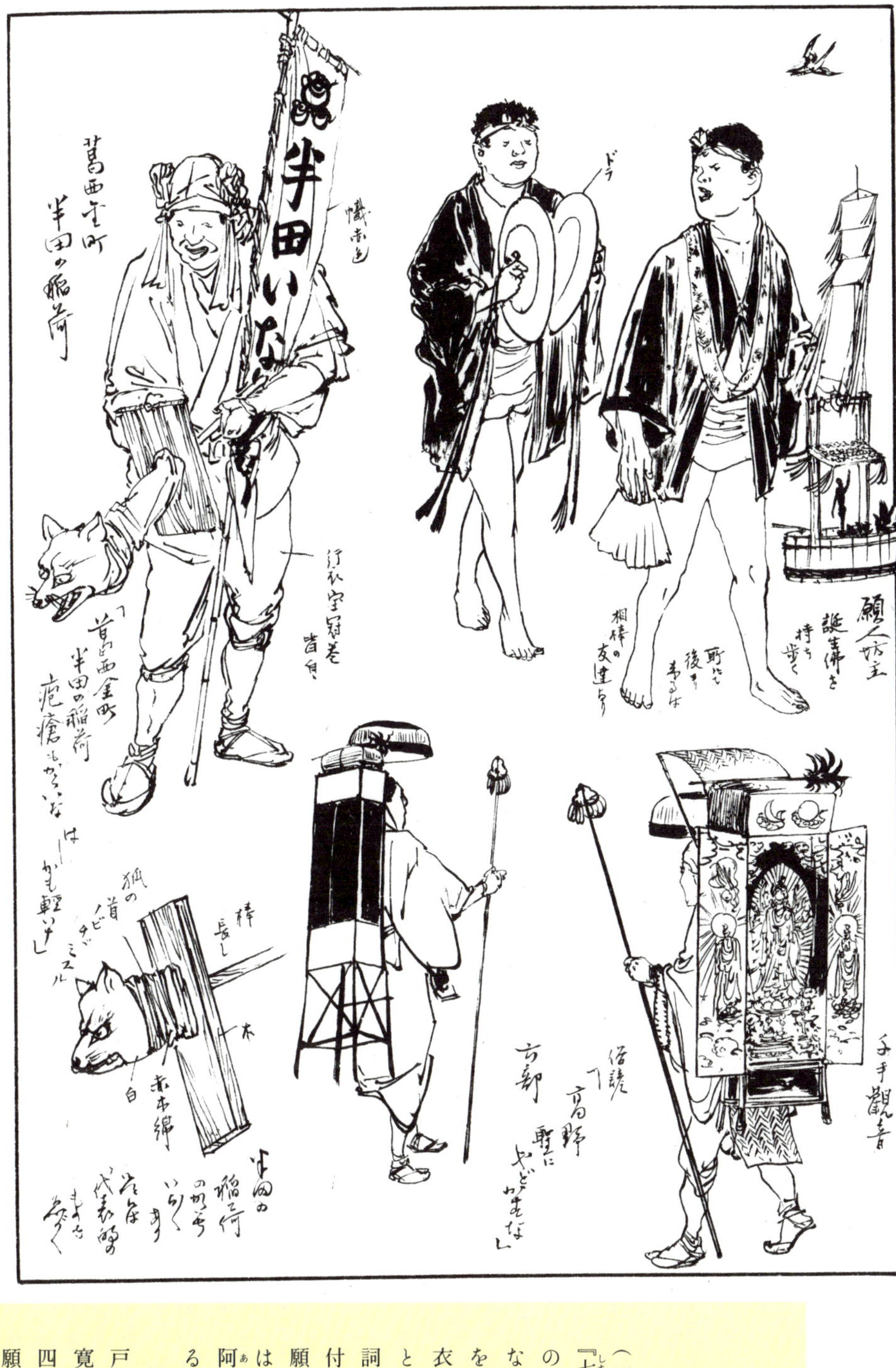

◉願い主に代わって、諸行を修する物乞い僧のことをいう。願人坊、願人ともいった。はじめは幕府の隠密として藤沢（時宗。浅草芝崎の日輪寺を本拠とした）と鞍馬（天台宗。大蔵院末流。上野寛永寺の支配に属した）より呼び下した僧をいった。「トウ〳〵同行でござい」と真っ裸になって歩いた。歌舞伎舞踊に、常磐津『願人坊主』がある。文化八年（一八一一）三月、市村座初演の『七枚続花《しちまいつづきはな》の姿絵《すがたえ》』に、七変化舞踊の一つとして踊られた。門付けをしながら歩く願人坊主が、滑稽なことを早口にいう姿を踊る。裸身に薄い衣一枚で手桶をもち、「男裸でなア」といって出てくる。二世桜田治助作詞、岸沢古式部作曲、藤間勘十郎振付で、三世坂東三津五郎が踊った。願人坊主は、半田《はんだ》の稲荷、和尚今日《おしょうこんにち》は、寒垢離《かんごり》、判《はん》じ物《もの》、住吉踊り、阿呆陀羅経《あほだらきょう》などの街芸を演じている。

　半田の稲荷は江戸葛西金町（現江戸川区）にある稲荷のことである。寛政から天保期（一七八九～一八四四）にかけて流行した半田の行者の願人坊主を、半田の稲荷といった。「疱瘡も軽い、麻疹も軽い、信心なされ、葛西金町半田の稲荷」、「葛西金町半田の稲荷へ代参り、疱瘡も軽い、麻疹も軽い、家内安全、息災延命」などといって歩き、手にもつ鈴を鳴らしてお布施をもらった。

【二四〇】

淡島明神《あわしまみょうじん》

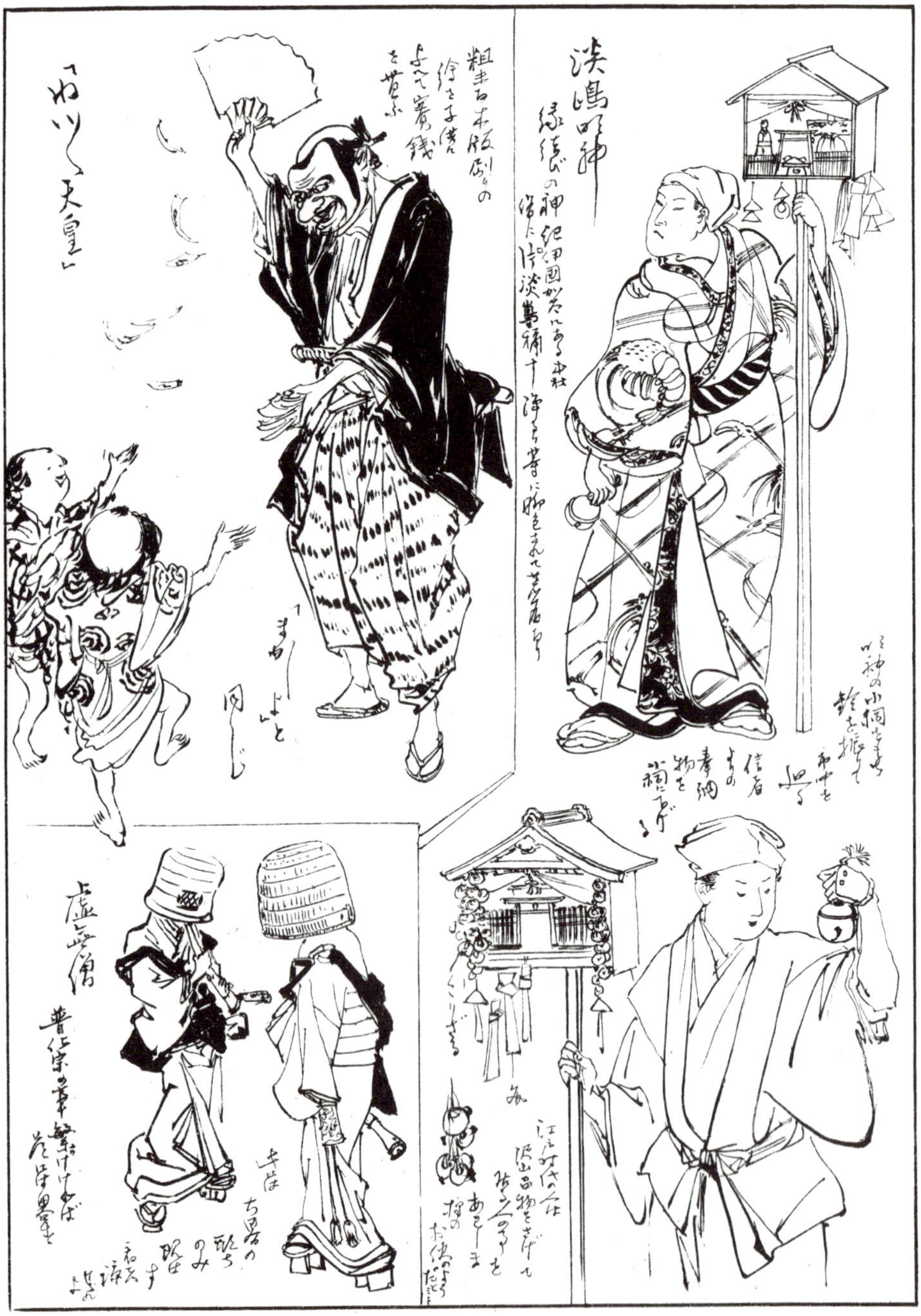

◉粟島とも書き、粟島殿ともいう。粟島大明神または粟島明神は、和歌山県加太の淡島神社の通称である。婦人病に効験のある神社として信仰された。編み笠を被り、粟島大明神の模造神躰を入れた神殿造りの小さな社に四、五尺ほどの棒をつけ（首から下げた同じような社の箱もあった）、さまざまな布切れを垂らしたものをもち歩いた。社の前には賽銭受けの箱をつけている。鈴をもっているのは拍子を取ったものか。のちには廻国巡礼の者が、厨子のなかに観音像を入れ、白衣仕立てに托鉢を腰前にさげ、それを打ち鳴らしながらやってきた。厨子のなかに粟島も並べ、子育ての神、女性守護の神として信仰をあつめた。ことに花柳界の女性に信仰されたという。願人坊主、淡島願人ともいう。この粟島を「あはしま」の通称で、舞踊化した現存曲が三曲ある。長唄『関東小六《かんとうころく》後雛形《のちのひながた》』（明和七年（一七七〇）、市村座初演。淡島修行者になって物語を踊る）、常磐津『禿紋日雛形《さとそだちもんびのひながた》』（文化四年（一八〇七）、中村座初演。淡島修行者と禿が踊る）、新内『傾《けい》情音羽瀧《せいおとはのたき》』である。

迷子探し《まいごさがし》

◉「迷子の迷子の三太郎やあーい」などと、迷子になった子の名前を呼び、鉦や太鼓を鳴らし、提燈をもって探し回る。四、五人から七、八人が一組となって探した。いまも歌舞伎で、その光景をみることができる。町内からの迷子は、大家が同じ町内のものを集めて探したという。また長屋の場合は、月番行事が先頭に立って探した。探しているときに、商家の小窓から、曲尺を出す慣習がある。出された曲尺の目盛りを指で指し示したところを提燈の明かりで確かめ、迷子の距離を占った。五寸のところを示していると五丁以内、五十丁以内、五里以内などと判断した。このような形で、関係者以外の人々も迷子探しに協力したのである。また、迷子のための道しるべの石柱を立て、「知らする方」「たづぬる方」の二つの道しるべに名前を書いた紙を張って、両方から確かめる方法をとった。

迷子探し《まいごさがし》

「迷子の迷子の三太郎やあーい」と叫んだり、鉦や太鼓を叩いたりして、夜の市中を歩いて迷子を探し廻る光景は、明治以後の人々には想像も及ばぬ馬鹿らしさだが、当時はそれが真剣に行われたのだ。まず町内で迷子が出来ると、大家《たいけ》ならば、出入りの仕事師やら店の者など大勢集め、四、五人以上七、八人迄を一組として、四方八方へ図の如き扮装で探しに出かける。貧家の場合は、長屋の月番行事が先頭で、長屋の人々が義侠的（中には遊戯半分のものもあった）に太鼓を叩いて出かけるのも沢山あった。

時々義侠的の親切から、商店の小窓を開けて尺度《ものさし》を出してくれる人がある。迷子探しの団体は、礼を述べてその差し出された尺度の目盛りを提灯の光でみるのが、迷子探しの「ケンドク」になって居るのである。その尺度を差し出した人の指が、仮に五寸の処を把って居た時は、迷子はその場所より五丁以内か、五十丁以内か、五里以内に必ずいるという予感を与えるのであるが、結局は一種の辻占に過ぎない。迷子の道しるべは、石の標柱を往来の劇しい所に建て、「知らする方」と「尋ぬる方」と両方に紙の掲示場を作り、両方から知らせ合うことにしたので、現今の掲示板の方法と同じである。これに依って利便を得た人はかなりの数であったろうが、大抵尋ねる方の張り紙が多かった由である。建てた場所は、一石橋、筋違見附、その他である。現在浅草仁王門前に残って居るものは、仮史蹟に指定されている。湯島神社境内のものは戦後所在を失った。

無慈悲の吝坊は宝の番人《むじひのけちんぼうはたからのばんにん》

是等は人の善悪を見て施すこともなく、又おしくて我も遣いも人も悦ばせるという事なく、一生人に誇られ悪く云われ〳〵して果てる人をいう。

非道の金持は三ッ子に花を持たせしが如し

慈悲の心なく己の欲のみに増長しいんごうなる人は末のさかえはあぶないく

迷信《めいしん》

◉卜占《ぼくせん》（吉凶を占う。未来予知を知る。占卜《せんぼく》ともいう）、厄日《やくび》（災難に出会うので気をつけなくてはならない日）、丙午《ひのえうま》（干支の一つ。第四十三番目に当たり、この年に生まれた女性は夫を食い殺すという。また火災が多いという）などにかかわる信仰である。迷信を信じる迷信家は、御幣かつぎ（縁起を気にする人をいう）ともいわれる。日常生活を左右するものとして、世間で広く信じられてきた言い伝え、俗信も加える。予兆《よちょう》（神の啓示。鯰の動き、鳥の啼き声、茶柱、くしゃみなど。前兆ともいう）、禁忌《きんき》（神聖な場所、不浄とされるものなどに触れないで、ある一定期間、行為や事物を忌むこと）、霊異（神がかり、神隠し、神の祟り）、妖怪、憑依《ひょうい》（動物霊が人間に取り憑くことが多い。憑きもの）、呪い《まじない》（のろい）などがある。また忌み言葉の切る、別れるなども言語の禁忌として含まれる。

疱瘡除《ほうそうよけ》

◉疱瘡はもっとも激しい厄病として恐れられてきた。疱瘡にかかると山中に隔離され、塩垢離したり、家の回りに注連縄を張ったりする。流行していたときは、赤い幟をつくり、竹で疱瘡棚をつくって疱瘡神を祀る。流行が下火になると、疱瘡神を河原まで送り出し、川に流したという。また桟俵《さんだわら》に赤紙を敷いて、起き上がり小法師二つと小豆飯をのせて、村境や四辻に置いてくる。さらによそ者をそこから入れないで、疱瘡の侵入をふせいだともいう。疱瘡にかかると、高熱のためにうわ言を口走るが、これを神の託宣とみてきた。疱瘡で顔にできる痘痕は、いも・いもがさ・もがさなどという。ことわざにも「はしかは命さだめ、疱瘡は器量定め（見目定め）」とある。

疱瘡神、痘神の小祠には鍾馗、鎮西八郎源為朝、金太郎などを祀り、赤色で刷られた赤絵を飾った。釣業浜町勇次郎寓、軽部安右衛門宿の名を書いた護符、赤い張り子のだるま、みみずくなどを飾り、米の研ぎ汁に酒を入れた湯を浴びせる笹湯などが行われた。また『疱瘡請合軽口噺』『雛鶴笹湯寿』などの疱瘡絵本も、享和から嘉永期（一八〇一〜五四）にかけて出版されている。疱瘡に赤色のものがむすびついたのは、四代将軍徳川家綱が疱瘡にかかったときに、近習の者たちが赤色の衣服を着たことにはじまるという。

呪い《まじない》

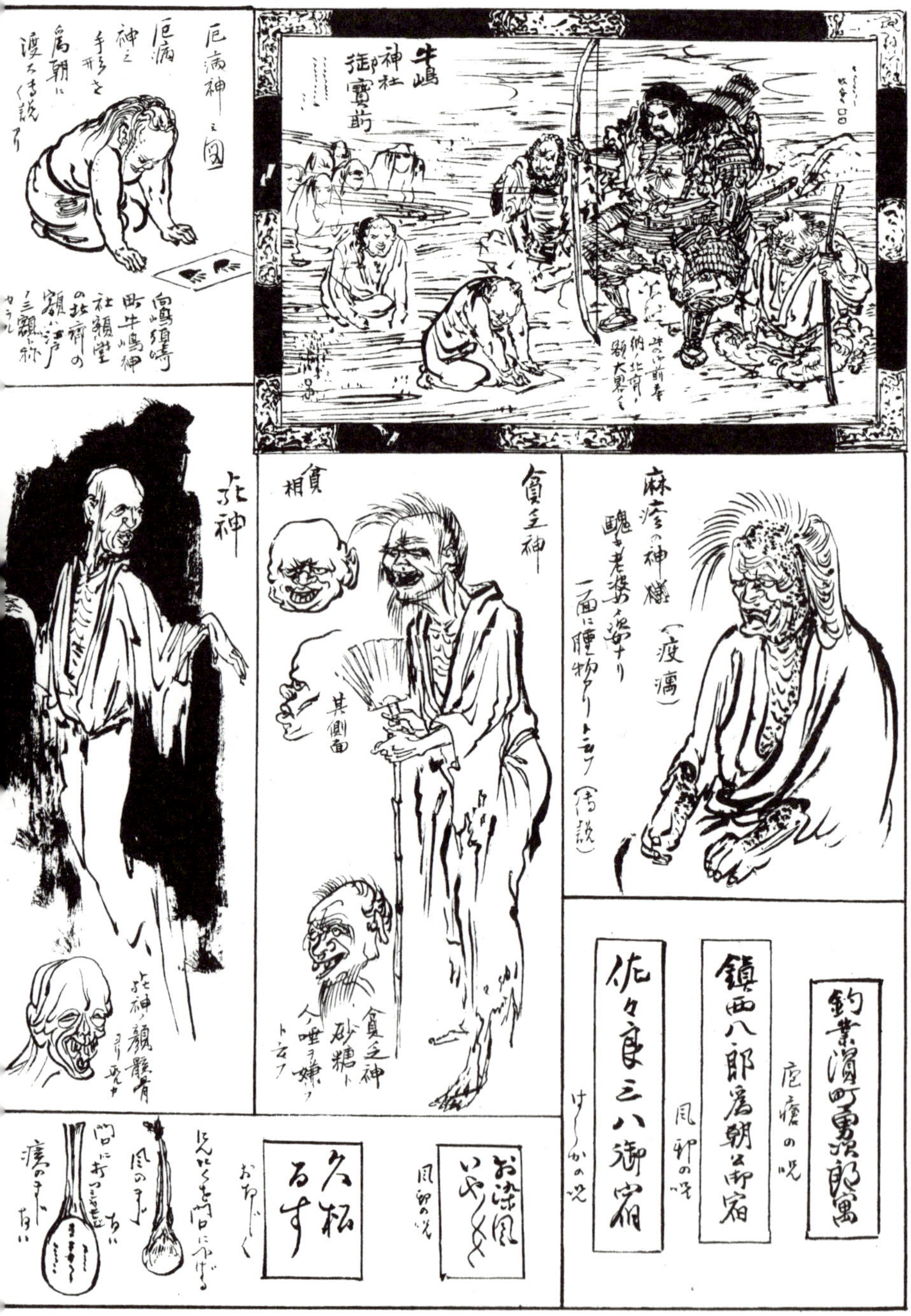

◉災いを逃れるために用いる言葉(呪文)や行為をいう。書いたものと口で言うものとがある。疱瘡除けの「釣業浜町勇次郎寓」「軽部安右衛門宿」の名を書いた護符や、麻疹《はしか》の呪いに「佐々良三八御宿」、風邪の呪いに「鎮西八郎為朝公御宿」、風邪の呪いに「お染風いやく〳〵」「久松るす」、疣《いぼ》の呪いに「疣疣、一本橋渡れ」などがある。また言葉として口に出すものに、雷除けの「桑原〳〵」。行為としては、死者の魂を呼び戻すために、枡の底をたたいたり、子供を丈夫に育てるために、道の四辻に捨てて、他の人に拾ってもらうなどがある。呪う相手に擬した藁人形に五寸釘を打つと、相手が釘の打たれたところを患うという。絵馬にも願い事を祈る呪いがみられ、乳が出ないと乳の出ている絵馬を奉納する。そのほか雨乞い・虫送り・疫病送り・民間医療などに呪いをみる。虫送りでは、等身大の藁人形をつくり、村境まで鉦や太鼓を鳴らしながら送る。この藁人形の名を実盛《さねもり》人形というところが西日本には多い。斎藤別当実盛の御霊が祟って、イナゴと化して虫害をもたらしたので、実盛人形をつくって村境へ追放するのだという。この人形を村境で焼くところもある。また松明《たいまつ》を灯して、火の明かりに虫を寄せ付けたり、大声を張り上げたりする方法もみられる。

白沢・獏《はくたく・ばく》

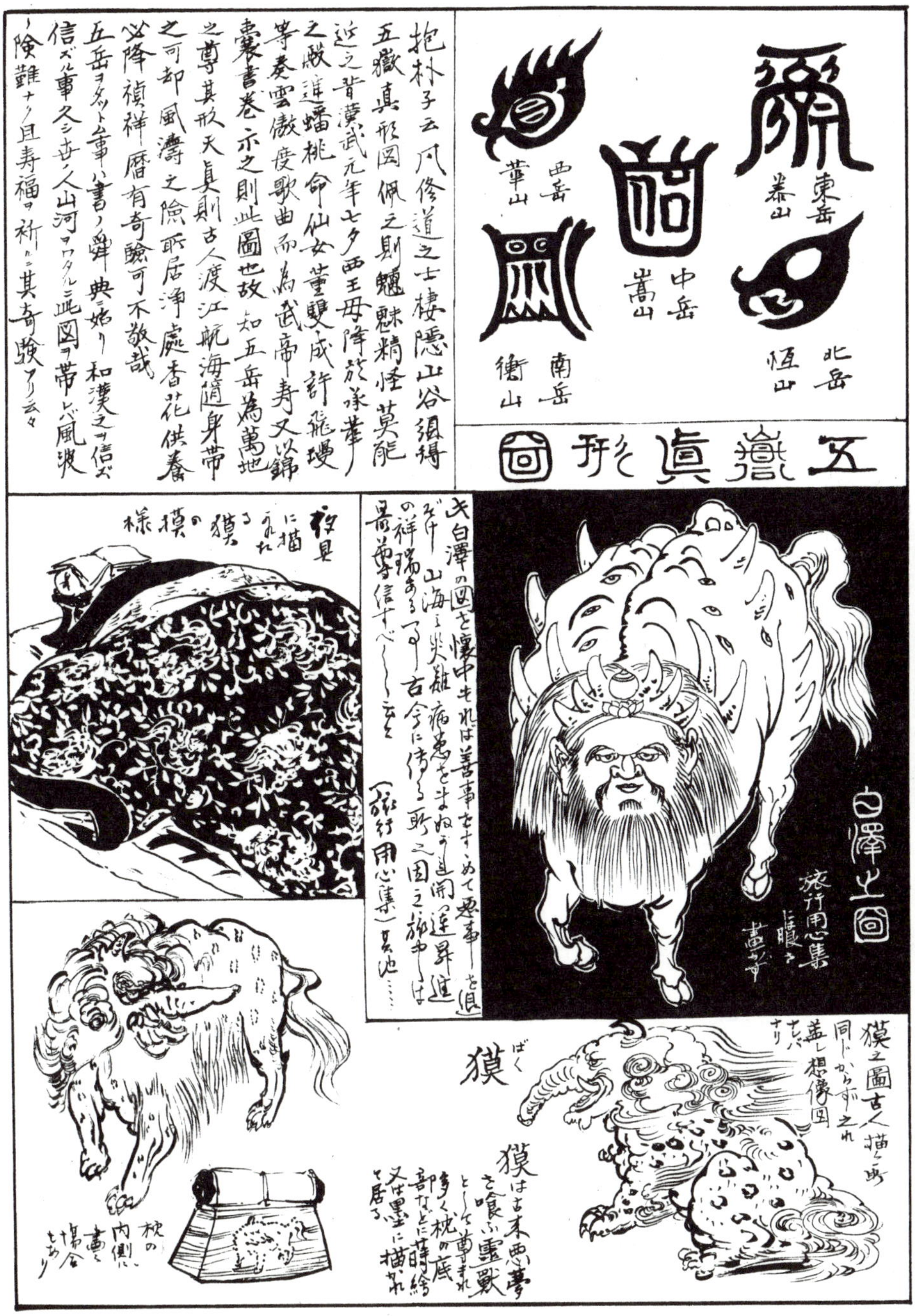

◉中国の架空の霊獣。白沢の図を懐中すれば、善事をすすめて悪事を退け、山海の災難、病気を免れ、開運昇進の祥瑞があるという。人面で両背に眼が三つずつある（さらに二つが脇腹もしくは後ろ足近くにあり、合計で十個の眼をもつという）。一説には人面二つ、額に一つの眼があるともいう。川柳の「白沢はわきしやう門で人を見る」は、灸穴の脇章門が左右の脇腹中央にあるのを詠んだものである。言葉が堪能で、王者が有徳になると現れるという。本所五百羅漢寺の中央に白沢の像があり、川柳に「はくたくを見て又二百五十人」と詠まれたのは、白沢を見たあとにまだ五百羅漢が半分残っていることをいう。

獏も中国の架空の霊獣である。体形は熊、鼻は象、目は犀《さい》、尾は牛、足は虎に似ている。人の悪夢を食うという。川柳に「おそろしい夢を目出度獏が喰イ」「よい夢は残らず獏のくひ余り」などをみる。獏の絵を描いたものを置くと邪気を払うという。正月二日の夜の初夢に、枕に敷く宝船の絵（七福神と「なかきよのとおのねふりのみなめさめなみのりふねのおとのよきかな」の回文が書かれる）の帆に、獏の字を書いておくと吉夢をみるという。また普段からも、枕の底部や内側に、蒔絵や墨で獏の絵を描いたものを使った。

吉丁子の占い《きっちょうじのうらない》

◉燈芯の燃えさしの尖端に固まったかすの塊が丁子の実に似ているので丁子頭《ちょうじがしら》、または略して丁子といい、吉兆とした。狂歌本『徳和歌後万載集』十巻（天明七年・一七八七）に「世をすつる心もほそきともし火に物おもはする吉丁子かな」とある。これは丁子のつき方で吉凶を占ったことを詠んだものである。『浮世床』二編上（文化十一年・一八一四）にも「昨夜《ゆふべ》の吉《ちやうじがしら》 燈を喜び」とある。

この吉丁子の占いは、燈芯（江戸訛りで「とうすみ」といった）の火で燃えている先（花という）が、どのような方向に、どのような状態になるかで占うものである。二枚の皿の上皿《うわざら》を油皿にし、下皿《したざら》は油皿を支える台とする。占いの状態の例をいくつかあげる。燈芯の火が燃えて半刻（一時間）も消えない状態は、よいことがある。燈芯の火が、翌朝まで消えない状態は、二日間よいことがある。燈芯が上皿の外に垂れたときは、旅でよいことがある。燈芯の花がない状態は、酒食の喜びを得る。燈芯が上を向いて丸くなったときは、翌日に珍しい客が来る。雨が降っているとき、または曇りの夜に吉丁子ができると、翌日は晴れる。燈芯が卯（東東南）の方向に向いたときは、吉事を聞く。吉丁子をみて妊娠すると貴人を産む、などである。

垢離場《こりば》

◉垢離場は、水垢離《みずごり》をする場である。垢離は穢れを落とすことで身体を清める潔斎《けっさい》のことをいう。もともとは海水で清めるものである。海水に塩分が含まれるので、海水を浴びれば清められたことになる。その変化が水垢離である。そしてこの両国の垢離場で行われたのが、大山石尊権現参りである。これを千垢離《せんごり》（川垢離、洗垢離とも書く）という。千垢離は千本の緡《さし》を流して千回の祈願をし、大山石尊権現に千回参詣したことと同じといわれた。緡は細い藁のことをいう。大山石尊権現は、現在、神奈川県にある大山阿夫利神社《おおやまあふりじんじゃ》のことである。その講中が、旧暦六月二十八日から七月七日まで水垢離をした。「慚愧慚愧六根罪障《さんげさんげろっこんざいしょう》、大峰八大《おしめにはったい》、金剛童子、不動明王、大山石尊大権現、大天狗小天狗」「懺悔懺悔六根清浄」などを唱える。川柳「相模まできこへる程のこりをとり」は、この両国での垢離場のことを詠む。願掛けの者は、納太刀（大は三メートル余り、小は三十センチの木刀）に「大山石尊大権現大天狗小天狗諸願成就」などと書いたものを担ぐ。川柳に「大太刀は橋本町の飯のたね」とあるのは、千垢離が病気平癒を祈るもので、それを願う家人の代わりに、願人坊主が大太刀を担いで川に入ったことを詠む。

乳のまじなひ
江戸市中の擬宝珠ある橋に至りて図の如く
水を掛ければ乳必す出るといふ
又法
橋の神に祈願して日を限りて紙を結ぶ
すれば願事が叶ふと言ひ伝ふ
瘡の病などに効ありといふ
水死のうたがひある時は戸の上に鶏を乗せて川に浮べれば死体の沈める上にて
鶏必ず鳴くと云ふ
河伯《カッパ》に胡瓜を与へる
夏季に子供が水泳をする時先ち母親など流れに胡瓜を投ず、これカッパに餅を与へて子供の「尻ゴ玉」を抜かれるを防ぐ為也

本所の七不思議・河童

ほんじょのななふしぎ・かっぱ

◉七不思議とは、妖怪変化・動植物の変異・神仏の奇瑞・不可解な自然現象などを七種集めたものをいう。本所（現墨田区）の七不思議は、江戸時代から伝えられたものである。その中のひとつ「置いてけ堀」は、本所のある堀で魚釣りをし、たくさん魚が釣れたので帰ろうとすると、「置いてけ、置いてけ」と、どこからともなく怖い声がするという話。

河童は川太郎《かわたろう》、水虎ともいい、水神そのもの、または水神の使い、あるいは妖怪という。頭頂には深さ一寸（三センチ）の水を湛《たた》えた蓋のついた蛤形の皿をもち、その水が涸れると力が弱くなった。人の尻の奥にある尻子玉《しりこだま》を取るともいう。身長が三尺五寸（一〇五センチ）、七寸（二十一センチ）、二尺（六十センチ）などといい、全身が水苔で覆われ、肌は粘り気があり、頭部には毛があり、体は黒色、手足の関節は白く窪み、脇の下から腰の左右には魚の鰭《ひれ》があったという。水陸両棲、目は丸くて黄色、顔は青黒色、虎に似ているともいう。また泥に潜って泳ぐ早さは風の如しという。河童は人や馬を水中に引きずり込むというので、子供の水難は河童の仕業という。また胡瓜《きゅうり》を好む。このため胡瓜をカッパというようにもなった。盂蘭盆に藁船に胡瓜・茄子でつくった牛馬を供え、それを送り火の日に川などに流すのは、河童が瓜茄子畑のものを盗むこととも関わり、河童の好むものを添えて流すことで、亡き人の霊を弔ったといわれる。

川施餓鬼《かわせがき》

◉施餓鬼は、死後も飢餓に苦しめられている人のための供養である。川施餓鬼は、川で死んだ人の施餓鬼のことをいう。施餓鬼は空海が唐から「救抜焔口餓鬼陀羅尼経」を持ち帰ったのにはじまる。江戸時代に盂蘭《うら》盆会《ぼんえ》を中心に、七月の一ヶ月間、各寺院で大施餓鬼をおこない、死者の冥福を祈った。ことに二十五、六日は多くの参詣人でにぎわった。施餓鬼船といった屋形船の吉野丸を隅田川に浮かべて供養をすると同時に、納涼を兼ねた船遊山も行われた。塔婆を水中に立て、経木や紙に法名を書いたものを川に流したり、坊主の乗る船での法要で、賽銭と引きかえに渡した如来像の紙を流したりした。明和六年（一七六九）の『雑交苦口記』には「近年川せがきといふ事をはじめて」とあるから、当時新しい行事として始まったことがわかる。また「夏極暑の時分、大屋形船にて町人大勢出銭して、妻子其の外じゞばゞ取乗り、旦那寺の坊主を雇ひ、一日念仏を唱へ、題目など船遊山して慰め、是まいす坊主共が涼みに出たがりて工夫し、川施餓鬼といふ事をはじめたるべし」とある。川柳に「本堂がせまいで吉野丸を借」「あつたら船に坊主だのばゞあだの」などがみられる。また「大施餓鬼十六文の舟遊び」から十六文の代金だったこともわかる。「おしい船色紙のはたひるがへし」「色紙の旗ひるがへすせがき船」などと色紙の旗が飾られたことも詠まれている。

龍《りゅう》

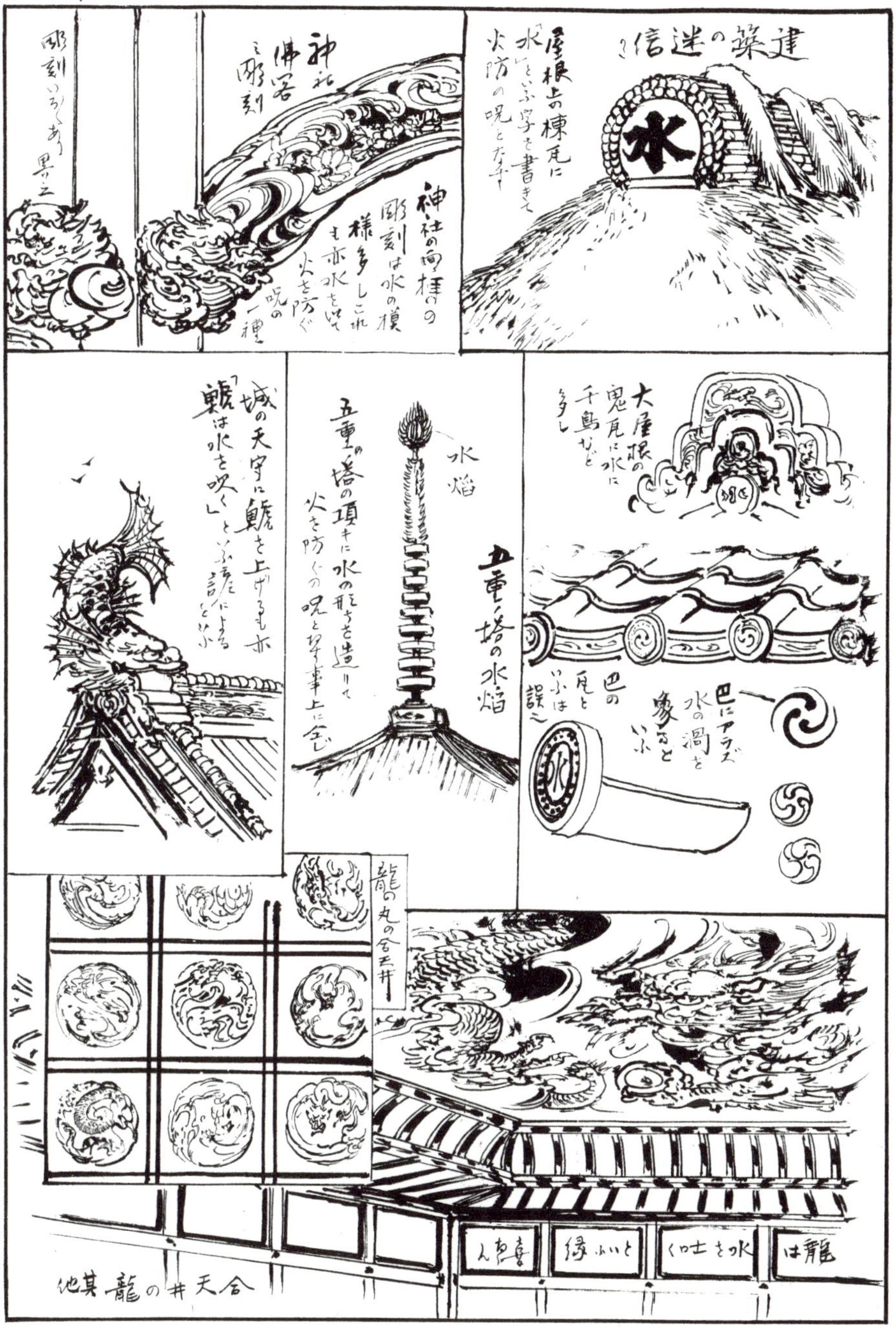
建築の迷信
屋根上の棟瓦に「水」といふ字を書きて火防の呪となす
水
神社仏閣の彫刻
神社の向拝の彫刻は水の模様多し これも亦水をもって火を防ぐ呪の一種
城の天守に鯱を上げるも亦「鯱は水を吹く」といふ諺による
五重の塔の頂上に水の形を造りて火を防ぐの呪と為す事上に全じ
水焔
五重ノ塔の水焔
大屋根の鬼瓦に水に千鳥など多し
巴にアラズ 水の渦を象るといふ
巴の瓦といふは誤也
水
龍の丸の合天井
合天井の龍 其他
龍は水を吐くといふ縁喜ん

◉龍は蛇などとともに、水と縁をもつ架空の動物である。大蛇に似て鱗をもった四足で、角は鹿、眼は鬼、耳は牛に似ているという。沼などに棲み、雨雲をつくり空を飛ぶとされる。龍神《りゅうじん》、龍王と呼ぶ。日本では全身が黄色で、角のない尾が長いのを龍とみており、ことに雨乞いのときに現れる雨龍を善龍とみた。善龍は、五穀豊饒の龍といわれるところから、雨乞いとむすびつけたのである。雨乞い祭りでは、太鼓や鉦を鳴らして、その響きが龍神に雨雲をつくらせ、雨を降らせるという。天井などに鳴き龍が描かれたのも、火事のときには水を吐くといわれるからである。龍土水《りゅうどすい》という火消し用具の名称も、そこからついたものである。龍紋というのは龍を丸の形にしたものだが、水の塊を表現したものといえよう。そのほか、屋根や塔の上に水に関するものがみられるのも、空に近いところには龍とかかわるとみられたことによる。五重の塔の尖塔にある水焔、城の天守閣にみる鯱《しゃちほこ》は「鯱は水を吹く」の諺による。鬼瓦にも水紋、千鳥などの模様がみられる。

【二五四】

王子権現槍祭り

おうじごんげんやりまつり

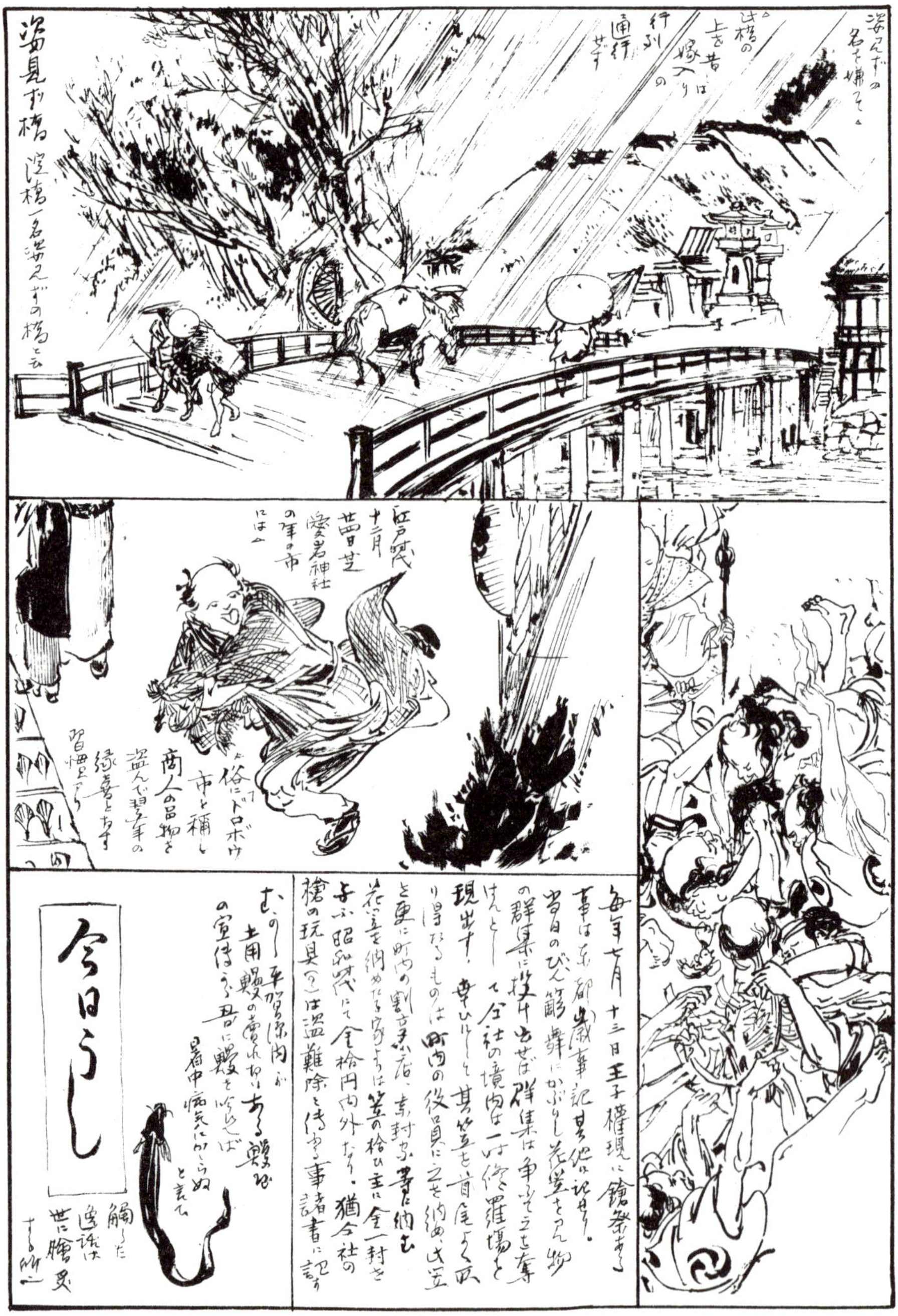

◉東京都北区の王子権現（現、王子神社）に伝承される。槍祭りは王子田楽とともに行われるもので、近年まで王子田楽の中絶で、槍祭りも行われていなかった。昭和五十九年（一九八四）に田楽が復活したが、槍祭りの余興であった田楽を主体としたために、現在では槍祭りが田楽の添え物になっている。槍祭りでは、田楽の警護をする槍持ちが大事な役で、甲冑を着し、腰には何本もの大刀を差し、手に槍をもつ。槍持ちは、田楽の終了後まで踊り手（びん簓《ささら》をもって躍る）が頭にかぶる花笠を奪い取られないように、舞殿の四隅に立って防ぐ。花笠は終了とともに舞殿から投げられ、それを見物人が奪い合うので槍祭りを「花奪い」といった。その花笠を得たものは無病息災、幸福を得るといわれる。槍祭りでは、花笠を得た者が、それを町内の役員に納めると、町内の割烹店や裕福な家などから祝儀をもらう。この花笠は、毎年新しいものをつくる。地方には花笠に貼ってある紙を、穴が空くほど破るところもある。こわす・破る・投げる・捨てるなどの行為の伴なう祭りは、その行為によって祭りを終えるとともに、原型を留めないほどに形がなくなることで、そこからこぼれ落ちる福を得たとした。

縁切榎《えんきりえのき》

◉榎《えのき》は、縁むすびの木とも、また逆に、縁が退《の》く木から縁切りの木ともいわれる。縁むすびの木に松の木が多いのは、松が枯れることのない常緑樹であり、松に願掛けをして待つ（松を掛ける）と、よい知らせが得られるとしたからである。

中山道板橋宿上宿（現板橋区下板橋）にある榎は、縁切り榎として知られた。この榎の木の皮を削り、細かく刻んで、水や酒に混ぜて相手に飲ませると、必ず縁が切れるという。川柳に「板橋の木皮の能は医書にもれ」「焼かぬはづ女房榎をのませる気」などをみる。『風土記稿』に「岩の坂にあり。近藤信濃守抱屋敷に傍えり。囲み二丈ばかり、樹下第六天の小祠あり。すなわち神木なりと云。世に男女の悪縁を離絶せんとするもの、この樹に祈りて験あらずといふことなし。故に嫁取りの時は其名を忌みて、其樹木をよこぎらず云々」とある。『遊歴雑記』（文政十二年・一八二九）には「寛保年間磯の宮御下向ありて、此会同を通御したまひ、城内に入らせたまひしに、幾程なく逝去ましく〳〵、其後また寛延宝暦の頃にや、波の宮御下向遊ばし、此街道筋を通御ありしに、是又幾程もなく逝去したまひしかば、それより誰いふとなく、此木を悪みて、縁切榎と異名せしより巷談を伝へ、世人又聞き伝へて今の実名の如くなれり」とある。

道祖神《どうそじん》

◉塞《さえ》の神《かみ》（さいのかみともいう）ともいい、どうろくじんと訛った言い方もある。塞の神とは、邪霊や悪鬼などが村などに入らないように、村の境界や辻を守る神である。塞《ふさ》ぐ神、遮《さえぎ》る神として、石などの呪物を境界に置いた。陽物の形をしたもの、あるいは男女の抱き合う姿を彫った石などで魔性を斥けようとしたのは、陽物の強さを表したものである。

『日本書紀』にみるフナド神も同じとみられている。フナドは岐のことで、道の分かれるところをいう。また柴神《しばがみ》も同様で、峠や山道の入り口で通行の安全を守る路傍の神である。この神に柴や青草を手向ける風習から、柴折り様、柴とり様といった。柴神に関連して柴《しば》挿《さ》しというのもある。柴は神の依代で、立てた（挿した）ところを祭りの場の中心とした。道祖神のある場で、小正月のどんど焼き、左義長《さぎちょう》などがおこなわれ、また虫送り、疫人《えきじん》送りなども、この道祖神のあるところまで送り、境界に追いやる目標場所となった。道祖神祭りが子供や若者組の行事となっているのは、穢れの少ない若い人には神霊が宿りやすく、強い力をもつとされたからである。

久米平内《くめのへいない》

◉左下の図にみえる浅草観音境内の縁むすびの社、またはその社にある石像のことをいう。なぜ久米平内という人物の石像が彫られたのかには諸説がある。『江戸名所図会』には「兵藤平内兵衛　二王座禅像」と記される。兵藤と名乗り、久米は女房の家の名という。『耳底記』には、青山主膳という人の家士で剛勇の人であると書かれる。平内は醜い男で、女のことで千人切りの願を立て、多くの人を切った。その後仏道に入り、仁王座禅の法を修め、死ぬ前に自らの裃姿の石像を刻み、「最も多くの人が通る所に埋め、末代まで人に踏みつけてもらいたい」と遺言した。この「踏み付け」が「文付け（恋の手紙、恋文）」に変わり、恋文の願書が置かれるようになって、縁むすびを叶えるとされた。絵馬などにも、縁むすびの願いを目的として、平内が描かれるようになった。『江戸砂子』に「二王座禅の形相なるべし、力を願ひ又は瘧《おこり》病等の願をかくる、心願書をこむる（中略）此石形は元禄七、八年のころ、みつから造立の所也」とある。石像は立て膝に、握り拳で睨みつけている姿から、川柳にも「平内はいゝぶんの有るすがたなり」と詠まれる。『武江年表』は「天和三年六月六日卒、無関一素居士といふ俗に粂平内なり。駒込海蔵寺に墓あり」と記す。天和三年（一六八三）没となっているが、一説には寛文三年（一六六三）十一月二十四日没ともいう。

願掛け
（がんかけ）

●霊験あらたかな神仏に願を掛けるのを、願掛けという。願掛けは個人で行うものと共同で行うものとがある。共同の場合は村全体で講などの組織をつくって祈願した。晴雨はこで、咳・腫れ物・とげ抜き・脳病などの供え物についても記している。供え物は、願いごとが叶ったときにお参りする「願解き」に供えるものである。ここでは竹筒に入れた甘酒を枝に掛けたり、紙製の鬼の面を借り受けて家の入口に掛けたり、炮烙を供えるなどの例をあげる。そのほかの供え物には、豆腐・蕎麦・塩・楊枝（ようじ）・蒟蒻（こんにゃく）・綿・団子・煎豆・茶がみられる。こうしたものをまとめて、一冊にしたのが万寿亭正二の『江戸神仏願掛重宝記』（文化十一年・一八一四）である。さまざまな願掛けの例として、頭痛・疱瘡・虫歯・小児百日咳・夫婦仲・小児月代（さかやき）・脚気・痰・瘡・盗賊・腰の下の病・怪我・蛇除け・痔・眼病・疣・安産などをあげている。どんな願掛けにも効果があるという神仏も多い。「諸願」とするのは、願いごとのすべてに対応するということである。

晴雨が描いたなかに、向島弘福寺（現墨田区向島）境内にある「咳の爺婆ア」の石像がある。「咳のおば」「石の婆さま」ともいう。弘福寺は牛島弘福寺ともいい、隅田川七福神のうち、布袋を安置する寺である。風外禅師自刻の父母の像といわれている。もとは木挽町築地の稲葉対馬守の中屋敷地にあった屋敷神であった。『江戸神仏願掛重宝記』に「諸人たんせきのうれひをのがれん

<small>麻布一本松
師走十一月稲荷に十月中旬に竹筒の中に甘酒を入れ 此を枝に掛れば咳病ありと信ず 強くなる</small>

<small>麻布笄町 長谷寺の鬼面は腫物に効あると云ふ</small>

<small>一本松一名咳の松とふ 泥の釘を打ちた 遺跡なり とふ</small>

<small>腫物の患者は自家製の鬼面を祈願寺の又神堂より一夜借り受けて自宅の入口に掛け置き 病平癒の後は麻布大善寺の仁王堂前の紙を貼り 新しき鬼面と共に奉納す 又新しき鬼面を買ひ来たる 絶えず</small>

<small>向嶌 弘福寺境内に在 咳の爺婆アミ尊像</small>

<small>奉納
賓錢寶</small>

<small>本園は現像の位置 関東大震災前に生ず くせ違れなり</small>

とげぬき地蔵尊　御影　東京巣鴨

- 巣鴨のとげぬき地蔵は霊験あらたか
- 鎌倉時代の造立
- 浅草花川戸の地蔵
- 本郷駒込蓮華寺町の龍山大円寺ノ在　炮烙地蔵
- ホーロク
- 脱病苦悩の障　知眼あとゝひて寶薬会に絶入ル
- 本所石原夫婦の石像
- 海州八幡境内　唐辛地蔵
- 駒籠巣鴨動坂鍾の隆躄馬塚

婆は柔和な顔付きで、また爺はむつつりした顔付きである。この老夫婦は仲が悪く、同じ場所に置くとなぜか爺の石像だけが倒れてしまうので、一緒に置かないというところが多い。

願掛けには、豆やあられに煎じ茶を添えたという。老父婦の石像では、まず婆に「咳を治してください」といい、その後爺に「婆だけでは心配なので、重ねてお願いします」という。のちに、咳の神よりも腰から下の病気に霊験ありといわれ、供え物に履物が供えられた。

願掛けを叶えるために神仏に参詣し、悪霊から身を守護するために、除災の呪物・呪具などを身につけたが、それらに代わるものが木製や紙製の護符やお守りであった。これらは神仏の霊験がこもる形代（かたしろ）の変形である。

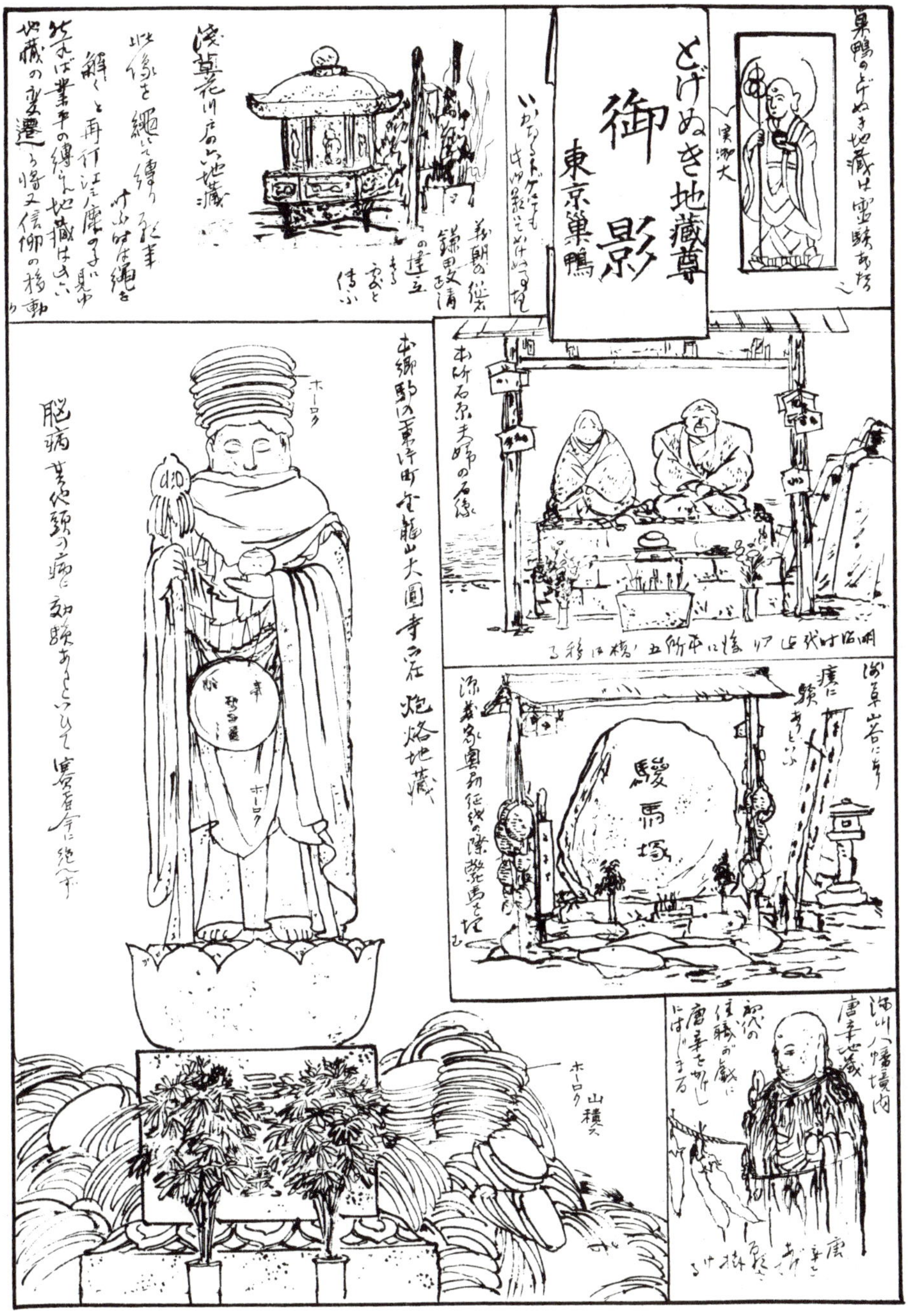

ことを願かけする」また「小児百日ぜきすべて咳になやむ人これを信ずる」とある。このほかの同じような石像も多くは老婆であるが、この弘福寺のものが、本来の姿であった。

百万遍《ひゃくまんべん》

コックリさん（狐狗狸）
明治十九年頃東京に流行ス
百万遍
ヒャクマンベン
ナァーム
アミダブツ
カンカラ
カンカン

◉百万遍とは百万遍念仏の略である。大きな数珠を廻しながら念仏を百万回唱えると、極楽往生ができるという。元弘元年（一三三一）にあった大地震後に疫病が流行したが、後醍醐天皇の勅命で、浄土宗本山知恩寺の善阿上人が念仏百万遍を唱えたところ効験があり、天皇から百万遍の寺号を賜ったことにはじまる。

百万遍には二種あり、一つは如法真修または顆繰《つぶぐり》といって、一人が七日間、または十日間を限って念仏を百万遍唱える。一方は、略法草修または早繰《ざらざらぐり》といい、多くの人々が、千八十顆《つぶ》またはその倍数の百万遍念珠をつくり、一顆を繰るごとに念仏を唱え、総和をもって百万遍とする。

天竺浪人こと平賀源内の滑稽本『根南志具佐《ねなしぐさ》』の巻三（宝暦十三年・一七六三）にも「死だ息子の七回忌とて、天窓《あたま》に輪の入た道心が、きやり声をはりあげて、鉦たゝいて百万遍、世帯仏法腹念仏云々」とあるように、先亡追善などのときにも行ったことがわかる。「きやり声をはりあげて」は、木遣り歌を歌うような高い声を張り上げたのであろう。山東京伝の『近世奇跡考』には、病魔払いのために行ったと記す。そのほかに報恩感謝・虫送り・雨乞い・疫病退散・無病息災の祈祷として、一般の家でも行われた。

有卦《うけ》

◉陰陽道《おんみようどう》で、人の生まれ年を干支に割り当て、木・火・土・金・水の五行に配して、定めた幸運の年回りを知ることである。幸福を有卦、不幸を無卦といった。有卦、無卦を有気、無気とか有暇、無暇と書くこともある。この年回りに当たると、良いことが七年も続くという。木性の人は酉年酉月酉日より七年間とも、また木性の人は酉年から有卦に入って七年間吉運ともいい、木性の人は卯年より数えるなどと、さまざまである。「有卦に入《い》る」という言葉は、有卦の年回りに入ることで、めぐりあわせが良くなって、良いことばかりが続くことをいう。そのときに「ふ」の字のつくものを七種祝う。これを七ふの祝いという。『甲子夜話』巻十一に「有卦に入るとかいふことありて、其年に当る者は人々これを喜ぶ。其日にふの字を付し、名の物を七つよせて祝ふ俗習なり。頃ろ白川老侯戯の歌に、富士のねを振さけ見れば昨日ふ今日ふ降かふ雪の深き色哉、又細川中務少輔の母なる福子の歌とて、吹まよふ花の吹ぶきを踏分て昨日も今日も三芳のゝ山」とある。同じように大田南畝（蜀山人）も「福の数七つに満る幸ひを今日よりうけの年は来にけり」「有卦に入る数は七年何事も笑ふてくらせふふふふふふふ」の狂歌を詠んでいる。

いちこ

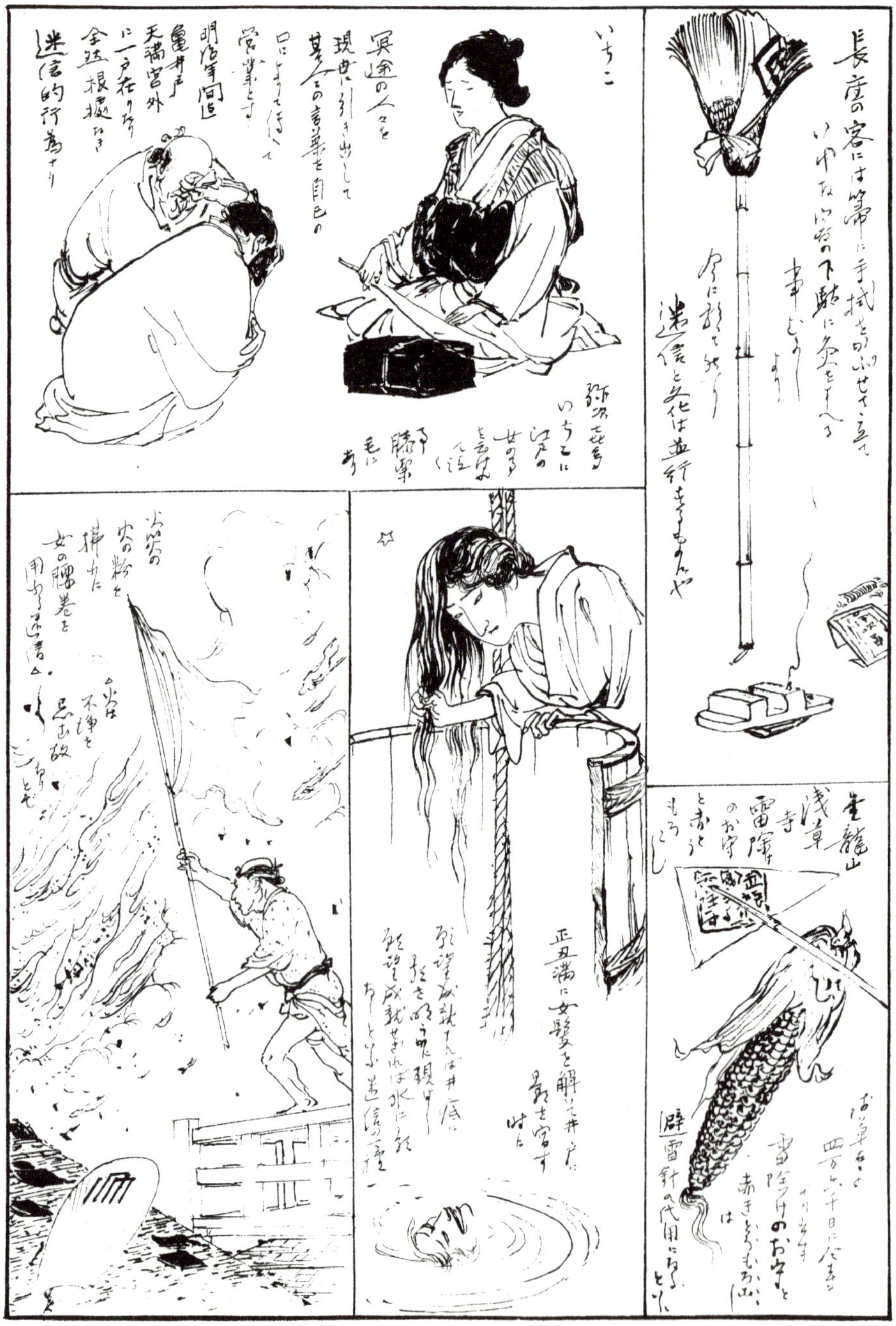

◉市子《いちこ》。いたこ、いちっこともいう。もともと新仏の回向のために、戒名を板切れ（板子《いたこ》）に書き、塔婆に見立てて祭壇に安置した、その板子が訛ったという。巫子《みこ》、梓巫女《あずさみこ》と同じである。遊行する民間巫女のはじまりとされ、盲目の女性がたずさわった。彼世と此世を行き来できる能力をもち、生霊、死霊を呼び、此世に言い残した言葉を、体を通して述べた。梓巫女は、梓弓に矢をつがえ、東西に向けて弓絃を弾き鳴らし、神の名を唱えながら神懸かりする巫女で、口寄せ巫女、降ろし巫女ともいった。式亭三馬の滑稽本『浮世床』初編下（文化十年・一八一三）に「巫《いち》女《こ》といふものは、ちいさな笠をかぶつてあるくぜ（中略）風呂敷包を提げての」、同書二編上（文化十一年・一八一四）にも「正坐になほり、裏包《ふりしき》おのが前にひかえて、目を閉ぢ、洟《はな》をうちかむいとまには、舌もて唇を嘗《な》めまはし、梓弓ひきもきらず、何やらん呟《うめ》き居たり」とある。風呂敷の裏は紺色か浅黄色で、人骨・動物骨・髑髏《どくろ》の入った外法箱《げほうばこ》を包んだ。一人十二文の賽銭を取った。『世事百談』（天保十四年・一八四三）には、関東の梓巫女の元締めは、浅草寺の神事舞太夫の田村八太夫であったと記す。いまも青森県恐山《おそれざん》にイタコがおり、毎年七月八日から七日間、恐山の山頂にある円通寺の大祭でみることができる。

縁起物

えんぎもの

◉縁起かつぎともいう。因縁生起の略を縁起といい、もとは社寺の創建、沿革、霊験談を意味するが、近世以降に、吉凶にかかわる物事の由来、説明をいうようになった。縁喜、吉兆と書く例も出ている。具体的には縁起物と行為と心意に分けることができ、縁起物に飾られるものや、身につけるお守り、呪物の類、ハレの日にまつわる各種の作法や禁忌などが含まれる。縁起が良い、縁起をかつぐ言葉が好まれ、また料理屋・商家・鳶職・芸者屋などでは縁起棚を設ける風習があった。京阪にはこの縁起棚がないと『守貞謾稿』は記す。千客万来の商売繁盛を祈って、福助、お多福・招き猫・恵比須大黒などを棚に置いたり、陽根の形をした金精大明神を祀ることが多い。社寺の縁日や年末の浅草寺の年の市などで売られ、川柳にも「神棚のゑんぎ仏の庭で買」と詠まれている。

月見

つきみ

◉旧暦八月十五夜の中秋の名月をめでる月見は、中国からの伝来とされる。月見団子とその年に収穫した芋や栗を供え、穂の出た薄《すすき》を飾る。月を神体とした信仰とかかわっており、太陽信仰の対をなしている。十五夜を芋名月というように、芋の収穫を祝う儀礼、または稲の収穫祭とのかかわりがあるという。旧暦九月十三夜は、豆名月、栗名月ともいった。十五夜だけでは片見月を忌むといい、後の月見を翌月も行なった。枝豆、栗が供えられる。二度の月見をすると、災厄を払うと信じられた。また、月見は自分の住居で行ない、旅先で見てはならないとした。これは菅原道真が筑紫太宰府に流されたときに、十五夜を京都で見て、十三夜を太宰府で見た故事による。

絵馬《えま》

【二六五】

◉祈願または報謝のために、社寺に奉納する絵入りの額や板絵が絵馬である。ここに四頁にわたってあげられる絵馬は、上部が屋根形になっている小絵馬である。

鶏は火防、小児の夜泣きを封じ、百日咳き治癒の祈願、厄除け。鶏は火の神、釜戸の神の荒神様の使いである。違い大根は浅草待乳山聖天の絵馬で、大根は禁食、和合福利、善事成就、悪災消滅を表わす。蛸は疣《いぼ》平癒の祈願。猿はなだめる、鎮める、押さえる、守るという意味をもつ。桃、柿、御幣をもち、赤い袖なしを着た絵が多い。猿は軽産といわれ、安産の願を掛けた。鍵をくわえる狐は、米蔵の鍵で子宝の庫の鍵を開けるという。向かい狐は厄除け、豊饒祈願。向かい「め」は眼病治癒。船は航海安全の祈願。地蔵は子供の安泰を守る地蔵信仰から、夜泣き・寝小便・疳《かん》の虫・迷子・成長などを祈願する。錨《いかり》は芸者が旦那の足止めを願う、また他所で沈没しないように願うもの。酒樽・盃・女の字・サイコロと花札に錠などは禁止を表わす。断ちもの、錠ものという。心の字に錠は誓いの意。こうしたものは一年間、または「但し三箇年間之事」などと期限を定めたものが多い。

白鷹
柳嶋妙見
金比羅
鯖やくし
秋葉
冨士神社

除劒難
薬師
めめ
宝珠
不動
神馬
観音
奉納
おもかへ
水天宮

奉納／榊酒	勝負事をやめる
誓／クンショウ	堅い
禁酒／梱吊酒 朱	縁切榎
女禁制／グンショウ	ゑんむすび

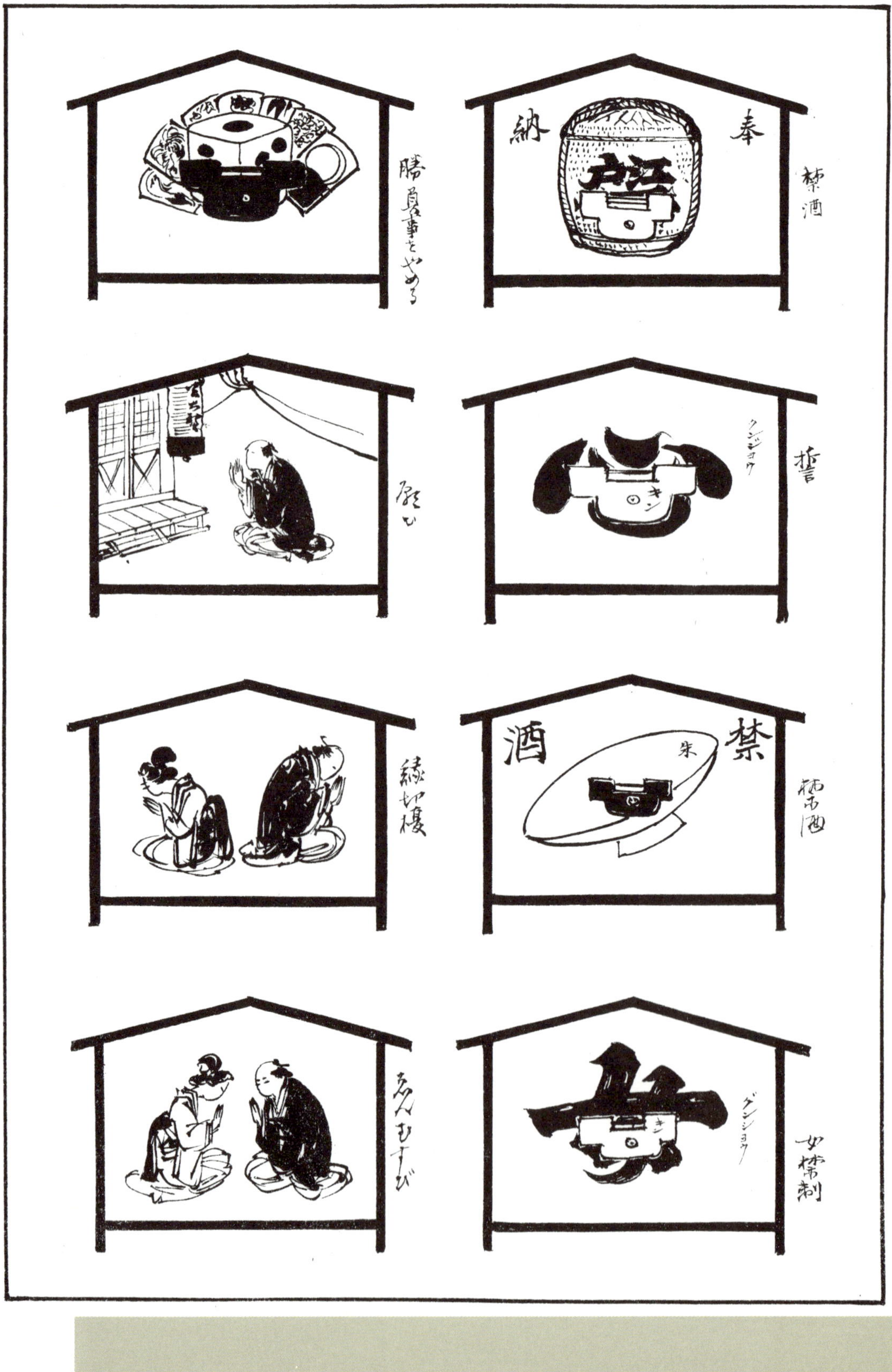

【二六九】

人身御供

ひとみごくう

◉生《い》き身《み》供《ぐ》。生《い》け贄《にえ》。人身供犠《じんしんぐき》などともいう。神への供え物として、人を捧げることであり、またその人をいう。主に女性が対象になった。説話にみられるように、人身御供は蛇に捧げられることが多い。それは蛇が水神であり、水を必要とする稲作とのかかわりからであった。『宇治拾遺物語』巻十の「吾妻人生贄をとどむる事」には「その年ごとの祭に、必ず生贄を奉る。人の女《むすめ》のかたちよく、髪長く、色白く、身なりをかしげに、姿らうたげなるをぞ、選び求めて奉りける」と記されるように、色白で姿の良い娘が選ばれた。白羽の矢が家の棟に刺さったところは、人身御供をしなければならなかった。

池袋の下女
いけぶくろのげじょ

◉池袋の石打ちともいわれる。池袋から出てきた女を召し抱えたり、その女に手を出したりすると、石打ちにあったり、部屋の道具類が天井などに飛び上がる現象や怪異が起こるという。なかには米櫃《こめびつ》、石臼などの重いものまでが飛び上がった。これは池袋の産土神が、池袋から出ていった氏子や、氏子に手を出したことを怒り、祟りをなしたものとされている。小日向上水ばたの御持筒与力、高須鍋五郎が、文政三年（一八二〇）三月に、練馬の者という二十二、三の下女を抱えた。その下女の家は池袋にあり、百姓の娘であった。あるとき、この下女に鍋五郎が手をつけると、急に家のなかに石が飛び込んでくる石打ちがはじまり、戸棚の皿、片口《かたくち》、擂鉢《すりばち》、丼《どんぶり》、膳、椀などが外に投げ出され、さらに釜の下の燃える薪までも飛び出したという記事が『耳袋』にみえる。また『遊歴雑記』には、日蓮宗池上本門寺（現大田区池上本町）近くの池尻村から出てきた下女を召し抱えたところ、怪異現象が起きたという。ともに、その下女に暇を取らせてそれぞれの里に帰すと、それ以後怪異現象が起こらなくなったという。川柳に「杓子に手が附踊り出す池袋」「池袋家なりをさせたばちで化け」「男より女にたゝる池ふくろ」「瀬戸物屋土瓶がみんな池袋」などと詠まれる。

【二七一】

隅田川の渡し

すみだがわのわたし

◉隅田川には橋が五つ（両国・永代・新大橋・大川・千住大橋）あり、それ以外に十の渡しがあった。渡し賃は、武士は特別待遇で人馬ともに無賃。武士の召し使いで手形をもつ者も無賃。町人は一人二文。馬一疋二文。両国橋北側の橋番所が渡し賃を徴収した。長い柄の先につけた笊に、渡し賃を入れてもらったという。佃の渡しは、佃大橋が昭和三十九年（一九六四）九月に完成し廃止となった。鉄砲州（現中央区湊三丁目）と佃島をつないだ。両国橋と大川橋の間にあったのが富士見・御厩《おうまや》河岸《がし》・竹町《たけちょう》の三つの渡しである。富士見の渡しは、現在の台東区柳橋二丁目と百本杭をつないだ。この渡しからは富士山がよく見えた。御厩河岸の渡しは、蔵前と備後福山藩邸の前をつなぐ。竹町の渡しは、駒形橋の近くにあった。山の宿《やまのしゆく》の渡しは、枕橋のたもとにあった。竹屋の渡しは、山谷堀の今戸橋と三囲神社の前をつないだ。寺島の渡しは、白髭神社と今戸をつないだ。橋場の渡しは、百姓のつくる作物を運搬したので、百姓渡しとも呼ばれた。水神の渡しも、汐入の渡しも、ともに百姓渡しであった。水神の渡しは、真崎稲荷神社から水神社（現在、隅田川神社）と木母寺《もくぼじ》をつないだ。汐入の渡しは、汐入と鐘ケ淵をつないだ。鐘ケ淵には向島七福神の毘沙門天を祀る多聞《たもん》寺《じ》がある。

千住大橋
汐入堤
当世五人男之内
上田刀
あやせ橋
狸塚
多聞寺
かねがふち

向ふ曳船
堀切
菖蒲園附近
源森橋

橋場の渡し
水神の森
まつち山
聖天
竹屋の渡し

鯉寺

浅草栄久町天台宗龍宝寺

嘉永六年三月不忍池の浚渫始りて、これに驚きて逃げ下りけるか、四月三日、浅草新堀に長さ三尺八寸余の大鯉一尾流れ寄りたるを土地のもの捕え上げたりしが、其の中に愚者ありて、鋸を持ち来たりて鋸引きなど戯れ事して、龍宝寺の池へ打入れたるに、翌四日其の鯉死せり。又彼の打入れたる男も俄に傷寒を病みて死しければ、鯉の祟りならんなどという者出で来りて、彼の鯉を同寺の境内に埋め、鯉の図を彫りたる碑を建て、追善を営む。諸人この碑を祈れば諸願成就すべしと言伝えたり。爾来四月二十九日鯉の法要には殊に賑いを呈したりと。程なく墓碑は廃されたり。

閻魔《えんま》

◉正月十六日（初閻魔）と七月十六日（閻魔の大斎日《だいさいにち》）は、閻魔王の縁日である。この日に閻魔参りを行った。十王詣ともいう。この日は地獄の獄卒も罪人の苛責をやめ、地獄の釜の蓋が開く日という。奉公人には骨休みの日として休暇が出された。藪入《やぶい》り、宿下《やどさ》がりという。もともとは、奉公人の休日だけとはかぎらず、嫁婿が実家に帰る日でもあった。この日、閻魔を安置する閻魔堂では、地獄変相図、十王図を掛けて拝ませる。閻魔は一億九万九千五百の眷属を率い、さまざまな道具で亡者を責め罪状を糾明する。描かれた閻魔は、浅草天王町（現台東区浅草橋二丁目）の長延寺にある蔵前閻魔堂（浅草閻魔堂ともいう）のものである。運慶作といわれ、大きさ一丈六尺で、人喰い閻魔ともいわれた。他に、深川寺町（現江東区深川二丁目）にある法乗院《ほうじょういん》の閻魔は、十間三尺、幅一丈三尺の大きさであった（大震災で焼失）。内藤新宿の太宗寺《たいそうじ》の閻魔は、一丈八尺である。北区豊島町にあった専称院《せんしょういん》（板橋区に移転）は閻魔堂詣りで知られた寺だったが、大きさは明らかでない。川柳に「彼岸へ渡る豊島の閻魔前」と詠まれる。彼岸とは六阿弥陀第一番の西福寺《さいふくじ》のことという。

死人の肉を食へば不治の難
病を全治する事が出来
ると云ふ迷信から深夜墓
地をあばいて人肉を切
り取りゆきし前代未
聞に到りては沙汰の限り
なり

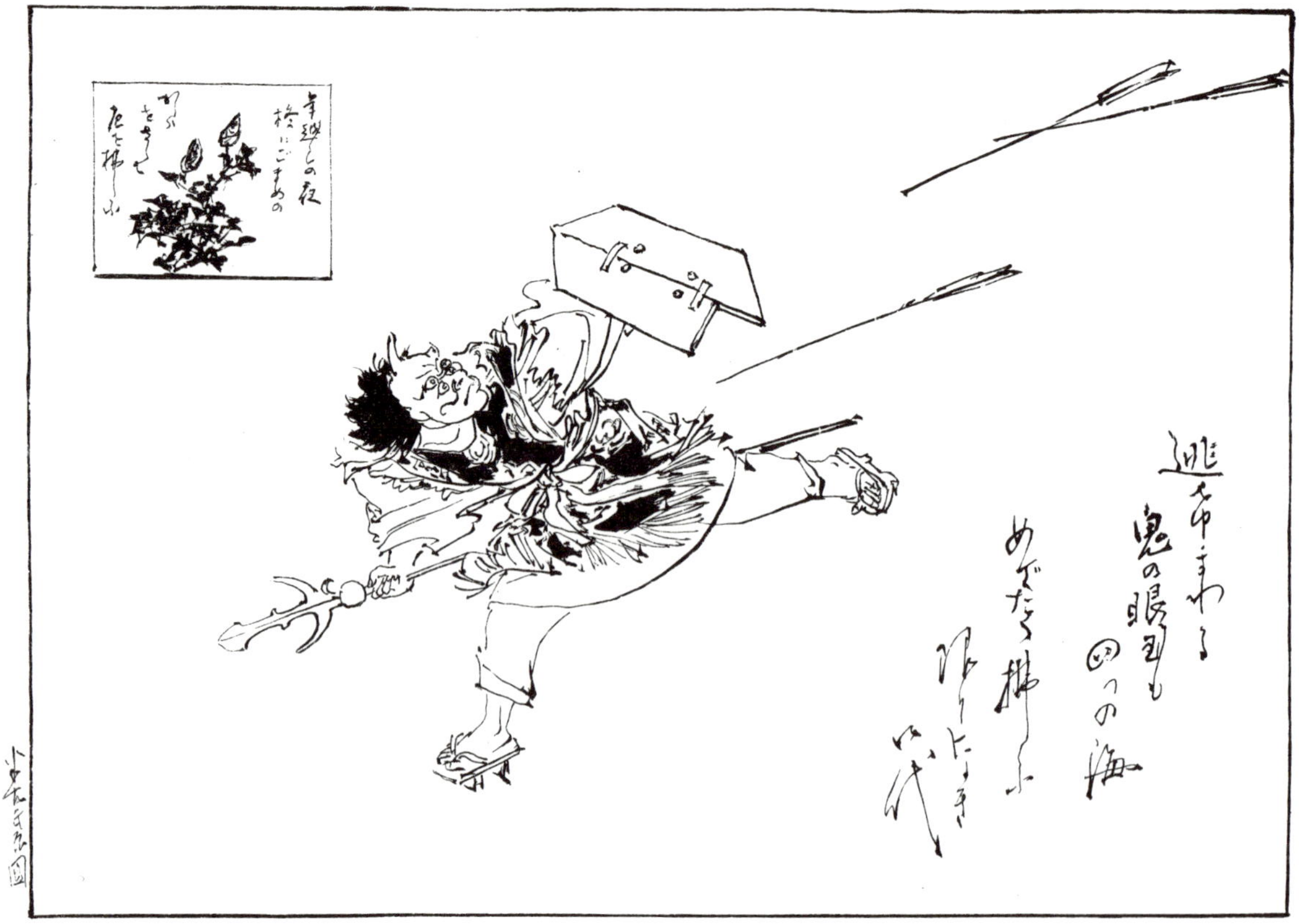

鬼やらい《おにやらい》

◉鬼追い・鬼打ち・追儺《ついな》ともいう。悪鬼、疫癘《えきれい》を追い払う行事のことである。平安時代、宮中において、大晦日に盛大に行われ、その後、諸国の社寺でも行われるようになった。古く中国にはじまり、日本へは文武天皇のころに伝わったという。いま二月三日の節分に、除災招福のために豆を撒く行事は、この追儺が変形したものである。除夜の追儺が、やがて寺院の修正会《しゅしょうえ》（しゅうしょうえ、しゅうせいえともいう）、修二会《しゅにえ》の行事として行われるようになった。

修正会は、寺院で修する年始の法会で、ほぼ一週間営まれる。室町時代以降に、豆を撒いて鬼を追う習俗となって民間に広まったという。「鬼は外、福は内」といっても、鬼は悪鬼ではなく、悪霊を鎮める善鬼の性格をもっている。したがって豆撒きは鬼払いではなく、豆に穢れや罪を移して撒くものであった。それが豆で悪鬼を払うと考えられるようになった。柊《ひいらぎ》や腐った鰯などを家の戸口に差すのは、悪臭で疫神の侵入を防ぐものであり、それを悪鬼にむすびつけるのは俗信である。

信仰と迷信篇に就いて

江戸時代からの「信仰か迷信か」に就ては、実に多種多様で其岐た入ると何れに出で、何れに止るか迷つてしまふ。本篇収録以外のものを鳥渡、大まかに見積つてみても実に千数百種以上に達する。

此處に採録したものは、それ等のうち、最も興味的に見られるもの、且次第に吾々の生活から遠ざかりゆくものなども描いてみた。總てが、理論的な科学萬能の今日、爺々婆々から財産と一緒に譲られた之等の信仰迷信の傳統はすげなく捨て去り難く、いや或は却つて古典的なサビを生じ珍重されながら今後も驥足を伸ばして行くかも知れぬ図中、稍々説明の跡なのは、今此處に附足して見る。

縛られ地蔵 業平の縛られ地蔵は本所中の郷八軒町の南蔵院に震災前まで在つて、盗難や失せ物のある時に、この石地蔵尊に願をかけて縄などで縛り首尾よく失せ物が戻つた時には縄を解いて礼参りをするのであるが、いつも発見成績が悪いのか、縛られる縄が多く、なかなか減りさうにもしない、或は盗人の方が殖えて行くのかも知れぬ、享保の名奉行大岡様もこの地蔵尊にとつては、後世までとんだ迷惑な裁きを下したお奉行様である。

待人「待わびて女郎蛙へ針を差し」待人の来るのを願ふ花柳社会には最も重要な手段であつた。節季前巧に逃げを打つたパトロンを如何にして引寄せんか、この手段として古い時代には生きた蛙であつたが、後世になると紙で蛙を折り背中に針を突刺しておいて、客が来れば抜いてやる、或は犬の形の紙を切つたのもするが、待人の煩悩は、辻占や「来ぬ人をまつほの浦の夕なぎに焼くや藻汐の身もこがれつゝ」の上の句を三べん唱へて置き人来れば下の句を云ふ、亦、「吾脊子の来べき宵なりさゝがにの蜘蛛のおこなひかねてしるしも」の歌や、畳算に筆鞘にさまざまな手段講じた。この社会は迷信・信仰の淵源をなしてゐるやも知れぬ、切火もそれ等の最も代表的な一つであらう、之は神佛共に用ひ、物を清浄にし穢れを拂ふので、音のカチカチは勝負にも通じて喜ばれ、亦、三味線や将棋の駒の根附などに見るところの左文字の馬も花柳社会には特に用ひられる。これは馬の手綱を牽くには必ず左手で牽いたもので、武士など馬を用いてゐる時など萬一要撃された場合、直ちに手の利く右手で刀を抜いて合せる用意に馬を牽くには決して右を用ひなかつた。之が即ち左馬は客を引く意味に通じて用ひらるゝ所である。

絵馬は元来、戦勝祈願の奉賽として神馬を献上したものから転じて木馬を之に更つて奉納したのが簡略な絵馬となつたのである、型も所謂絵馬型の外長方型、方型などあり枠も種々な変化があるものもあり、全然枠を附けないものもある、此處に描いたものは夫等の一部分であるが祈願する事柄や、それに対想したもの、或は紀念の為など様々な意味からして奉納するが、大体に分けて見ると不動様の剣（持物絵馬）鬼子母神の柘榴（好物絵馬）八幡様の鳩（神使絵馬）目黒の蛸薬師の蛸（名称絵馬）、聖天に大根（供物絵馬）酒や女を絶つ事を誓ふため之に錠をかけたのや鋏で切つた図の（断物絵馬）一、金千両也とした（目録絵馬）或は古銭を使つた（銭形絵馬）等すべて心願祈請、願望成就など表現したもので実に多絵数である。東京では目黒の蛸薬師や牛込肴町の草刈薬師など鳥渡変つた絵の方であらう。そして何れもその流行佛のある處には必ずその堂宮専門の物を門前附近で商いでゐる、又之等を専門的に造る處は現在では段々少くなり府下千住の東齋と中野の鎌田との二人切りになつてしまつた、この二軒は専門であつて、所謂門前附近の家で拵へるのと違つて、いろ〳〵なものを描く、絵の具は多く泥繪具を用ひ、或は祈願者各自随意に製作するものもある。材料は薄板經木など用ひ屋根は多く黒く塗る、昔は桐板など使用したものもあつたが、今はボール板のさへある。大きさも二尺位から二三寸、一定してはゐない。

縁切榎 板橋の縁切榎は最も名高いもの、此木は東京府下板橋町中仙道の通路に当る岩の坂にある。元此處は旗本近藤登之助の屋敷内だつたのでその邸内に二本の大木が存し一本は榎一本は槻であつた。しかるに何時の頃よりか、榎をえんと訛り、槻をも續けて、地名の岩の坂も共に語尾に加へて訛りえんつきいわの坂と云ふやうになつた、実に恐しい程念入の間違ひである、 斯くした事が男女の持て余した腐れ縁好ましからぬ男との縁を切らうとするに、祈請をかければ必ず験あり、殊に樹皮を剥ぎ取つて来て細末に砕き相手に知れざる様に服ませると最もよいと云ふ。しかし今一説の縁起を聞くに、享保十二年に伊勢自録といふ人が江戸に出で油屋を始めたが、此の人は富士浅間神社の大の信者で諸人のため富士の北口を開かうと中仙道の此處まで来て妻子に別れを告げた。然るに夫婦親子の情愛で容易に別れかねたが衆生のための大事に、かくてあるべき事でないとやう〳〵の思ひで妻を歸し、自分は此處の神社である佐須良媛命を祈り、妻子に對する愛情の念を絶つて下さいと祈願し、三七二十一日の満願の上、富士浅間神社に参り之を開いて六十二歳の時入定された。こゝでは敢て榎に祈りかけたり、樹皮を服ませなくとも、佐須良媛命を祈ればいゝさうである、 然し斯程の効験のある木も昔年の火災に遇つて其本幹のみの形を殘し枯木となつてしまつた。その周圍二丈余の老樹であるが、実は欅であつてどうして榎に間違へられてしまつたか、元のは一千年も経つと云はれてゐるが今のは七十年前に二代目を植ゑ継いだものである。

この木あるために、古く寛延二年五十宮御降嫁の時、近くは幕末の頃、和宮様御東下の際など丁度中仙道に当る道筋なので(東海道は薩埵峠(サツタ)があるのを嫌ふ)此木を除け川口から日光街道に入られた、殊に嫁入前の娘さんなども此の樹の下には近づかない。

道陸神《だうろくじん》は下の病や、子の出来ぬ事の願をかけ、賓頭盧尊者は撫られて諸病平癒の願を受けると、淨行菩薩は(タワシを上げる)洗はれて張り合ふ。脱衣婆は(楊枝をあげる)歯と指とを專門とする。

繪馬の代りに額を上げるが、この方は中々大仕事で殊に江戸時代には當時の画家が一種のプロパガンダとして著名な神社佛閣へ大きな額を奉納したもので、牛島神社の為朝の額、浅草寺の高嵩谷の頼政鵺退治の額、王子稲荷の是眞の茨木の額は東都の三額と稱せられる。

次にはこゝでの数多い代表物は稲荷とも云ふが、地藏尊も仲々之にまけない。江戸の六地藏を始として南方四十八地藏東方四十八地藏、山の手四十八地藏など數へてみても如何にその名が多いかに驚く、 そうして不等一々その名称に應じての祈願やら供物やらをすると塩舐地蔵、蕃椒地蔵の如く地蔵尊としても可成り迷惑では御座るまいか、その外當時こうした流行神物には澤山の供物があり。

向島弘福寺の咳の爺々婆々には煎り豆に茶を供へ、小石川傳通院の澤藏主稲荷には蕎麦を供へ、淺草奥山三途川の老婆には甘酒を、巣鴨のとげぬき地蔵には豆腐を、赤坂榎坂の榎には歯の願をかけて楊枝を供へ小石川源覺寺の靈像には酒と唐辛子、淺草元甚内橋の鎮護靈神（甚内）には瘡の願をかけ甘酒を供へ、谷中笠森稲荷には願かけに土の團子、願解きに米の團子、小石川牛天神の牛石には塩を供へ、こうした神佛の事は江戸中到る處に存在してゐた。

水垢離は單に井戸端や小川などでもしたが両國橋東詰の垢離場は大山詣（相州阿夫利神社）の講中が六月二十八日より七月七日までの中に参詣する、その前に水垢離を取つて身を浄めるので河中に浸つて水をかぶつて、

慚愧《さんげ》々々　六根罪障《ろっこんざいしやう》　**大峯八大**《おほみねはちだい》**金剛童子**、**不動明王**

大山石尊大權現、**大天狗小天狗**

て祈る声はさながら蚊の群り鳴るやうな声であつた、そして、わらしべを水中に投ずれば流れるをよしとして、漂ふを悪しと占ふ。垢離場の位置は元は橋より川上にあつたが文化の頃から川下に位置が変つた。之について面白い話がある。

その頃神田に住む左官の猪太郎と云ふ者があつて非常に膂力の優れた男だつた、且つ氣性も荒く常に力を自慢に乱暴な振舞が多かつた。だが此男は仕事をさせると普通の職人が使ふ四倍程もある鏝を使ひ、忽ちのうちに仕事を仕上げてしまふので重宝がられてゐたところが性来の氣荒がたゝつて喧嘩の果遂に役人に捕へられ、叩き放しの刑を受けたが「それはかゆしの叩き方は蚊の止つた程でもない」といふ広言を吐いたので、役人は怒つて肉の砕ける程叩かれた、ところが、彼の背中にあつた嵐の文身はそれがため形が歪んでしまつたので、その上へ更に大きな猪を彫つた、可程の強胆な男だつたので、或年の夏、この垢離場に入り大山石尊大權現の提灯の杭を抜いて川下へ持つて来て差したが、他の連中が之を元へ持ち返そうとしても容易に抜けないので、垢離場も遂にそのまゝ川下に轉じてしまつた。

また盆前などは特に橋上から放し亀をして水死者の供養をすれば、稱して題目など千枚書いて流すのである、河童に胡瓜を與へた

ひやうすゑ（河童を九州ではかく云ふ）に河だちせしを
忘れなよ、河立男われも菅原

と唱へ泳ぐ前に之を三遍唱へてから泳ぐと安全だと云はるゝこの迷信は江戸時代から可成り深く、中でも尻子玉を眼につけた奴以外更に進展して便所にまで入り込み氣丈な女に悪いいたづらをして腕を掴まれて切取られたので毎晩々々返却を哀願した上骨接の處方伝開と取換たといふ河童もあるし、可愛い奴だが頭の皿に水気がなくなると活動能力が無くなると言ひ傳へられてゐる。

六阿彌陀春秋の彼岸お爺さんお婆さんでなくとも、のどかな郊外散歩の一日もよからう、殊にこの六阿弥陀のお詣りは打つてつけのものだつたが、物寂びた田園の風色も無くなり優しい芒、尾花、芙蓉、萩の秋草も今では七割も減らされて居よう。

かくて米の飯から振り出したところは、五番上野常楽院四番田端與楽寺三番西ヶ原無量寺、一番王子豊島西福寺二番江北村、沼田恵明寺、木餘り江北村宮城性翁寺、六番亀戸常光寺を巡つて歩く、少し心して何の森、何の橋と立寄りなば名所旧跡もある、六阿彌陀縁起を尋ぬるに聖武天皇の御代あたり足立長者宮城宰相とよばるるものありて老年に至るまで子が無いので遥かに熊野権現に祈請して信心したところ、その感応あつて、一人の珠の如き女子を挙げたので足立姫と名付け育くしんでゐた、成長するに及んでその頃隣国の豊島の長者の許へ、餘多引く手の中から嫁して行つた、さうして睦ましい夫婦と呼ばれてゐたが何の因縁か、姫は姑の悪しみを受け、女心の浅墓に狭くも思ひ詰め、或る日里帰りの時沼田川浅間に入水したので五人の侍女も共に身を沈めた、之を聞いて足立の長者は悲嘆の余り、六女のための菩提を弔ふとて諸国の霊場を経巡り遂に紀州熊野に到つて霊木を得、熊野浦よりこれを流すと、故郷沼田の浦に漂着した、かくてこの木夜な夜な光明を放つ故、折柄佛法弘通の為此地に錫を留められた行基菩薩にこの事を聞かれ懸に思召され姫及び五女（或は十二女ともいふ）の為彼の霊木を以て六體の阿彌陀如来を刻み六ヶ所に安置し木餘りを以て一體を刻み長者の許に安置したのが性翁寺のだと云はる。

迷子石 迷子といふ厄介な代物は今日ではラヂオの布告によつて大変楽になつた、しるべ石は市内に七ヶ所あつた、即ち両国橋西際、一石橋々畔南際、浅草仁王門前、芝赤羽根橋際湯島社地内、萬世橋々畔、芝大神宮前と、之等のうち浅草、湯島、一石橋は現存してゐるが外のは附近の社地や寺院の境内に移つたものもあるし、迷ひ子となつたものもある。

閻魔は盆とお正月と年に二度限り故市人の信仰を殊が上にも煽つてゐた、蔵前（或は四谷大宗寺ともいふ）の閻魔は赤子を取つて食ひその子供の着物の附紐を呑み切らず口から垂れ下つてゐたと云ふ説があるが、人智の進まぬ時代、人さらひの悪漢が犯罪隠蔽の一手段かも知れぬ。

池袋の下女を置くと怪異ありとか、池袋でなくとも近在の池上、池尻もイケナかつたといふ。

正月（十五日）にけづりかけてから二月は一齋にコンコンさんにせはしなく、三月はお彼岸に眼をまわし、四月八日のお釈迦に箱入娘の背に逆さの虫の字を張るべく五月は菖蒲にまたもろもろの邪疫を拂ひ、駒込の蛇、四萬六千日七夕、月見とそれからそれへ思へば江戸人は信仰と迷信で一年中を送つてしまつたかの様にも思へる。

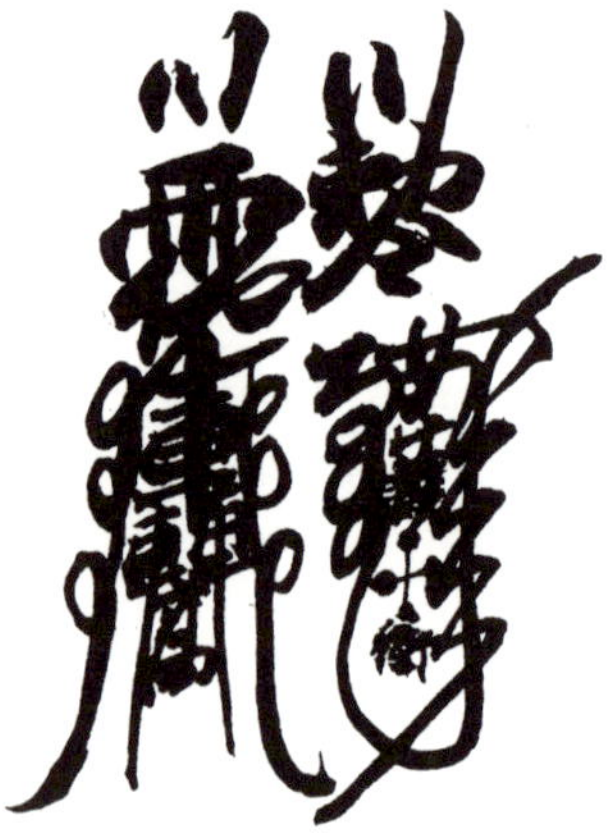

昭和六年十一月十日印刷
昭和六年十一月十五日發行

いろは引
江戸と東京風俗野史　巻の五

定價金貳圓

著者兼發行者　東京市本郷區駒込動坂町廿三番地　伊藤晴雨

印刷者　東京市本郷區駒込動坂町廿三番地　佐藤倫一郎

發行所　東京市日本橋區呉服橋貳丁目　城北書院

發賣元　電話日本橋七六六　振替東京一三七一　六合館

關西賣捌所　大阪市東區北久太郎町四丁目　電話船場四一四　振替大阪二三一　柳原書店

江戸と東京風俗野史

第六巻

伊藤晴雨著

不思議なはしご

自序に代へて

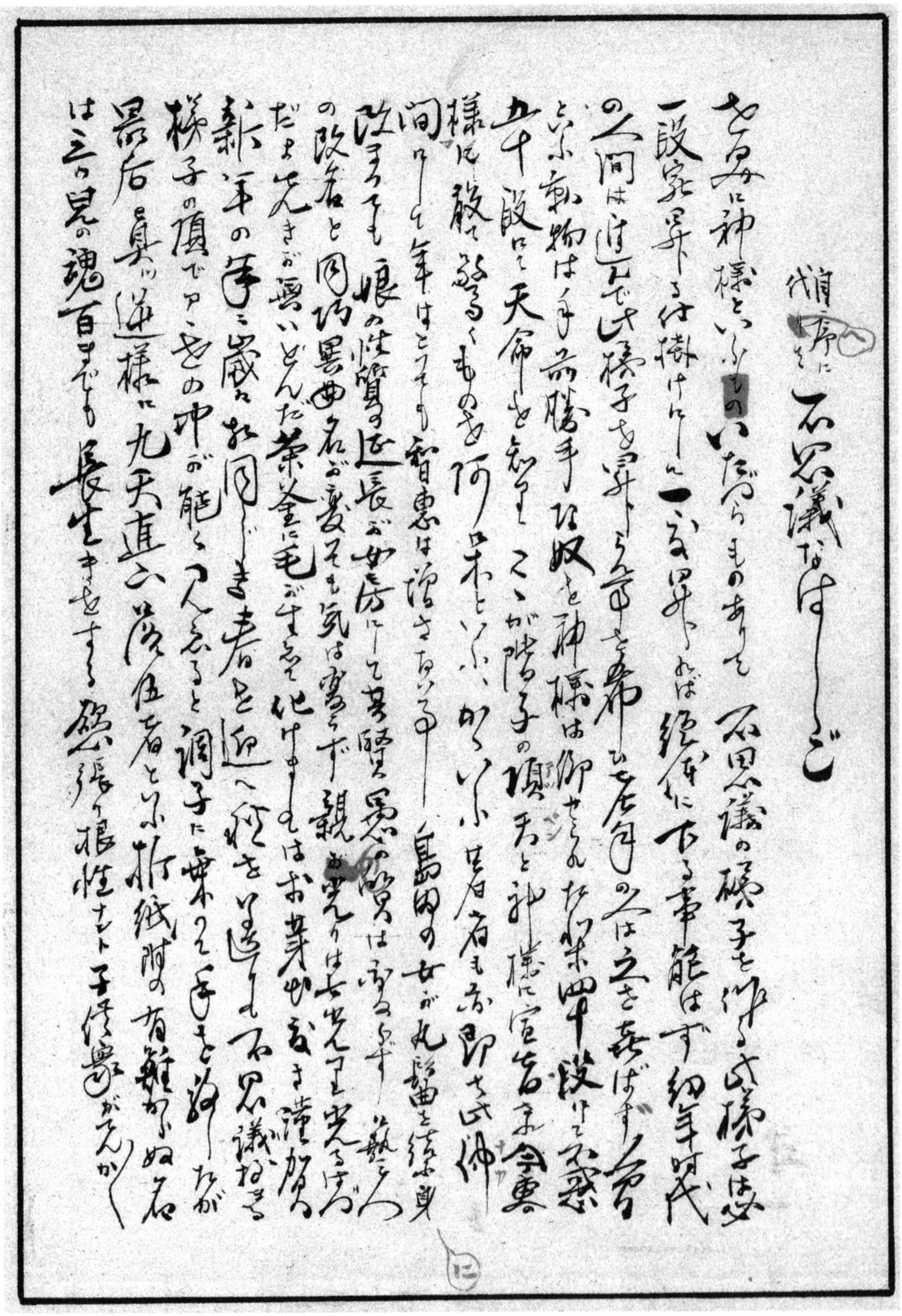

世界に神様といういたずらものありて、不思議の梯子を作る。この梯子は必ず一段宛昇る仕掛けにして、一度昇れば絶対に下る事能わず。幼年時代の人間は進んでこの梯子を昇らん事を希い、老年の人はこれを喜ばず。人間という動物は手前勝手な奴と神様は仰せられたり。四十段にして不惑、五十段にして天命を知り、こゝが梯子の頂天と神様に宣告され、今更の様に敢て驚くものを阿呆という。かくいう著者も亦、即ちこの仲間にして、年はとっても智恵は増さない事、島田の女が丸髷を結う身に改まっても、娘の性質の延長が女房にして、その賢愚の質は変らず。芸人の改名と同巧異曲、名が変っても気は変らず、親の光は七光、光るはずだよ先きが無い。とんだ茶釜に毛が生えて、化けましてはお芽出度き謹賀新年の、年々歳々相同じ春を迎え、秋を送るも不思議極まる梯子の頂で、ア、世の中が能く見えると、調子に乗って手を放したが最後、真ッ逆様に九天直下、落伍者という折紙付きの有難からぬ名は、三ッ児の魂百までも長生きをする欲張り根性、ナント子供衆がてんか〳〵。

写し絵《うつしえ》

◉影絵芝居の一つ。風呂《ふろ》という幻燈機のなかに、種油燈心を入れて、その光をレンズで操作する。絵を美濃紙の厚紙または白布を張り合わせた画面（縦六十センチ、横三～六メートル）に、裏から写し出す。絵はガラス板（板ガラス・キリコ・タネ板ともいう）に描かれ、それを風呂の操作で拡大縮小する。二重になった板を操作すると、動きのある画面となった。このガラス板には彩色を施してあるのでカラーの画面が楽しめた。大阪では錦影絵《にしきかげえ》といった。江戸では享和元年（一八〇一）に、落語家の初代三笑亭可楽門の都楽《とらく》が始め、享和三年から興行した。演目は、四季の花物、三番叟、端物、段物の順で行った。

幕末期に写し絵の名人、両川亭船遊《りようせんていせんゆう》が活躍し、その後、船遊の息子清太郎（九代目結城孫三郎）、春日部の山本郁山、八王子の玉川文蝶、調布の玉川文楽、その息子薫森亮らが演じてきたが、昭和三十四年（一九五九）、薫森氏の死去によって、写し絵の技術を伝える人物はいなくなった。近年、小林源次郎の写し絵の研究と復元があったが、源次郎没後は、演じる人はいなくなった。技法のみは、いまも糸あやつり人形結城座の十代孫三郎の息子、両川亭船遊が継いでいる。

大阪では天保年間（一八三〇～四三）に、富士川都正によって明治末年まで伝えられ、御霊神社境内にあったあやめ館は、写し絵専門の小屋であった。落語家の桂南天と京都伏見の歌川都司春が昭和期まで演じ、南天没後は南天の道具での復元もあったが、現在はみることができない。

写し絵のだるま

うつしえのだるま

◉写し絵の演目に「だるまの夜這《よば》い」というのがある。だるまと下女の相撲の場面で、倒したり倒されたりの動きが、巧みに操作される。写し絵を伝承するところに、ほとんど同演目がみられるのも、面白い筋だったからであろう。

今夜は旦那様が碁を打ちに行って、明け方まで帰ってこない。その家に仕える下女は、旦那様の部屋で寝てみようと布団をもっていく。床の間にはだるまの掛け軸がある。上手な絵は軸から抜け出るというが、これも抜け出るのでないかと思うと怖くなったが、布団を敷き、寝間着に着替えて寝る。これを見ていただるまは、下女の布団に入り込んでやろうと、掛け軸から抜け出る。畳を這いながら近づき、布団のなかに入ろうとすると、下女は起き上がり、揉み合う。下女の力は強く、だるまはやられぱっなし。鉢巻きをして勝負をしても、なかなか勝負がつかない。五分五分の勝負に、ともに笑っていると、外の戸口で音がする。下女の迎えがないのに、おかしいとおもった旦那様は、戸に手をかけると戸締まりもしていない。座敷にいる下女は驚き、だるまも掛け軸に戻る。旦那様がやってきて、何をしていたんだと叱ると、下女は申し訳ありませんと謝る。だるまは掛け軸に戻ったが、あわてたために、後ろ向きに入ってしまう。物音のした掛け軸を、旦那様がみると、後ろ向きのだるまに驚く。下女もだるまが相撲の相手だったことに腰を抜かす。

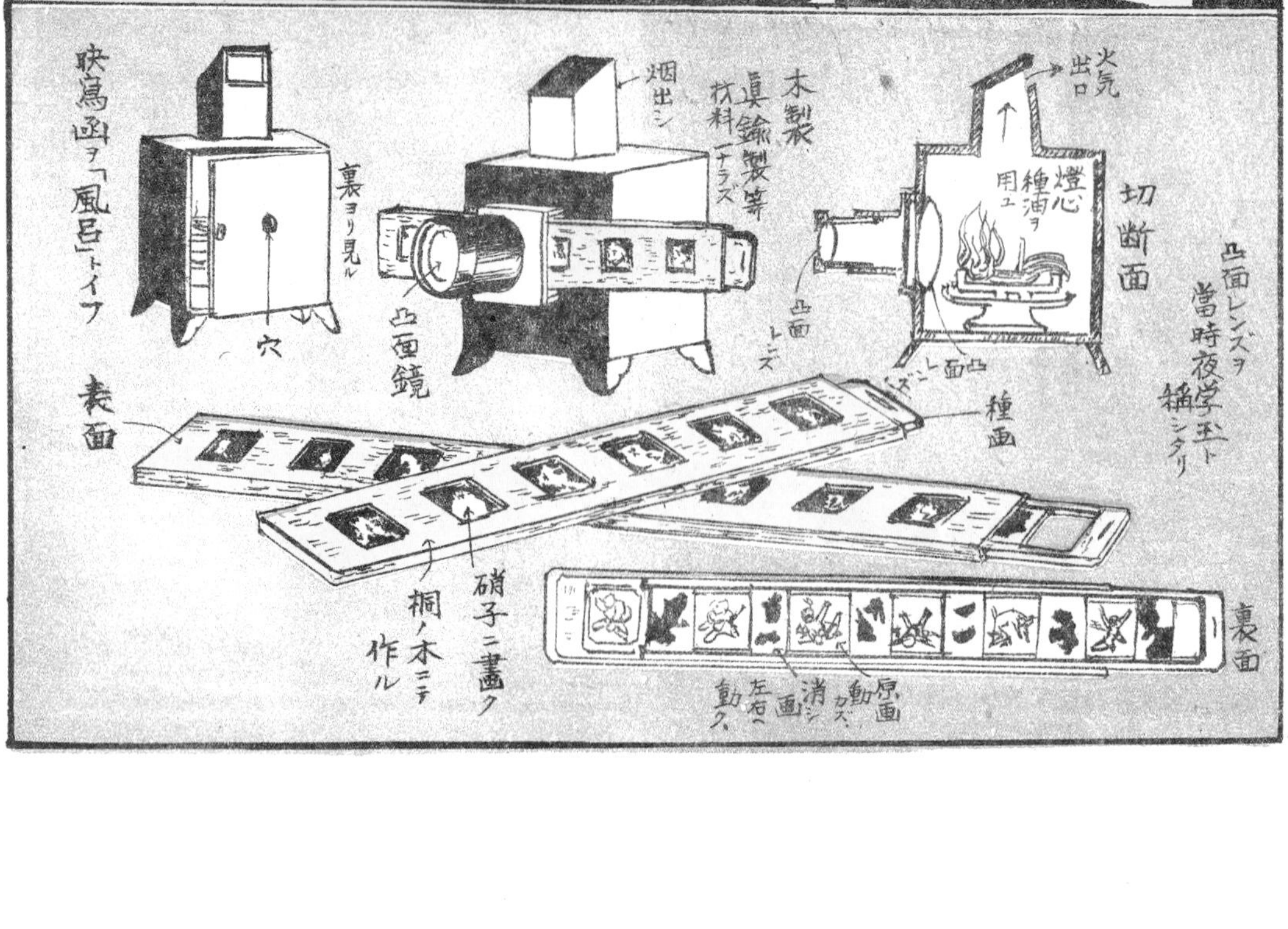
映寫函ヲ「風呂」トイフ
裏ヨリ見ル
穴
烟出シ
木製
眞鍮製等
材料一ナラズ
凸面鏡
凸面レンズ
火気出口
燈心
種油ヲ用ユ
切断面
凸面レンズ
凸面レンズヲ當時夜学玉ト稱シタリ
表面
種画
硝子ニ畫ク
桐ノ木ニテ作ル
裏面
原画動カズ
消シ画
左右ヘ動ク

寫し繪のだるま

寫し絵の「だるまの夜△△」といふ、画は江戸末期の廃頽的雰圍氣の中にあつて、群を抜いて居た。

其順序は別項の圖の如くあるが、之れを脚本式に書くとこんな風になる。

析の音で下女の部屋の一部が映る。

下女の声「ア、アたまらぬく眠くなつて來た、今夜も旦那様がおるす、鼠と首ッ引きじやあ心細いねへ、ア・又、鼠が暴れる、畜生、畜生ッ！」

雨の音（擬音）

下女の声「ア、トウ／＼降つて來た、旦那は今いつもの碁に固まつて居らしやるんだから、お歸りの時分は鶏が鳴くんだろう、ア、何の因果でこんな家に住み込んだのか知らん（雨益〻強くなる）オヤ／＼トウ／＼大降りになつたよ、もういよ／＼お歸りはなさそうだ、どれ／＼寝るとしようか……然し、待てよ！と、どうせ寝るとすれば、こんなキタナイ女中部屋より、立派な旦那様のお部屋へ寝る方が、どんなに心持ちがいゝか知れないといふもんだ……」

潮來出島の鳴物になつて、下女は一度入つて又蒲團を持つて出て來る。此時知らせなしに、道具立の画は床の间に変つて、床に無落欵の達磨の掛軸が掛つて居る。

下女「ヤレ／＼草臥れたお給金の細かい割に人使ひが荒いので寝るより外に楽みは無い、廣い座敷でゆつくりと手足をのばして寝るを仕様か！ イヤ、それにつけても、あの達磨の掛物は何とか云ふ、エライ名人の畫いたのだといふ咄しだが、こうしてタッタ一人で見て居ると、マルで生きて居る様で恐ろしい。ア、ソレ／＼昔、狩野法眼の畫いたといふ浅草の觀音様の絵馬は毎晩の様に額を抜け出して吉原田甫へ草を喰ひに出かけたといふ咄しだが此達磨様も、若しかしたら抜け出しやしないだろうか。（ブル／＼身慄ひをする）「映画の器械をグラ／＼搖する」あゝ寒むウ、ハクショイ、ドレそろ／＼寝ると仕様か――」

ト唄になり下女は床を延べて枕元に屏風を立廻して寝る、合方物凄く、薄ドロをかぶせ、時の鐘、四ツを打つ此時、ドロ／＼にて、床の间の掛物より達磨現れ最初は手、それより足と順々に生へて、遂に大ドロにて床の间を飛び出し、浮かれ節に乗つて、下女の枕元へ歩み寄つて△△△△△△△△（此處よろしく御推察願上ます）下女は驚いて眼をさまし、夢中にて達磨に組附く、これより種々なる面白き立廻りあつて、両人共、ヘト／＼に疲れたるこなし、 相方は相撲の太鼓をかぶせて散々に立廻りをする中、本釣を打ち込み、鶏の声が聞える（鶏の声は画を扱ふ人が発声する、これにて夜の明けたるものと思ひ、達磨は散々可笑しみあつて、床の間へ逃込むが、余り慌てゝ反対に這入る、下女は此有様に始めて相手が達磨であつた事を知り膽をつぶしてダヂ／＼となる、析が這入つて舞臺（映写幕の）の下手《しもて》寄りに世話木戸を写し、隠居てうちんをもち四辺がまだ薄暗い心持ちにて出來り

隠居「あゝモウ、一番鶏がないて居る、秋の夜長も

好きな道、勝負事も碁と来たら、第一上局で鉄が掛らないこいつあ死んでも止められぬ哩、イヤ、こういふ内にも我家の門、山出しのお鍋はまた、寝くさって居る事であらう。（門口へ歩み寄り、戸をたゝくが開けない、仕方なしに戸に手を掛けると、戸締りをしてないので其儘開く、隠居は家の中に入った心持ちで、呆然たるお鍋と散乱した、室内の光景を怪しみたら、何心なく床の間を見ると、達磨は裏向きになって居るので喫驚して考込む体で析が入って終りになるのである。）

寺門静軒の「江戸繁昌記」に記されて居る外「寫し繪」の事を委しく記した出版物を著者は知らない、恐らくは其片鱗を描いたものは之あり、其全貌を描いたものは絶無ではは無いかと思ふ、著者獲見にして大阪の出版物を知らないから、若し之有とせば大阪のものにあるかと思ふ。但し思ふのである。草双紙や浮世絵も、飾り之を描いて居ないのは、不思議である、委細は次篇見世物の部に記す事にした。

幻燈器械の發達とうつし繪の衰微

明治廿三年頃には幻燈が全盛を極めて来た。『牡丹の花の開いた工合メッポーケーダナア』といった風な口上言ひの福助が出た寫し絵より「ロンドン巴里の雪と花」「ドリウの難船」なんかの方が新らしい。加之、寫眞術の技巧も亦之れに加はって、當時一流の洋畫家が腕を揮った歴史畫（神功皇后）（仁徳天皇）（児島高徳）等々、教育の名を冠して「教育幻燈會」と云ひ諸所の貸席や寄席迄教育幻燈會が幅を利かせたが、中には如何はしい偽而非教育者もあった。スペンサーの風船乗りや吾妻橋や十二階の寫眞が幻燈で寫った時は驚異其い物であった。其後、福嶋中佐（後の大将）の西比利亜の単騎旅行、群司大尉の探険に次で、日清戦争の實況となって間もなく活動寫眞といふ順序になる。舊套を送り新を迎ふる光の遊戯は娯楽に端を発して教育的になり、再び娯楽の世界に戻って現代の映画芸能時代に至る、教育の要求甚きにあらず、娯楽を求むる大衆の力が多いのである。

吹矢

文化頃が盛んであったろうと考察される。吹矢の遊戯は、江戸では芝神明前や、愛宕下等にあった、明治になって浅草公園の一部にも二三軒あった、此吹矢の店は（口絵参照）図に示す如き構造で紙製の的を竹の吹矢で吹く、命中すると、天幕から化物が下ってくるやら、稲叢から定九郎が出るやら、浪の中から蛸入道が飛び出すやら、何れも薄板へ紙を張って極彩色をしたものである。尤も奇抜なのは龍宮の玉取りで正面の海女の人形がバッタリ引繰返ると海女の△部が見える仕掛けになって居る。今も昔も此道ばかりは格別と見へて、金的命中ドッと笑声が上るといふ、至って天下泰平的な遊戯で、無論、やれつけと同様、明治になってからは此海女の人形だけは禁止になったが、其他は依然として残り、最近まで京都の圓山公園の一角に僅に其俤を留めて居た。其後別な吹矢が浅草公園に出来、これが空気銃の射的となって現代に及んで居るが、射的の目標に女と人形を飾る事丈けは旧態依然たるのも面白い現表だと云へる。

明治四十年頃の
大道うつし繪
（其小屋の内部）
（其小屋の外部）　現今の紙芝居は、遠く天保頃に創り、時々興廃ありて、明治四十年頃活動寫眞の勃興に連れて、東京市中の縁日等に、復その小屋掛けを見るに到れり。當時、大人二銭小人一銭の觀覧料を取る。蓋し前△記のうつし繪を屋内より街頭に延長せるものにして其映画は、西遊記、俠客物等を主とし、其映畫の・は全く現代の紙芝居と同じ。夜間は釣ランプ、アセチリン瓦斯等を觀客席に吊す。
大人二銭
小人一銭

のぞきからくり

覗機關表面の圖
覗機関《ノゾキカラクリ》は元、支那に起つて、長崎に來たのは寛永頃で　それか
ら更に大阪に移り、後江戸へ入つて來たのである。これが明治
頃盛んに御縁日や、祭り場所の境内に出て小供達を喜ばして
ゐて、現在でもまだよ
く見かけられる。
その構造は、現在上海に
ある機関《カラクリ》と、ちつと
も違はない。
眼鏡は凸面鏡の力に
よつて物体を浮かし
て見せ、この方法は後
の浮絵にも及ぼした。
天明頃京都では盛ん
に行はれ彼の圓山派
の巨匠應挙の如きも、筆
を執つて、四條河原納涼
の圖を描いてゐる。これ
は現に市内某氏が所藏してゐる。近世にても國芳や、芳年も
盛んに筆をふるつてゐる。しかし、後には市井のビラ屋、提
灯屋も描くやうになつて絵の品も落ち、藝術の匂も失せて來
た。されば今國芳等の作品があらば素晴らしいものと思ふ

◉略して覗《のぞ》き、からくりともいう。昼夜物《ちゅうやもの》とポンイチまたはナガシという二種がある。ポンイチ（本一）は、一本覗きの略の転倒語である。ナガシは、絵が横に一列に並べてあるのを、眼鏡から眼鏡へと歩きながら移動する。流して見ていくことからの称である。昼夜物を上方ではのぞき、江戸ではからくりという。のちに上方でもからくりといった。小屋台に口上言い（唄い手）一人のものと、大屋台に口上言い二人のものとがある。竹の鞭（数《かぞ》え棒《ぼう》）で節をつけながら唄い、綱を引いては描かれた物語の場面を転換させる。覗く穴のなかに、眼鏡（レンズ）がはめこまれている。この唄い手を覗《のぞ》き屋《や》といった。演目（出《だ》し物《もの》ともいう）に八百屋お七、お染久松、お半長右衛門などの芝居物、苅萱、石童丸、俊徳丸、三荘太夫などの伝記、実録物がある。七五調の小気味いいリズムで唄う。『守貞謾稿』に「三都ともに神祭の日或は諸仏の縁日には、社頭及び寺院の境内その他往来繁き路傍に荷ひ出し、児童に観せて銭をとる（中略）正面の絵は看板と云て代ることなし、背に総張の箱ありて、この中に絵五六枚を釣り、左右二人各互に演説し前の絵より次第に紐を以て引上げ、次絵のを見せるなり。前の腰に数個の穴あり、穴には硝子を張りたり、この穴より覗き観るなり。江戸にては四銭なり稀には八文の物もあり」とある。

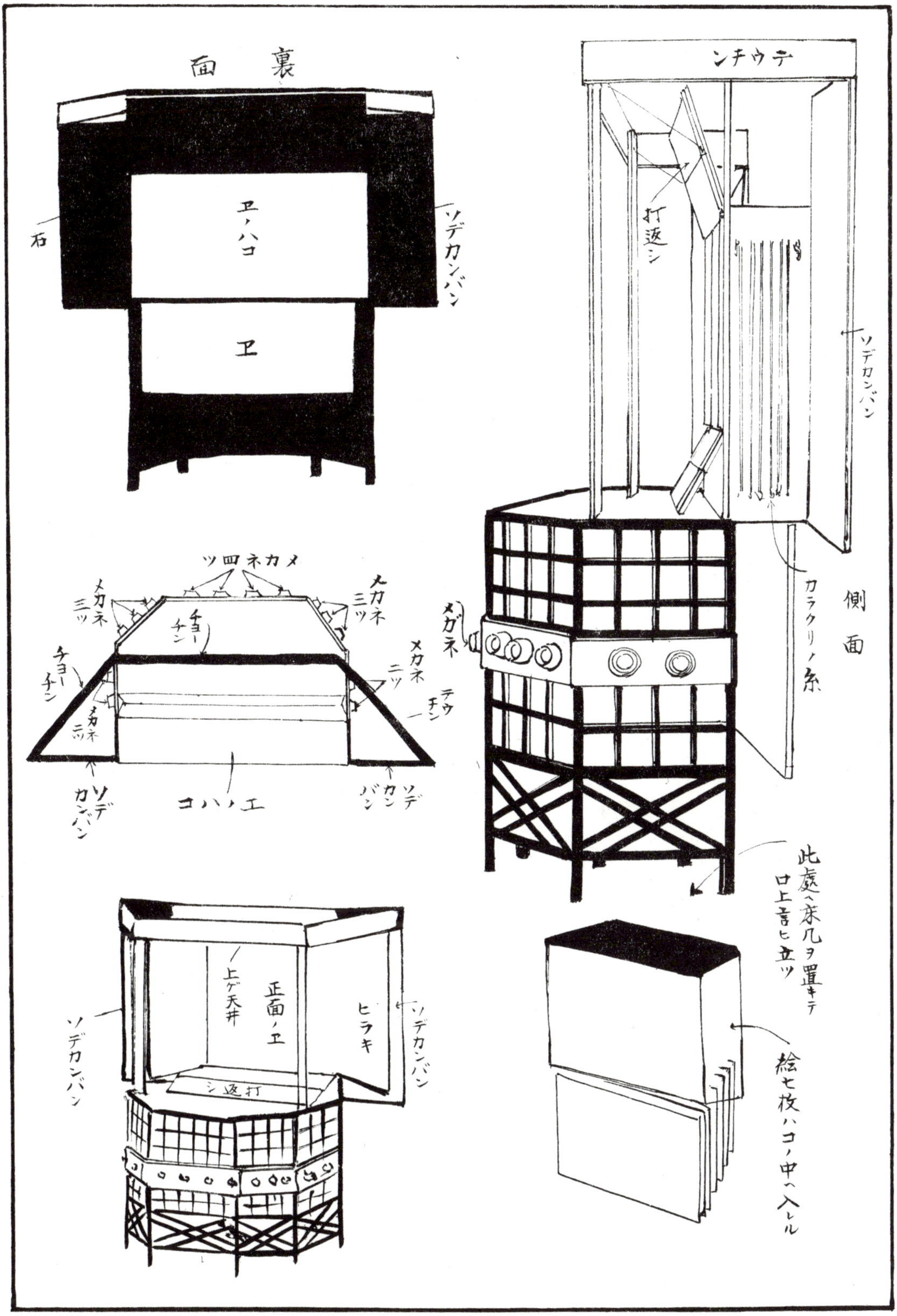
裏面
エノハコ
エ
石
ソデカンバン
テウチン
打返シ
ソデカンバン
カラクリノ糸
側面
メガネ
此處ヘ床几ヲ置キテ口上言ヒ立ツ
メカネ四ツ
メカネ三ツ
メカネ三ツ
チョーチン
チョーチン
メカネ二ツ
テウチン
メカネ三ツ
ソデカンバン
エノハコ
ソデカンバン
上ゲ天井
正面ノエ
ヒラキ
ソデカンバン
ソデカンバン
打返シ
絵七枚ハコノ中ヘ入レル

【二九六】

幻燈《げんとう》

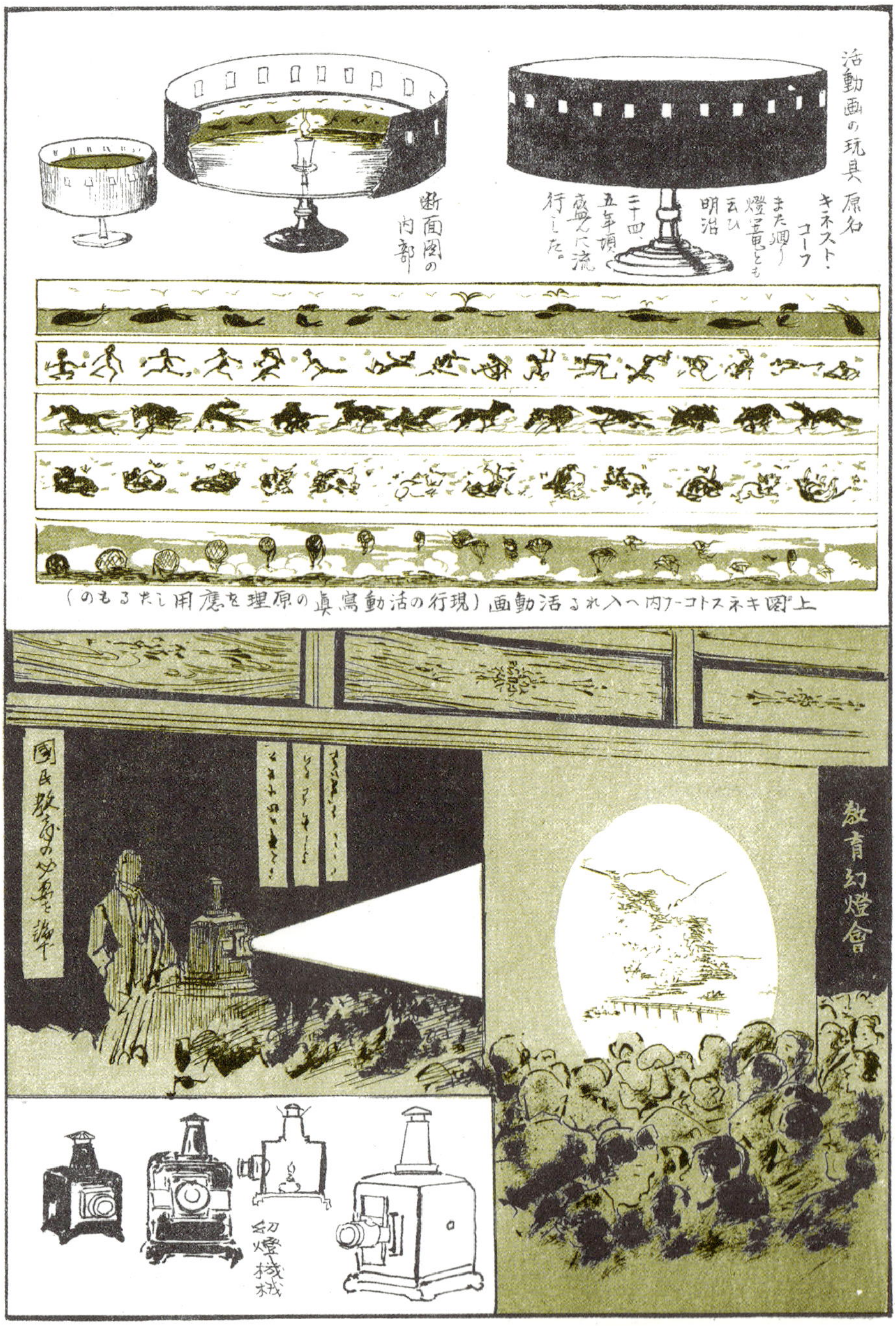

◉幻燈はラテン語のランタン・マジックの訳語という。幻燈装置は幻燈機と呼ばれ、投影は凹面鏡、または凹面鏡と凸レンズの組み合わせにより、光源はロウソク、石油ランプ、のちに電気が使われるようになった。日本には安永期（一七七二～八一）に到来し、普及したのが享和期（一八〇一～〇四）から文化期（一八〇四～一八）にかけてという。これが日本化して生まれたのが写し絵であった。その後、ふたたび明治初期に到来した。手島精一が明治七年（一八七四）にアメリカから幻燈のスライド（天文十七枚、自然現象十二枚、人身解剖二十枚、動物二十一枚）とともに持ち帰り、明治十三年（一八八〇）には、文部省が教育のなかに幻燈を導入しようとしたが、十六年には中止した。その後、明治二十年代に入ってから、幻燈の流行が始まる。浅草区並木に、幻燈機製作の店（鶴淵幻燈店）を構えた鶴淵初蔵が出した「教育学術　改良幻燈器械及映画定価表」という冊子が残っている。幻燈器械は値が下がっていくにしたがい、改良型がつくられていった。レンズはドイツ製を使い、スライドの画面は円形で、直径一丈余りから九尺の大きさに映写された。そのスライドも、高いもので十三円、安いもので二十銭であった。写し絵が芸能・趣味・娯楽を題材にしたのに対して、幻燈は教育・道徳・科学・歴史・地理などを題材にしていた。巌谷小波の『幻燈会』（明治二十七年・一八九四）には、当時の幻燈会の様子が描かれている。

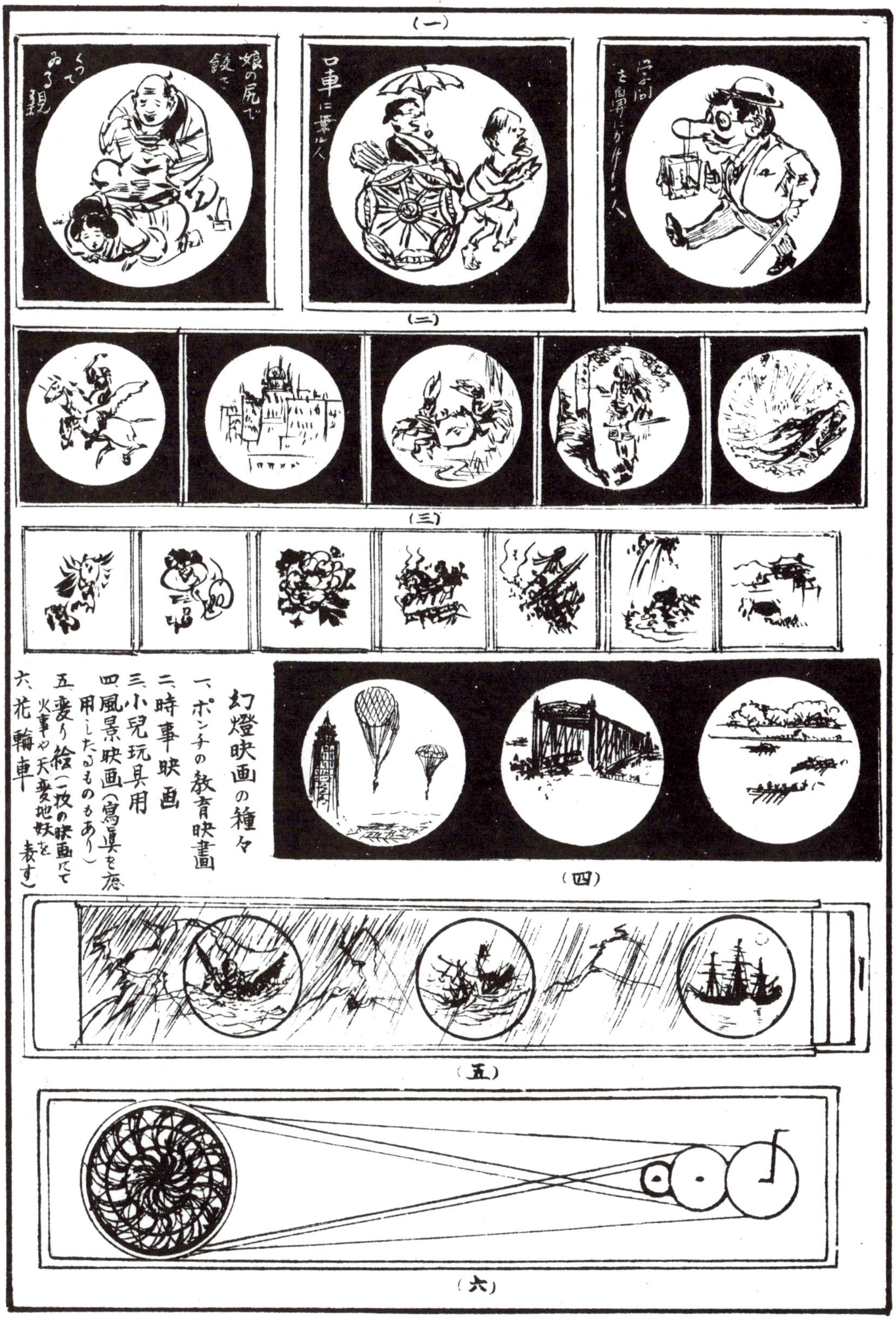

幻燈映画の種々
一、ポンチの教育映画
二、時事映画
三、小児玩具用
四、風景映画（寫真を應用したるものもあり）
五、変り絵（一枚の映画にて火事や天変地妖を表す）
六、花輪車

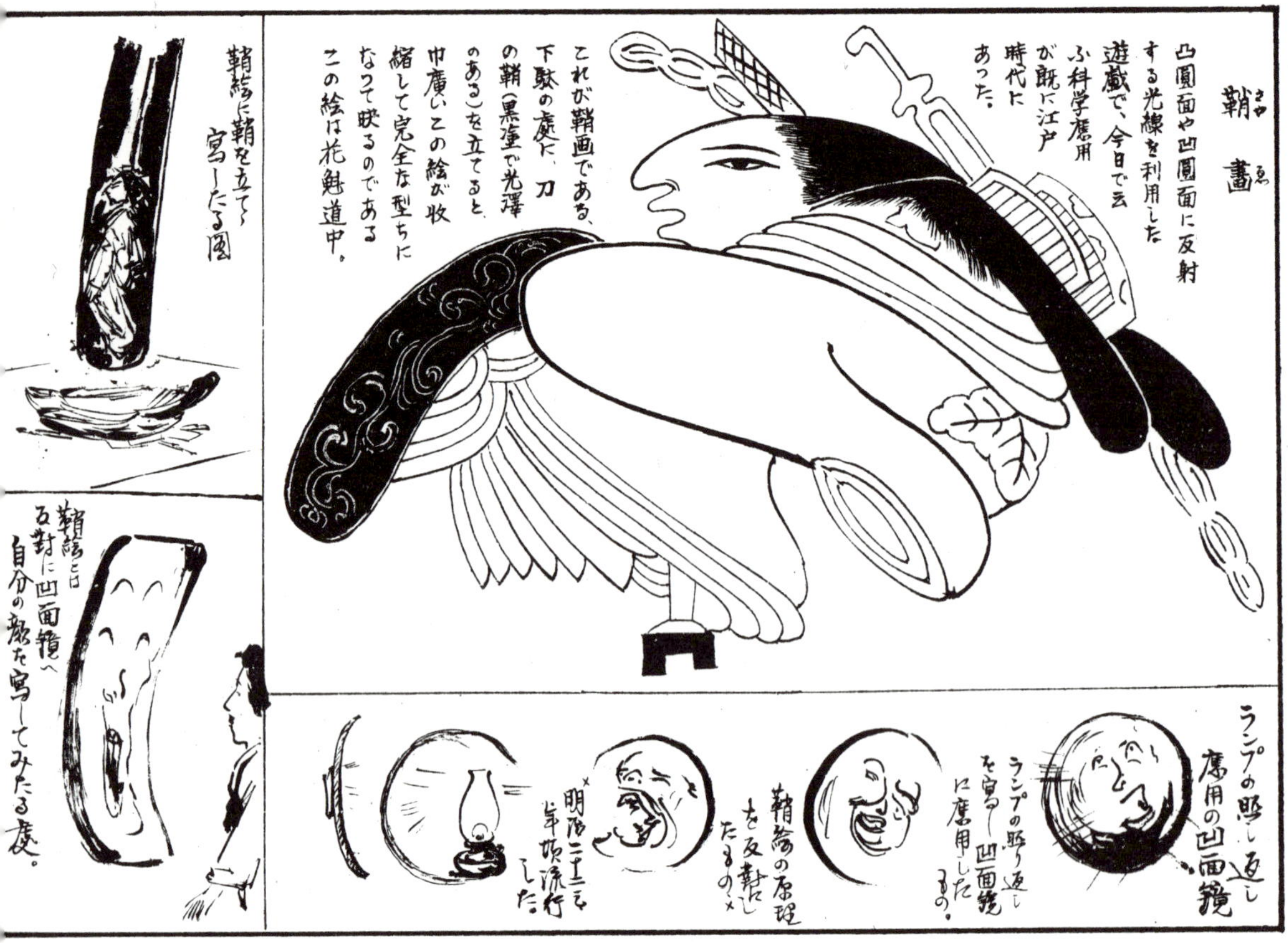
鞘《さや》畫《ゑ》
凸圓面や凹圓面に反射する光線を利用した遊戯で、今日で云ふ科学應用が既に江戸時代にあった。
これが鞘画である、下駄の處に、刀の鞘(黒塗で光澤のある)を立てると、中廣い此の絵が收縮して完全な型ちになつて映るのである この絵は花魁道中。
鞘絵に鞘を立てゝ寫したる図
自分の顔を寫してみたる處。
ランプの照し返し應用の凹面鏡
ランプの照り返しを寫し凹面鏡に應用したもの。
鞘絵の原理を反對にしたるもの
明治二十二三年頃流行した。

鞘絵《さやえ》

◉つぶれたような寸詰まりで、横幅のある絵を、刀の鞘のような曲面をもったところに映すと、絵が伸びてすんなりとした絵に見える。刀の鞘は蝋塗《ろうぬ》りで光っており、描かれた絵に、鞘の立てる角度を直角にすると、すぐ下の絵が鞘に写る。つぶれたものは細長く見える。それを応用して、はじめからつぶれた絵を描いた遊び絵の一つである。

寛延三年(一七五〇)に出版された『鏡中図』には、鞘絵が七図も収められている。明和・安永(一七六四〜一七八一)頃に流行したといわれるが、『武江年表』の寛政年間の項にも「鞘画《さやえ》の戯《たわむ》れ行はる」とみられるので、何度か流行したものらしい。

天保十一年(一八四〇)の『三養雑記』に描かれた鞘絵が、幕末の一猛斎芳虎の描く「風流さや繪」にもみられ、絵の上には「此絵はあしのそばに脇差の鞘を立《たて》てうつせば娼妓《おいらん》の形《かた》ちになる勿論さやには限らず細くながきぬり物にうつしても宜《よろ》し」云々と書かれている。娼妓とは花魁、遊女のことである。この娼妓が鞘にはきれいな娼妓として写る。また「鞘絵小判へわきさしの鐺をあてゝうつすへし」の説明がつく画家名不詳の刷物も残っている。その絵では隠れ笠・鯛・海老・打出の小槌・袋・小判などの宝尽くしが描かれ、そのなかの小判の部分に脇差の鐺《こじり》(鞘の下端の金具)を置くと、白無垢の打ち掛け姿の花魁が写し出される。

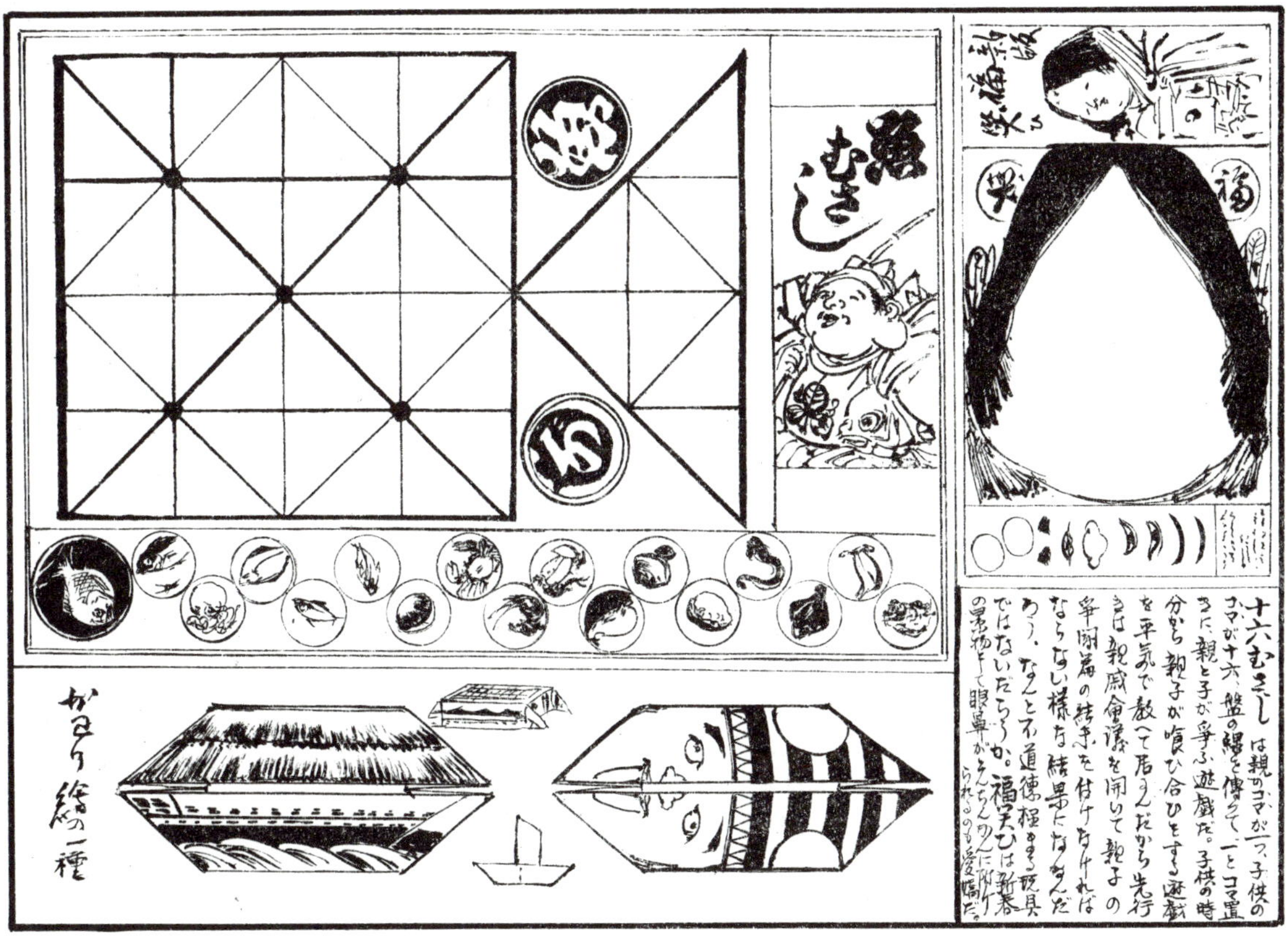

十六むさし

じゅうろくむさし

◉十六六指、十六武蔵などとも書き、むさし（六指）、八道行成《やさすがり》、弁慶むさしなどともいう。江戸時代に流行した遊戯の一つ。盤の中央に親一枚、周囲に子十六枚をならべる。盤面は方形に三角形をつけたもので、方形の真ん中に親を置き、その外周に一六枚の子を置く。親と子とを交互に一目ずつ動かす。親は子が一間飛《ひとま》びの状態になったとき、二つの子の間に割り込むと、両側の子をとることができる。子は親の動きをみながら、親を三角形のなかに追い込んで、親を動けない状態にすれば、子の勝ちとなる。子の数が少ないと、親を追い込むことができない。いわゆる雪隠づめの遊戯である。別称の弁慶むさしは、武蔵坊弁慶の語呂である。

江戸時代から大正期まで行われたもので、はじめは上流家庭の遊びであった。男は将棋、女や子供は十六むさしと決まっていた。将棋盤、碁盤などの盤上から、軽易な持ち運びのできる紙上遊戯へと代わったものの一つが十六むさしである。

影絵《かげえ》

梅に鶯
キセル
扇子
お茶臺
三蓋松
帆掛船
指の影繪
上図は廣重原図の指の影絵の趣向である。勿論実際は画の様な工合に器用には行かないものであるから、只其大要だけに止めるのである。
下図右は「はめ絵」といふ方法で、ある種の絵を輪廓だけ示して、此中へ意外なものをはめ込む遊戯だが、これは非常に書き方な有する特種のものであるから或は遊戯とは云へないかも知れないが、指の影絵とは姉妹関係があるから併せて書いておく。
化物ろうそく
これは現代でも時々坊間に見掛ける玩具であるが昔の方が幽霊やろうそくの蝋の引き方が親切であった事大けさがつて居る。

◉手や指の動きで口の開閉などを見せたり、鳥の羽ばたく様を見せたりする手影絵《てかげえ》、指影絵《ゆびかげえ》から、影として写すものの形を切り抜いて、竹串や棒に貼りつけた棒人形（切り抜き影絵）までがある。棒人形は竹串に紙を張りつけたり、挟んだりしたものである。のちに影に色彩をつけた写し絵、錦影絵も生まれる。手影絵が流行したのは享保年間（一七一六～三六）である。手影絵の指南書『弥術《ちんじゅつ》さんげ袋』『影絵姿加々美《かげえすがたかがみ》』などが出版され、七十種以上の影絵の例を描いている。また『新ぱん弥曲でんじゆ手かげゑ』には十五種の新しい影絵が収められる。影絵を影法師（かげぼうし、かげぼし）とも呼び、一枚刷りの歌川広重の錦絵にも「即興かげぼしづくし」がある。晴雨はその中から何図かを写している。また広重は、手と道具を用いた二十四図の影絵を「新板かげぼしづくし」と題して描いている。

影絵とかかわる嵌《は》め絵は、文化期に歌川豊国門人の国清がはじめたといわれ、文化、文政期(一八〇四～三〇)に、嵌め絵の優劣を競う、嵌め絵会が行われている。切り抜かれたものが何かを当てるものである。

影絵を応用したものに回り燈籠がある。燈籠のなかの蝋燭の熱が、切り抜かれた影絵の円筒を回す。切り抜いたところに色紙を貼ると、色のついた光となる。

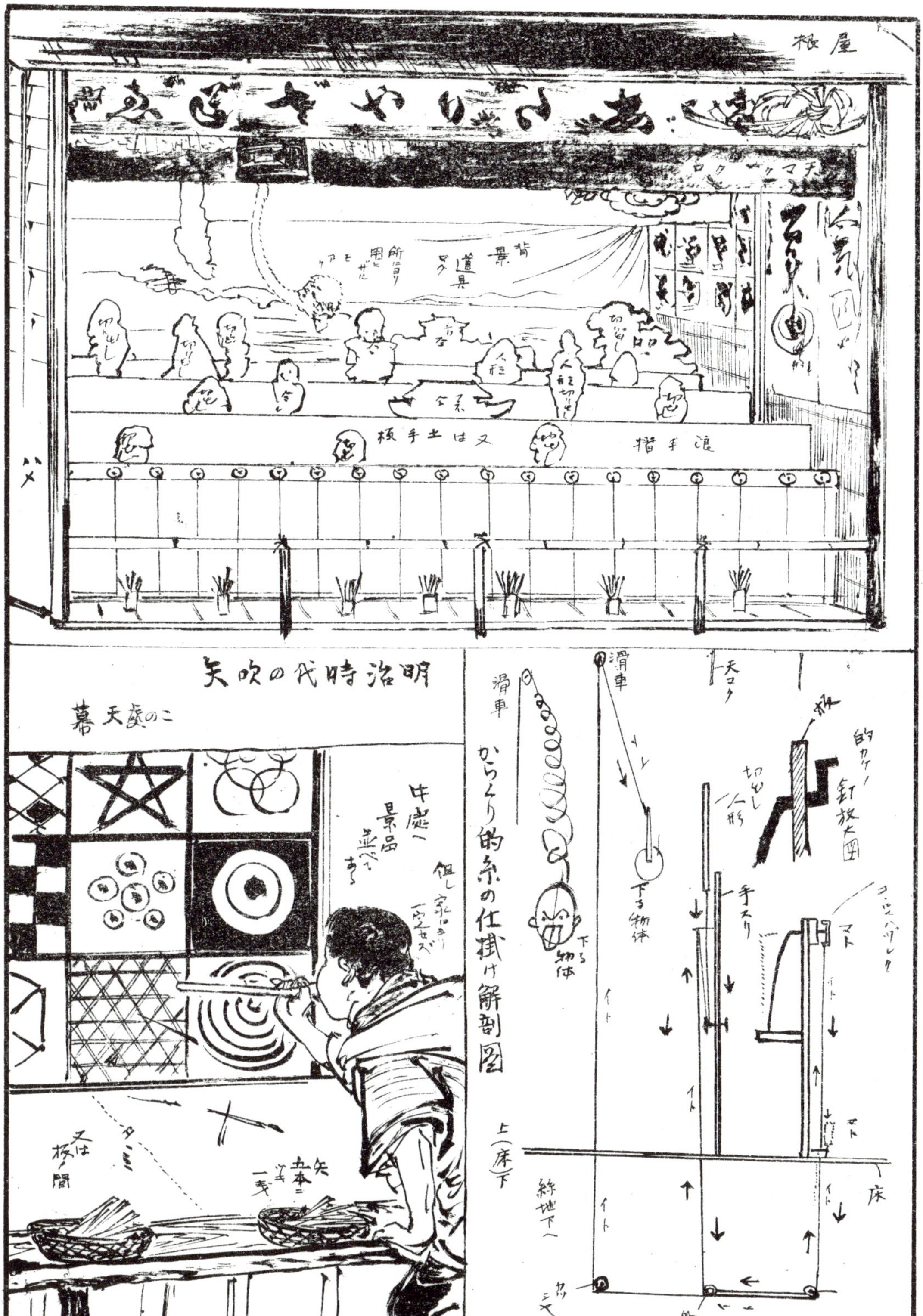
屋根
明治時代の吹矢
この天幕
からくり的糸の仕掛け解剖図
滑車
滑車
下る物体
下る物体
切出し人形
手スリ
マト
床
上（床）下
イト

【三〇二】

子供遊び《こどもあそび》

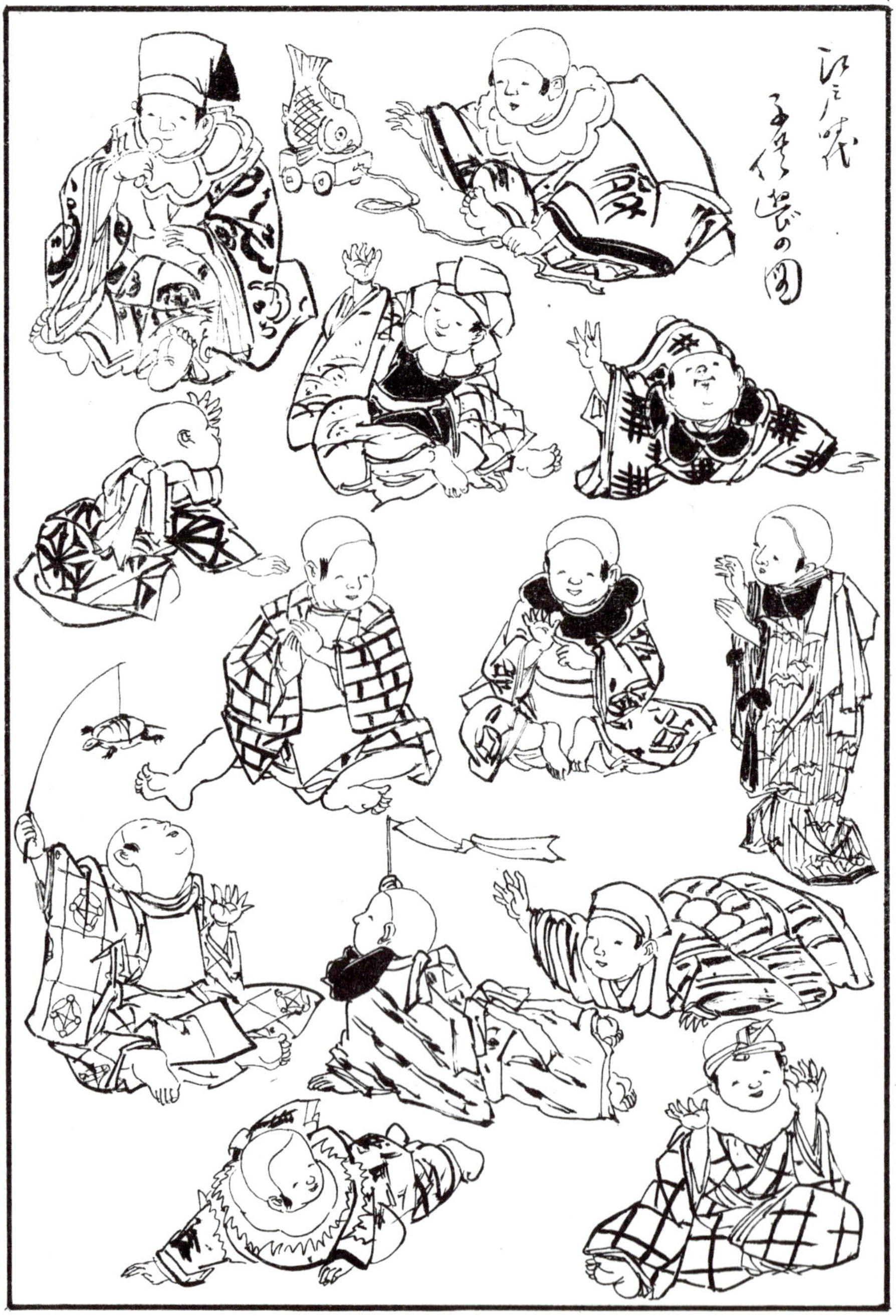

◉いわゆる乳児期の子供は、這い這い、おすわり、仰向け、うつ伏せしかできない状態である。その遊びとなると、小さなおもちゃを対象とした遊びになる。滑車のついた山車《だし》、旗のついた棒、棒に吊るされた亀、棒についたトンボ、でんでん太鼓、音の鳴る風船、小太鼓、大八車などがある。

ほかに晴雨の描いていないおもちゃでは、まり、積み木、人形、縫いぐるみなどがあげられる。おもちゃは小さなものであっても、本物を小さくした模倣であり、大きな本物を知るためのものでもあった。つまり知能の発達に役立つ動具であった。音の鳴る風船や小太鼓は、赤ん坊の音感教育とむすびつき、動くものは、どのようにすれば動くのか、引く力の加減、物を乗せる釣り合い、倒れたものを元の状態にするなどと、すべて学習となった。赤ん坊の遊びは、成長にかかわる大事なものであった。

子供の着衣は
木綿物多き故
描線かくの如し
江戸時代の畫風
は写生なりし
なり鐵線
描法誤りに
あらず
衣類の
線を略す
ために模様なし

智恵の輪・折り紙

ちえのわ・おりがみ

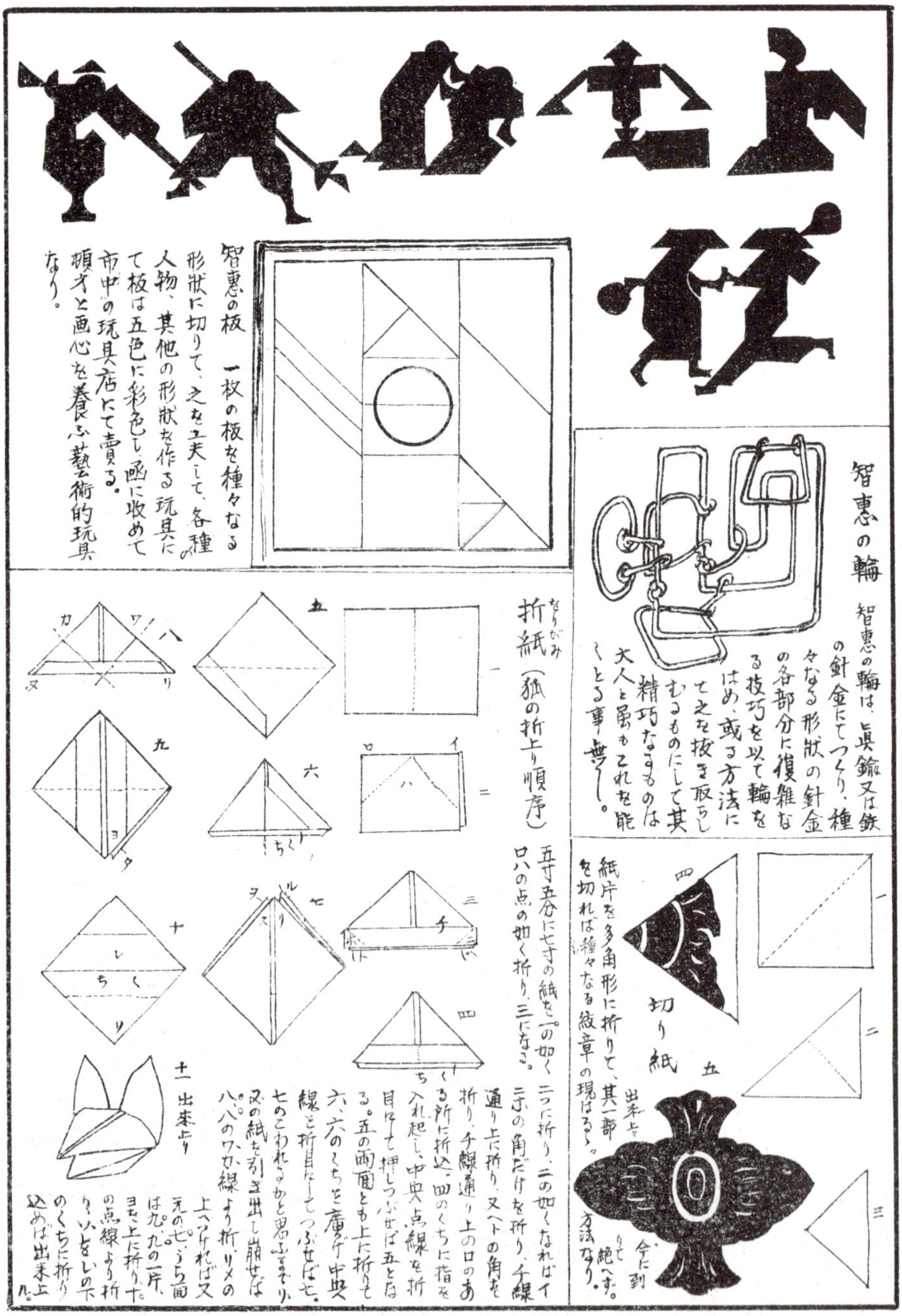

●知恵の輪とも書く。いろいろな形をした金属製の輪を、つなぎ合わせたり、はずしたりして遊ぶ玩具。九連環（れんかん）ともいう。江戸時代に、日本に漂着した中国人によって伝えられたのことで、これをくぐると知恵が授かるといわれた。明和年間（一七六四〜七二）には、江戸に参府したオランダ商館長が組み合わせた知恵の輪を、平賀源内が難無く解いて周囲を驚かせている。大正期（一九一二〜二六）に、金属製の輪が登場して、今日まで人気のある玩具の一つとなっている。なお天保年間（一八三〇〜四四）に、知恵の糸というものも生まれている。横棒に二つの糸の輪をつくり、それぞれの輪につく人形を、端から端へと通わす遊びである。

折り紙は、神社仏閣などの紙を折る飾りや、紙を折った中に物を包む儀式に用いられたのが始まりという。多くは白い紙を使い、その後、黄、黒、赤、緑などの色紙をつかうようになった。その色紙を用いて、鶴、船、奴などの形を表現した。おもに婦女子の遊びとして流行した。

智恵の板

一枚の板を種々なる形状に切りて、之を工夫して、各種の人物、其他の形状を作る玩具にて板は五色に彩色し函に収めて市中の玩具店にて売る。頓才と画心を養ふ藝術的玩具なり。

智恵の輪

智恵の輪は、眞鍮又は鉄の針金にてつくり、種々なる形状の針金の各部分に複雑なる技巧を以て輪をはめ、或る方法にて之を抜き取らしむるものにして其精巧なるものは大人と雖もこれを能くとく事無し。

切り紙

紙片を多角形に折りて、其一部を切れば種々なる紋章の現はるゝ方法なり。

折紙（狐の折上げ順序）

五寸五分巻に七寸の紙を「イ」の如く二ツに折り、「ニ」の如く「ホ」の角だけを折り、子線通り上の角をくゝる折に折込み、四のくちにさし入れて押しつぶせば五となる。五の両面とも上に折り目まで押し、中央点線を折り六のくちを庸午中央線と折目とつゝふせなほし七のこれをひっかけて男ぶり出すうにし、又の紙を引き出し、八の如く線より折りメの上げれば又八のワに線を九の一斤はれのどへつき込み、ヨ上にもり、トレいのから線より折り込めば出来上り。

【三〇五】

子供遊び《こどもあそび》

凧揚げ
當獨樂
火消ごっこ
お獅子
水鉄炮
蝙蝠《かうもり》
こいし
輪廻し
水あそび
トンボ釣り
いもむしごろく

◉江戸時代の男の子の遊びをあげる。大人の真似をしたもの、冒険をともなうもの、力を使うもの、技を競うものなどとさまざまである。内容も他愛ないもの、時間のかかるもの、意味のないものが多い。子供にとっては、外で時間をつぶせることができればよかったから、大人が考えるような内容の是非はかかわりがない。しかも、ほとんどの遊びは、一人で遊ぶものではなく、仲間と楽しむものであり、たとえ喧嘩をしても、翌日にはまた仲良く遊ぶのである。

遊びには季節ごとに異なるものもあるが、ここには冬の遊びがほとんど描かれていない。晴雨の描いた男の子の遊びは、二十四種を数える。その多くは、江戸時代のみの遊びではなく、昭和二十年代までは残っていたものである。このほかには馬跳び、おしくらまんじゅう、小石投げ、石蹴り、けんけん（片足で跳ぶ）、チャンバラ、忍者ごっこなどもあげられよう。昭和期になると、缶詰の缶を使った缶蹴りや、鋳物でつくられたべーゴマ（貝独楽からの変化）、ビー玉投げなどの新しい遊びも生まれた。

橋の欄干渡り
松葉ちぎり
竹の下駄
竹馬
かくれん坊
積《ツミ》將《シヨウ》棊《ギ》

根ッ木
指角力
めくら鬼
たくあん押し
めんこ
貝《バイ》獨樂
ぢやんけん
相撲

人形《にんぎょう》

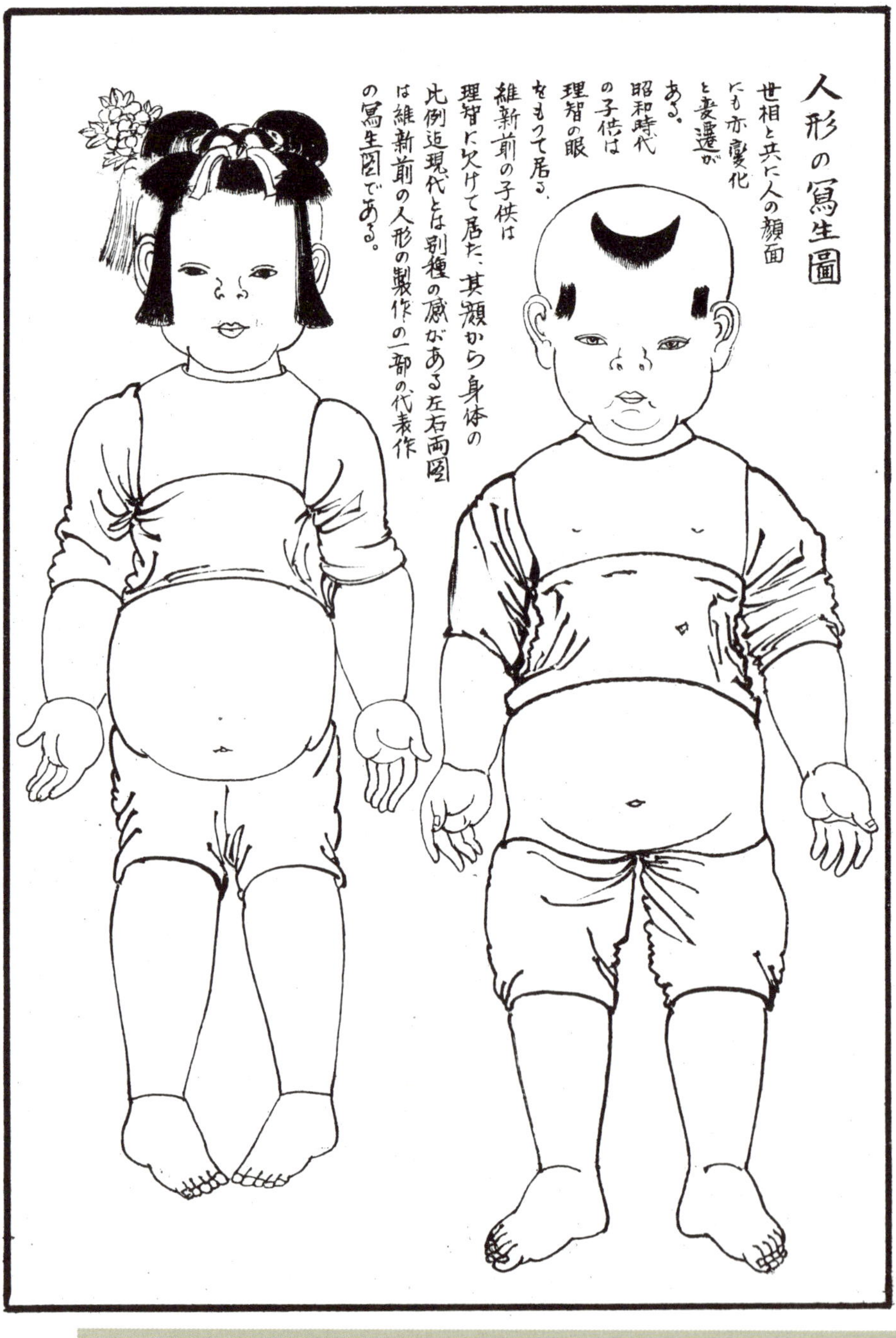
人形の寫生圖
世相と共に人の顔面にも亦變化と變遷がある。
昭和時代の子供は理智の眼をもつて居る、
維新前の子供は理智に欠けて居た、其顔から身体の比例迄現代とは別種の感がある左右両図は維新前の人形の製作の一部の代表作の寫生図である。

◉子供の遊び道具の一つに人形がある。信仰や行事とかかわりをもつのがはじまりで、呪術の材料として用いられた。平安時代に「ひいな遊び」がおこなわれ、のちに雛祭りとなって、三月三日の節句の行事となった。ひいなは雛であるが、小さいという意味をいい、雛人形を指すものではない。動かない飾られた人形は、神の依代《よりしろ》として存在し、最初は見る人形として存在した。この飾られたものの模倣を小さくつくったり、手近に置く小さな人形をつくり出すようになってから、人形が普及したという。多くの人形が製作されたのは江戸時代に入ってからである。古くは草花や紙でつくった素朴なものであったが、次第に人形師という専門職によってつくられるようになって、首や手足の関節が曲がり、座る、立つなどと、赤ん坊の状態を再現できるような精巧なものへと変化していった。土人形、張り子人形から市松人形、御所人形、京人形、博多人形まで、それぞれの土地の特産品としてつくられ、東北地方に生まれた木製のコケシも人形の一つであり、郷土玩具、郷土おもちゃのなかには、数多くの人形がみられる。また首人形、指人形、あやつり人形なども小さな人形の一部とみることができる。

童謡《どうよう》・早口言葉《はやくちことば》

童謡の一種

〽ずい〳〵、ずころッばし、ごまみそで、からすべに、おわれてとッぴんしゃん、ぬけたァら、どんどこしよ、たわらのねずみが米くうて、ちうチウ〳〵 〽ゆうやけこやけ、あしたは天きになァれ 〽かァごめかごめ、かごのなかのとりは、いつ〳〵でやる、よあけのばんにつる〳〵つッぺッた 〽のゝさんいくつ、十三七ッ、まだとしゃわかいな、あの子をうんで、この子をうんで、だァれにだかしよ、おまんにだかしよ、おまんどこへゆった、あぶらかいに茶かいに、あぶらやのゑんで、こおりがはッて、すべッてころんであぶら一升こぼした、そのあぶらどをした、太郎どんの犬と次郎どんの犬と、みんななめてしィまった。その犬どうした、たこにはって、あッちらむいちや、どん〳〵こッちむいちやどん〳〵。

早言葉

西洋諸國にも各、其國語の發音により、難澁至極のものあり、これを集めて一句となし、之を繰返して、發音を正しくする習慣ある由なり。本邦にても、天保頃は最も盛んに、早言葉の流行を見たり、左記は僅に、其一端にて明治初年頃迄坊間に行はれたり。

△向ふの壁に竹立懸けてある。

△向ふの土手を唐人が提灯つけて通る。

△金米銀米大根一本團子一杯、盆米盆豆盆牛蒡。

△長持の上に生マ米七、粒。

△生マ餅生マ米生マ玉子。

△菊桐、菊桐、三菊桐。

△扇に玉子。

△家の茶釜もからかね金《かね》茶釜、隣の茶釜もからかね金茶釜、そのまた隣もからかね金茶釜、三つ合せて三《み》からかね茶釜。

◉童謡は民間で伝承されてきた「わらべうた」のことである。童唄、童歌などとも記す。子供を「わらわべ」といったのが「わらんべ」となり、その「ん」が無表記されて「わらべ」となった。子守唄、遊び唄などをいう。わらべうたは子供たちが唄い継いだもので、子供の表現が唄い込まれたものが多い。伝播や伝承の過程で方言の影響を強く受けているので、歌詞・曲調ともに同系統の曲でも、まったく異なった形のものもある。数をあげて順番に歌っていく数え唄、尻取り押韻の唄などから、掛け声のようなもの、自然や年中行事を唄ったもの、早口で唄うものまで、さまざまである。単純な音階で、リズムもパターン化して歌いやすい。また手鞠唄のように鞠をつきながら唄うといった手足の動きをともなうことが多く、大勢の子供たちが輪になったり手を取ったりして唄うのも特徴である。

早口言葉は早口文句、早言《はやごと》、長言《ながごと》、早口そそりなどともいう。発音の混乱しやすいものは舌もじりという。舌が捩れて発音しにくい文句のことである。たとえば「書写山の社《しゃ》僧正《そうじょう》」のように類音が連続したり、接近したりして発音しにくいもの、また「瓜売りが瓜売りにきて瓜売れず売り売り帰る瓜売りの声」などの同音反復、畳語の類もある。さらに「神田鍛冶町角の乾物屋で買った勝栗堅くて噛めない返して帰ろう」などの類音の語句を並べて楽しむ類もある。また歌舞伎にも二世市川団十郎が、早口言葉で外郎《ういろう》売りの口上を述べた「外郎売りの科白」がある。

【三一一】

地口《じぐち》

繪馬の打様はさかさまだ
（今の浮世はさかさまだ）
鳥羽繪ハまち〳〵蚊帳のそと
（お前まち〳〵かやの外）
小犬竹のぼり
（鯉の滝登り）
お客肴屋にいろと酒
（とかく浮世は色と酒）
精霊のまこもに棚経のしたくあればみそ萩に露が出る
（女郎の誠と玉子の四角あれば晦日に月が出る）
ほうづきのこうべに蟹やどる
（正直の頭に神やどる）
網からたんとう
（南無からたんのう）
たのきへ返す観音經
（魂返す反魂香）
閻魔ほれたかほれたがゑんま
（縁がほれたかほれたが縁の）

◉ことわざや成句などをもじってつくる語呂合わせの文句。上方では口合《くちあい》という。口合は、地蔵盆の飾り行燈を中心に、また江戸の地口は、初午祭りの地口行燈を中心に、それぞれ流行した。上方では宝暦七年（一七五七）に口合本の『穿当珍話《せんとうちんわ》』（中国の『剪燈新話《せんとうしんわ》』の口合。別称『比言指南《くちあいしなん》』ともいう）が出版されたのにはじまり、その後、口合を遊戯として楽しむようになった。江戸では安永二年（一七七三）の『地口《じぐち》須天宝《すてんぽう》』に六十句、同年の『軽口《かるくち》鸚鵡盃《おうむさかずき》』に二百四十句を収め、この二書が地口本のはじまりとなる。地口の語源には諸説があり、地口合が略されたもの、音が似ている似口が地口になったものなどである。地口行燈の手本となる絵入り地口本も多くつくられ、なかでも文政十二年（一八二九）から弘化四年（一八四七）にかけて出版された『神事行燈《じんじあんどう》』は、大石真虎、歌川国芳、溪斎英泉、歌川国直らが挿絵を描いたので評判となった。地口の例をいくつかあげておこう。屏風の絵から水がもる（上手の手から水がもる）、夏の夜道扇の夜燈（那須の与一扇の的）、花ころび矢おき（七転び八起き）、いなかざふらひ茶みせにあぐら（死なざ止むまい三味線まくら）、ふざな客には芸者がこまる（芝の浦には名所がござる）、お染め久松ひろいよでせまい（遠州浜松ひろいよでせまい）。

辻占《つじうら》

辻占
辻占の製作には種々あつて最初は神社佛閣の神官僧侶等が名を神託に假りて實は参詣者の運命を暗示する為に印刷物を以つて神占と名づけたるものが後には民間の娯樂物となり料理屋の割箸の中から飛び出る様になつたのは周知の事實である。
明治の中期頃迄一文繪（五厘繪）に印刷された中、彩色のものと藍一色のものと二種あつた藍一色のものは普通に用ひられて居るそれである。
子供ばなし
江戸の方言を「土地の口合ひ」と稱し家常茶飯の間にシヤレを云ふを以て娯樂となし、其結果は子供も亦「口合ひ」（洒落）を以てお伽咄しをする様になつた。上圖は慶應から明治頃に流行した一文絵の一部で現代ならばさしづめ少年雑誌といつた性質であらう。
かなちがひ言葉合せ
これと並んでまたかなちがひの言葉合せが流行つた。「向ふの土手を唐人が提灯とも」といつた様に類似した國音を並べて子供の發音の練習にしたものである。

◉夕占《ゆうけ》、道占《みちうら》ともいう。夕方、道辻に出て、小耳にはさんだ通行人の言葉で占う。『万葉集』巻四に「月夜《つくよ》には門《かど》に出で立ち夕占問ひ足卜《あしうら》をぞせし行かまくを欲り」とあり、古くから辻占のあったことがわかる。神社仏閣の神官僧侶たちが、神託によって吉凶を記した刷り物をつくり、それを神占といったのがはじまりである。黄楊《つげ》の櫛をもって辻に立ち、神仏を念じながら、往来する人々の言葉を聞いては、事の吉凶を判断した。ところが、伴信友の『正卜考《せいぼくこう》』は、辻占の場所は四つ辻とはかぎらず、また占いは女がするものとも決まっていないと記している。

この辻占の吉凶の結果を記した紙を「辻占〳〵」と呼びながら売ったのが、辻占売りである。この紙のことを辻占ともいった。さらに、その文句の紙を、巻き煎餅（辻占煎餅ともいった）、かりんとうにはさんで売る者もあらわれた。明治時代の末期には、東京の町の辻々に赤塗りの自動辻占箱が生まれ、箱の穴に一銭銅貨を入れると、辻占札が出た。また一文絵（五厘絵）に印刷した辻占には、彩色のものと藍一色のものとがあり、多くは藍一色であった。

なぞ

かなちがひことば合せ

○ぺんきにてんき（ペンキに天気）○おいらんにどうらん
○ポンプにランプ ○すゞめにするめ
○つゞみにつゝみ（鼓に包み）○さとふにざとう（座頭）
○とうじんにめうじん（唐人に明神）○おかぐらにまたくら
○弁けいに弁とう ○ひものにきもの
○せんどうにせんとう ○たわらにかわら
○しかんにみかん（芝翫にみかん）○しやつぽにてつぽう
○おかまにはかま（お釜に袴）○たぬきにけぬき（狸に毛抜）

なぞ

○十五夜の月とかけて、あさきのさのじととく、あさのまんなか。
○きれぶみとかけて、玉手はこととく、あけてくやしがる。
○なべのこほりとかけて、たびのひもととく、こゝろはかけてとける。
○げたのはかけとかけて、たいのうしほととく、こゝろはまたのめる。
○たくあんだいことかけて、あんどんととく、こゝろはくれにつける。
○ばゝアのげいしやとかけて、つよい関取ととく、心はころばしてかない。
○やぶのゆきとかけて、したてやのちゆうもんととく、心はゆきたけつもる。
○たにあひのさくらとかけて、おかめのめんととく、心は花がひくい。

尻取り文句

江戸の言葉には、一種特別の速度と発音があったので、アクセントの練習を少年時代から始めた。其練習用の爲に「尻取り文句」といふ形式の「早言葉」が生れた。一番人口に膾炙して居るのは左記の尻取り文句である。但し「牡丹に唐獅子」のまくらから唱ひ出す人もあるが普通は此文句を標準としてゐる。

「牡丹に唐獅子竹に虎。虎を踏へた和藤内。内藤様は下り藤。富士見西行《さいぎやう》うしろ向。むきみ、蛤、ばかはしら。柱は二階と椽の下。下谷上野の山かつら。桂文治ははなし家で。でん〳〵太鼓にしやうの笛。閻魔は盆とお正月。勝頼様は武田菱。菱餅三月雛祭り。祭り万燈花車屋臺。鯛に平目に蛸まぐろ。ロンドン異國の大港。登山するのはお富士山。三べん廻ってたばこにしよう。正直正太夫伊勢の事。琴や三味線笛太鼓。太閤様は関白ぢや。白蛇の出るのは柳島。縞の財布に五十両。五郎十郎曾我兄弟。鏡臺針箱たばこ盆。坊やは好い子だねんねしな。品川女郎衆は十匁。十匁の鉄砲玉。玉屋の花火は総元祖。宗匠の住むのは芭蕉庵。あんかけ豆腐に夜鷹蕎麥。相場のお金がどんちゃん〳〵。父ちゃん母アちゃん四文お呉れ、お暮が過ぎたらお正月。お正月の宝舟。宝舟には七福神。神功皇后武の内。内田は劔菱七ッ梅。梅松櫻は菅原で。藁で束ねた投島田。島田金谷の大井川。可愛けりやこそ神田から通ふ。通ふ深草百夜のなさけ。酒と肴で六百出しや氣まゝ。まゝよ三度笠横ちよにかぶり。かぶりたてふる相模の女。女やもめに花が咲く。咲いた櫻になぜ駒つなぐ。つなぐかもじに大象止る。

◉なぞなぞの略。なぞなぞは、何曾何曾、何んぞ、何であるかを問う遊びである。形式は、相手に向かって謎をかけ、それを相手が解く。何々と掛けて、何々と解くという。室町時代に、後奈良天皇の選ばれた謎を収めた『なぞだて』があり、その写本も『後奈良院御撰何曾』という書名で伝わっている。江戸時代に入ると、慶長十八年（一六一三）の『寒川入道筆記』、寛永期（一六二四～四四）の『謎乃本』、宝永二年（一七〇五）の『御所なぞの本』などの謎の本がつくられている。江戸時代は、いままでの二段謎（一重謎）から三段謎（二重謎、二重一連の謎）に変化していった。何々とかけて、何々と解く、その心はの形式である。この形式が享保十三年（一七二八）の『謎車氷室桜《なぞぐるまひむろのさくら》』にみられる。二重謎・三重謎（四段謎）・四重謎（五段謎）・もじり謎・当字謎・常の謎（二段謎のこと）の六部にわけている。文化十一年（一八一四）頃、謎とき坊春雪と名乗る人物が、謎の興行を浅草観音境内で行なっている。春の雪の如くに、すぐに溶ける（解ける）を洒落た名前で、評判となった。落語家の三笑亭可楽、都逸坊扇歌なども、お遊びの一つとして高座でも謎を解いた。扇歌のは音曲入りの謎解きであった。

箸遊《はしあそ》び

十二ヶ月箸遊び
維新前、酒席に於ける遊戯の一種。
杉箸四本と猪口一個を種々に應用して、十二ヶ月の景物を作る方法なり。
図の黒線は杉箸にして長短の工合を見て箸を折る部分を知られたし。
其後更に変化して智恵の板となり更に「ツミ木」となりて現代に其餘波を止む。
此十二ヶ月を作る時、三味線に合せて「お正月松飾りー 二月ッお稲荷 リサーンー 三月ツー紙雛」云々と唄ふその三味線の音調は大津絵に似たり。
一月 松飾り
二月 初午の絵馬
三月 紙雛
四月 おしやか様
五月 端午のぼり
六月 天王祭の神輿
七月 七夕の文字
七夕
八月 月にすゝき
九月 後の月
十月 恵比須講の鯛
十一月 宮参りの産着
十二月 お事納めの荒を屋根の上に出したところ

◉杉の割り箸四本と猪口《ちょこ》一個をつかって、十二ケ月の景物《けいぶつ》（四季折々の風物）をつくる遊び。長いところは長い箸をそのまま使い、短いところは箸を折って使う。棒状の箸に丸い形の猪口が添えられることで、全体が絵になる。宴席での遊びの一つとして盛んに行われた。箸遊びには、三味線と歌が入り、「正月松飾りー、二月ツお稲荷さーん、三月ツー紙雛云々」と歌った。つくるものが歌詞と同じであるので、即興ではなく、決まった形をつくっていたことになる。四本で一つの形をつくるので、折った箸は、ほかの形に使うことができない。

【三一五】

駄菓子《だがし》

子供を集めた駄菓子店の圖

◉江戸時代には、一個の単価が一文であったので、一文菓子と呼ばれた。明治以降は一文が一厘となって、一厘菓子、さらに一銭菓子と呼ばれるようになった。屋台売り、振り売りだったものが、明治時代以降になって、下町の路地裏にある駄菓子屋で売られるようになった。ことに子供相手の菓子屋なので、駄菓子を入れるガラス蓋のついた箱（蓋のないものも多い）は、何が入っているか見やすいように、傾斜をつけて置かれている。

晴雨は上がり口に火鉢を置いたところで、子供たちが餅などを焼いている光景を描く。子供たちにとって、駄菓子屋は遊びの中心となる場所であった。駄菓子屋では、駄菓子を売るだけではなく、その場で食することもできた。麦・粟・豆・稗などの雑穀、屑米でつくった粉に、水飴や黒糖などを加えてさまざまな形をつくり、なかには彩色を施したものもあった。この彩色の色使いが駄菓子の特徴をあらわしている。描かれた駄菓子に麦落雁・みじん棒・白糠・うんぺい・黒ねじ・あんだま・相撲せんべい・かりんとう・御家宝・芋羊羹・金平糖などがある。

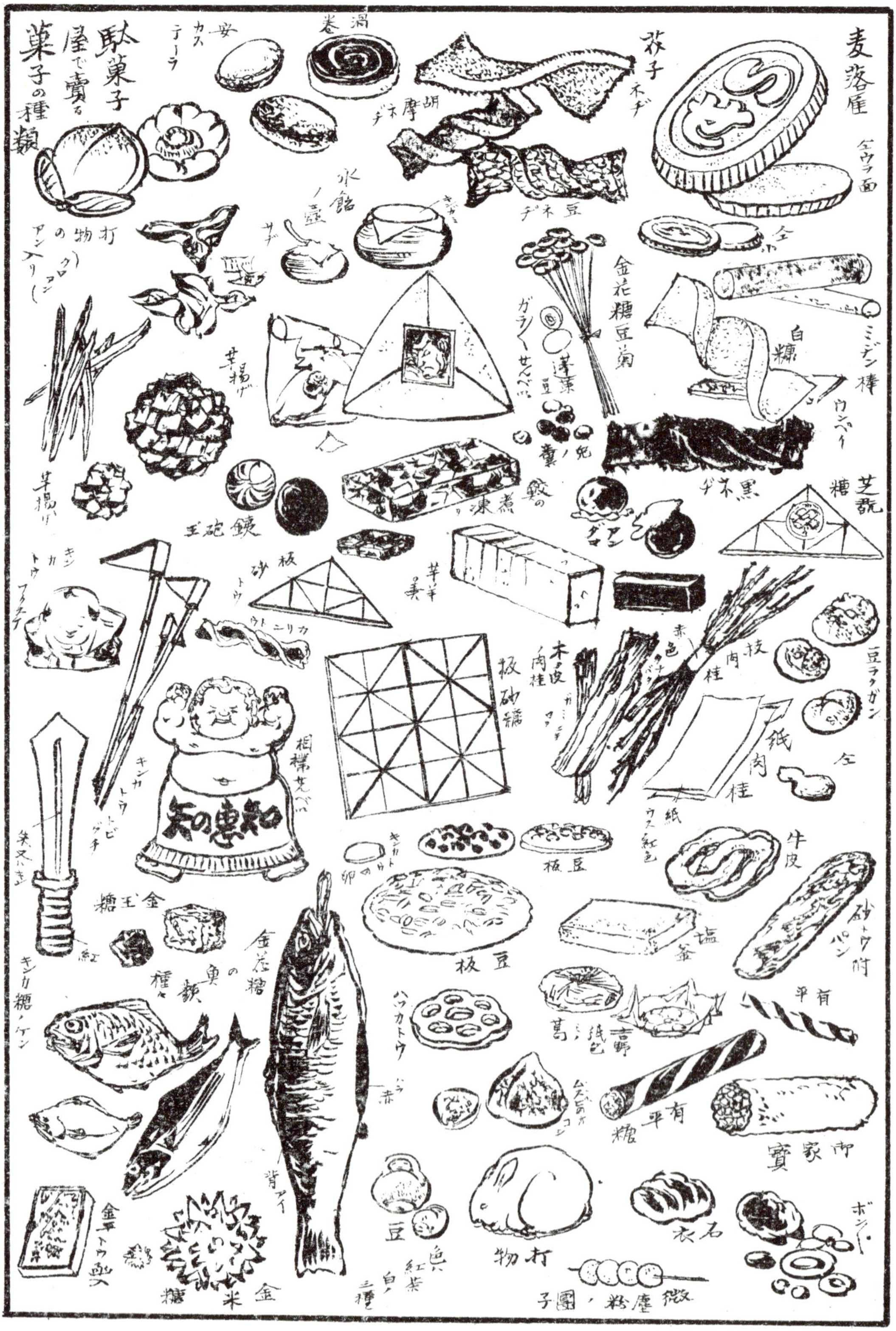

駄菓子屋で売る菓子の種類

- 麦落雁 全ウラ面
- 巻渦
- 荻子ネヂ
- 安カステーラ
- カス
- ゴマ胡
- デネヂ
- デネ豆
- 打物（クワシアンノイリシ）
- 水飴ノ豆
- サヽ
- 金花糖豆菊
- 蓮菓
- 兎ノ菓
- ミヂン棒（ウンペイ）
- 白糖
- デネ黒
- 芝餅糖
- 芋揚
- ガラ〱せんべい
- 芋揚リ
- 玉砲鎂
- キントウフチ
- カリントウ
- 凍煮
- 砂板
- 草羊羹
- 木皮肉桂
- 板砂糖
- 枝肉桂
- 赤色
- 紙肉桂
- 牛皮
- 豆ヲクガン
- 全
- 矢又ハ剣
- 相撲煎べい
- 知恵の矢
- キンカ糊ケン
- キントウ魚
- 糖玉金
- 紅
- 金花糖の魚の種
- 背アヰ
- 卵ノカラ
- キントウ
- 板豆
- ハッカトウ赤
- 塩釜
- ウス紅色
- 砂トウ時パン
- 葛紙包
- ムシカン
- 有平糖
- 御家寶
- 石衣
- ボシ
- 金平トウ菓
- 糖米金 紅白三種
- 魚 紅葉
- 打物
- 微塵粉ノ圃子

【三一七】

子供玩具《こどもがんぐ》

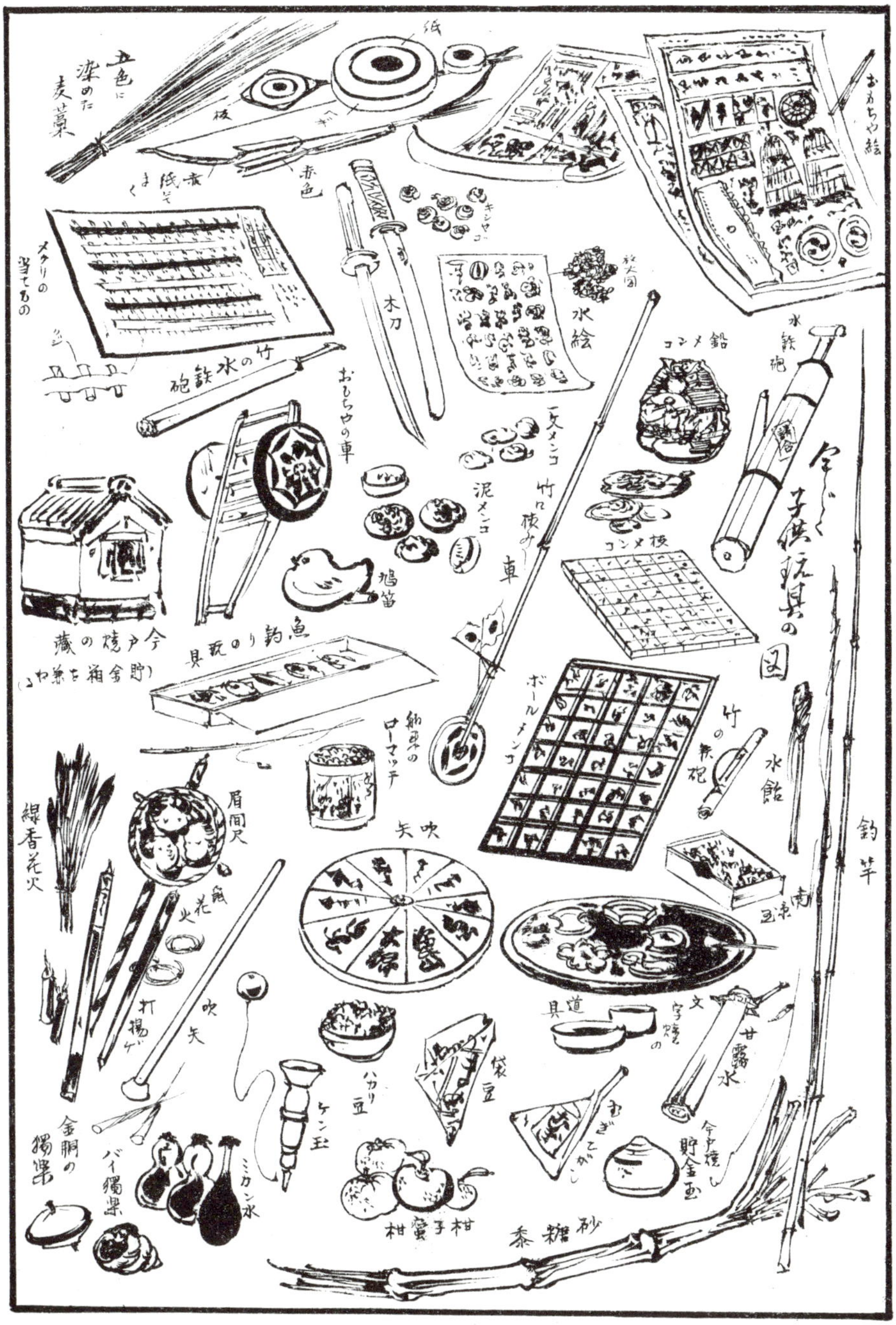

◉もち遊びが、お持ち遊びとなり、お持ちと略され、お持ちやといわれて、おもちゃになったという説がある。おもちゃは玩弄物といわれる。玩弄の弄は弄《もてあそ》びであり、江戸時代中期から明治時代にかけて、おもちゃ屋の組合を翫物問屋、手遊問屋ともいった。玩具は消耗品であるため壊れやすく、元の状態で残るものは少ない。平安時代に雛遊びの道具・爪・独楽、室町時代には羽子板・起き上がり小法師がみられる。一般に普及したのは江戸時代に入ってからである。おもちゃが神社や寺の縁起物として売られたために、その参詣のついでに買われることが多かった。晴雨の描いたおもちゃには、おもちゃ絵・水絵・木刀・おもちゃの車・竹の水鉄砲・めくりの当てもの・鉛のめんこ・板めんこ・泥めんこ・鳩笛・魚釣りの玩具・今戸焼きの蔵・ボールめんこ・吹き矢・眉間尺・線香花火・南京玉・水鉄砲・釣り竿・甘露水・今戸焼き貯金箱・むぎこがし・砂糖黍・柑子蜜柑・袋豆・はかり豆・けん玉・蜜柑水・ばい独楽などがみられる。

江戸時代と明治初期の駄菓子屋

江戸時代の駄菓子は主として場末の陋屋に子供を華客《とくゐ》として商って居たものであるが、又一方には街道の掛茶屋や、名所古跡の葭簀張りの茶屋の店頭にも欠く可からざる必要品であった。『子供を相手に飴、菓子でも売って』餘世を送る事が貧しい老人の仕事(？)であった事は巷説に傳はって居る。其他一部の番太郎の小屋でも、亦之を並べておいた所もある。古い浮世絵等にも畫かれて居る。又裏路の所々に駄菓子や、雑貨を並べた店のある事も略現代と同じである。

扨、其商品は明治初期迄多少の変化変遷はありたち現代迄続いて居る。恰も縁日の商人が材料は異っても三十余年前と現代と略大差のない（即ち進歩しない）のと同じである。

「麥落雁」に（いせ）と記したのをまだ記憶して居る人があらう、神田の元岩井町の伊勢屋の創製にかゝる處と傳ふ。「豆ねぢ」「芥子ねぢ」「胡麻ねぢ」等及各種の「おこし」「みぢん棒」等は江戸時代は其原料に日本各地の一等品を使って駄菓子を製したので、其風味も亦侮る可からざるものがあったが、現代では材料が全く粗悪になって、駄菓子特有の風味は全く失はれたと、駄菓子製造の専門家は語った。

圖中の「芝翫糖」は白砂糖の「薄荷糖」であるが、中村芝翫（現中村歌右衛門の養父）が満都の人気盛んなりし、幕末より明治初期に於て、芝翫の名を冠したる菓子である。其他役者の紋を彩色にしたる落雁は當時の好劇家の嗜好甚だしかりしも今の演劇に此勢力なきは役者の人気が落ちた記據である。

「金花糖」の魚類「鮭、鯛、比良目、及卵」等は當時の「ドッコイドッコイ」「吹矢」等の阿賭物として子供の胸を躍らせて、親の巾着銭をはたかせたもので此菓子は大人も亦垂涎三千丈であった。

「豆板」は京阪地方が本場であったが、江戸では主として黒砂糖のものが多かった。

「芋ようかん」は現代でも駄菓子の親玉であるが、俗にいふ「煮こゞり」、鮫の雑物へ寒天を流した、非衛生極まる菓子(？)は、昔しは子供に喜ばれたものゝ一つである。

「紙肉桂」は日本紙へ肉桂の汁を引いたもので妙にいゝ風味だった。俗にいふ「糠だんご」は「みぢん粉」を固めて籾糠と青黄粉を交へたものを振り掛けたもので至って粗末な食物である。

「鉄砲玉」は黒砂糖のアンペラを煮出したものだといふ悪口があった位で時々（実は必ず）藁ゴミや、甚しきは細い竹の屑などが出るといふ危険な菓子だが、其風味は亦上等の菓子の及ばぬ獨特のものがあった。現代の飴玉などの如き無味なものでは決して無い。

「ガラ〳〵せんべい」も昔は直径一尺以上もある大きさのものがあって、其上に極彩色の木版刷りの役者の似顔絵を張り、之を破れば中からは贅沢な玩具が飛出すといふ様な、むしろ菓子といふものを超越したものさへ出来る様になった。其類似品に「蛤のがら〳〵」がある事は御承知の方もあろう。而して其價格も當時一個十銭、十五銭といふ、昭和時代の五六十銭から約一圓位に匹敵する高價のものがあった。駄菓子でも馬鹿にならない。

前記の金花糖の鯛や、鯉の如きも亦二三十銭位のものがあった。それから、駄菓子屋で子供の玩具屋を兼ねたのが甚くなかった。この種の店には「あてもの」と称する、富籤類似の「メクリ」と称する方法で、當った子供に大きな菓子を與へて居た、上千点、千点以下五点を最下として景品を出し、五点には金花糖極少一個、又は蜜豆一杯（小茶碗に）を与へる規定なりしが、明治二十四五年頃より其筋の取締りが厳重になって、表面中止されたが、人の射倖心は一片の法令では中々種切にならず時々其筋の御厄介になる駄菓子屋があった。

文字《もんじ》焼は現今のドンく焼の元祖（?）でウドン粉を砂糖蜜に溶解したものを鉄板で焼いて喰ふのだが、子供は此「ナマヤケ」を喰ってノベツ腹を下す者が多かった、衛生思想の無い當時、親も子供も無智は驚く可きものがあった。

明治十八年頃、西洋の燐マッチが駄菓子屋の店頭に姿を見せ、當時の子供は「何處へでも擦れば火の出るマッチ」を不思議がって争って買って、火事を出したものさへあった。著者時雨も亦此マッチで自宅の物置へ放火して一軒メチヤくに焼失、一と目玉を親父から貰った記憶歴然たるものがある。當時は実に「マッチ」の驚異時代であったのである……。

玩具の花火も現代のものより火力が強かった。取締の関係もあるのだろうが、現代の線香花火は松葉の出方が此時代より少いように思ふ。當時一把の線香花火が「文久」で一把は十本宛であったから、非常に高價であったからでもあろうか。

「めんこ」に「今戸焼の土めんこ」「鉛めんこ」「板めんこ」あり、「ボールのめんこ」が出来てから間もなく日清戦争……大將や、少將が腕白小僧に板塀へ叩き附けられる時代が来て「めんこ」は末路になっちまった……。

「南京玉」といふのは、現代のビーズの先祖（?）竹や木の「水鉄砲」「ドッコイく」の玩具」「木の刀」さては「鳥もち」から、「釣竿やウキ」「箱根細工の籤玉」。冬はコウジ蜜柑、夏は「トコロテン（心太）」などを売る外、手遊絵の「切組燈籠」（但し一枚絵が関の山）から、「姉様人形」アンヅの密漬、砂糖の木を噛んで虫歯を痛める子供あればハチンコのゴム（明治時代）を買って、大屋の障子に穴を開ける少年等、千差万別、駄菓子屋は実に當時少年の倶楽部であったのである。

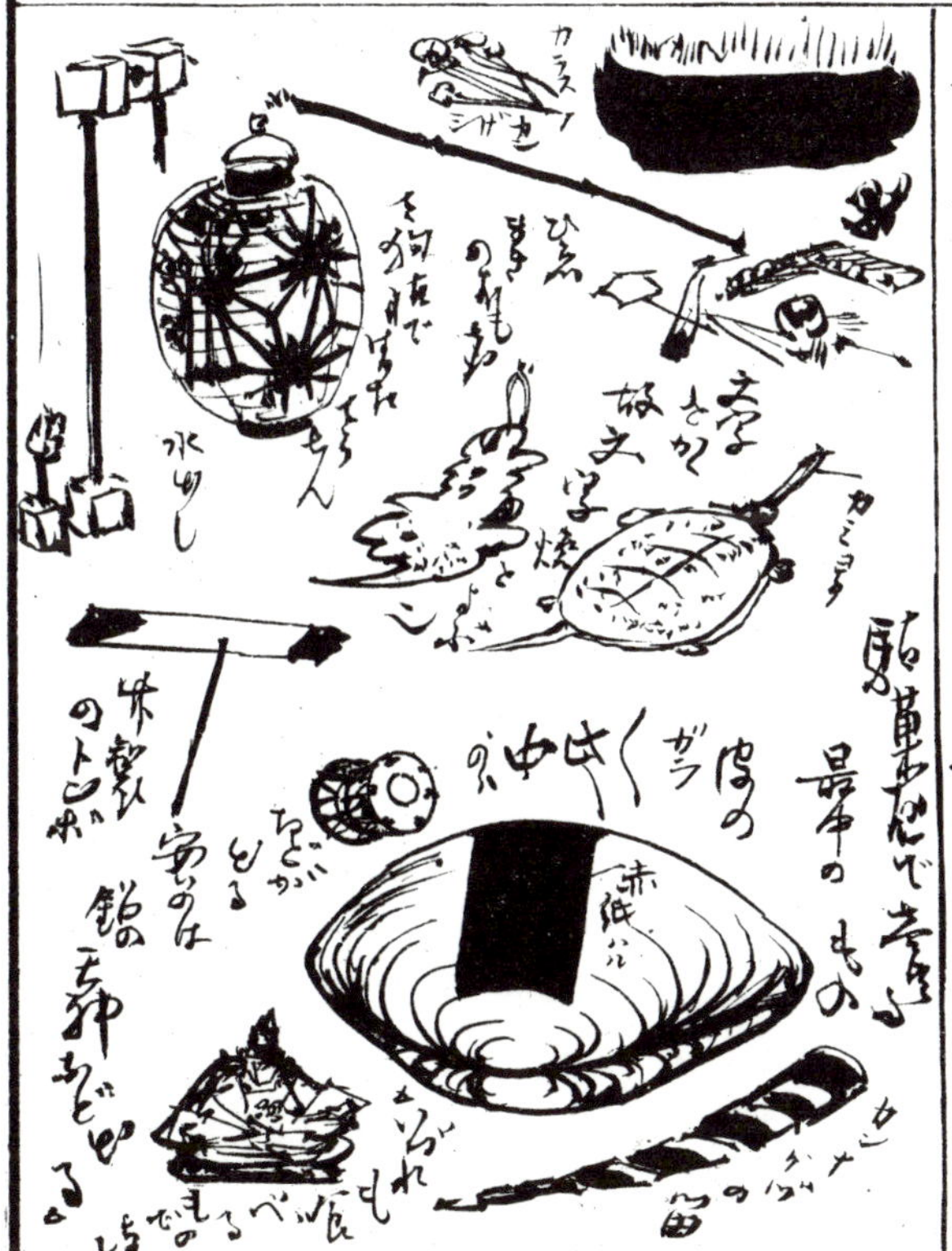

万華鏡《まんげきょう》

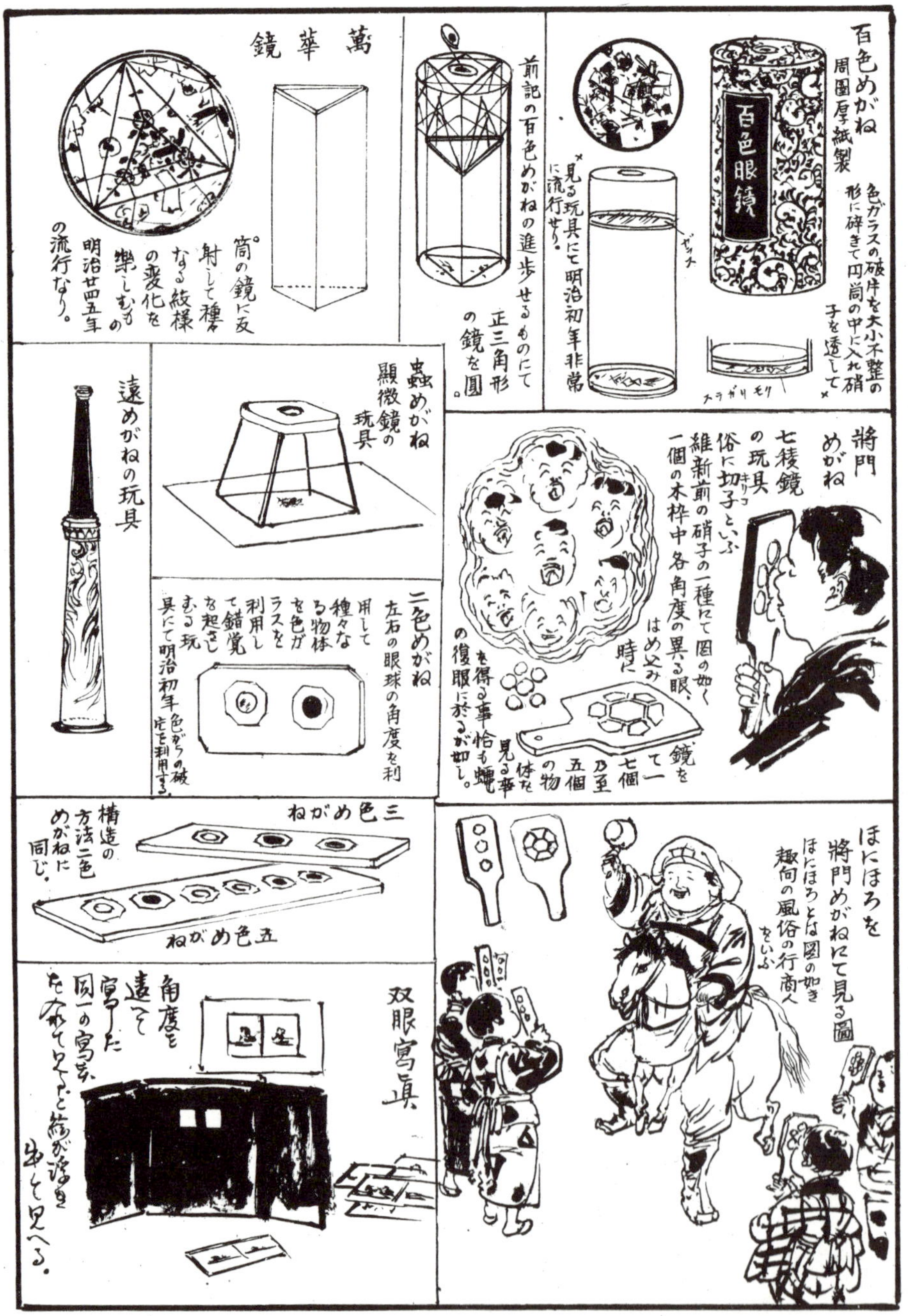
萬華鏡
筒の鏡に反射して種々なる紋様の変化を楽しむもの明治廿四五年の流行なり。
前記の百色めがねの進歩せるものにて正三角形の鏡を園
見る玩具にて明治初年非常に流行せり。
百色めがね
周囲厚紙製
色ガラスの破片を大小不整形に砕きて円筒の中に入れ硝子を透して
百色眼鏡
遠めがねの玩具
蟲めがね
顕微鏡の玩具
将門めがね
七稜鏡の玩具
俗に切子といふ
維新前の硝子の一種にて図の如く一個の木枠中各角度の異る眼鏡を七個乃至五個はめ込み時に見る事の物体を得る事恰も蠅の復眼に於るが如し。
二色めがね
左右の眼球の角度を利用して種々なる物体を色ガラスを利用して錯覚を起さしむる玩具にて明治初年
三色めがね
五色めがね
構造の方法二色めがねに同じ。
ほにほろを将門めがねにて見る図
ほにほろとは図の如き趣向の風俗の行商人をいふ
双眼写真
角度を違へて写した同一の写真を

◉ばんかきょうともいう。円筒のなかに、長方形のガラス板を三角に組み込み、三枚の鏡板で三角柱をつくる。筒の一方の端を、すりガラスでおおって、中が見えるような明るさにする。もう一方の端には、彩色した小紙（色紙）や色ガラス小片などをたくさん入れる。この筒の端にある穴から中を覗き、筒を回転させていくと、内部の色ガラスに、小紙や色ガラス小片がさまざまな模様をつくり、回転させると、まったく異なった模様をつくり出す。同じ模様は二度とつくり出すことができない。

もとは外国のもので、日本には江戸時代末期に渡来したというが、どこから渡来したのかは明らかでない。嘉永三年（一八五〇）に、暁夢楼主人（高野長英）が訳した『三兵《さんぺい》答古知幾《たくちき》』に「可列以度斯可布《かれいどすかふ》」と出ている。この「かれいどすかふ」は、カレイドスコープで、万華鏡を指している。カレイドスコープは、万華鏡のほかに、変幻きわまりないという意味をもっている。一瞬にして変幻自在の模様をつくり出すからであろう。明治時代初期には、百色《ひゃくいろ》眼鏡《めがね》の名で呼ばれ、明治二十四、五年（一八九一、九二）頃から、子供のおもちゃとして流行し、錦眼鏡《にしきめがね》と呼ばれた。

煙草《たばこ》

【三二一】

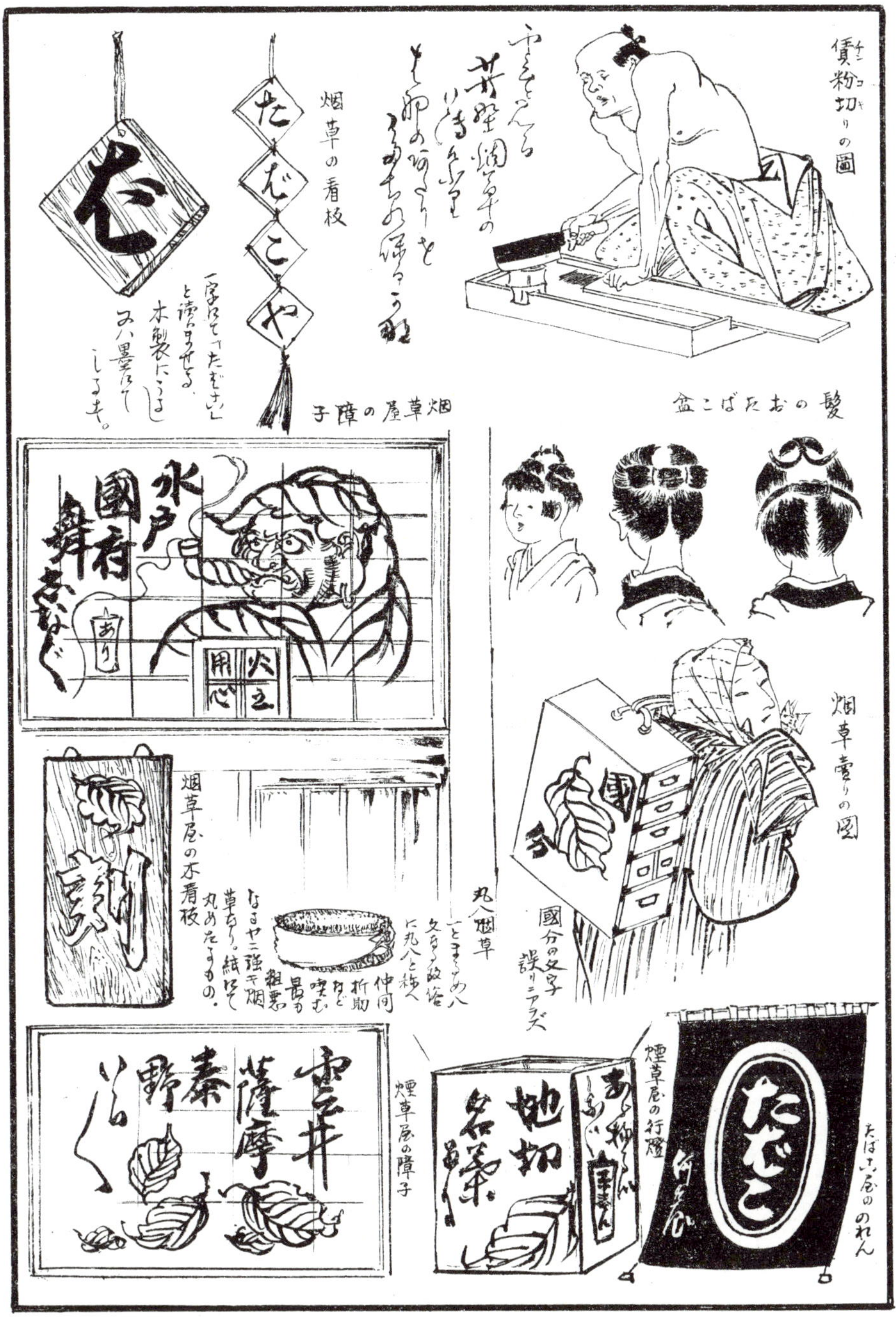

◉莨、烟草、丹羽粉とも書く。また糸煙《しえん》、相思草《そうしそう》、返魂草《はんごんそう》とも呼んだ。喫煙に供するために、煙草の葉を乾かし、発酵させてつくったものである。日本には江戸時代初期に、南蛮船（ポルトガル船）の乗組員によってもたらされた。渡来とともに全国に広がった。日本での歴史は、刻み煙草からである。当初、竹筒に詰めて吸っていたものが、煙管で吸うようになった。江戸時代初期から中期にかけて、煙草は屋内で吸うものであり、持ち歩くことはなかった。喫煙の作法なども生まれたが、江戸時代後期には懐中煙草が普及して、作法は廃れていった。また、煙草の煙は邪気を払う力があるといわれ、狐や狸に化かされたときに煙草を吸うとよいとされた。化け物は煙草の脂《やに》を嫌うという。寛保年間（一七四一～四四）には、引き出しのついた箱を、天秤棒で担いで売るようになり、引き出しの鐶《かん》が歩くたびに音を出したので、かちゃかちゃ煙草ともいった。売り声は「刻み煙草はようよう」という。明治三十七年（一九〇四）に専売制が施行されるまでは自由に売られた。煙草屋の店先には赤行燈や柿色の暖簾が掛けられ、客の注文によって、目の前で煙草を刻んで売った。のちに煙草屋の名を入れた包み紙で売られるようになった。さらに寛政期（一七八九～一八〇一）には、木製の刻み煙草の機械がつくられている。

煙草入れ

たばこいれ

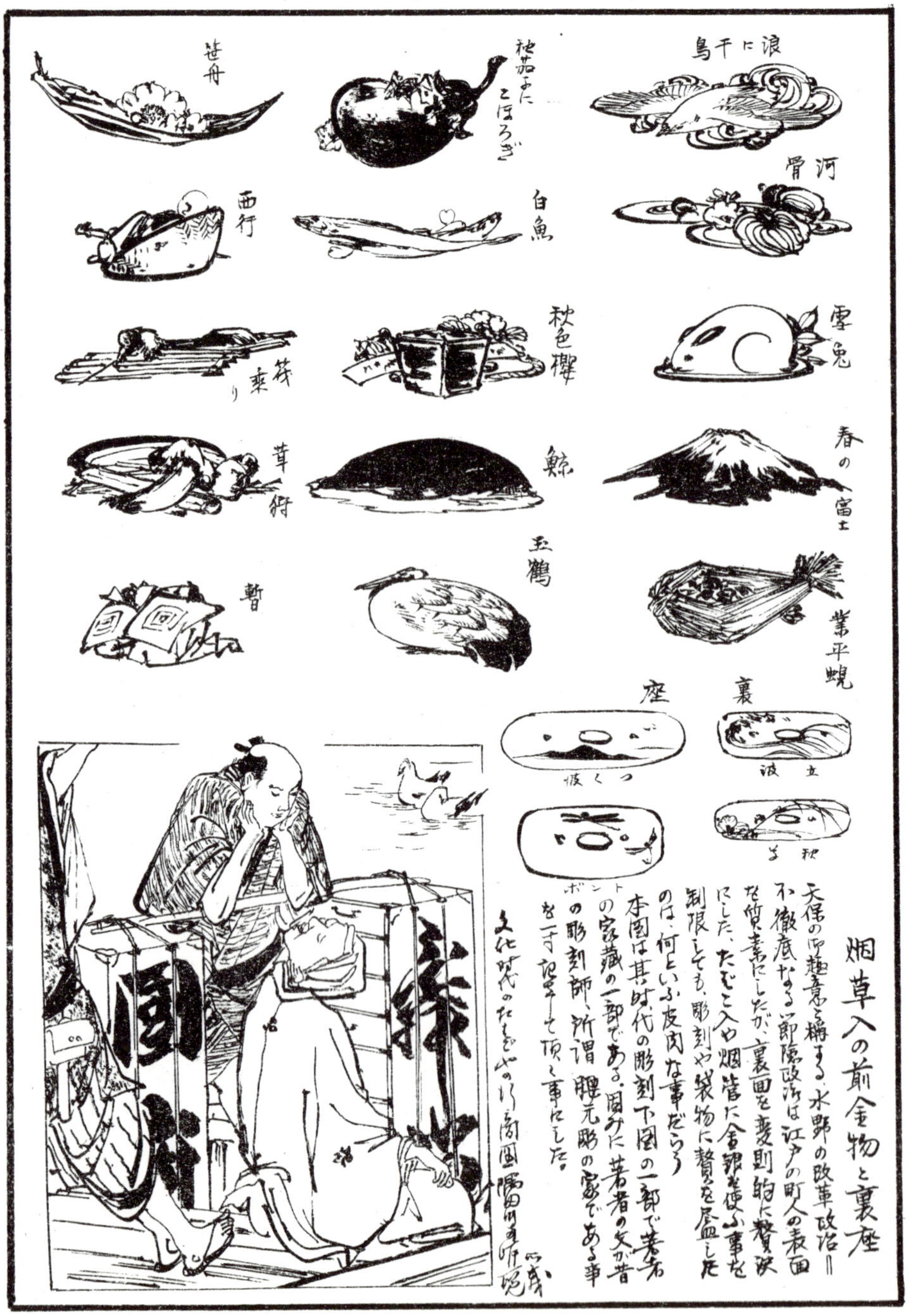

笹舟
茄子にこほろぎ
浪に千鳥
西行
白魚
河骨
筏乗り
秋色櫻
雪兎
鯨
春の富士
玉鶴
暫
業平蜆
座
裏
烟草入の前金物と裏座
天保の御趣意と称する、水野の改革政治は不徹底なる節倹政治は江戸の町人の表面を質素にしたが、裏面を奢侈的に贅沢にした。たばこ入や烟管に金銀を使ふ事を制限しても、彫刻や袋物に贅を盡したのは、何よりいふ皮肉な事だらう
本図は其時代の彫刻下図の一部で、著者の家蔵の一部である。因みに著者の父が昔の彫刻師、所謂腰元彫の家である事を一寸記して頂く事にした。

◉刻み煙草、または紙煙草を入れて携帯する容器をいう。刻み煙草を入れるものと、煙管《きせる》を入れる煙管筒とが一組になった袋物である。キセルはカンボジア語である。金属製のもの、竹の管（羅宇《らう》・らおともいう）の両端に、金属製の雁首《がんくび》と吸い口をつけた張《は》り交《ま》ぜをいい、煙管にたまった煙草の脂《やに》を、鯨の髭、針金、紙縒《こよ》りなどで掃除するのを煙管通《きせるとお》しという。羅宇はラオス産の節の長い竹を用いたことからの名で、この羅宇のすげ替えをするのが羅宇屋《らうや》（らおやともいう）である。江戸時代初期に、刻み煙草を白い奉書の紙に包み、それを手製の巾着に入れて、煙管にむすんで腰に提げた。また鉄砲の弾丸を入れる胴乱《どうらん》を煙草入れに改造したものもあった。武士は印籠を提げるための懐中用につかった。巾着または胴乱に根付《ねつけ》を提げる「一つ提げ」、巾着または胴乱に煙管筒をつけ、煙管筒で腰に差す「腰差し」、雨に濡れても中身の煙草が湿らないようにした「とんこつ」などがある。「とんこつ」には木製と金属製があり、一つ提げと腰差し形がある。そのほかに提げ・懐中用・袂落《たもとお》としなどの形もある。金唐革《きんからかわ》、印伝革《いんでんがわ》を使った胴乱は裕福な人たちのもので、庶民は革製にみえるように和紙に桐《とう》油《ゆ》を塗ったり、渋を拭いて柿色に染めたりした。次第に留め金具、煙管筒の材質、緒締《おじめ》などにも、贅を尽くすようになった。

煙草盆
たばこぼん

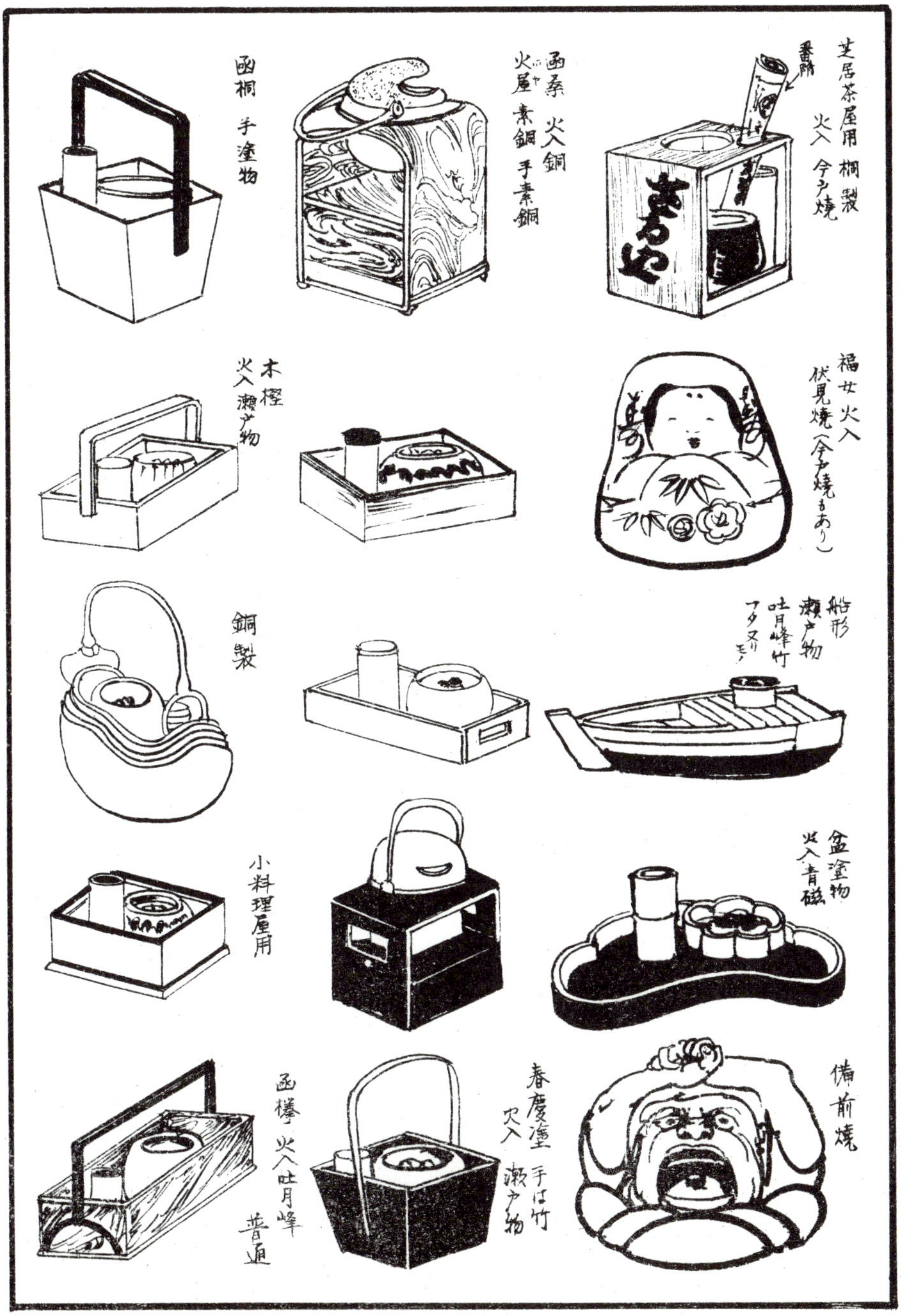

●刻み煙草の喫煙具である。火入れ、吸い殻を落とす灰吹きを一組にした盆、または木箱をいう。刻み煙草の入った引き出しがあり、煙管を置くようになっている。多くが漆塗りでいたのを、盆の上にまとめて置くようになっている。その文様も鮮やかである。江戸時代の寛永期（一六二四〜四四）に、火入れ、煙草入れ、灰落としなどを別々につかっていたのを、盆の上にまとめて置くようになった。

のが始まりとされる。香道で使われた香盆を転用したともいわれる。長方形、丸形でつくられ、左側に火入れ、中央に煙草入れ、右に灰落としとなっている。客前には、そこに煙管二本を添えた煙草盆を出した。「客あればお茶より先にたばこ盆」といわれるように、どの家庭にも煙草盆があった。のちに手提げのついた煙草盆を掛ける煙草盆もあらわれた。さらに戸外で火入れの灰が飛ぶのを防ぐため、三方に風覆いをつけたものもつくられる。こうした煙草盆を晴雨は百例も描けている。煙草盆の保存は少なく、絵に描かれただけでも貴重な史料である。

裕福な家庭では、煙草盆が嫁入り道具の一つとされ、什器類を手本としてつくられたので、豪華なものが多い。茶道でも寄付、腰掛待合、薄茶席には、それぞれその席にふさわしい煙草盆が置かれ、薄茶席では主客の座る位置を示した。吉原の遊郭などでは、客曳煙管とともに煙草盆は欠かせない道具であった。

芝居茶屋用 桐製
番附 火入 今戸焼

函桑 火入銅
火屋素銅 手素銅

函桐 手塗物

福女 火入
伏見焼（今戸焼もあり）

木樫 火入 瀬戸物

銅製

船形 瀬戸物
吐月峰竹 フタヌリモノ

小料理屋用

盆塗物 火入青磁

函樺 火入 吐月峰
普通

春慶塗 手は竹
火入 瀬戸物

備前焼

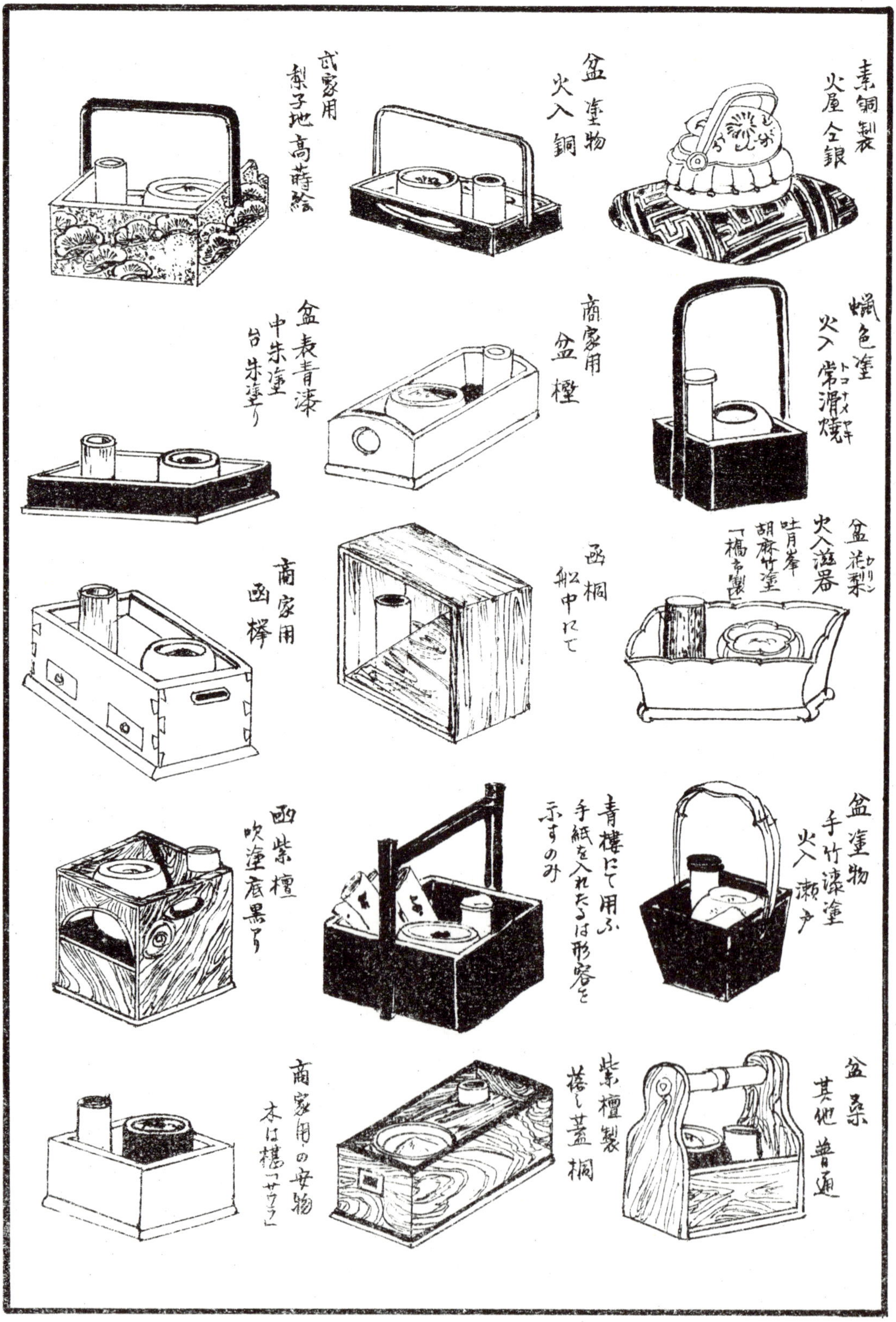
素銅製
火屋全銀
盆 塗物
火入銅
武家用
梨子地高蒔絵
蠟色塗
火入常滑焼《トコナメヤキ》
商家用
盆 欅
盆表青漆
中朱塗
台朱塗り
盆花梨《カリン》
火入滋器
吐月峯
胡麻竹塗
「橋本製」
函桐
船中にて
商家用
函欅
盆塗物
手竹漆塗
火入瀬戸
青楼にて用ふ
手紙を入れたるは形容を示すのみ
函紫檀
吹塗底黒り
盆桑
其他普通
紫檀製
落し蓋桐
商家用の安物
木は椹「サワラ」

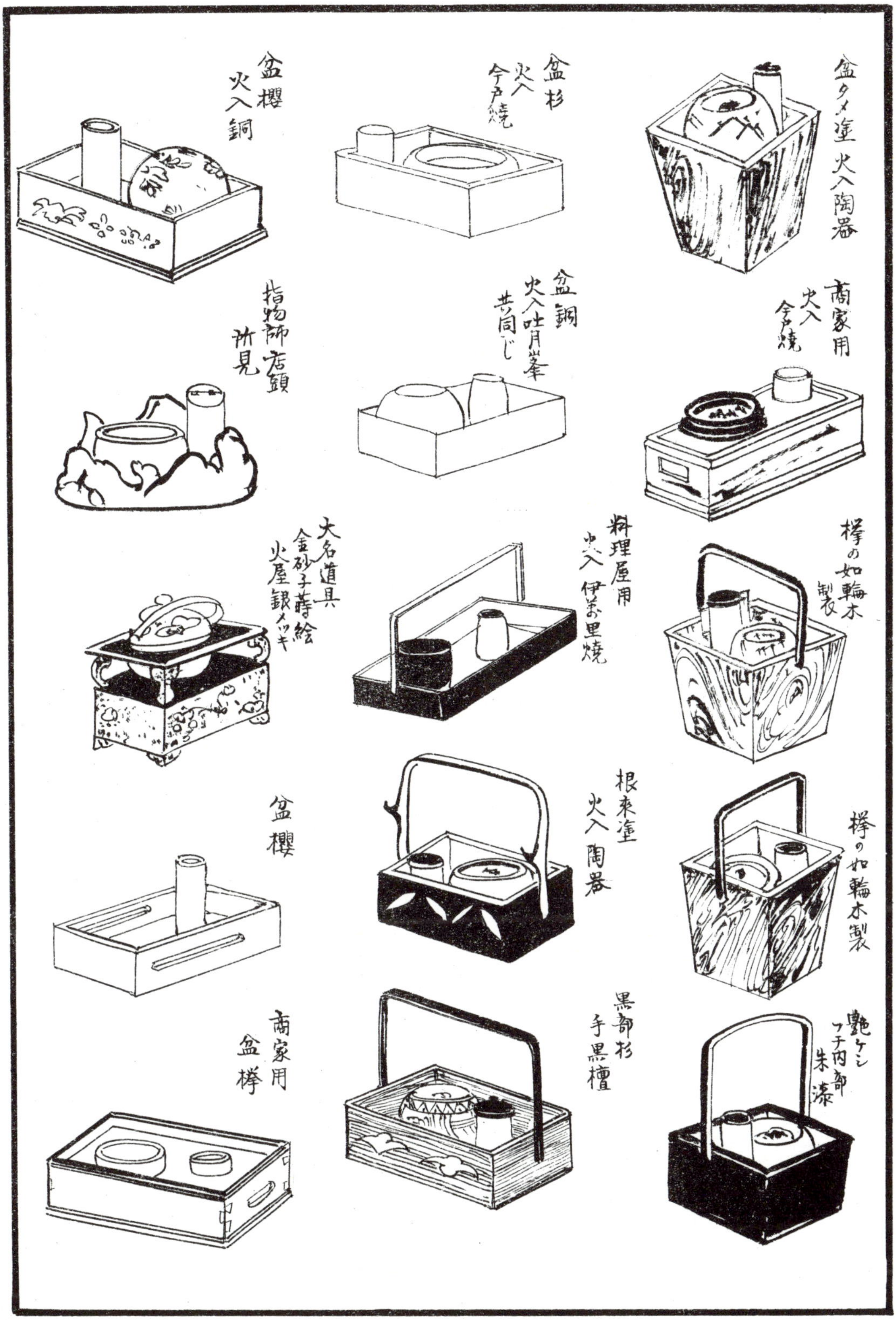
盆タメ塗 火入陶器
盆杉 火入 今戸焼
盆欅 火入銅
商家用 火入 今戸焼
盆銅 火入吐月峯 共同じ
指物師店頭 所見
欅の如輪木製
料理屋用 火入 伊万里焼
大名道具 金砂子蒔絵 火屋銀メッキ
欅の如輪木製
根来塗 火入陶器
盆欅
艶ケシ フチ内部 朱漆
黒部杉 手黒檀
商家用 盆欅

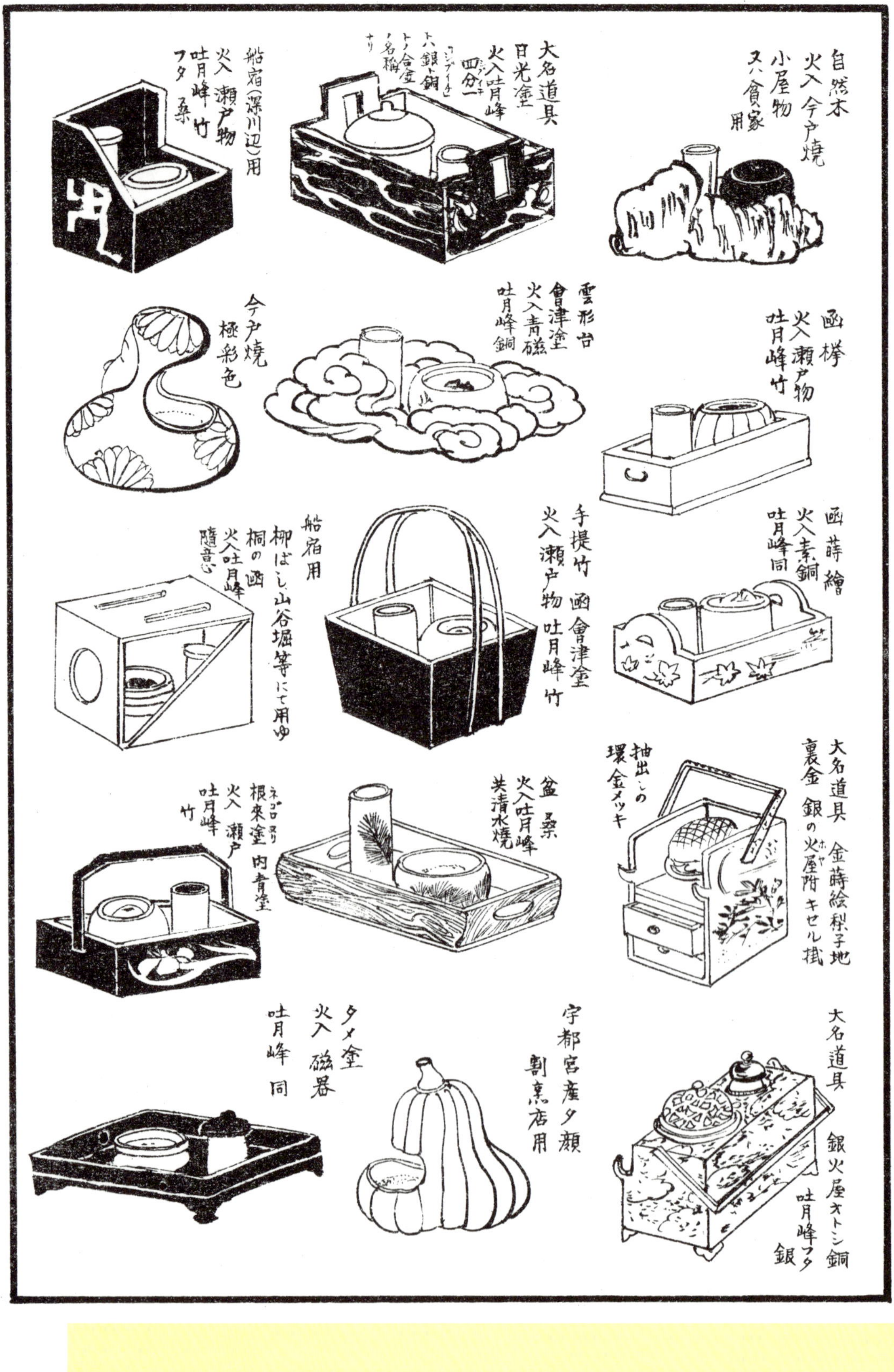
自然木
火入 今戸焼
小屋物
又ハ貧家用
大名道具
日光塗
火入 吐月峰
四分一《シブイチ》
「シブイチ」ハ銀ト銅トノ合金ノ名稱ナリ
船宿（深川辺）用
火入 瀬戸物
吐月峰 竹
フタ 桑
函 梓
火入 瀬戸物
吐月峰 竹
雲形台
會津塗
火入 青磁
吐月峰 銅
今戸焼
極彩色
函 蒔繪
火入 素銅
吐月峰 同
手提竹 函 會津塗
火入 瀬戸物 吐月峰 竹
船宿用
柳ばし、山谷堀等にて用ゆ
桐の函
火入 吐月峰
隨意
大名道具 金蒔絵梨子地
裏金 銀の火屋《ホヤ》附 キセル掛
抽出しの環金メッキ
盆 桑
火入 吐月峰
共清水焼
根來塗《ネゴロヌリ》 内青塗
火入 瀬戸
吐月峰 竹
大名道具
銀火屋 オトシ銅
吐月峰フタ 銀
宇都宮産夕顔
割烹店用
タメ塗
火入 磁器
吐月峰 同

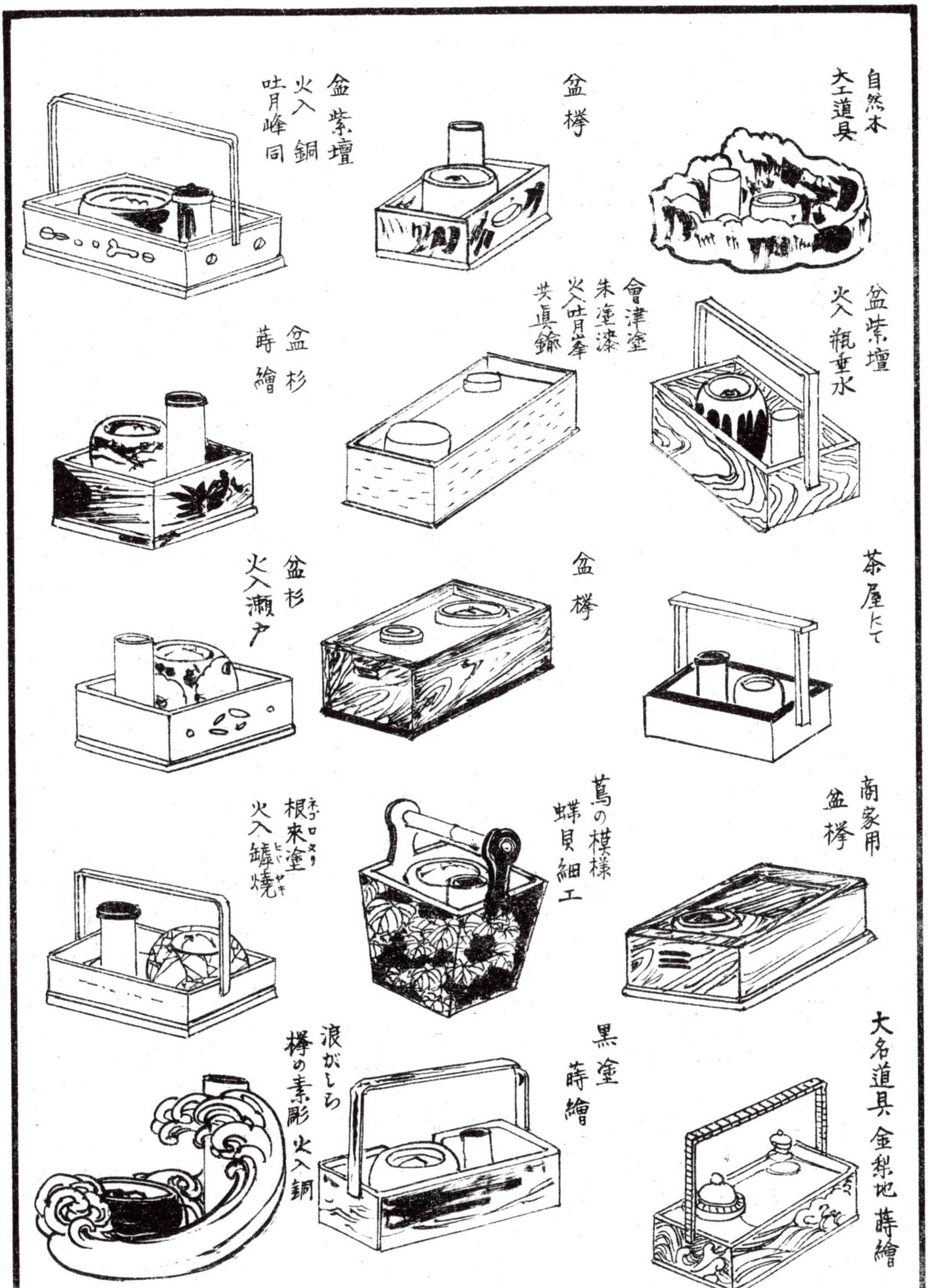

自然木 大工道具
盆 欅
盆 紫壇 火入 銅 吐月峰 同
盆 紫壇 火入 瓶垂水
會津塗 朱塗漆 火入吐月峯 共眞鍮
盆 杉 蒔繪
茶屋にて
盆 欅
盆 杉 火入瀬戸
商家用 盆 欅
蔦の模様 蝶貝細工
根来塗《ネゴロヌリ》 火入 鑪《ヒビ》燒《ヤキ》
大名道具 金梨地蒔繪
黒塗 蒔繪
浪がしら 欅の素彫 火入銅

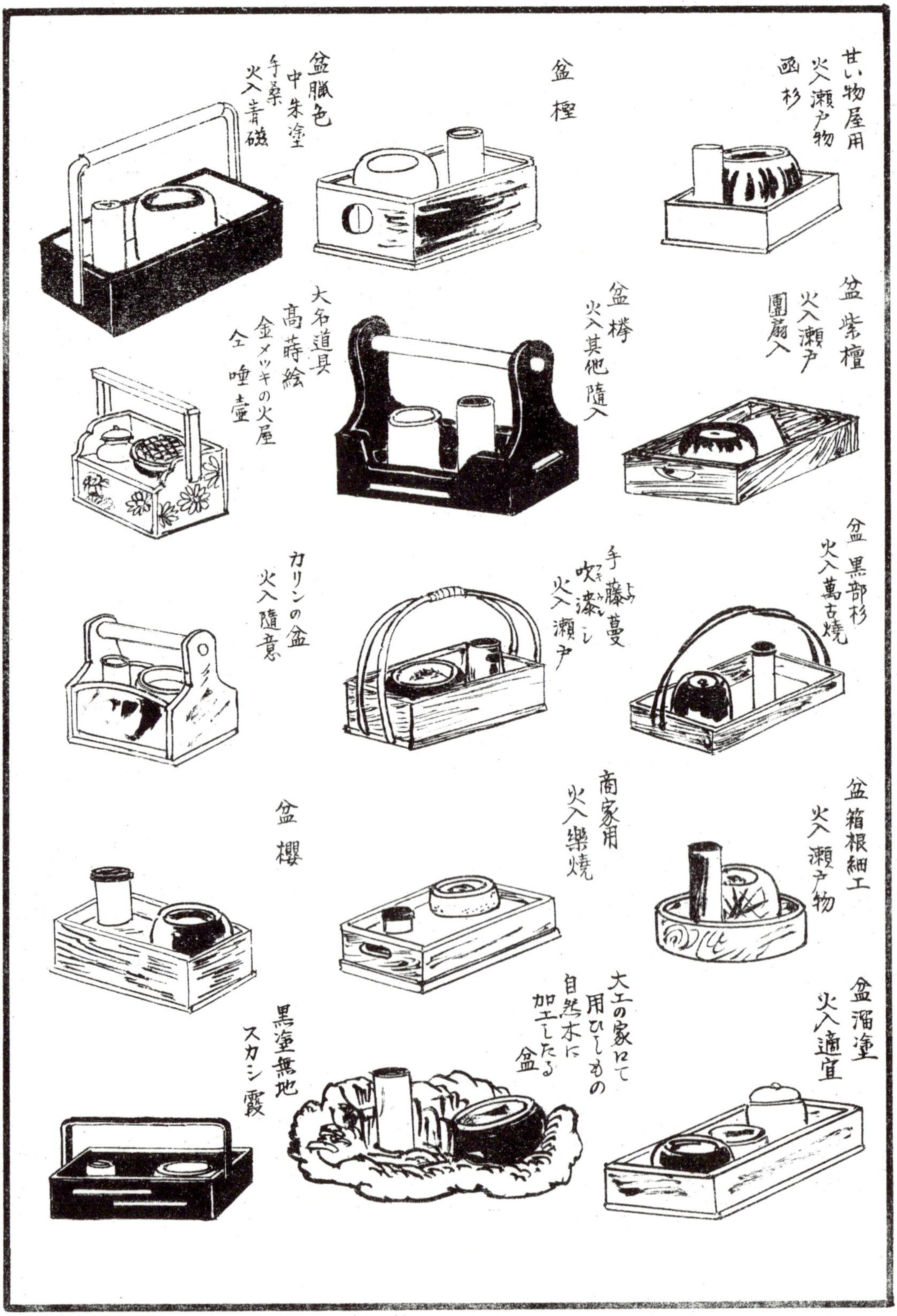
甘い物屋用
火入瀬戸物
函杉
盆
樫
盆臙色
中朱塗
手桑
火入青磁
盆 紫檀
火入瀬戸
團扇入
盆 欅
火入其他隨入
大名道具
高蒔絵
金メッキの火屋
仝 唾壷
盆 黒部杉
火入萬古焼
手藤蔓
吹《フキ》漆し
火入瀬戸
カリンの盆
火入隨意
盆 箱根細工
火入瀬戸物
商家用
火入楽焼
盆
櫻
盆 溜塗
火入適宜
大工の家口で
用ひしもの
自然木に
加工したる
盆
黒塗無地
スカシ霞

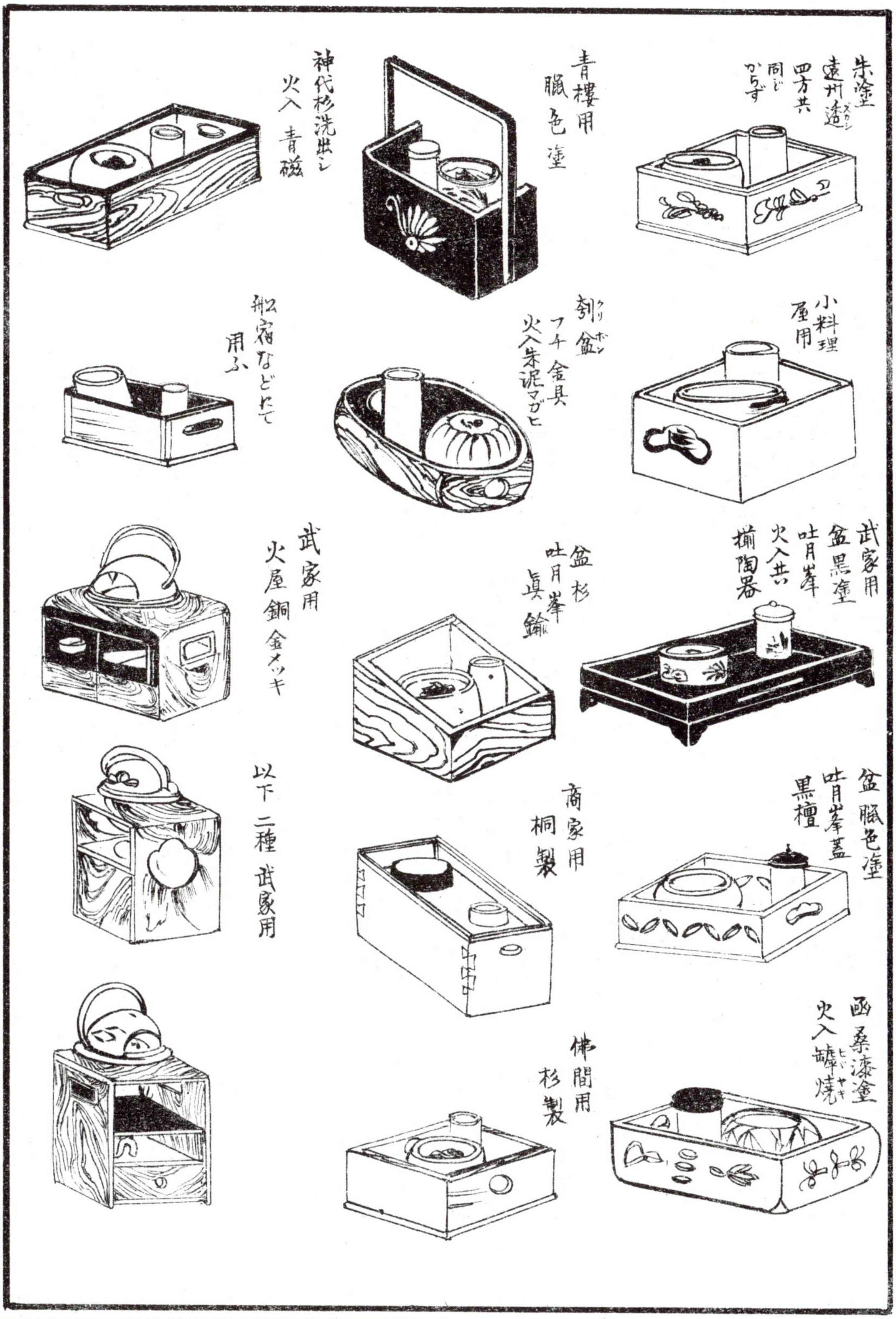
朱塗 遠州透《スカシ》 四方共 同じからず
青樓用 臙色塗
神代杉洗出シ 火入 青磁
小料理屋用
刳《クリ》盆《ボン》 フチ金具 火入朱泥マガヒ
船宿などにて用ふ
武家用 盆黒塗 吐月峯 火入共 揃陶器
盆杉 吐月峯 真鍮
武家用 火屋銅 金メッキ
盆臙色塗 吐月峯蓋 黒檀
商家用 桐製
以下二種 武家用
函桑漆塗 火入
佛間用 杉製

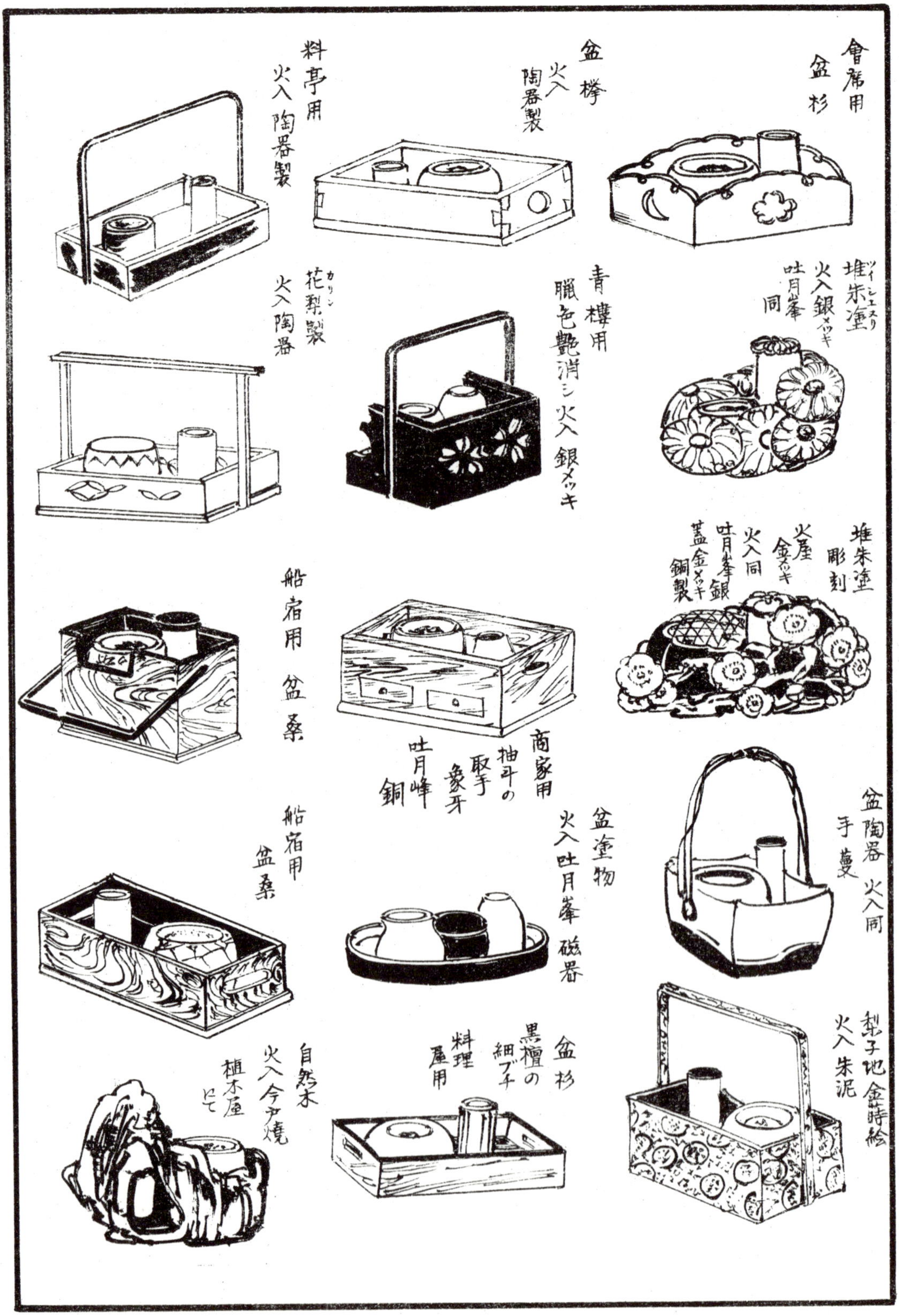
會席用
盆杉
盆 櫸
火入 陶器製
料亭用
火入 陶器製
堆朱塗《ツイシュヌリ》
火入銀メッキ
吐月峯 同
青樓用
臘色艶消シ 火入 銀メッキ
花梨《カリン》製
火入陶器
堆朱塗 彫刻
火屋 金メッキ
火入同
吐月峯 銀
蓋金メッキ 銅製
船宿用 盆 桑
商家用
抽斗の 取手 象牙
吐月峰 銅
盆陶器 火入同
手 蔓
盆塗物
火入吐月峯 磁器
船宿用
盆 桑
梨子地金蒔絵
火入 朱泥
盆 杉
黒檀の 細ブチ
料理 屋用
自然木
火入今戸燒
植木屋 にて

江戸時代の遊戯と明治時代の遊戯

江戸から東京へと、時は移り人は變っても、變らぬものは遊戯の方法である。昭和時代のスポーツも明治時代の運動競技と其源を一にして居る事を否定し得ない。殊に小兒の玩具等に至っては、古來から現代迄、幾多の形様式の、それが現れても刀や、鎧や達摩の旧式なもの乃至は、大張子や、デンデン太鼓等は、甚製作材料に些少の變化があっても、其傳統は依然として殘って居る。

大道のおもちゃ店は昔しは随處にあったもので大傘の下へ種々雜多のものを並べて賣って居たもので明治時代になって、其名称は、各所の縁日に「チョイ／＼買ひナヨ、隅から隅迄どれを取っても二銭と八厘」と節面白く、特種な音調で往來の人々を引き附けて居たのは現代の均一賣の先駆かも知れない。

子供の遊戯は江戸時代には殆んど二三を除くの外、特に取立て云ふ程のものはない。凧、獨楽、根ッ木、竹馬等の外は遊戯の爲に作られた運動具と云ふ可きものは尠い、絶無では無いが當時の社会は子供に對する教養が、自然主義といふのか、放任主義といふのか「お錢《あし》を四文やるから、表へ行って遊んでこい、小僧ッ！」の程度であったから、絵で見ると子供遊びの圖は面白いが、實際は絵の様な美しいものでなく、カビ頭や白雲頭の乱髪蓬髪、雜巾のドンツク布子をお母アの丹精で仕立て直した薄汚い衣類を着て、鬼ゴッコや、芋虫ゴロ／＼を寺の空地や紺屋の張り場でやって居る圖は全く以って野蛮極まるもので決して現代人の想像する江戸情調なるものは然も悉く美化されたものでは無いとキッパリ云って差支へない。

明治時代に入って日清日露の両戰役を堺として少年國は世界的になり、學校から受入れた運動方法はガラリ、從來の野蛮主義を一擲して、文化生活に入り無邪気な子供の顔は段々神経質になって了った。

其、子供の顔を代表するものは浮世絵と明治初期の寫眞と、それから當時出來た人形である。此三ッの物を透して江戸時代の子供の體質と容貌を現代の子供と比較して見ると、昔の子供は身長が低くて、頭が無性に大きく、眼玉が少さくってクリ／＼して居た。無邪氣といふのか鈍感なのか、兎に角「子供」といふ感じが「大人」との區別をハッキリさせてゐた。それが例の戰争を境めとして體育の奨勵となり、身体は伸びて頭部は少さくなり、子供の眼の感じは世相と共に段々鋭くなり一般の兒童の眼窩は非常に大きくなって來たのは著しい變化である。

だから現代の「子供の顔」は昔の「大人の顔」である。大人《おとな》の遊戯も亦昔は極めて尠なかった。五節句は子供も大人も共同の遊戯である。其他一年一回の祭禮と、酉の市とお花見乃至は汐干狩位なものであったから、満都を挙げて熱狂したといっても現代人の想像する「賑やかさ」とは、量に於ても質に於ても大變に異って居る。此頃の大衆小説に出て來る様な「巷の雑踏」とは其質に於て非常に異って居る、此事は他日記す事にする、それは非常な尨大な紙面を要するからである。

閑話休題、そうした空氣の中に育った、江戸時代の遊戯は、といふのは「眼から眼」の世界よりも「心から心へ」の世界へ擴がって行って「口上茶番」となり「遊食會」となり「見立の聯合せ」となり「お後ひの撒き物」の趣向となり「藤八拳」となり、「落語」となり「語呂合せ」となり「川柳」となり、後年の所謂、江戸情調なるものを作るに至ったのであるが、これは徳川氏の「知らしむ可からず頼らしむ可し」的壓迫政策から來た結果であって、実は変質的な遊戯分子の表現である、それであるから江戸時代の遊戯といふものは突き詰めて見ると、実に下らないものである。懐古的には面白く絵画的には美化されて居るから差支へないが、決して其當時の光景は春章か、師宣や、豊春の版畫に現れたような美しさ斗りでないと断言する。著者は代々の江戸ッ子であるが正直の所、江戸時代の遊戯と子供には無暗に誇張した讃辞を呈し得ないのである。

明治時代＝和洋混沌時代＝遊戯も亦和洋折衷式になって、此時分が一番面白い、面白いといふのは整頓しない面白さだ、例を假りて言へば建築中の建物の面白さである、建築の仕上った建物の面白さでは無いのである。石蹴り、風船、ガラスの玩具、幻燈、銅版刷の絵本、石版画(主として墨一色)西洋化した浮絵、チヤリネの曲馬、ノアトンの奇術、ダークのあやつり、ブラックの落語、等々々滔々として漲り寄せる西欧の文化の波は、大人も子供も一巻きにして彼等の遊戯は俄然として其複雑性を加へたのである。其當時の児童＝私は維新前を子供、維新後を児童と云ておく＝の服装も亦非常に面白い、一方には昔町娘の着た様な黄八丈を筒袖に仕立て、目の醒める様な紫の唐縮緬の兵児帯をダラリと締めて大黒帽子を冠った、富豪階級の小学生徒があれば、一方には亦旧民の小倉服にピエロの着て居る様な紅白ダンダラ染の靴下を穿いて居る中学生もあり「パノラマ」を逆に読んで顔を紅くした娘の頭髪はバラの簪に網を掛けた束髪、紫の袴を穿いてゐた。海老茶の袴はそれからずっと後の三十年頃である。

懲役人の外役を真似て泥棒ごっこを初めた児童は孟母の三遷を地で行った形ちで、棒飛び旗取り軍艦遊戯、ボールの面子も日清戦争前には武者絵と、虫拳が巾を利かせて居たものが、其後は軍服の将校や大砲、水雷と変り國家の元勲も哀れや腕白小僧の手に掛って、此處の板塀、彼所の羽目にちぎって叩き附けられる運命とこそはなりけり。「こゝへ来て遊べよ親の無い雀」一茶も子供の時があった、淋しきは昔の子供、楽しきは現代の児童である。

「怪談會」は「百物語」のアクドイ奴で遊戯として上乗のものとは言はれないけれども遊ぶといふ以上、相當の労力は要する訳でコンニャクを踏ませたり、鬘ののれんを蛇と思はせたり、生人形の生首や幽霊の扮装など、大抵紋切型の十把一束、大した変った化物も幽霊も出ない様だが、夏の夜の景物として現代でも時々行はれて居る。

笑覧会(ワラワン會)といふものがある。一種の地口《ぢくち》と考物と無理とじつけに故事附けたものに過ぎないが此出発点は元禄時代から屡々あった、お開帳の場所でたとへば之が泉岳寺だとすると、天川屋利平の帳面、顔世御前の黒髪なんど、人を喰った偽物を並べて見せたのが、後にはモット洒落ッ気を出して笑覧會といふ名称を生み、賽を山盛りにしてサイゴ(賽五)タカモリ(高盛)なんかと云ふ駄洒落やら、何やらを加味した飾り物で、その又駄洒落を非常に喜んだものであったがこれ等の遊戯は一時のシヤレに過ぎないのであるから跡方もなく消滅した、日露戦争以後活動写真の流行と共に一切を清算された形ちだ。

【三三三】

口上茶番《こうじょうちゃばん》

口上茶番
軽口をモ一つ通ふ気を出して景物を持って下げを附ける「言ひ立て」を口上茶番といって江戸の通人社会に行はれたのが明治迄続いた。故河竹黙阿弥翁の考案であるところの「双六」といふ題で
傘を持って出て
した
といったような風の遊びであったもので其題に因んだ景物を看客に出した。こんな洒脱な遊びは現代では全く見られない。
造り物の一種
聯合せといふものは種々の物品を以て、ある種の模擬絵画を為すもので就中お祭りの聯合せなどは江戸生粋のイキなものであった。併し其源は遠く上方の造り物に発してゐる様に思はれる。此事は後篇見世物の部に説く事にする。

◉茶番は茶番狂言、狂言茶番を略したもので、洒落や滑稽を述べながら最後に落ちをつける、即興に仕組んだ寸劇をいう。口上茶番は茶番の種類の一つである。茶番を専業として演じる茶番師も登場し、天明期（一七八一～八九）には爆発的な流行となって、江戸市中には数多くの連がつくられた。大田南畝は『俗耳鼓吹《ぞくじこすい》』（天明八年・一七八八）で「俄《にわか》と茶番とは似て非なるもの」といい、喜多川守貞の『守貞謾稿』（嘉永六年・一八五三）にも「京坂の俄に似て聊か異なり」という。式亭三馬の『茶番狂言早合点《ちゃばんきょうげんはやがてん》』（初編文政四年・一八二一、二編同七年・一八二四）では、「茶番と俄狂言との差別」に「立廻りの狂言に、をかしみあるを俄狂言といふべし、景物を出すを主として、それにさまざまの、趣向利屈などをこじつけ、笑いを取を茶番と云べし云々」という。芝居小屋の三階にいる大部屋役者が、景物を出しては芝居の真似ごとをしたことにはじまり、茶を景物としたので茶番という。餅のときは餅番、酒のときは酒番《さかばん》という。茶番には、鬘をつけ化粧をして、役者のような出で立ちで狂言をするのを立ち茶番という。立ち廻りがあるからとも、立って演じるからともいう。それに対して、趣向を説明し、その趣きにしたがって、景物を座中に並べるのが口上茶番である。なにかを見立てて演じるので見立て茶番ともいう。ほかに景物に食べ物を出した食物茶番《しょくもつちゃばん》、食茶番《くいちゃばん》もある。

達磨倒し《だるまたおし》

どつこいしく
純然たる賭博である、併し昔の子供も大人も皆んな此「どつこいしく」を喜んだ、圓形の紙張り枠へ八ツ以上十六位迄（明治以後は一定せず）の区劃の中に相撲、役者等々の名前を記したるものを廻転して客に吹矢を以て之を當てさせるものと單に其場所を指定して勝負するものと二種あつた。而して大抵は所謂（インチキ）があつて圓盤の台の下に仕掛けがしてあつたが、客はそれでも盛んに引掛る。現代では草競馬の附近や縁日でテキヤが時々やつて居るのを見掛る人情は古今同じだと見へる。
達摩倒し
フランスで今から廿年と前に流行したといふ「バーゾン」といふ癇癪まぎれにこわしてやる見世物と同巧異曲、球で張子の達摩を倒す遊戯が明治の中期に非常に流行した球五個一銭で今の空気銃の先祖（？）かも知れない。
オッチョコチョイのチョイく
現代の朝鮮飴の籤に似て居る當り籤の竹には文久銭を附けて巧みに人の目を瞞着する中々凄い奴が居て時々実際の賭博へ迄お客を引っ張り込んだのもあつた。各所の祭礼など当込んで出て居た。

◉台の上に置かれた達磨を、まりで落とす遊び。まりは五個で一銭である。達磨は底を重くしてあるので、いくら倒しても倒れずに、すぐに起き上がる。この遊びで達磨を手に入れて家に持ち帰ると、家の者も達磨が縁起物であるので喜んだという。倒れることのない達磨を利用したところに、達磨倒しの面白さがある。縁日や祭りなどに出る露店、夜店などで見られた。

宝引き
ほうびき

ポッピキ
宝引の一種　寛永頃より江戸にホッピキ（宝引）といふものの初より由来し行徳辺の「福引」であるが此方広な街頭迄持出して岡の如く筒の中にて玉を入れバラビキ、ビール、タバコ等を入れ一銭乃至五銭宛にて綱を引上寄せて引上げた物を与へてみたが明治二十二年頃の事と略博行為として禁止された。

風船玩具の全盛期
明治二十四年十月英国人スペンサー上野博物館内に於て気球を揚げて之に乗ってパラシュートにて降る満都喝采、薄暮の雇皮紙を張った彩色々の気球其大流行りを極めたが絶後の暑さ平生併たる其口金の……

電話のおもちや
明治二十二年頃ボール紙製で線は木綿を用ひ電話の創めて出来た頃だったので非常に珍らしがられた、向島のお花見に隅田堤と三囲稲荷の境内とで通話をして花見の人々を驚ろかせたものだ。

綿に浸せるアルコールが穴の明りた幅、切る人家の家根に落ちて火災を起こしたので之れも厄に逢った、どうも面白い事は禁止になる、いやでも今でもゼムバラシューとのみは危険で見えるのが。

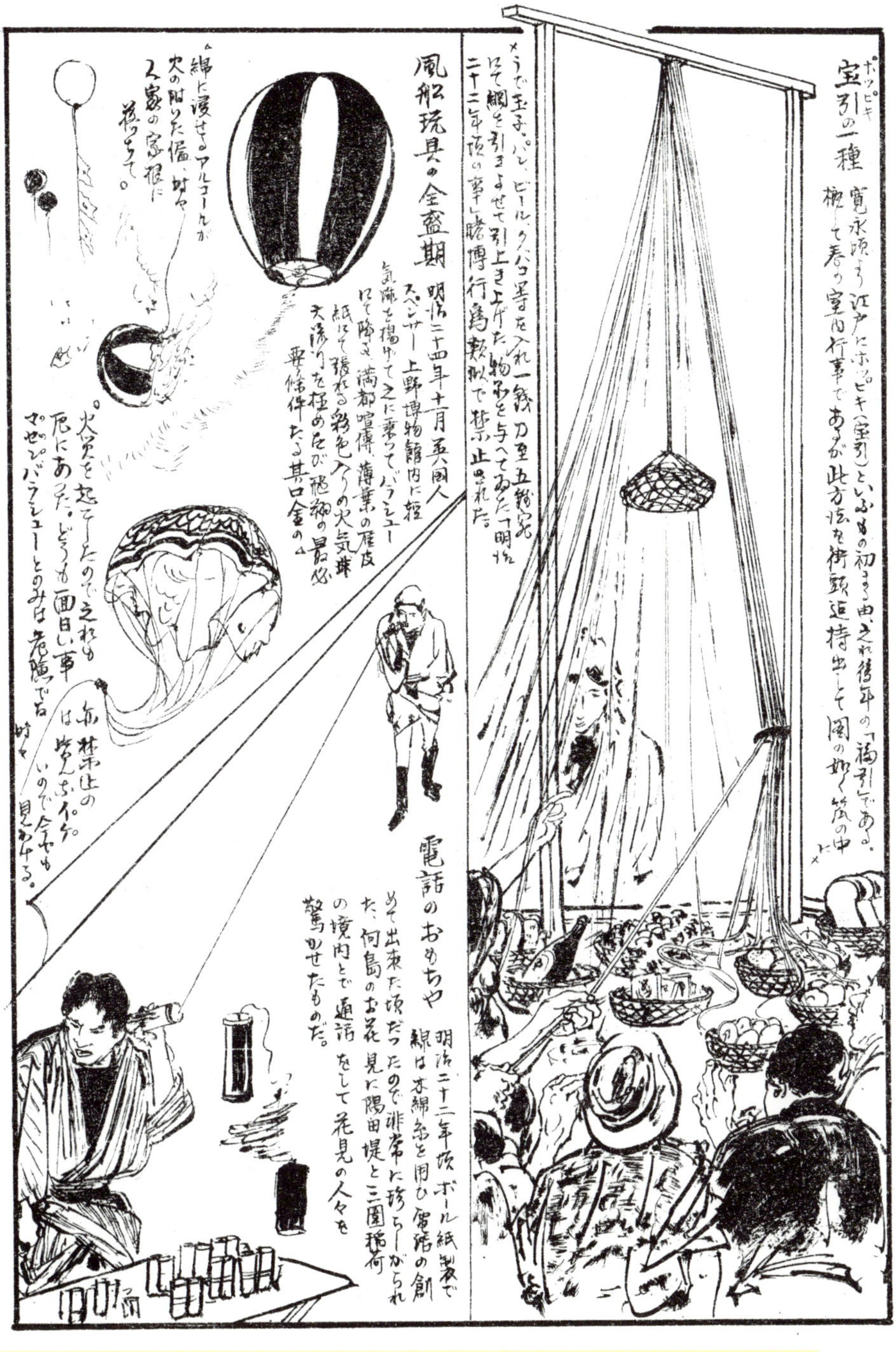

● 正月の遊びの一つで、子供を対象にした福引き。さごさい（き御座い）ともいう。商売人が、往来で子供たちを呼ぶのに「さあごさい〴〵」といって集めたからである。川柳に

　さごさいは長屋でいっち稼ぐ也

とある。宝引きは、数本の縄（宝引き縄という）を束ね、そのなかの一本の先端に、橙の実（分銅、胴ふぐ）を吊す。それを引き当てると賞品を出した。縄の先は襖障子や屏風で見えない。橙は代々家が栄えるという意味で、縁起をかついでいる。縄一本が一文であった。中世から近世にかけて家のなかでの遊びとして発達し、のちに辻宝引き、飴宝引きなどと呼ばれた。直接に縄の端に金や物などを結びつけ、金銭（宝引き銭。宝引きに賭ける銭）を出す賭博となり、その後、禁令が出るほど流行した。室町時代の辞書である『運歩色葉集』にも「福引　ホウビキ　正月索貫銭、不見而取之」とある。また俗信にも「ほうびきせねば蚊が食ふ」がある。正月に宝引きをしないと蚊に食われるという。風来山人（平賀源内）の滑稽本『風流志道軒伝』（宝暦十三年・一七六三）巻二に「正月といへば、童までが宝引、穴一の類をする事と心得て、親〴〵も宝引せねば蚊がふとやら云々」とある。穴一は地面に小さな穴を掘り、そこに銭を投げて、穴の入ったのを勝ちとする遊び。

怪談会

かいだんのかい

◉妖怪とか変化《へんげ》を化け物、お化けという。それに幽霊をふくめたのが怪談である。これを話す会が怪談会である。妖怪や幽霊の話は、伝説や世間話などの伝承のなかにみられるだけではなく、怪異小説や怪談集などの文芸や芝居の怪談狂言、落語の怪談咄などにもみることができる。江戸時代になって、怪談の百物語《ひゃくものがたり》が流行した。そうした作品を集めた怪談集の形態が整うようになると、夜に何人もの人が集まって、怪談話を交代で話しあう会も生まれた。百本のロウソクをともして、一話を終えるごとに、ロウソクを一本ずつ消し、最後の一本を消すと、怪異現象が起きたという。怪談集には『百物語』(万治二年・一六五九)『諸国百物語』(延宝五年・一六七七)『古今百物語評判』(貞享三年・一六八六)『御伽百物語』(宝永三年・一七〇六)などがみられる。また怪異小説の『因果物語』(寛文元年・一六六一)は、仏教思想の宣伝をはかり、『伽婢子《おとぎぼうこ》』(寛文六年・一六六六)は、中国文学の翻案を試みて、怪異小説の典型を示した。落語の怪談咄を聞く会を怪談会ともいっている。

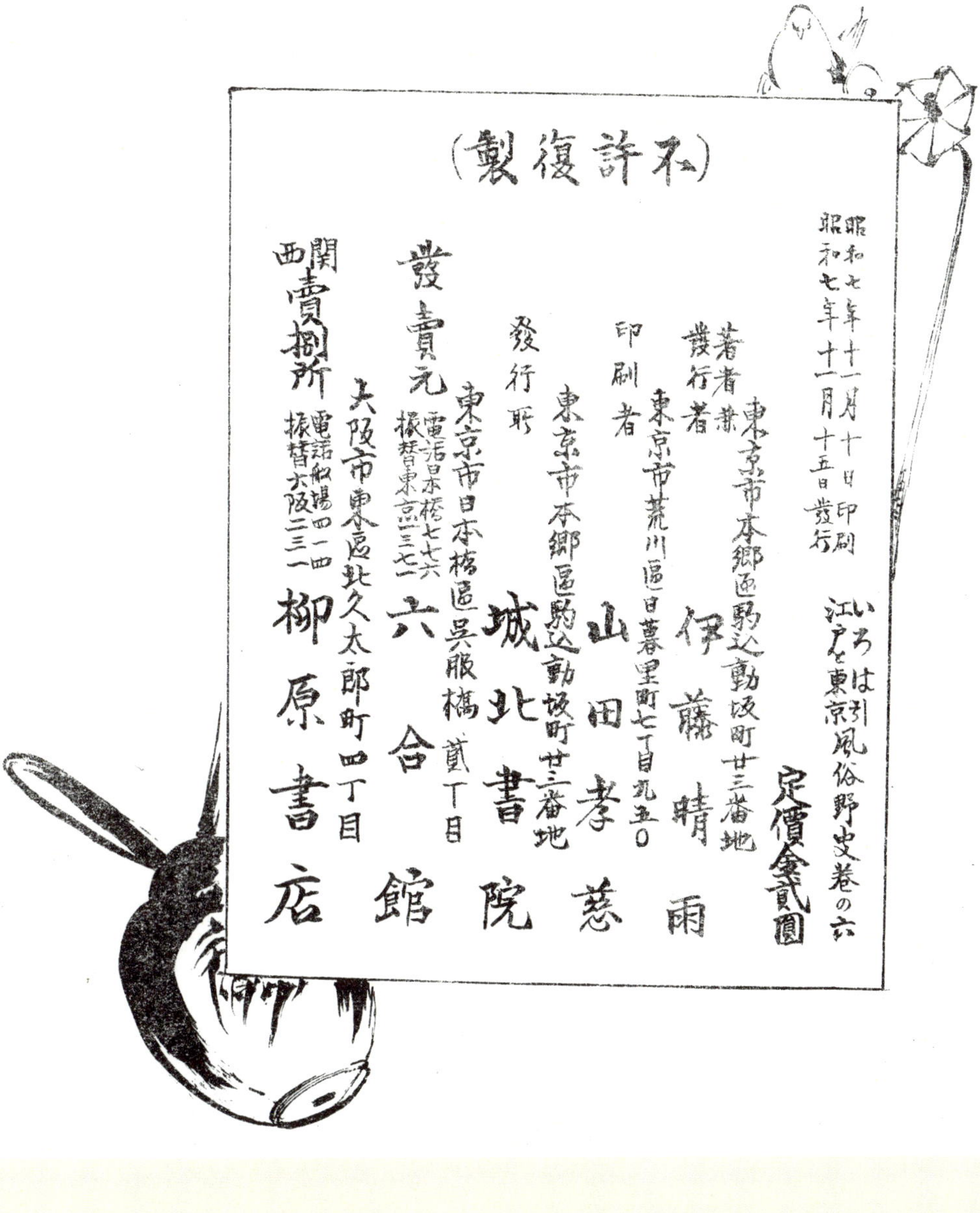

昭和七年十一月十日印刷
昭和七年十一月十五日發行

いろは引江戸と東京風俗野史巻の六

定價金貳圓

著者兼發行者　東京市本郷區駒込動坂町廿三番地　伊藤晴雨

印刷者　東京市荒川區日暮里町七丁目九五〇　山田孝慈

發行所　東京市本郷區駒込動坂町廿三番地　城北書院

發賣元　東京市日本橋區呉服橋貳丁目　電話日本橋七七六　振替東京四三七二　六合館

關西賣捌所　大阪市東區北久太郎町四丁目　電話船場四一一四　振替大阪二三一　柳原書店

稿本
江戸と東京風俗野史図絵

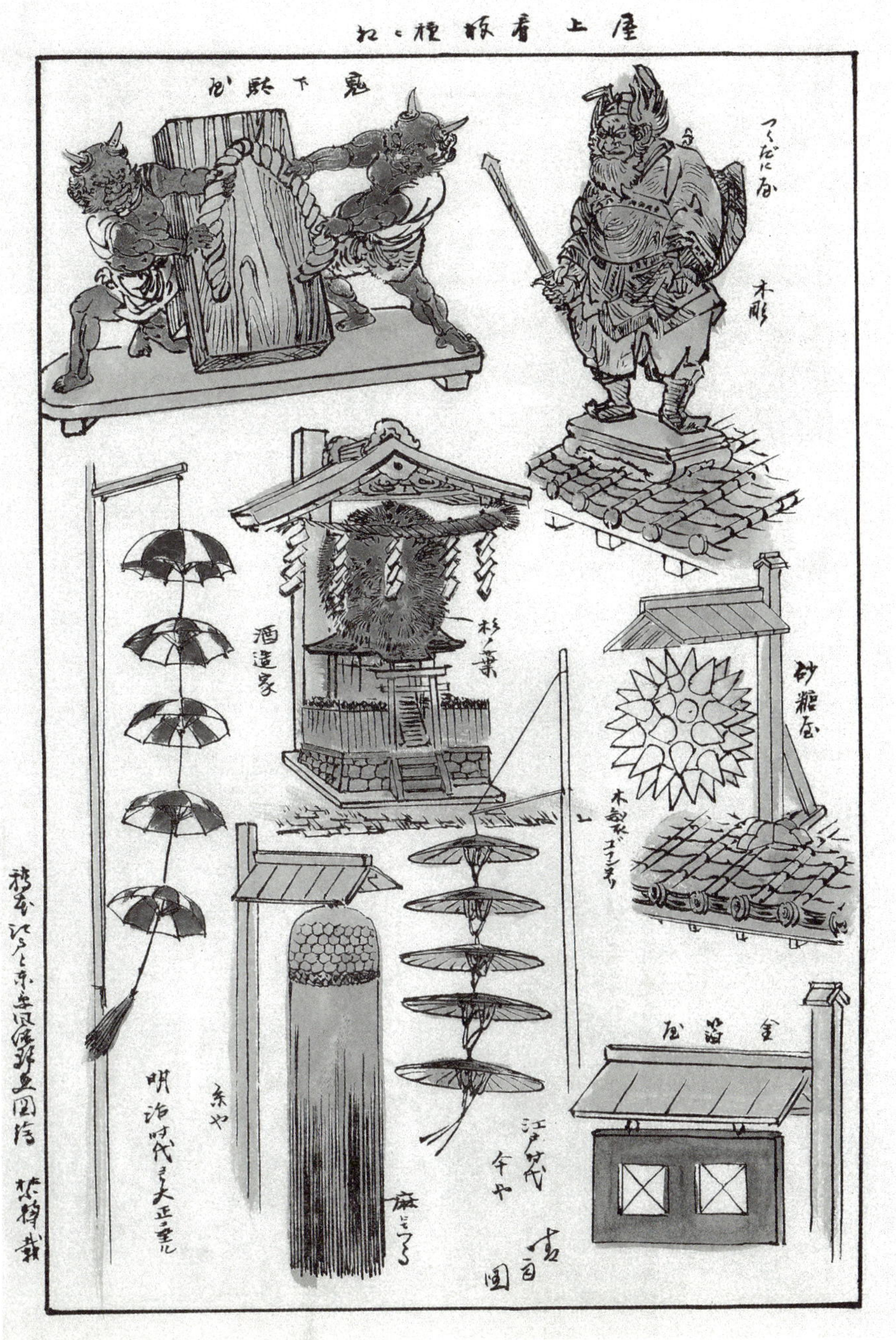

◉ここに紹介する一枚刷りの「稿本　江戸と東京風俗野史図絵」八枚は、『江戸と東京　風俗野史』の続編と思われる。「稿本」とは、下書きの原稿のことである。もしも『江戸と東京　風俗野史』自体の稿本ならば、ここに描かれたものが、すべてみられるはずだが、酒屋、ランプ屋、芋屋などは、全六巻のどこにも掲載されていない。「稿本」に禁転載とあるのは、晴雨が、新しい「風俗野史」をつくろうとしていたからであろう。

「稿本」には墨版と手彩色版の二版がある。手彩色版は、とても丁寧に彩色しているが、それぞれ微妙に彩色を異にするものがある。それはともかく、彩色を施すだけで、当時の雰囲気がより良く伝わるのは、絵の魅力であろう。

かつて、青木正兒編『北京風俗図譜』（平凡社・東洋文庫　昭和三十九年）の彩色本が特製本として出版されたり、宮尾しげを著『支那街頭風俗集』（実業之日本社　昭和十四年）の手彩色した特製本が残っているなどの例があるように、晴雨は『江戸と東京　風俗野史』の特製本をつくろうとしていたのかも知れない。「稿本」は、その彩色本をつくる試みではなかったかと思われる。

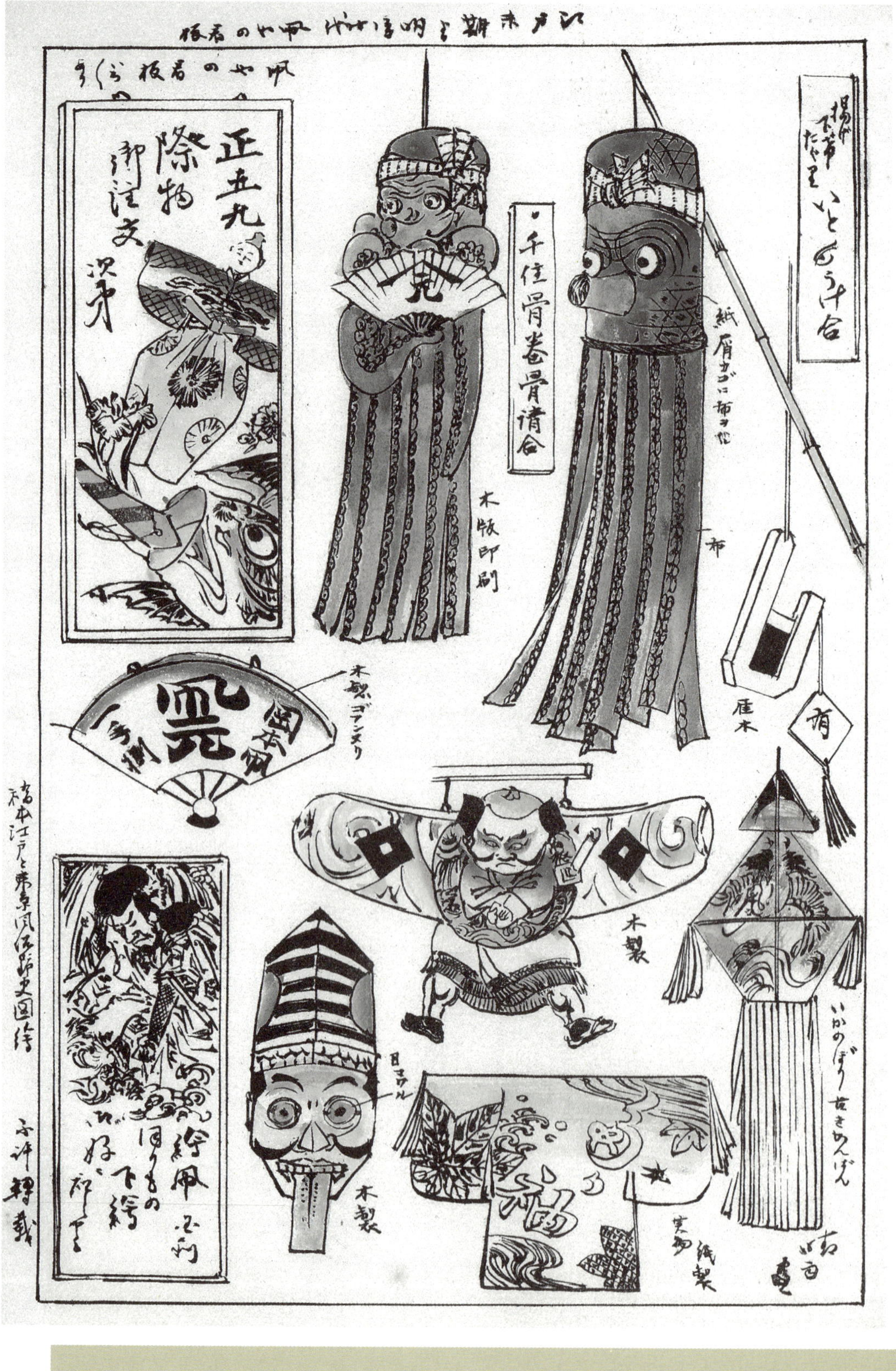
千住骨巻骨請合
木版印刷
布
雁木
木製
木製
木製

江戸と東京看板図の一

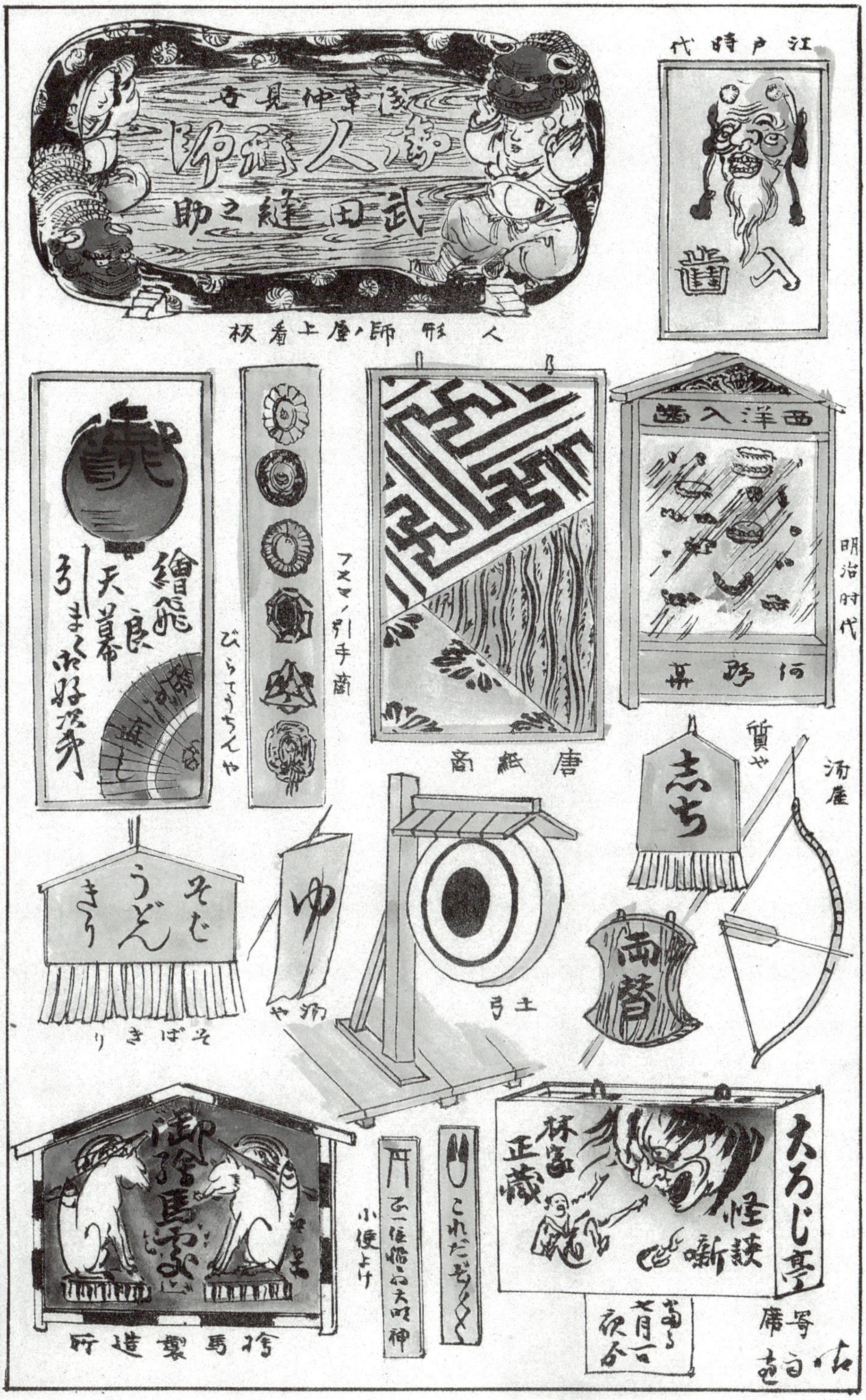

稿本江戸と東京風俗野史図絵（無断転載）

江戸と東京看板図の二

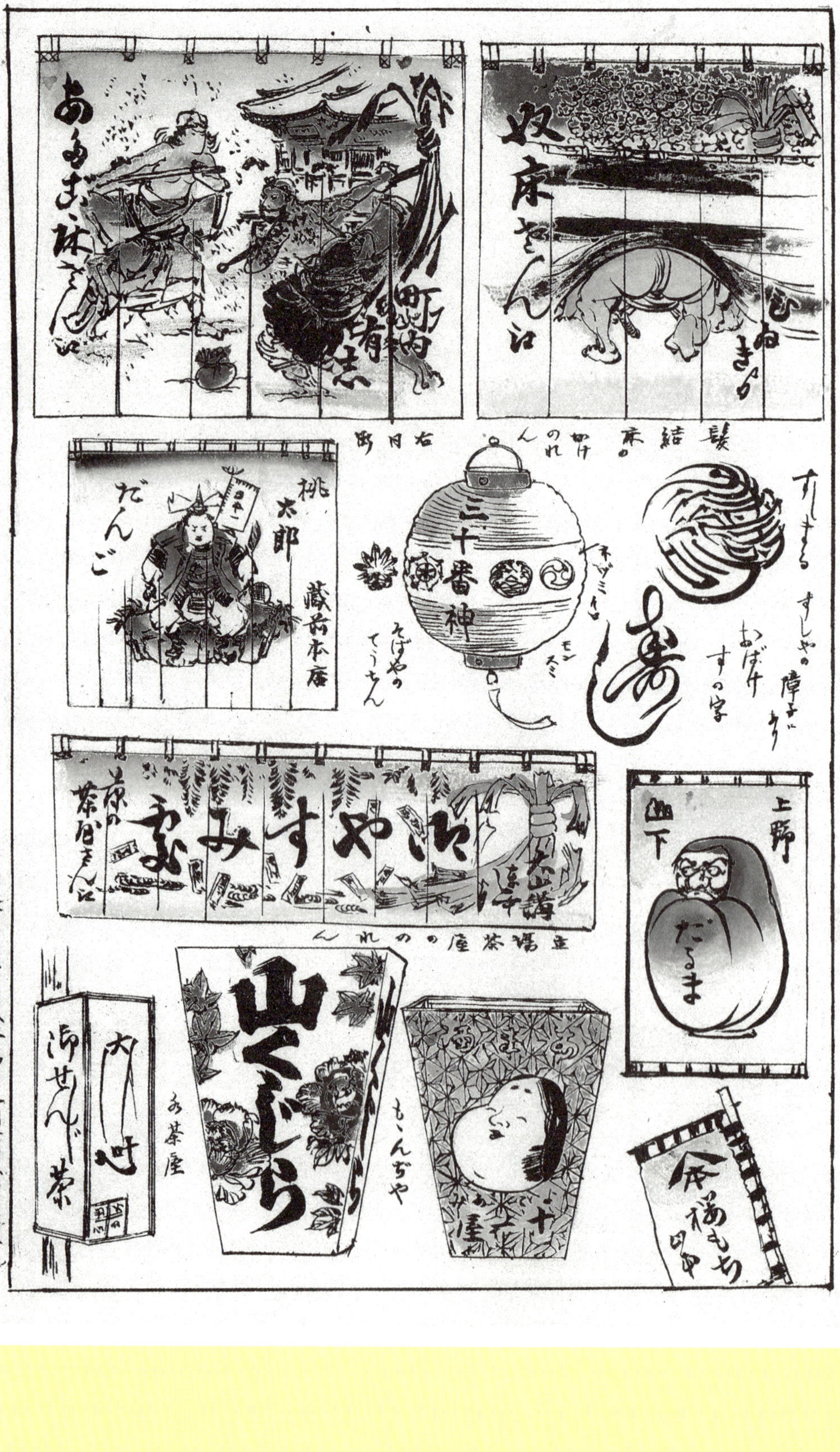

江戸と東京風俗野史図絵（禁転載）

明治時代酒屋之圖

酒醬油炭薪

いせ原
同西

伊勢久

現金 …

いせ金

橋本江東東京風俗野史圖繪

榮輝載

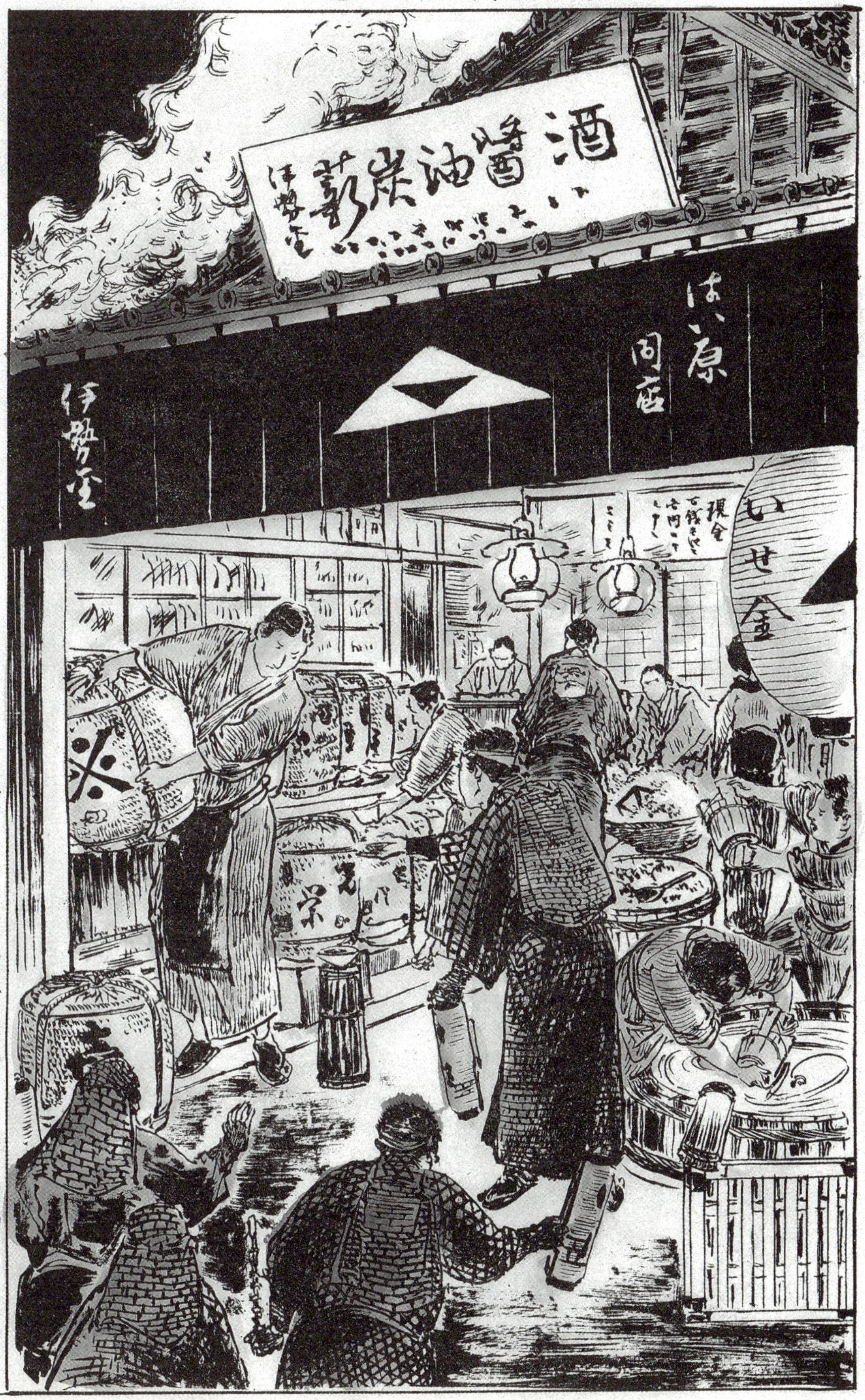

明治時代人力車宿之圖
人力車
江戸と東京風俗野史圖絵

開港地のランプ屋

稿本江戸と東京風俗野史図絵 禁轉載

明治時代やきいも屋の図

稿本江戸東京風俗野史図絵 埜轉載

江戸の盛り場
伊藤晴雨著
東京富士書房発兌

江戸の盛り場
伊藤晴雨画

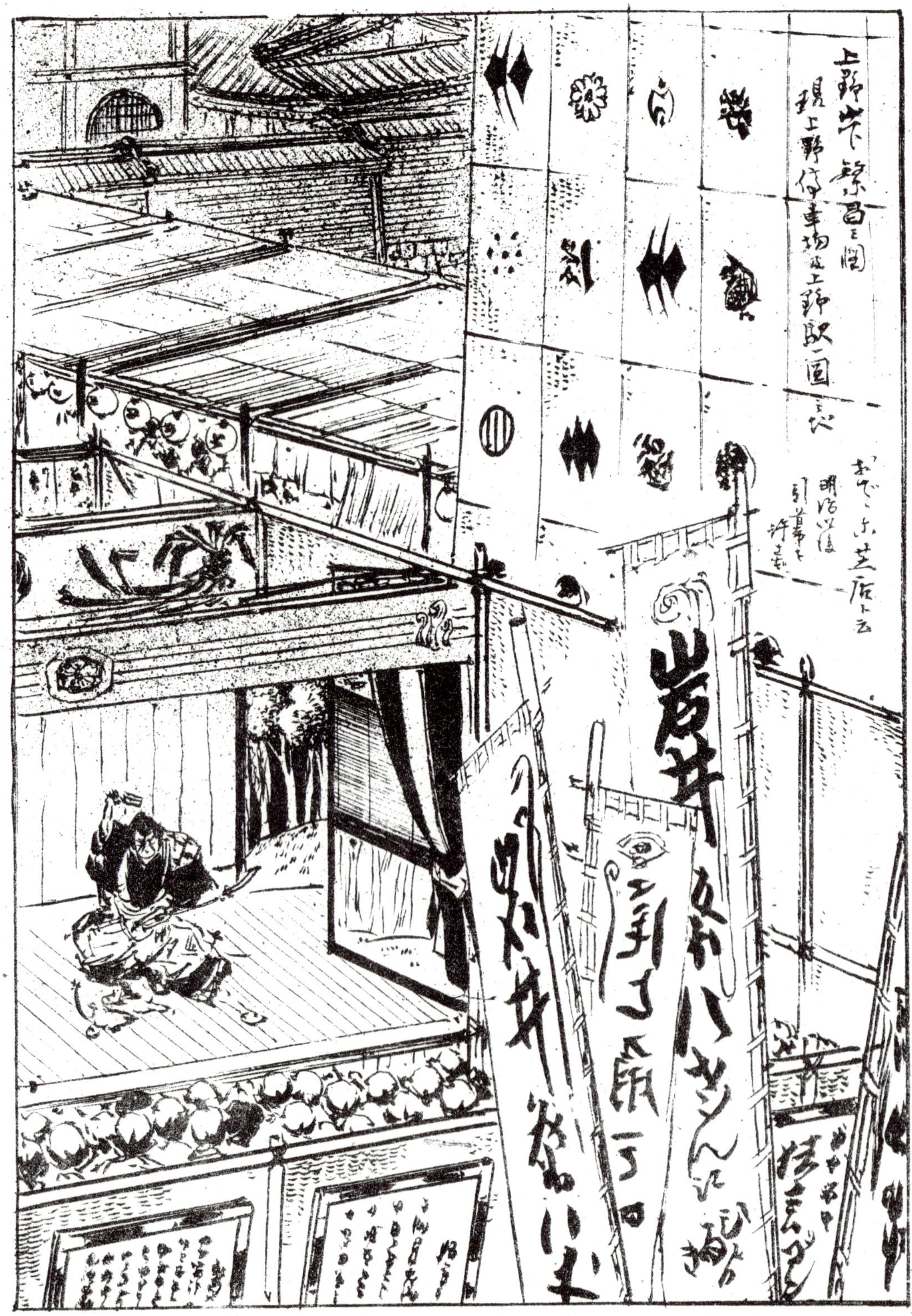
上野山下繁昌之図
現上野停車場及上野駅之図ニ比
おでゝこ芝居ト云
明治以後
引幕を許さず

京橋采女か原
繁昌之図

芝増上寺門之
開帳

芝神明
境内

ふしみ
天神境内

天下一品
がんりき

獨角力
一人にて東西の力士の
兩方をみせ
一人にて力士二人を
行司遊藝ら

勝負ありたとて褌をつけて
行司にかわる

かつぱのへをひり貝

へうたんに
とちりちらし
のもを見る

錢を
沢山暴れた方に
勝たせて故
負け相にわると
バラく錢を
投ぐる

大道藝
三種

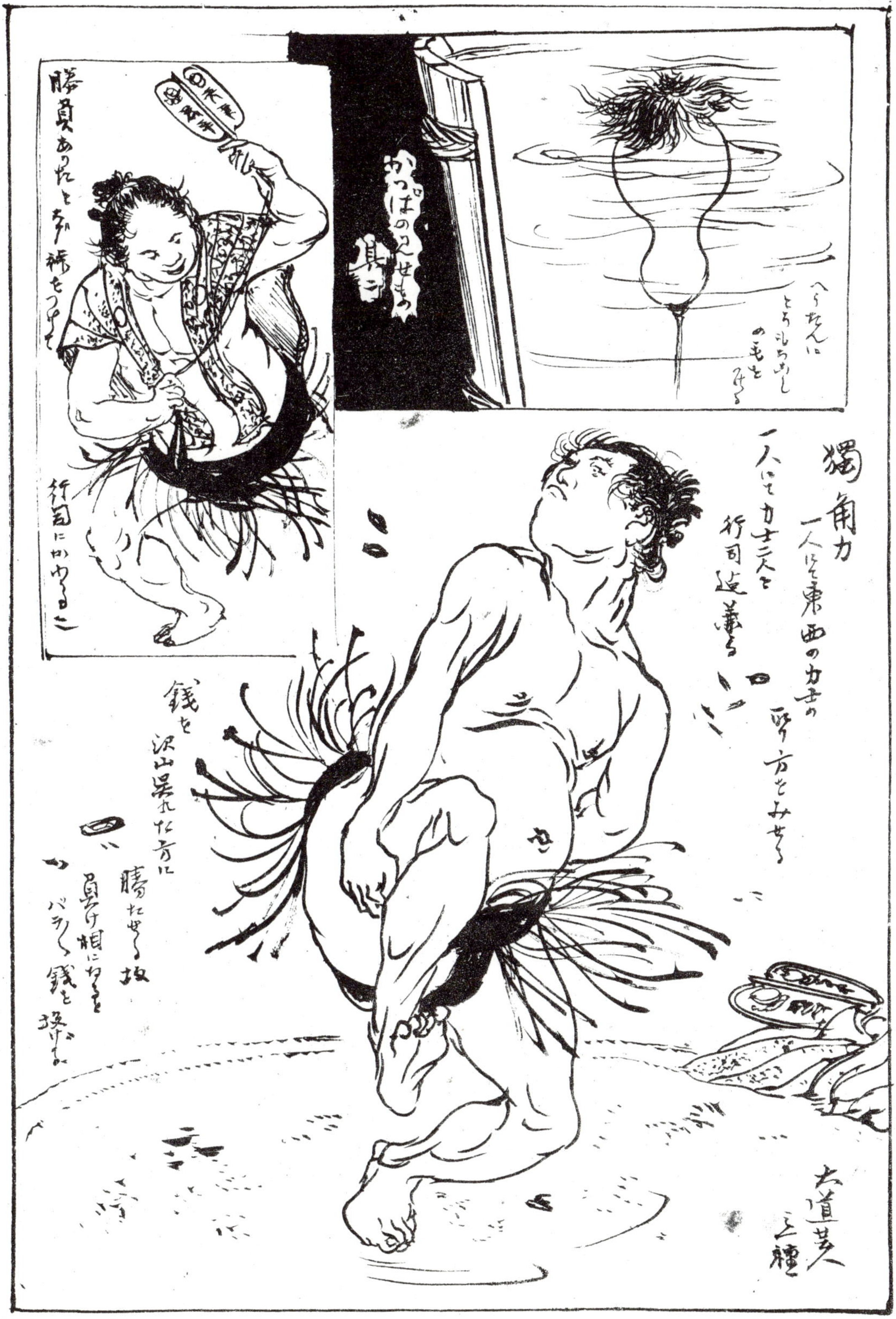

只今
とりたての合羽

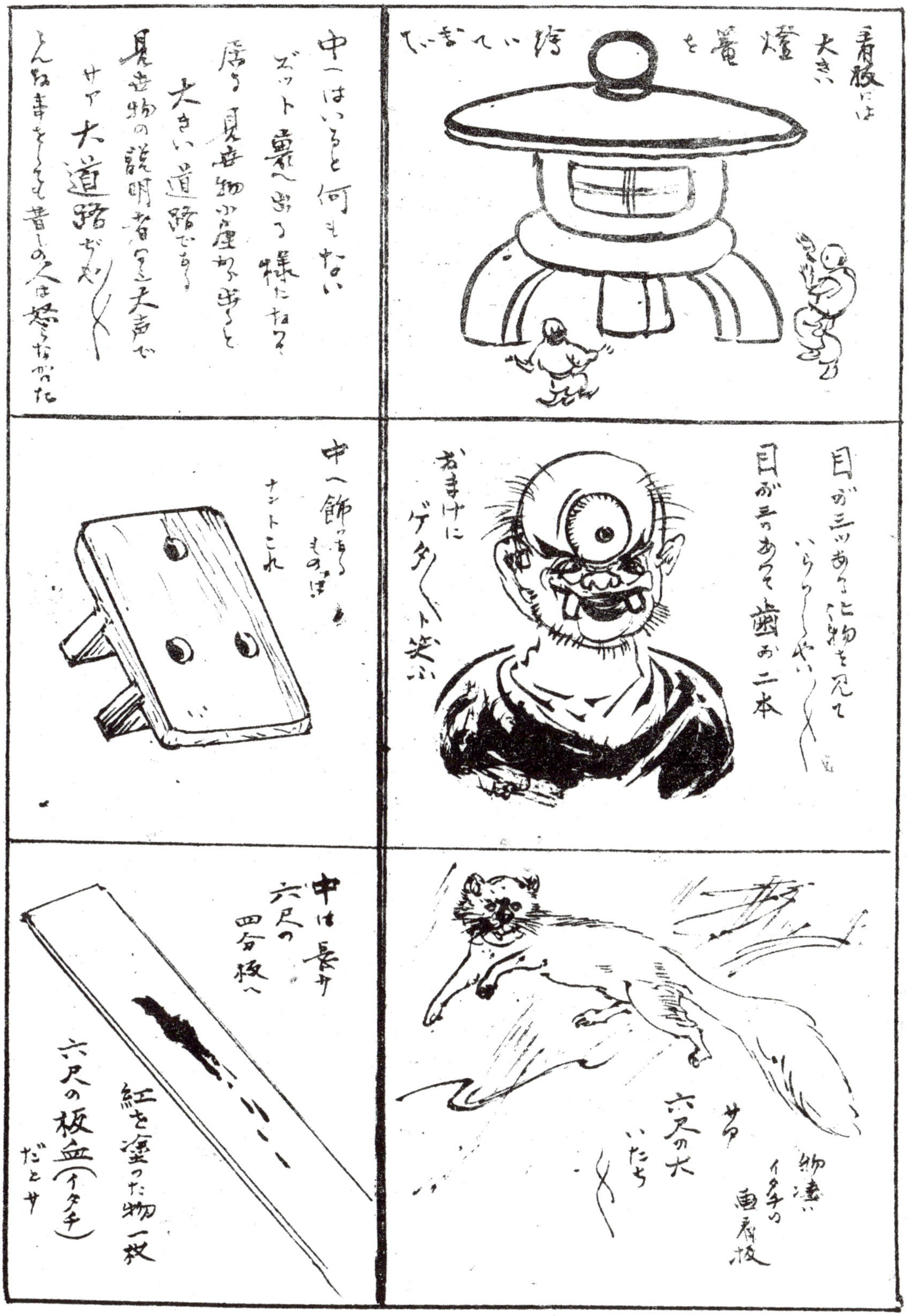
看板には
大きい燈篭を描いておいて
中へはいると何もない
ズット裏へ出る様になつて
居る 見世物小屋から出ると
大きい道路である
見世物の説明者(ガ)大声で
サア大道路だよ
こんな事をしても昔しの人は怒らなかつた
目が三ツあつた物を見て
いらつしやい
目が三ツあつて歯が二本
おまけに
ゲタゲタト笑ふ
中へ飾つてあるものは
ナント これ
物凄い
イタチの
画看板
サア
六尺の大
いたち
中は長サ
六尺の
四分板へ
紅を塗つた物一枚
六尺の板血(イタチ)
だとサ

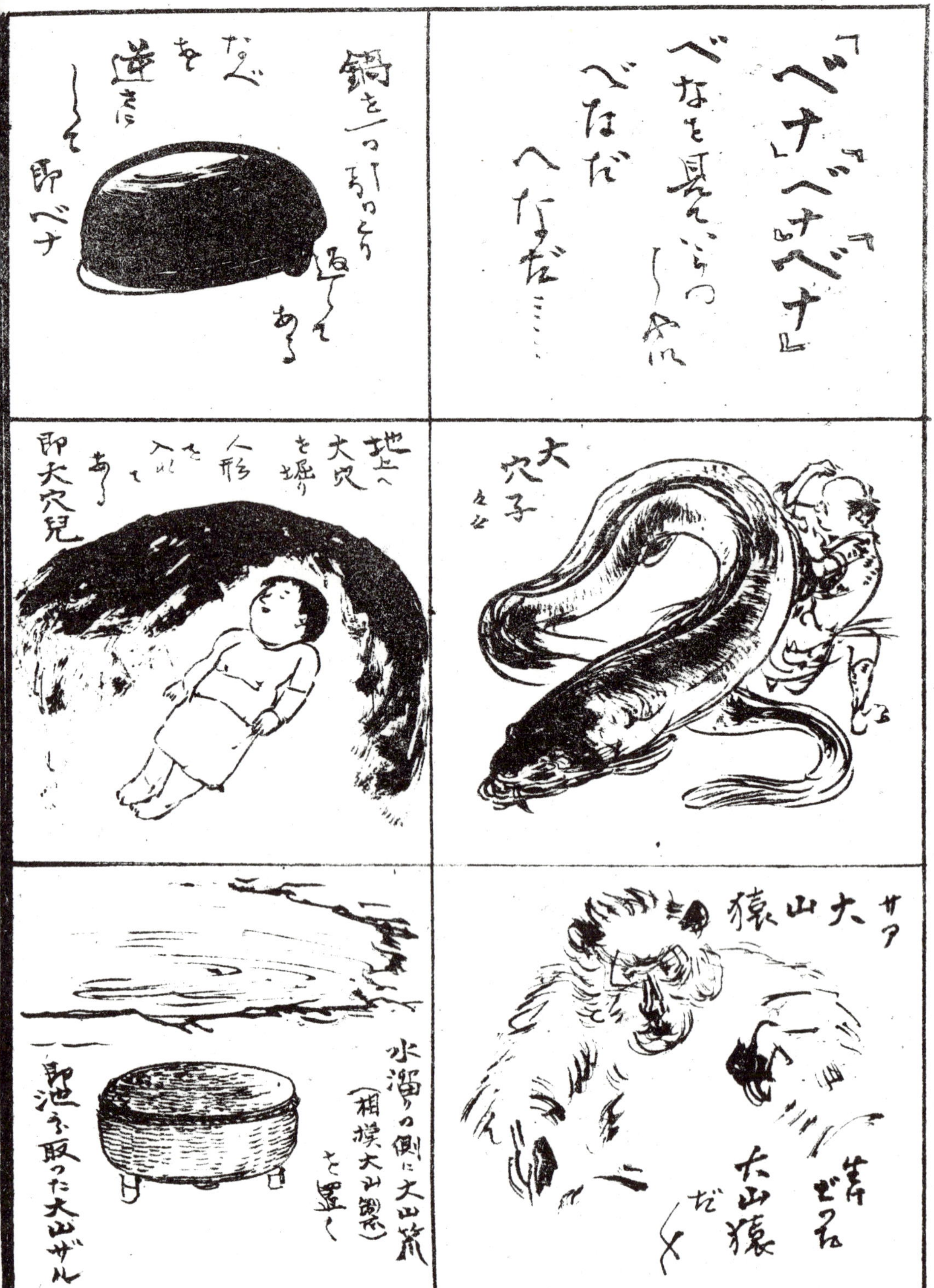
「ベナ」『ベナ』『ベナ』
べなを見ていらつしやれ
べなだ
へなだ……
鍋を一つあつらへ返してある
なべを逆さにして
即ベナ
大穴子
地上へ大穴を掘り人形を入れてある
即大穴兒
サア大山猿
大山猿だ
水溜りの側に大山笊（相模大山笊）を置し
即池に取った大山ザル

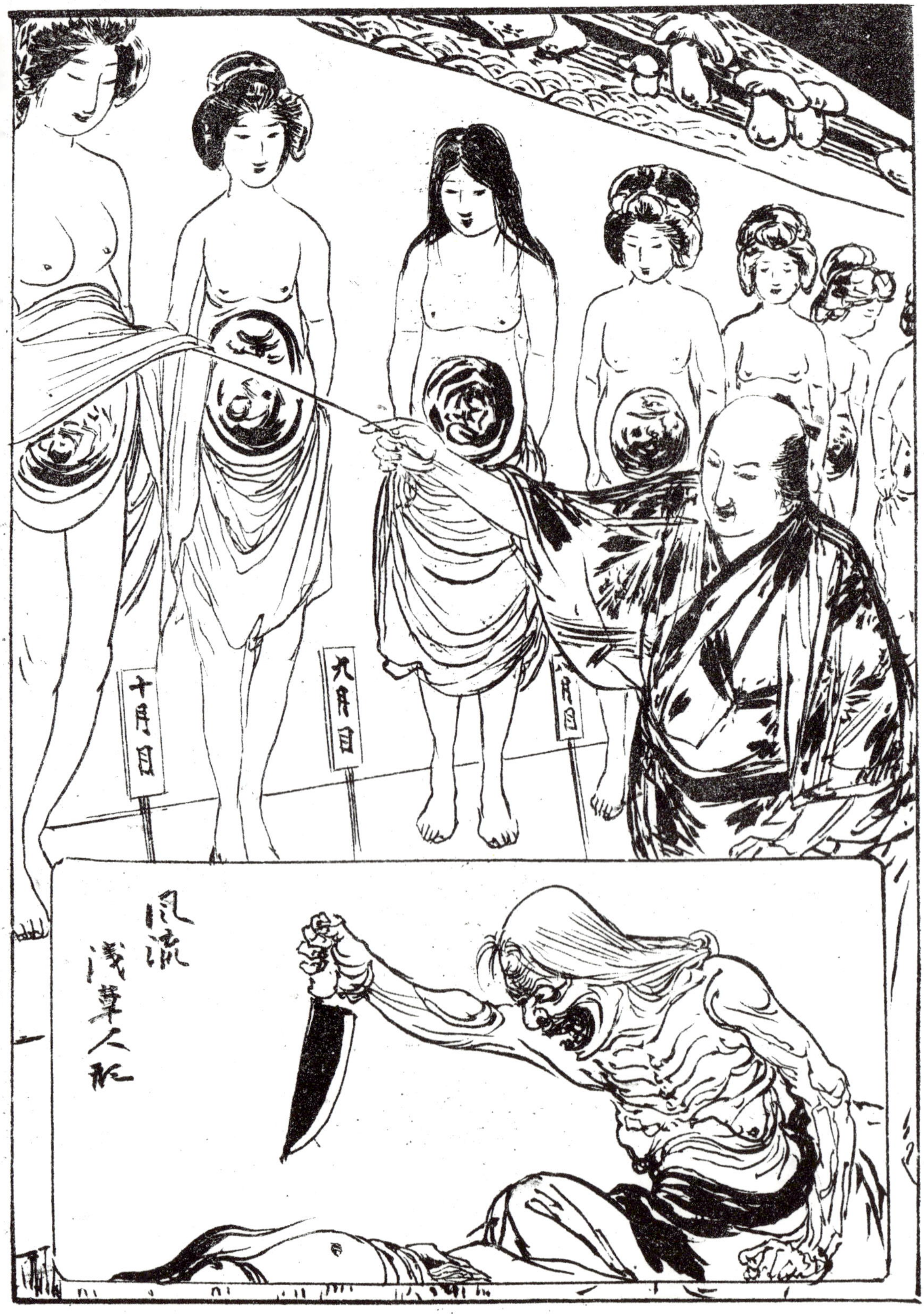
十月目
九月目
月目
風流
浅草人形

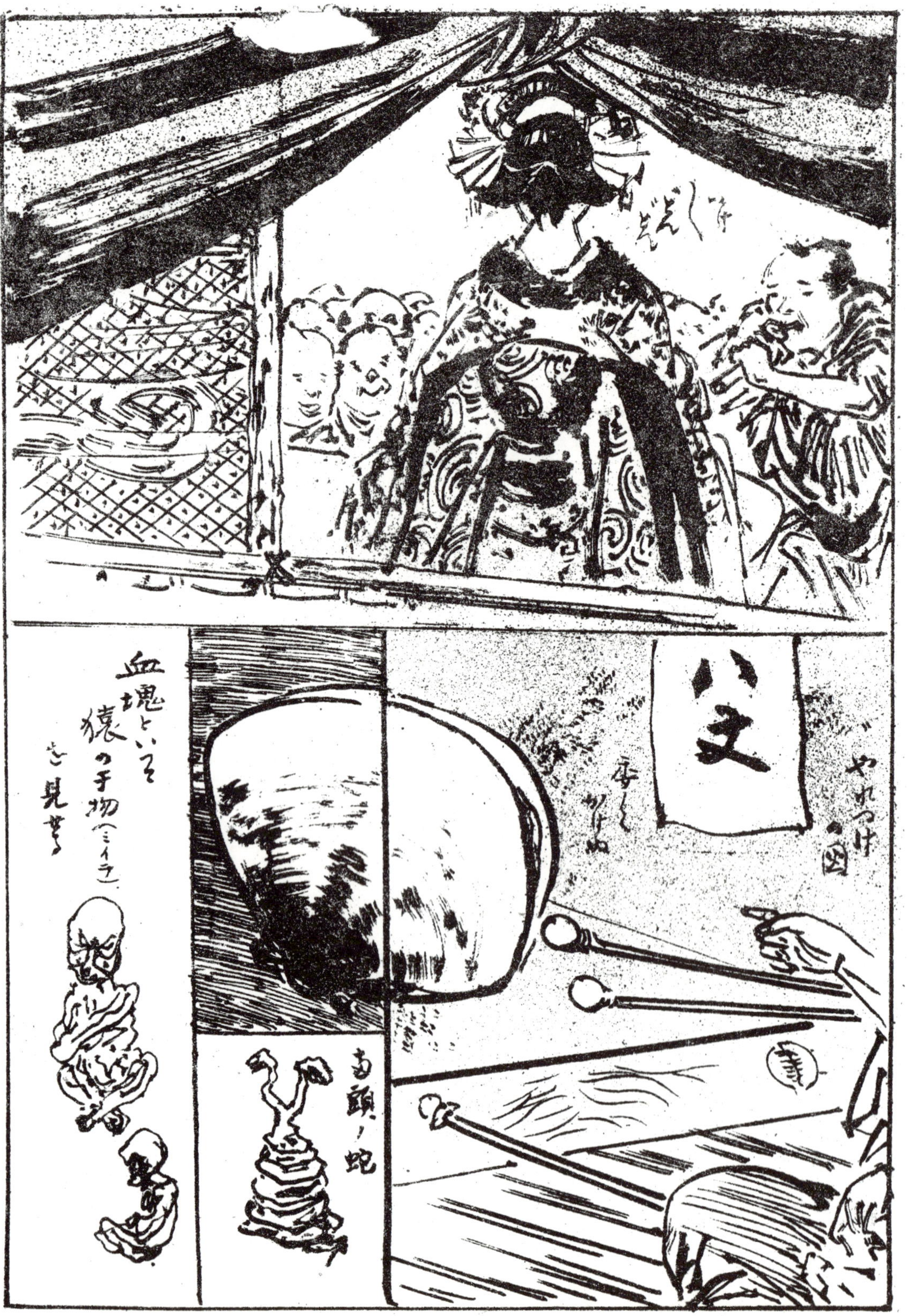
八文
血塊といふ
猿の手物（ミイラ）
両頭ノ蛇

橋もんがゑ子をとりる
牛ヶ島圖 古川縣

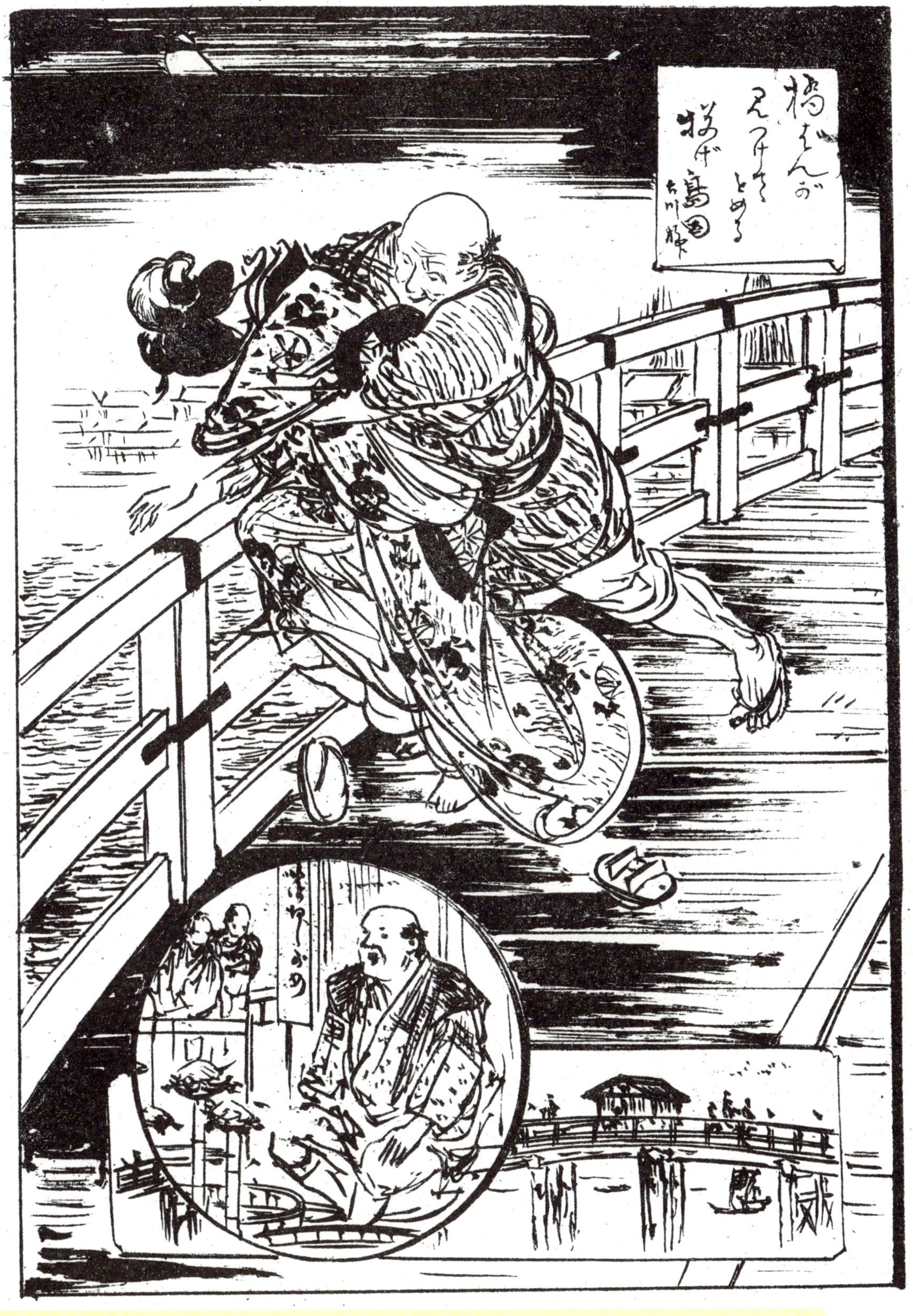

若者中
大山石尊大権現

右圖 無床

傘のこわきと豊國畫く

書齋の若席は
戰闘を巴里に用ひたる 山鯨と
古今里ひといふ 裃を
商人あり

雅蔵丹

兩國の
もんじや
人床い
豊國
と云

回向院
すたく坊主
ねこういん佛生

四文屋
名代
つぼ焼
つぼやき

本舗
四ツ目屋

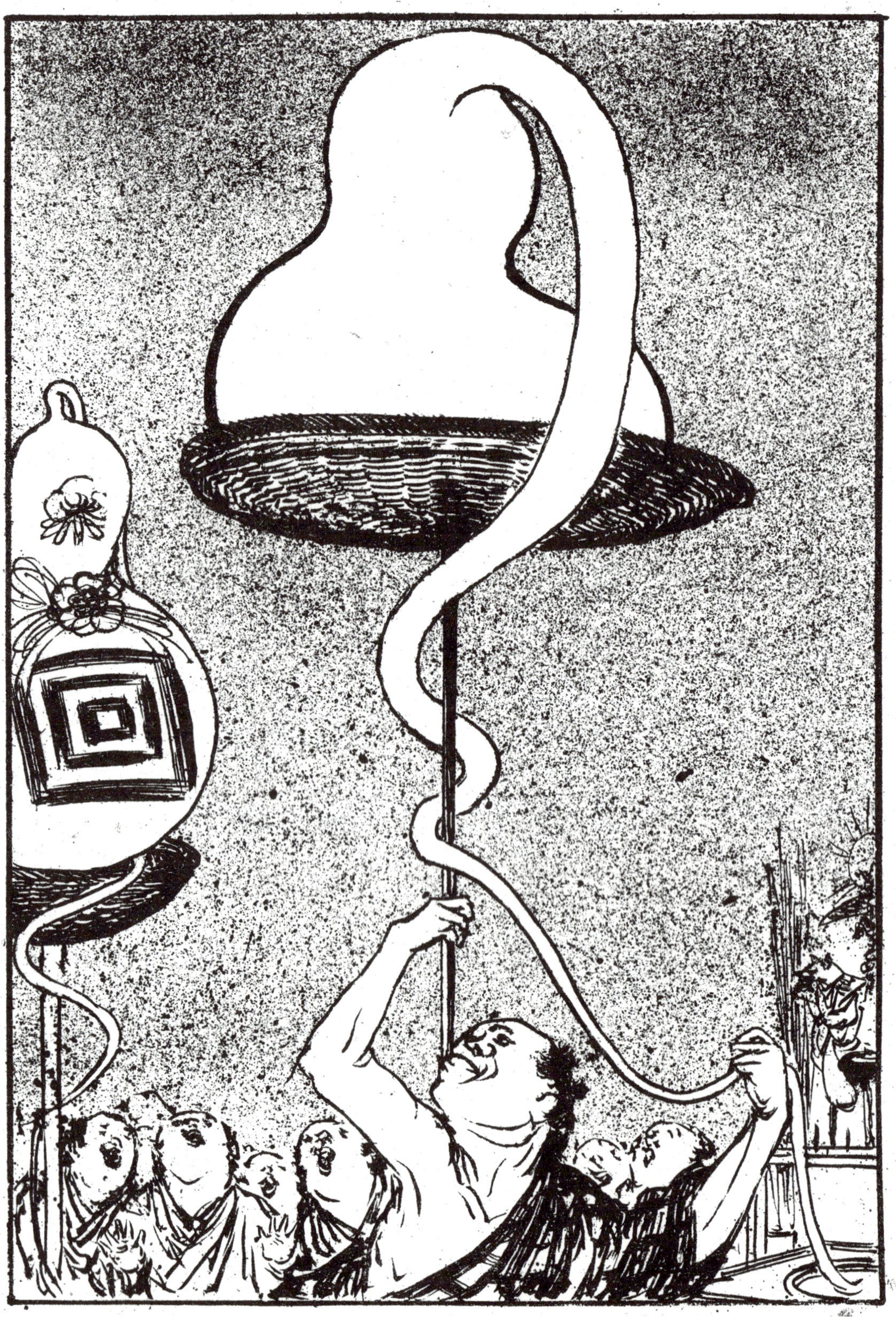

江戸時代迷子をさがし歩く図

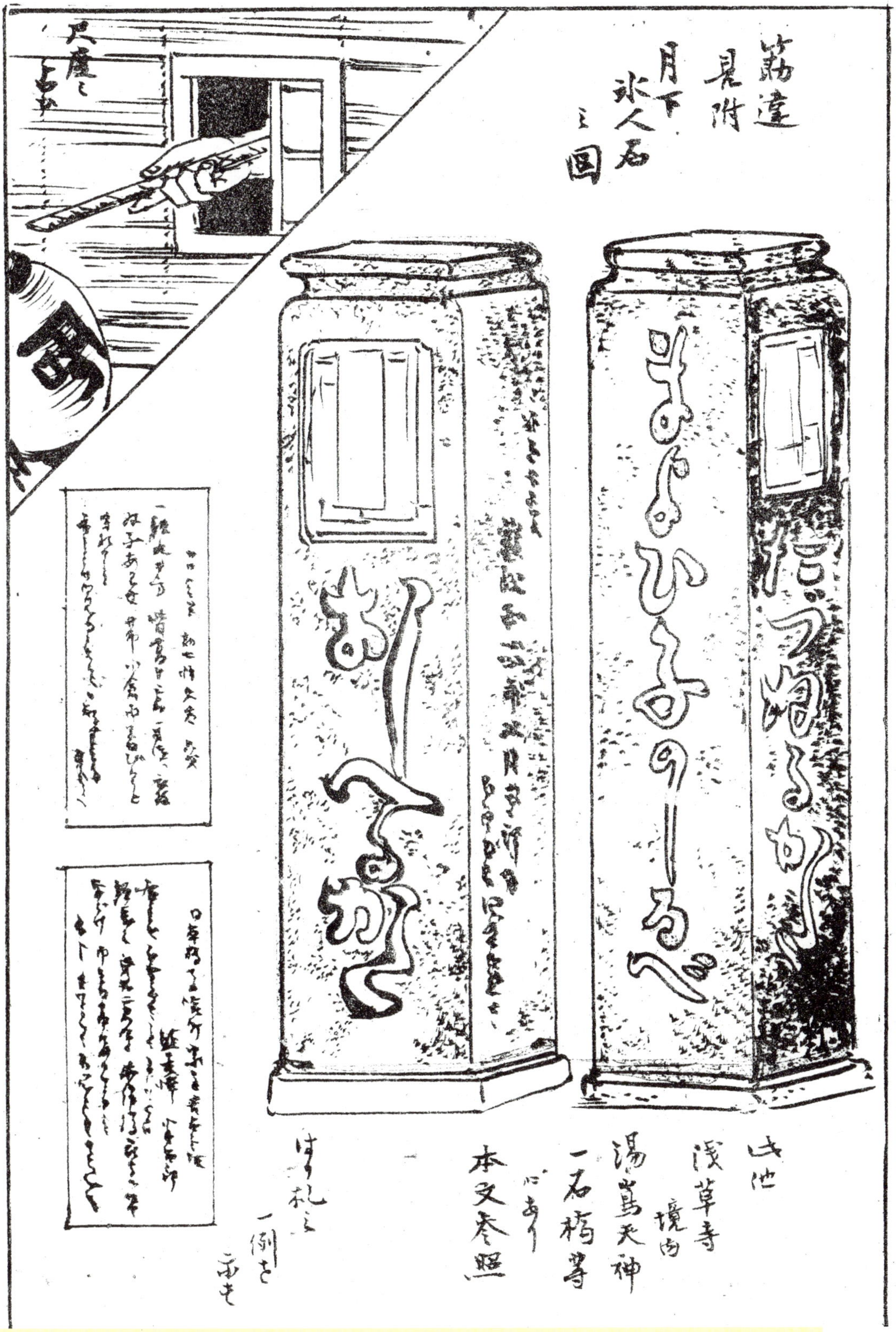
筋違見附
月下氷人石之図
まよひ子のしるべ
たづぬるかた
おしへるかた
此他
浅草寺境内
湯嶋天神
一石橋等にあり
本文参照
付札之一例を示す

十番印馬乗袴
芝神明前唐物屋にて
維新前銘筆を売る
麻布
十番と馬場一帯と江戸市中と旗本の人々
日影町
古道具や

> 客二人
> 忍ばしく
> 夜ふけ
> 二杯喰ひ
> 　　古川柳

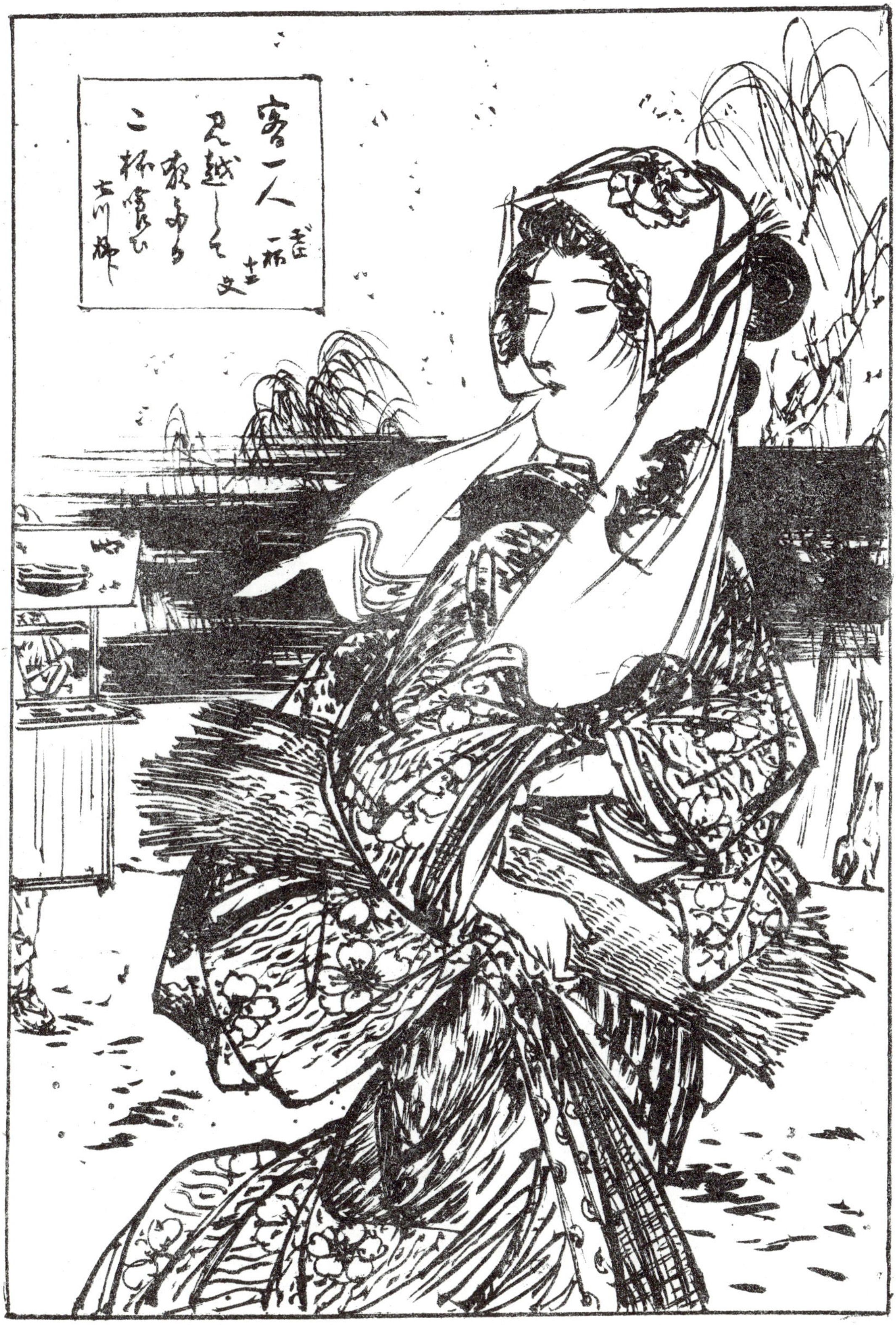

伊勢長

初午
評判のたまや
まんざい
六部
ほにほろ
下駄の歯入

桜草売り
寺ふや入り
うんかち
団子
団子
座頭
かんかち
だんご
白ざけ
小物屋
妾の出替り
検校

ところてん
金魚や
蚊帳売
水売

富士詣り
願人坊主

年の市
かけとり

〈三九六〉

やきいもや

○やき
十三里

からくり

にはかそば

くずもちうり

あめや

こぶくろ

げんさうろう

すゞめ

かざぐるま

空ごゝし

暦とうさく

かさや

とぎし

易天

江戸の盛り場　解説

伊藤晴雨

鐘は上野か浅草かと唄われた江戸の昔の銷金街を盛り場と称えた。上野山下、浅草奥山、東西両広小路、京橋釆女ヶ原、芝神明と増上寺周辺、湯島天神境内、牛込赤城明神、其の他は猿若町や吉原の繁昌を盛り場と称えた。諺に言う『千両商い』である。日本橋の魚河岸が一日に千両の取引、歌舞伎に千両役者、新吉原に千両の花魁あり。当時の富豪を一ト口に千両富限といった。ここに画く所は江戸も終わりに近き頃、化政度以後のものと見て頂きたいのである。

盛り場というのは今の公園と歓楽街を合併した様な場所で、時として之に宗教を加味したものが逐年各所で行われる『開帳』である。これは当時の江戸に遊び場と其の機会が少なかった所為で、参詣にかこつけて物見遊山を試みた便利な方法であった。

盛り場の主流を為すものは、見せ物と飲食店と女の街である。従ってここには罪悪が伴ったのは勢い止むを得ない所であろう。

盛り場の見せ物には種々雑多なものがあるが、大別すれば三種類になる。すなわちインチキ的な香具師仲間で云う『チンブツ』、『タカモノ』と称する軽業や、力持ち曲独楽、曲馬や水芸其の他で、『生人形』や『飛んだ霊宝』などは定小屋に属するもので興行期間も長く興行資本も亦莫大なものであるから芝居に次いで高級な興行に属するものである。

このほか大道で自由に野天開けッぱなしで芸を演じて、集まった見物から投げ銭を貰って生活して居る大道芸人も少なくなかった。今其の一、二を記せば江戸時代の人間が如何に呑気であったかゞ判ると共に、一風異った人間本来の力とでも云う可きものがハッキリ出て居ると思う。

筋違見附、即ち今の万世橋から須田町附近を八辻ヶ原といって、此処に維新前に『がんりき』が居た。『がんりき』即ち眼力で満身の力を両眼に集めてウンと云うと不思議にも一時に両の眼球が飛び出すのだ、それへ紐や綱を附けた大石を引っかけて持ち上げるのである。（図版参照）『独り角力』というのは大道を流して歩く芸人で年中素ッ裸、独りで東西両方の角力の取り口を仕形でみせる。しかのみならず行司の真似迄肩衣をつけ軍配を持ってやる。形が面白いので見物が各自贔屓々々の力士の名を呼んで銭を投げてやる。この投げ銭の多い方へ勝ち名乗りを上げさせるんだから巫山戯《ふざけ》たものだ。見物も東西のヒイキの名を呼んで盛んに銭を投げる、西方が危くなると西ビイキが投げ、東が踏み切りそうになると東ビイキが投げる。漁夫の利にあらぬ利益を占められて了うのだが、これを夢中になって居る程当時の人間は純な人が多かった。

『チンブツ』の方法に至っては実に千差万別、詳述すれば優に一冊の見世物史を為すであろうから其の一、二の例を挙げるに止めるが、其の尤もバカ〳〵敷いのは『取りたての河童』見てらッしゃい〳〵……中には桐油へ水をかけたものが有る計りで一種のシャレとでも云う可き『盗りたての合羽』である。此ンな類例は沢山あって（図版参照）大燈篭々々長さ△△間の大どうろ〳〵というから中へ這入ると何も無い、裏へ出ると大通り即ち大道路である。こんなものを見せても怒る見物人が居なかったんだ。其の他『眼が三つ歯が二枚の化けもの。おまけにげた〳〵と笑う』というのが『足駄の片一方』、六尺の大鼬《いたち》〳〵というのは六尺の板へ紅を塗って血と見せ『板血』とシャレた迄の事だ。それから大蛇〳〵呼んでるので入って見ると紙製の六尺許りの蛇で提灯胴に出来て居るから丁度小田原提灯を横にした様な形で此の下に亀の子が結び附けられて居る。一面の雑草や熊笹で隠されている溝の中を亀が這うに従って此の作り物の蛇がガサ〳〵と動く丈けである。おならの見世物は平賀源内の六々部集にあるから悉しくは同書に譲る。（図版参照）十ヶ月の婦人胎児を生人形で見せたものは性教育（？）のつもりかも知れぬが実は愚劣極まる見世物である。（図版参照）

著者の父が見た大力の見世物こそ驚く可きものであろう。それは回向院境内に嘉永頃あったもので、足の力が無量で優に五大力船を挙げる。或時誤って船を持ち上げることが出来ず足が折れて船が落下し身体がツブレて血と肉片が見物席の正面桟敷迄飛び込んだという。

『やけつけ』『やれふけ』等は世人の口碑に残ってあまりにも知られ過ぎた話だからここには記さない、（図版参照）言わぬが花とアッサリ逃げを張っておく。

『生き人形』生きてる如き人形という意味で、日本橋の里俗人形町に鼠屋五兵衛という人形製造の元締めが居て此の配下が人形を制作する、其の人々が住んで居たので人形町という里俗名が出来た訳である。此の鼠屋五兵衛が文化年間一勇斎国芳絵く所の浅草寺の一ッ家が時の十一代将軍家斉公の御目に留ったので江戸中の大評判になったのを機会に国芳の一ッ家の錦絵は引ッ張凧で売れた。其の評判を見た五兵衛がこれを生人形で作り浅草奥山で無惨人形として大評判を取った。其の見世物の中に『弥次喜多』が東海道の安倍川の茶店でだんごを喰って居る人形、それは弥次郎兵衛が一ッ宛団子を喰うのが真に迫って居てどうしても人形とは見えなかったという。これが人を喰った仕かけもので、人形と見せた弥次郎兵衛は人形へ交って人＝ホンモノの人間だったという。それは丁度戦災以前の両国国技館の菊細工の中に真ン物の人間を入れてあるのと同工異曲である。人間の知恵は古今同一である。（図版参照）

私は今読者を江戸の盛り場へご案内申し上げましょう。こゝは東両国です、東両国は今の両国橋より少し下流十五間計りの処から左右二町計り、それから今の国技館の辺迄賑やかであり、西両国は旧名米沢町。今の西両国△丁目から浅草橋付近迄一円を云うので、此の東西両国を区割するものが長さ九十六間幅員三間の両国橋であります。此の橋の中央に小さな家がある、橋番小屋といって橋上の事故を取締る役目の小使といったような男が昼は放生会に使う鰻やどじょうや放し亀などを売って居る、夜は火の番のように身投げなどの警戒に当る、（図版参照）此の橋を西から東へ渡ると橋詰めの左に川中に夏になると大山石尊大権現の大提灯が掛り、晴天の時に限り川中で垢離を取る人が沢山ある。其の附近に有名な寄席があって『垢離場』と云う、明治年間迄有った。その左り即ち今の電車通りの角に『もゝんじや』があって、当時江戸で余り沢山無かった猪の肉を始め猿だとか兎だとか其の他いろ〳〵の動物の肉を売って居た。猪の肉を昔は山鯨といって居た。（図版参照）ここに駒止橋という小橋があって昔は駒止石という石が残って居た。講談に出てくる阿部豊後守が三代将軍の面前で隅田川の洪水を乗っ切って閉門を許された上に十万石の加増に預ったという古跡である。此の後ろが回向院で此の境内今こそ寂寞を極めて居て鼠小僧の墓位なものであるが、江戸時代には軽業や生人形、造り物等で賑わったもので、前述の大力の足芸やら曲馬軽業等の定小屋で一杯である。江戸名所図絵などにある菰張りの高い四角なものはそれであります。其の回向院の門前付近が『岡場所』の一部で半公娼の『銀猫金猫』があった、銀猫は一朱金猫は二朱の『玉』であった。其の金猫銀猫の附近に其の以下の私娼窟があった事は当時発行された春本に沢山見る事が出来ますが、何分にもモノがモノ丈けに、ハッキリした文献は有りませんし、有っても詳しい説明は略しておきます。が、只一つ面白いお石様のお話を致しましょう。

当時の江戸の女芸人や私娼の家にはお石様という不思議な神さまとも仏さまとも附かない「様」がありました。縮緬の三枚重ねの座布団の上に鎮座して縁喜棚の隅ッこに成田山や川崎大師等のお札と同居して居ます。女にお客は附きもの、お客の好き嫌いはあってもソコは人気稼業。(師匠△△へ飯を喰いに行かねえか)と誘い出して口説こうという客もある。其ンな時には「お石様に伺ってから」と逃げを打つのが御定法になって居る。(此の客なら大丈夫為になる)と思った時は「お石様が軽いから行ってお出で」と女のお袋が云う。此奴は吝ン坊だ大した客じゃないと思う場合は石を棚から降して重味を見た振りをして「お石様が重いから途中で怪我でもあってはいけないからおよし」とアッサリ謝絶る。人を喰った方法だがこんな処にも江戸末期らしい所が見えます。サア橋を元へ戻って西へ参りましょう。ア忘れて居ました因果物といってロクロッ首や鶏娘などは西両国には無く東に限られて居ました。それは将軍家がお成りになるとき畏れが有るとの理由でした。橋の畔からズラリと並んだのは水茶屋です、一種の待合の変形といってい、でしょう。並び床があります。(図版参照)間口六尺奥行九尺と定められて居て主人は下剃りと二人限りです。両側に熊の膏薬《こうやく》や豆蔵やさゞえのつぼ焼やデロレン祭文。又は辻講釈等が奔々と並んで居ます。一個一両というベラ棒な高い鮨が有るかと思えば御覧なさい一個四文のおからに鰯を乗せた鮨もあります。此の近所は尾籠な話しですが完全な便所が有りません、衛生思想の無い時分ですから小便は垂れ流しになって居まさァ、サア〱急ぎましょう向こうは米沢町、四方という酒屋の並びにあるのが有名な四ツ目です。御殿女中や後家さんの喜ぶ品物を売って居ますよ。(図版参照)サア浅草見附を出て蔵前通りを浅草の観世音様へ参りました。

いちょう娘やらかごぬけ豆蔵、いか蔵、音八のおでゝこ芝居、生人形等ここも亦《また》両国同様ですが、流石はお寺の境内丈けあって何処か静かです。砂文字が出て居ますから見て行きましょう。此の砂文字は五色の砂で人物花鳥等を拳の握り工合一つで大小細太自由自在です。長井兵助や其の他のものがありますが紙数の都合で、次には上野の山下へ参りましょう。ここは上野寛永寺の末寺がズラリと並んで居りまして岩井粂八という女役者、後に明治時代になって九代目市川団十郎の弟子となって女団州と云われた人です。吹飴屋が居ます、あの大ひょうたんを吹く所が見物《みもの》ですね、あれを抽選で売るんですよ、(図版参照)次は湯島の天神境内であります。『富くじ』のある時は大変な人出ですが今日は静かです。ここには日本橋のよし町と同様男娼が居て男で女装をして居ます。ア向うから来たのがそれです、女より美しいじゃありませんか。ナニ誰が客だッて云うんですか、極ってまさあ主に上野の坊さんですが、年が十九になると踊りの素養のあるものは役者になって女形になるのですよ。ですから日本の女形と歌舞伎俳優の『女形』は体質の上から云って先天的にも後天的にも特殊なものが潜在して居るので、どんな天才的な名女優が出ても女形の必要はなくなりませんよ、オヤ飛んだ歌舞伎談義になりましたね、一寸牛込の赤城神社の境内の宮地芝居を見て、よし町の影

間茶屋の前へ出て、それから芝の神明へ廻りたいのですが少し草臥《くたびれ》ましたから此の辺で一服いたしましょう。（図版参照）

江戸は八百八町というのは文字の上から来たので実は千二三百町でした、其の町々から出る迷子の数も相当多いので之れを救済するために考え出したのが『迷子の道しるべ』ですよ。一名月下氷人石と云いましてね。此の石は今湯島天神境内に残って居ますが、明治になってからでも一石橋、万世橋、浅草観音境内其の他にもありましたから御存知の方もありましょう。石の高さは六尺足らず、其の一方に図の如く凹所があるのは迷い児を拾った方と探す方とが共に子供の人相着衣等を記した紙を貼りつける為で、たづぬる方、教える方の二方に別れて居ます。かくして両方で此の文字に照し合せて心当りの者は子供を引取りに行くという当時にあっては至極思い附きの方法で、広告といっても草双紙の末の頁か湯屋か理髪店のビラ位しか無かった時代には非常な便法でした。序に迷い子といえば図の上部に示すのは迷い児を探して歩く人々が鉦や太鼓を叩いて『迷い児の〱何吉やあい』と夜も更けた江戸の街を歩いて居る光景は淋しい哀れなものでして、之を芝居にでもしたらと思いますが今の見物には実感が湧いて来ないでしょう。閑話休題として其の迷い児探しがくると或る篤志家（主として商家）は臆病口から尺度《ものさし》を指で押えて出します。其の押えた物差しの目盛りが三寸の処であれば迷い児は三丁以内か、三里以内か、或いは又十三町以内か、何にしろ三の字に縁のある所に居るという一種の占いですが、何にしろ未開時代の捜査方法は幼稚極まるものですね。と言う中に此処は芝日影町です。柳原堤と同じくここは江戸の古着屋町です。柳原には夜鷹が居ますがここは江戸の一番文化的な場所で、芝神明前といえば唐物即ち舶来のものを売って居て、維新前既に鉛筆を売って居た位で、麻布十番の馬場は江戸市中の旗本の師弟が競って馬術を習いに行った処でしたから、十番馬乗袴という名前さえあった位で、此処を通って下夕町の武士は大抵神明前で買物をしたので、此方面の繁華街で吹矢、からくり其の他の見世物も両国や浅草同様に盛んでした。此の吹矢というのは今の吹矢と大差は無いのですが、正面の人形が板の切り出しで出来て居るので矢が当るといろんな化物やら人物などが出る、中には人形で海士の玉取りなどがあって当って引っくり返ると海女の腰部が現れるので他愛もなく喝采〱という趣向、一向に罪の無いものでした。イヤ罪といえば『神明前のなめ筆』というものがありましたよ。（図版参照）

筆屋の娘で名前は忘れたが非常な美人、これが立膝をして緋縮緬の腰巻をチラ〱其の奥に微かに隠見する模糊たる一物、これを見極めんとする野心家の面々用も無い筆を購う者引きも切らなかったと云う事で、此れと同じ方法で客を引いたのが浅草の蔵前にあったボボ伊坂という酒屋の内儀で、色白な頗る美人であった相ですよ。

芝神明には太々餅という名物と、め組の喧嘩に用いた半鐘がありました。さて元へ戻って京橋の釆女ヶ原へ来ました。ここと柳原と吉田町と桐畑と四ヶ所が夜鷹の本場です。ナニ夜鷹と引ッ張りと何う違うかと云うのですか恐れ入りましたね、夜鷹は半公娼で御奉行の許可を得て一定の区画を限り公然営業して居る者で組合組織になって居りますが、引ッ張りは全然モグリの私娼です。オヤ柳橋へ来ましたね、これから屋根船で首尾の松の下を通ってよし原へ御案内したいのですが予定の紙数になりましたから、先ず今版は此れ切りといたします。

完

解説

宮尾與男

『風俗野史』と晴雨

江戸時代の終焉とともに江戸の町は日々変貌し、名も東京と変え、新しい時代がつくり出されていった。ところが日常生活、文化、娯楽などは、いまだ江戸時代のまま変わることもなく残っていた。画家である伊藤晴雨（以下、晴雨と略す）は、『いろは引　江戸と東京　風俗野史』（以下、『風俗野史』と略す）と『江戸の盛り場』という風俗絵本にまとめ、懐かしい良き時代の江戸と、新しい時代の東京にみられる風俗を描いた。二作品はともに晴雨の私家版であった。

江戸時代からの伝説・遊戯・娯楽・行商・信仰や、障子・行燈・煙草盆などの小道具類を描いた『風俗野史』と、人の集まる娯楽場の盛り場を描いた『江戸の盛り場』に、いまでは影も形もなくなっているものを数多く描いている。この二作品に描かれたことで、はじめて実態のわかったものがいくつもある。晴雨の描いた二作品の、江戸時代の風俗を知る絵画史料としての価値は、とても大きい。

『風俗野史』全六冊は、明治の東京に残る江戸の風俗を絵筆で表現し、それに説明を添えた作品である。これによって、晴雨の風俗画家としての名が、位置づけられたといってもいい。各巻の装丁は異なり、角切れをつけた和綴本体裁は、いかにも私家版らしく贅沢な造本であった。この全六冊の原本が、いま古書市場に出なくなり、同じように『江戸の盛り場』全一冊も、古書市場に出ることはない。ともに限定部数の出版であったためであるが、なによりも晴雨の私家版ゆえに、稀覯本となったことはいうまでもない。このたび二作品の完全な復刻版を制作するにあたり、作品にかかわることを述べるとともに、いままで知られていなかった別本、後刷り本、一枚刷りなどについて、以下に述べる。

ここ数年来、江戸時代を扱ったさまざまな書物が出版され、書店には特集コーナーもつくられ、多くの書物が並んだ。これほどまでに、江戸という時代、または都市がテーマになるのは、江戸時代が新たな文化を次から次に創造し、その中から継承すべきものを残し、そのほかを消してきた歴史をもつからである。消しては、新しいものを生み出すという繰り返しをしながら、絶えず創造が続けられてきた。もちろん新しいものには、模倣したもの、手を加えて改良したものも含まれている。その消えていったものの数は、おそらく残ったものよりも相当に多かったであろう。それらの多くはごく短い時間で消えていった。したがってそれらが文字に記録されることも、絵に描かれることもなく、なかなか実態を把握することは困難であった。それでも北尾重政の『四季交加』（寛政十年）、北尾政美の『今様職人盡歌合』（文政八年）、水野廬朝の『盲文畫話』（文政十年）などの風俗絵本には、その姿、形がいくつも描かれている。明治になると、文明開化以降の風俗がさかんに描かれ、あっという間に江戸時代の風俗が描かれなくなっていく。

ところが、狩野派の流れを汲む絵師、河鍋暁斎の描いた、風俗絵本の『暁斎酔畫』『暁斎楽畫』『暁斎漫畫』『暁斎鈍畫』には、明治時代の風俗よりも、江戸時代の風俗が多く描かれている。最後の浮世絵師といわれる月岡芳年・歌川国周・歌川芳幾・揚州周延・小林清親らが活躍した明治初期は、近代美術の黎明期であるが、明治二十年代後半までは、江戸時代と同じように、浮世絵版画の技術を駆使した、和綴本の絵本や錦絵がつくられていた。暁斎は幕末期から開化期にかけて、戯作本の挿絵や一枚刷りの錦絵を描いているが、ほかの浮世絵師たちよりも江戸を意識し、戯作本の挿絵や錦絵・絵本に、絵師の本領を発揮して、江戸回帰を目指した人物の一人であった。晴雨の江戸への視点は、暁斎の絵本の影響であったかも知れない。

晴雨は、江戸の匂い、香りの残る東京に、江戸の面影を追いもとめて、あらゆるものを絵筆にした。その描いた風俗を、独自の分類案に従ってまとめ、一巻ごとにそれぞれの特集を組む構想を立てた。最初は全十二巻の構想であったが、途中の六巻で中断し、それ以降の発行はされていない。

『風俗野史』は、徹底的に江戸の風俗を描くことを目的としている。そのために描かれた絵は厖大な数となり、予定した項目の量が増えると、それを小特集としてまとめる方法をとった。未刊になった七巻以降に収める予定であった絵も、すでにいくつも描いていたのであろう。のちに、その一つが『江戸の盛り場』となり、また『枕』(昭和二十三年)という作品集になっている。紹介されたこともない『枕』には、八十数図の枕と、枕にかかわる二十数図の挿絵が収められている。『風俗野史』にみる、尽くし物のように、枕尽くしとしてまとめたものである。

晴雨は、袋綴じの裏表、見開きなどの二頁にわたって描くといった、計算した方法で絵を描いている。読者が本の綴じ糸を取り、好きな頁だけを寄せ集めて、まとめていくことを考えた。このつくり方については、今回の復刻版とは異なる一冊本『風俗野史』の凡例に、詳しく記している。原本に丁数(頁数)字をつけていないのは、このためであった。

晴雨の江戸への郷愁を強く感じさせるものに、彩色画がある。『風俗野史』各巻の口絵の彩色画は、本文にみる白黒画の印象よりも、はるかに晴雨の魅力を引き出している。晴雨の描いた肉筆画の一つに、明治時代の寄席の玄関風景と室内を描いたものがある。五代目古今亭今輔のために描いたという添文もある、この絵は、高座と寄席の雰囲気を描いた左図と、玄関を描いた右図が一枚のなかに描かれた、江戸の風情を色濃く反映した、めずらしいものである。晴雨が『風俗野史』と同時期に発行された雑誌「江戸時代文化」の表紙や本文に、江戸時代の風俗を描いた時期と、『風俗野史』の発行とが重なっている。

近世から近代に至る画家たちの修業の一つに、江戸の絵本や戯作作品の挿絵を繰り返し写す方法があった。絵本や挿絵などは、恰好のテキストで、当時は手軽に得ることができた。そのような訓練を繰り返した画家たちが、的確にものを捉えていくことができたのは、見たものを脳裏に、しかも色彩をもって焼きつけることができるからである。画家は時間が経っても、ふたたびそれを絵筆で再現する能力をもっていた。それゆえに、文章によっても、それらを再現できる能力をもち、じつに細かいところまでを記した、絵画的な文章を書いている者が多い。

晴雨の活躍した前後にも、江戸時代の風俗を文章で表現した画家たちがいる。たとえば、晴雨以前には橋口五葉(『浮世風俗やまと錦絵』大正六)、岸田劉生(『初期肉筆浮世絵』大正一五)、織田一磨(『北斎』昭和元、『浮世絵と挿絵芸術』昭和六)、晴雨以後に小野忠重(『日本版画美術全集』昭和三五・三八、『版画』昭和三六、『江戸の洋画家』昭和四三)、宮尾しげを（『江戸歌舞伎団扇絵』昭和三七、『東京　昔と今』昭和三八、『日本の戯画』昭和四二、『鳥羽絵人物略画』昭和四四、『葛飾北斎女の素描』昭和四四、『名所江戸百景』昭和五〇）、三谷一馬（『江戸商売図絵』昭和三八、『彩色江戸物売百姿』、『江戸吉原図聚』昭和五三、『江戸年中行事図聚』昭和六三）らがいる。これらは画家の眼からみた浮世絵研究とみることができる。それは晴雨の作品にも共通する。近代の画家たちが、絵画の歴史を知ることから始めていることを考えると、晴雨以前の橋口五葉、岸田劉生、織田一麿らの著作物にも、影響を受けているとみることができよう。

『いろは引　江戸と東京　風俗野史』書誌

昭和四十二年（一九六七）に、有光書房から『風俗野史』の復刻版が出版されたことがある。全六巻を一冊に収め、絵に付随する文字や説明を活字化して、文字のあったところに置くという丁寧な本造りであった。しかし、その活字が組まれたことで、絵と文字との調和が崩れ、逆に絵の史料的価値を奪っている。

さらに復刻版の凡例には「改訂増補されていて、必ずしも初版のみを以て底本とするのは適当でない」とあるが、この凡例にいう「改訂増補」は巻一のみで、初版の再版が改訂増補版とみている。しかしここでいう初版は、実は一冊本で出版された『風俗野史』別本のことである。別本は、全六巻本（以下、シリーズ本という）以前に発行され、シリーズ本の宣伝見本誌の役割をもったものであった。無料で配られる見本ではなく、創刊準備号として出版したとみられる。別本の巻末には、煙草盆の並ぶ頁が十頁もあるが、同じ絵の多くは、シリーズ本の巻六に収めてられているので、別本を巻一の初版とみることはできない。

いままで別本とシリーズ本が、全く異なることの指摘がないのは、別本の扉に「巻一」と記され、またシリーズ本の巻一と同じ絵を別本にも多く収めているからである。ところがシリーズ本は、すべて絵を描き直している。その例をあげてみる。よく見ていただきたい。（次頁上段参照）

同図でないことが、おわかりになるであろう。このように別本とシリーズ本の巻一は全くの異版である。別本はシリーズ本とは異なり、本文用紙は藁半紙に近い。印刷は石版刷りであるが、機械に不慣れのためであろうか、刷り方の良くない粗悪な本となっている。別本の巻末に収める「たばこ盆」の絵に、名称が一つも記されていないのは、挿絵のサンプルを収めたものだからであろう。このようにみてくると、復刻版凡例にいう「重複するものは版の良好な方をとり、これに再版の増補分を加え、新たに編成し直した」という絵の良好、刷りの良好は解釈も誤りとなる。いままでこのことが問題にならなかったのは、有光書房復刻版を、唯一の完全な複製本と見てきたからである。別本の存在とシリーズ本とのかかわりを明らかにしなかったために、こうした誤りの解明が遅れたのである。

以下、シリーズ本の六冊本（巻一～巻六）について、書誌、構成、内容、評価、そのほかについて述べる。

有光書房復刻版の書誌では、別本とシリーズ本の巻一との相違について、別本を初版とし、シリーズ本の巻一を再版とした。ところが先述したように、別本とシリーズ本とは、表紙も内容もかなり異なる本で、初版・再版と呼ぶべきものではない。別本は一冊本で、シリーズ本と同じ内容構成をもっている。しかし、シリーズ本の絵は、別本の絵をすべて

▶別本図版（右）と、シリーズ本図版（左）

描き直したものであった。この異版の絵について、有光書房復刻版では、まったく述べられていない。

　別本の評判がよかったので、かなり大きなシリーズ本の構想を立てたのだろう。晴雨は、全十二巻の構想を立てながら、最初から巻数順の発行ではなく、シリーズ本の第一回配本は、巻二からであった。第二回配本は、別本を大幅に編成し直した巻一となった。なぜ順に発行されなかったのかは、別本の存在がかかわっている。

　シリーズ本には、別本にあった絵を削除したものが、いくつかある。シリーズ本の未刊となった六冊に収める予定だったと考えられる。残る六冊の巻七以降には、飲食・料亭・吉原・岡場所・看板広告・伝説巷談の各篇を予定していた。どんな絵を収めようとしたのであろうか。とても未刊になったことが惜しまれる。

　今回の底本には、宮尾しげを記念會所蔵のものを使用した。各巻は洋紙使用の和装本（和綴本）で、角切れをつけた丁寧な造本となっている。体裁は大本（縦二十五・八センチ×横十八・六センチ）。巻一・巻二・巻三・巻四の各巻は紙地表紙。表紙絵を異にするが、左肩に「伊藤晴雨著／いろは引　江戸と東京　風俗野史」の題を刷り付けている。巻五は布地表紙。左肩に巻一～巻四までと同じ題の貼題簽となる。巻六はふたたび紙地表紙となり、その他は巻五と同じである。以下、各巻の書誌を記す。ただし巻数順ではなく、配本順で記す。

◉［巻二］

「はしがき」に晴雨は「昭和四年二月下浣　本郷駒込之寓居に於て」と記す。昭和四年は一九二九年となる。奥付は、

昭和四年三月五日印刷　　いろは引　江戸と東京　風俗野史奥附
昭和四年三月八日発行　　定價金二圓

不許複製

著者　東京市本郷区駒込動坂町二十三番地　伊藤晴雨
発行者　東京市外北千住町二丁目六百十八番地　伊藤勝千代
印刷者　東京市本郷区駒込動坂町二十三番地　佐藤倫一郎
發賣元　東京市本郷区駒込動坂町二十三番地　城北書院

とある。城北書院の住所と晴雨の住所とが同じであるので、城北書院は晴雨の私家版の出版社名とみられる。発行者の伊藤勝千代も晴雨の別号であろう。伊藤勝千代は晴雨と同棲した坂東勝代と、三番目の妻の妹千代子を合わせた号だろうか。印刷者の佐藤倫一郎は「はしがき」で「印刷を門下生佐藤倫一郎に托し」とある。昭和四十六年（一九七一）三月刊の「芸術生活」誌上での座談会「最後の絵業師・伊藤晴雨」に出席した「R・佐藤」のことであろう。座談会の出席者は落語家の五代目古今亭今輔、江戸風俗研究・画家の宮尾しげを、司会は評論家の石子順である。

シリーズ本は同体裁でつくられている。巻二から発行したのは、すでに昭和二年十二月に、巻一の元になる別本が発行されていたからである。シリーズ本の第一回配本の発行までに、一年三か月の月日が経っていたことになる。

シリーズ本の発行経緯について、「はしがき」では「昨年いろは引江戸と東京風俗野史第一巻を著はし印刷後旬日にして其全部を售り尽せり。其後著者の一身上にさわる事ありて続篇を出す能はず云々」といっている。のちに広告などで巻一を再版と記したのは、別本のことを、このように晴雨が第一巻と述べているからであろう。

巻二の巻末には「次號豫告」と題して様々な内容を記しているが、予告のような内容の巻は発行されていない。この予告通りにできなかったことで、第二回配本を別本と同じ内容をもつものにして、それを巻一にしたとみられる。

巻二には、一枚墨刷りの「口力」の絵が付されている（縦五十三・二センチ×横十九センチ）。綴じ込みではないので、落ちている諸本もあるであろう。この一枚刷りは、シリーズ本を発行するにあたり、特別付録としてつくったものとみられる。

口絵は彩色画の「天保時代の爪屋」である。この口絵頁の前にはトレーシング・ペーパーがつき、そこに画題を印刷している。口絵裏の頁は白頁。本文は「江戸時代の見世物」「香具師の符牒」「両国の見世物」「珍物の尤物」の解説、挿絵。「曲独楽師松井源水の最後」の解説、挿絵。「爪のはなし」の解説、挿絵。「真偽不保証　伝説巷説　江戸の出来事図譜」の解説、挿絵。最後に「次號豫告」を付す。

◉［巻一］

奥付は、「昭和四年九月二十五日印刷／昭和四年九月八日発行」とある。印刷日の九月は八月の誤りであろう。その他の著者・発行者・印刷者は巻二と同じである。ただし発賣元が「東京市日本橋区呉服橋二丁目六合館」となる。六合館は、雑誌「江戸時代文化」や『近世邦楽年表』『名人忌辰録』『洒落本大系』などを出版した出版社である。この巻一には、前述のようにすでに発行した別本と同じ絵柄の図をかなり収めている。そのために本書は再版と称されているが、初版・再版の呼称は適切ではない。自序に「昭和四年早春」とありながら、発行が九月になったのは、巻二の「はしがき」にいう事情とかかわるのだろうか。

口絵には彩色画の「首尾の松の雪」が入る。口絵頁の前にトレーシング・ペーパーがつく。口絵裏の頁は白頁。本文の前半に「江戸市中生業づくし」の解説、挿絵。「江戸旧物写生帖」には、「明治四十二年五月写生」「大正三年五月写生」などの取材した月日をみる。後半には「江戸時代から明治時代の障子づくし」の挿絵。その後に「障子のはなし」の解説を付す。

◉【巻三】

奥付は、「昭和五年五月五日印刷　昭和五年五月八日発行」とある。その他発行者、印刷人は他の巻と同じである。ただし晴雨は「著者及発行者」となる。ふたたび発行所を「東京市本郷区駒込動坂町二十三番地城北書院」とし、関西取次店として「大阪市南区炭屋町二十五番地　だるまや書店」を加える。だるまや書店（南区笠屋町卅七番屋敷）は、大阪での売捌き所である。東京では浮世絵商の「あらいと」ほか四軒が売捌き所であった。

「燈火に関した江戸の俗諺俗説数則」の解説に続き、口絵には彩色画の「浅草観音の年の市」が入る。口絵頁の前にトレーシング・ペーパーがつく。口絵裏の頁は白頁。本文の最初に「江戸と東京燈火號」とある。提燈・行燈(一)・石燈籠・燈籠・瓦燈・籠行燈・雪洞燭台・行燈(二)・瓦斯燈・洋燈(ランプ)の挿絵。最後に「燈火號が後に」と題する解説を付す。

◉【巻四】

奥付は、「昭和五年九月十日印刷　昭和五年九月十五日発行」とある。

その他は巻三に同じである。

内扉に「江戸時代行商篇」とある。「不飛耳張目」と題した序。「昭和五年九月一日震災七週記念日」とある。文中の「式亭三馬翁が名著『四季交加』は山東京伝の誤記である。「往来の諸商人の風俗類聚を名つけ之を江戸行商篇といふ云々」とある。

口絵には彩色画の「かたかげの頃」が入る。口絵頁の前にトレーシング・ペーパーがつく。口絵頁の裏は白頁。本文挿絵のあとに「行商篇の末に」の解説がつき、「昭和五年九月四日夜記」と記す。本文でも式亭三馬著『四季交加』の誤記がみられる。別篇に「江戸街頭飲食篇」「明治行商篇」をつくると述べている。「明治行商篇」には露天商人が入るというが、この別篇の発行はなかった。

◉【巻五】

奥付は、「昭和六年十一月十日印刷　昭和六年十一月十五日発行」とある。その他は巻四に同じである。ただし晴雨は「著者兼発行者」と記し、関西取次店であっただるま屋が削除され、他の関西売捌所を「大阪市東区北久太郎町四丁目　柳原書店」とする。

内扉に「迷信か信仰か」とある。序には「昭和六年六月九日　房総の旅におもむく前一日」と記す。口絵は二頁ある。ともに彩色画で「業平の縛られ地蔵」「待ち人の蛙・左り馬」が入る。それぞれトレーシング・ペーパーがつく。口絵裏の頁は白頁。本文挿絵のなかに「迷ひ子探し」の解説。最後に「信仰と迷信篇に就いて」の解説を付す。

奥付の前に「謹告」と題した一枚の紙が挟まれている。「『風俗野史』も諸彦の絶大なる御後援に依りまして、漸々茲に第五巻を發行致しました。／就ては第二回會員募集につき此期を記念として、多大の費用を投じ從來の紙裝本を今回より布表裝凾入の特製本と改めましたゆえ、第壹巻より御入會の方は全巻御取揃の體裁上、全部布装本を以て御保存願ふ事と致しますから、既に第壹巻より第四巻まで紙装本御所持の前會員には從來の御芳情に依り特に無料を以て出来上り次第に布装本と御取換致しますから、御含み置き願ひ度く御通知申上ます／昭和六年十一月／「風俗野史」發行所／東京都本郷区駒込動坂町二三二／城北書院」とある。朱印の「城北書院之印」が押印される。

◉［巻六］

奥付は、「昭和七年十一月十日印刷　昭和七年十一月十五日発行」とある。その他は巻五に同じである。ただし印刷者を「印刷者　東京市荒川区日暮里町七丁目九五〇　山田孝慈」とする。山田孝慈は、晴雨の『美人乱舞』（昭和七年七月二十五日）の印刷者でもある。巻五の「謹告」で、巻五以降を布装本にするとしていたが、ふたたび巻六は紙装本に戻っている。

最初に序として「自序に代りて　不思議なはしご」を記す。口絵には彩色画の「吹矢」が入る。トレーシング・ペーパーがつく。口絵裏の頁は白頁。その後に、色彩画の「写し絵のだるま」（三頁続き）、「写し絵会場風景」（薄墨が使われる）が入る。その後に「幻燈器械の発達とうつし絵の衰微」（薄墨が使われる）、「吹矢」の解説。「童謡の一種・早口言葉」の紹介。「かなちがいことば合わせ・なぞ」の紹介。「尻取り文句」の解説。「江戸時代と明治初期の駄菓子屋」の解説を付す。その後に煙草盆の挿絵。「江戸時代の遊戯と明治時代の遊戯」の解説。怪談会の挿絵で終わる。

各巻の最初に序文をつけ、各巻の内容にかかわることを記し、つぎに晴雨の石版刷りによる色彩画一頁（巻五は二頁）の口絵を入れる。今回の復刻版では、便宜上巻頭に各巻の口絵をまとめて掲載した。

口絵は本文頁よりも小さく、別刷りの紙を直接に貼る。口絵の前頁にはトレーシング・ペーパーがつき、そこに口絵の画題を印刷する。トレーシング・ペーパーは口絵を糊で本文に貼りつけるために、糊がはみ出た場合、前頁につかないための予防、または美術書の絵についているトレーシング・ペーパーを真似たか。各巻に彩色画の口絵を一枚ずつ入れたのに対して、巻六は、本文頁の冒頭に、写し絵を演じる会場の彩色画一頁、写し絵のだるまのタネ板の彩色画三頁が入る。このようにふんだんに彩色画が入ると、白黒画の本文よりも、絵のもつ効果は大きく、史料的な意味ももつ。

各巻はそれぞれの特集を組み、巻一は障子づくし。巻二は見世物、凧。巻三は燈火、行燈づくし。巻四は行商。巻五は迷信信仰。巻六は遊戯、煙草盆づくしとなっている。こうしたものを量にかかわりなく、それぞれ一頁に多くの絵を描く。どのような絵を描いても、うまく頁の中に収められるのは、レイアウトを考えた上で、描いているからであろう。『北斎漫画』や『暁斎漫画』などの作品群も、同じように絵が巧妙に配置されているのに似る。このような流れを汲むのも『風俗野史』の特徴といえる。絵だけではなく、序文から本文頁に至る文字、説明の文字、解説の文字などのすべては、晴雨の自筆である。その達筆な筆さばきが、そのまま絵と文字とのバランスをとっているといえる。

また各頁にはノンブルがない。それは「いろは引」とした本書のねらいがそこにあったからである。読み手が字引きのように各頁を、いろは順にファイルできるように、と別本の凡例に述べている。改頁ごとに新たな絵が展開するのは、好きなように頁をつくるためであった。

本書でテーマとしたものの絵は、障子づくし、行燈づくし、煙草盆づくしのように、尽くし物として描く方法によっている。ただし見世物の絵などに、晴雨の生まれる以前のものが、描かれていることから、必ずしも実見したものだけを描いたわけではない。晴雨は舞台背景などの美術を手掛けているので、舞台にかかわる大道具から小道具までをスケッチしたものが、行燈・煙草盆などの夥しい数の絵になったのだろう。画家はスケッチしたものを、必ず描き直すものである。煙草盆などにも別本にみるものとは異なる絵もある。目的をもって収集したこれらのスケッチは、長い時間をかけて集めたものではなく、集中的に描いたものと思われる。

晴雨は数々の私家版を発行しているように、あらゆるものに興味を覚えていた。それらをまとめるためには、一気に描かないと集中力が途切れ、作業も中断して、発行も遅れていった。私家版の多くが予定通りに発行されていないのは、そのためであろう。描かれた絵から、描き方は速筆であったことがわかる。一枚一枚の絵が動きをもつ画面であるのも特徴といえよう。

近代以降、絵で描く風俗史料集というものは、近世の絵本以外に類をみない。描かれた風俗から、江戸を知るあらゆるものが描かれており、また古老、伝承者などから直接に聞いたものまでを、文に記している。巻三にみる行商篇の物売りの売り声などは、消滅しているものが多いだけに、貴重な記録となる。

白黒画で描かれた本文頁の絵が、もしも彩色画であったなら、『風俗野史』の存在は、さらに大きかっただろう。しかし、描かれた段階以前に廃れて消滅したものも多く、何から何まで彩色画で収めることのできない現実もあった。しかし彩色画のもつ雰囲気を、単色（墨一色）で効果的に表現しているものもあるし、絵のなかに色を文字で示したものもある。これらは白黒画ゆえの方法ではあるが、実は絵師たちが、浮世絵や刷り物の色指定を刷り師に指示するためのもので、その方法が、そのまま絵のなかにみられるのは面白い。たとえば巻三の随身行燈には「アカ、フサムラサキ、ムラサキ、人物ノカチカバコ、リンカクウスベニ、グン、タマロウビキ、チイカケウスズミ、クロ、朱」。また、大あんどんには「紅、クモミナベナニ、ニクイロボカシ、朱、ベニ、グンクマ」などとある。このように色指定はカタカナで示すのが常であった。

晴雨のような絵師、画家たちが、絵だからこそできる表現の特徴もみられる。たとえば、巻四の「板がえし売り」には、板がえしの仕組みを、色の違い、側面などから描いた図解で示している。また「売品は八枚変る見本は十枚のものを用う」「桐の木は下駄の屑などにて作れり」「明治以前は板（桐の木を用う）明治二十四五年よりボールを用う」などのコメントも、こうした絵を描いたことで記述できる。また巻六の「覗機関」の図は、表面と側面を具体的に描いている。図解は解体されたものを復元するために便利だが、その解体図も描いている。同じく巻六の「からくり的の仕掛け解剖図」は、からくり的がどのような構造で動くのかの種明かしを絵で示している。こうした構造は絵で示すことでのみ明らかになる。ここではその効果が十分に発揮されている。

本書が高く評価されるのは、とりもなおさず絵で風俗を描いていることである。その価値は、江戸から明治にかけての風俗が、本書で一覧できる点に尽きる。史料的な面においては、晴雨が図版で示したものが、もはやほかで見ることができないだけに、大きく役立っている。風俗だけではなく、風物・生活などを丹念に描き、忘れられていく江戸時代そのものを記録したといえる。江戸時代の生活実態を視覚的に把握できる図録でもある。収められた図版は約九百点にのぼり、全六冊で江戸風俗絵事典・図説江戸風俗事典となる。このようなことを考えると、ここに

『風俗野史』の復刻版を出版する意義は、十分にあるといえよう。

別本について

別本とは、既述のようにシリーズ本以前に発行された本のことである。別本の存在は悳俊彦氏、小池光雄氏所蔵本によって知ることができる。奥付には、

昭和二年十二月廿日印刷　昭和二年十二月廿五日発行　定價二圓
東京市本郷区駒込動坂町二十三番地
著　者　伊　藤　晴　雨
東京市神田区三崎町一丁目一番地
発行者　成　島　乙　次
東京市浅草区七軒町五番地
印刷者　和　田　久　丸
発賣元　東京・神田・三崎町　弘　文　館

とある。光沢のある黒地に、小紋散らし文様を部分的に用いた表紙に、「伊藤晴雨著／いろは引／江戸と東京　風俗野史　巻之一」の刷り付け題がある。内扉は、中央に表紙と同題文字が白抜きになっている。内扉裏白。「序文に代へて」（「動阪町人　伊藤晴雨」と記す）二頁。本文五十頁。奥付一頁。この別本には晴雨の字でノドに頁数が書かれる。発賣元の弘文館は「江戸時代文化」の創刊号の発売元（東京市神田区三崎町一ノ一）でもある。そして発行者の成島乙次も弘文館と同住所（「江戸時代文化」奥付による）である。発行者と発売元とが同じとなる。ところが「江戸時代文化」の印刷者に成島乙次の名をみるので、印刷者の和田久丸は架空の名となろう。印刷者の住所である浅草区七軒町が、芝居小屋の開盛座があるところで、かつてその絵看板を晴雨は描いていた。和田久丸は晴雨のつけた名とみられる。「江戸時代文化」の第一巻十号に別本の『風俗野史』の宣伝広告があり、そこには「月刊」「全頁日本紙」とある。別本が月刊の構想であったことがわかる。

別本には、シリーズ本の巻一に収められた図版と同じ絵がみられるが、すべて描き直している。似た図でありながら異なる絵である。また別本のなかには、シリーズ本に収められなかった図版もある。以下、シリーズ本にないものは（なし）と記し、★印をつけた。図の内容に相異のあるものは、異なる部分を（　）内に記した。（　）のないものは同図で、☆印をつけた。

序1～2頁　序文に代へて（なし）★
本文1頁　絵草紙屋（浮世絵の図柄、暖簾、二階の屋根など）
2頁　絵草紙屋（錦絵竹の挟まれる錦絵）
3～4頁　凧（なし）★
5頁　居合抜き（背景の木、鳥、三宝など）
6頁　取替平（吊るされる品）飴売り（飴売りの衣装）
7頁　一人芝居（顔、説明文）
8頁　籠抜け（見物人、三味線弾きなど）
9頁　猿曳き☆
10頁　唄比丘尼（背景白色）建立（坊主の喜捨箱）
11頁　芥子之助・物貰い・鳥追い（なし）★
12頁　一つせぶし（頬被り）読み売り
13頁　敵討ち（なし）★

14〜18頁　鈴木主水白糸くどき本（なし）★
19〜20頁　足利尊氏木像・お触書（なし）★
21〜22頁　懸想文図・懸想文（なし）★
23頁　戎挑灯・鎧・福禄寿（なし）★
24頁　天狗（天狗の高足駄ほか）
25頁　牛若丸（牛若丸、烏天狗の顔）
26頁　猿田彦（背景）
27頁　金毘羅参り（絵馬の船ほか）
28〜30頁　図案☆
31〜34頁　雛形（なし）★
35〜36頁　仁王（なし）★
37頁　煙草図（煙草の木看板、暖簾、行燈ほか）
38頁　煙草図（なし。行商の顔）★
39〜50頁　煙草盆（名称が記されていない）

別本序1〜2頁の「序文に代へて」に「この書題していろは引きというと雖も、目次を付さず、丁数を記さず、左に記すが如き方法にて、読者諸君が任意に目次を作り、任意に分類されたし（中略）本書は仮に一年を一期として、一年十二冊配本の後、各自の好みに随っていろは別けをして頂きたし（中略）晴雨老人決して嘘はつき不申候間云々」という。「嘘はつき不申候」と述べるのは、過去に予告で終わってしまった企画倒れの例があったからであろう。たとえば、『美人乱舞』のちらし広告にも「約束出版」とあり、また「申込規定」にも「製本出来　六月下旬」と明記しているにもかかわらず、発行された奥付は、七月廿五日となり、予定通りに出版されていない。

後刷り本について

本書には後刷り本がある。まず悳俊彦氏所蔵本の概略を記す。これは巻三・四・五の三冊の箱入り本である。箱（縦二十七・四センチ、横十九・五センチ）には、中央に白地紙の題簽（縦二十一センチ、横五・五センチ）に「伊藤晴雨著／いろは引／江戸と東京／風俗野史　燈火編／飲食編／遊藝編」。箱背（縦二十七・五センチ、横二・四センチ）には、白地紙（縦二十センチ、横二センチ）に明朝活字で「いろは引／江戸と東京／風俗野史　燈火編／飲食編／遊藝編」とある。各巻表紙は、茶色地伎楽面散らし文様で、各巻左肩に題簽がある。奥付は三冊とも底本のシリーズ本と同じである。巻三と巻四の表紙見返しには、上方狂言絵本の見開き図が載る。狂言絵本は『今様源氏六十帖』で、その中にある見開き挿絵である。『今様源氏六十帖』は、元禄八年正月京都早雲座で上演された狂言である。なぜこの狂言絵本の挿絵が使われたのかは不明である。

「燈火編／飲食編／遊藝編」と箱に書かれているが、たしかに巻三は「燈火編」である。しかし巻四は「飲食編」ではなく「行商編」であり、巻五も「遊藝編」ではなく「迷信信仰編」である。「飲食編」と「遊藝編」としたのは、中断した『風俗野史』の続刊のようにみせるためであった。箱の中には、表紙を新しくしただけの本が入っている。刷り増ししてあった本文頁を使ったのが、後刷り本とみられる。おそらく晴雨の関係者、もしくはその本文頁を譲り受けた人がつくったのだろう。

またほかに、シリーズ本の巻二に石版刷りの口絵を貼りつけた本が存在する。この本は後刷り本とみられる。ほかの巻には同じ例がないので、いまのところこの巻二だけの後刷り本とみたい。小池光雄氏所蔵本の巻二は二冊あるが、それぞれ表紙と奥付の字体を異にする本である。これについて、復刻版の底本である宮尾しげを記念會所蔵本と比較してみると、驚くことに、三冊ともすべて表紙を異にしている。

小池氏所蔵本の体裁は、二冊とも同じである。綴じ方は二冊とも二つ目大和綴じである（底本は四つ目綴じ、角切れがつくので、明らかに異なる本となる）。表紙に「伊藤晴雨著／いろは引／江戸と東京／風俗野史　巻二」とある。また二冊とも標題の字体が異なり、表紙絵も異なる。底本も字体、表紙絵が小池氏所蔵本と異なる。描き直している表紙絵は、三種とも雲間から見える家々の屋根を描いたものだが、なぜすべてを描き直したのかは明らかでない。

底本の宮尾しげを記念會所蔵本の巻三以降にみられる口絵は、すべて石版刷りの別紙を貼りつけた形式である。しかし第一回配本の巻二と第二回配本の巻一の底本における口絵は、ともに写真製版刷りである。この配本順序からみても、巻二で石版刷りをもつ本は、後刷り本であったとみられる。となると底本の宮尾しげを記念會所蔵本が初刷り本で、小池氏所蔵本の二冊は後刷り本となろう。

この三冊の巻二の口絵を中心に考えてみよう。底本は、凧屋の店先を遠景に描いている（以下、A本と呼ぶ）。小池氏所蔵本は、底本と同じ絵をもつもの（以下、B本と呼ぶ）と凧屋の店先を近景で描いているもの（以下、C本と呼ぶ）とがある。三冊とも口絵は彩色画である。

A本（底本）

縦二十五・八センチ、横十八・七センチ。凧屋の主人と思われる人物が、店先で凧絵を描いているところを遠景で描く。その傍らには、若い弟子が絵具か墨を用意している。また店先には三人の子供たちと犬が縁台の傍らにいて、凧絵を描いているのを覗いている。屋根付きの板絵看板には、鍾馗と鬼の絵に「絵飛良／天幕のぼり／傘提灯御好次第／凧□□」とある。画面の左側から屋根にかけて、凧屋の看板でもあったねじり鉢巻きを締めた蛸が、竹の先に吊されている。店内の天井から壁、畳の上にまで凧が置かれている。凧屋は、どこかの神社の鳥居のある脇で商いをしている。門松が描かれ、凧を手にする子供を描いているので、正月の凧屋を描いていることになる。「天保時代の凧屋」と画題。

B本

縦二十五センチ、横十八センチ。内容はA本と同じ。

C本

縦二十五センチ、横十八センチ。同じ凧屋の店先を近景で描く。凧絵のデッサンをしている主人の傍らにいる弟子は、出来上がった紙を整理しているのだろうか、立ち上がって紙を手にもっている。店先には子供二人が縁台のところにいて、一人は凧をもっている。凧屋の看板とみられる竹の先に吊る蛸、通い帳をもつ一本歯の下駄を履く鬼の絵に「絵飛良／額ゑ／其他」とある板絵看板。家の中は、天井が低いこともあって、凧が所狭しと飾られている。Aと同じく正月の凧屋の店先を描いていることになる。「天保時代の凧屋之店頭」と題される。

A・B本は同じだが、C本と異なる点が、凧屋の看板とみられる竹の先に吊る蛸の位置と、屋根付きの板絵看板である。A・B本の蛸の位置は左側であるが、C本は右側に描いている。A・B本の板絵看板は右側だが、C本は左側に描く。しかも板絵看板はA・B本が鍾馗と鬼で、C本は鬼だけを描く。このC本は、ほかの巻にみる石版刷りの別紙を貼りつける形式をもつ本である。A本では石版刷りが巻三以降であった。C本にみる石版刷りは、巻二、巻一の写真製版刷りの後の形式であることから、前述のごとく、写真製版刷りが初刷り本となり、石版刷りは後刷り本となろう。それはA本に特別付録として挟み込まれた「口力」絵が、C本にみられないこととも符合する（C本が「口力」絵を落とした可能性も考えられなくはない）。そのほかにも、A・B本とC本とが異なるものに、「次號豫告」の字体と、奥付の字体がある。奥付についてみてみると、印刷日・発行日・著者・発行者・発賣元の全てが同じでありながら、すべて書き直している。同じであるならば、再使用すればよいのだが、書き直している。表紙・口絵・奥付を変える理由があったからとみられる。その理由の一つに、後刷り本であることを明らかにするために、最初に目に入る表紙を変えておく必要があったのかも知れない。

「稿本江戸と東京風俗野史図絵」について

「稿本江戸と東京風俗野史図絵」と題する一枚刷り（縦三十五センチ、横二十三、二センチ）八枚組の絵を今回収録した。小池光雄氏所蔵によって存在が明らかになったもので、紹介しておきたい。一枚刷りには「禁轉載、不許轉載」などと記される。新たにまとめる予定であったので、許可なしでの転載などを禁じたと考えられる。稿本と題につけたのは、そのためであろう。八枚組とするのは、小池氏が同じ枚数での売り立てを何度も見たと証言され、実際もう一つの八枚組を所蔵しているからである。この八枚が一セットだったのだろう。八枚組が、同時につくられたものか、それとも順番につくられていったのかはわからない。絵には看板（さまざまなものを描く）と明治時代の風俗（画面一杯に大きく描く）とが描かれている。

八枚組は、『風俗野史』の発行以後につくられたとみられる。というのは『風俗野史』に収められていない絵が多いからである。しかも稿本と題していること、図繪という新たな名称を加えていることも、すでに発行した『風俗野史』とは別のものであることを、明らかにするためだったと思われる。ほぼB4サイズという大きさの紙であるので、描き方も余裕をもって丁寧に描いている。手彩色が何枚もみられるのは、手彩色を売り物と考えたからである。以下、八枚組の内容を記しておく。

1　江戸と東京看板図の一
2　江戸と東京看板図の二
3　屋上看板
4　江戸末期より明治時代　爪やの看板
5　開港地のランプ屋
6　明治時代やきいも屋の図
7　明治時代人力車宿之図
8　明治時代酒屋之図

『江戸の盛り場』について

全十二冊の予定が六冊で終わってしまった『風俗野史』は、その後も発行されないままとなった。ふたたび同じような内容を、江戸の娯楽場である盛り場に焦点を絞って描いたのが、『江戸の盛り場』である。本書が出版された経緯は明らかでないが、ふたたび江戸風俗を描写することで、江戸風俗の画家である晴雨が、自らの位置づけを試みたものか、それとも『風俗野史』の続編となるものをまとめたかっただけだろうか。この本では『風俗野史』のように本文中で解説する形式をとらず、巻末にまとめて解説を述べている。

今回の底本は宮尾しげを記念會所蔵。洋紙を使用した和装本。中本体裁。縦二十一・二センチ×横十四・五センチ。朱色表紙。藁半紙使用。表紙には熨斗暖簾に三葉葵巴紋散らし文様（徳川葵）。「江戸の盛り場　伊藤晴雨著／東都富士書房発售」とある。裏表紙も三葉葵巴紋散らし文様。暫、桝の中の小判、左官の鏝などの絵に「火事／けんくわ／江戸むらさき／錦絵や／大名小路／芝居／よし原」の文字。内扉半丁に「江戸の盛り場　伊藤晴雨著畫」。書名の回りに扇面絵を描く。内扉裏「これや此みの方角や江戸のはる」から挿絵が始まり、全四十七図。二十三丁半（四七頁）。そのあとに「江戸の盛り場」と題して晴雨の文がつく。五丁（一〇頁）。奥付半丁。全部二十九丁（五八頁）。奥付に「昭和二十二年十二月三十日発行／著者　伊藤晴雨／発行者　東京都文京区動坂町三二七／橋本大平」「発行所　東京都文京区動坂町三二七／富士書房」とある。橋本大平も富士書房も晴雨の自宅の住所となっているから、橋本大平は晴雨の別号、富士書房も晴雨の私家版の出版社名となる。本書では『風俗野史』と重なる絵もあるが、ほとんどは新しい絵である。盛り場を主題にしているので、『風俗野史』の未刊の「盛り場篇」であろう。本書は『風俗野史』を補う作品として出版されたとみられる。毎頁に挿絵があり、巻末に盛り場についての文章が書かれる。挿絵に描いたものの名を記すのは『風俗野史』と同じである。盛り場の見世物小屋を中心にして、さまざまな見世物が描かれる。その後に街芸（大道芸、辻芸ともいう）を描く。江戸の盛り場には、上野山下・浅草奥山・両国橋・京橋采女が原・芝増上寺・芝神明・湯島天神・牛込赤城明神などがある。その盛り場風景を描いたあとに、がんりき・かっぱの見世物、独相撲・カッパの見世物小屋・見世物の看板などを、また胎内十月の見世物・曲持ち・蛇女・垢離場・街頭風景・砂絵・迷子探し・万歳・初午絵馬売り・ほにほろ・しゃぼんだま売り・桜草売り・金魚屋・水売り・蛍売り・放し亀・かけとり・寒念仏・からくり・かごや・易者などを描いている。すでに『風俗野史』には巻二に見世物を描いていたが、重ならない絵が描かれる。

　盛り場は人の出入りの多い場であり、人の声が絶えない賑わいを見せたところである。火除地の広場や寺社の境内などが盛り場となり、ここに期間限定の見世物小屋などが並んでいた。本書で描かれなかったものに、見世物の流れをもつサーカスがある。晴雨はサーカスを『美人乱舞』（昭和七年）に描いているが、「江戸の盛り場」と題した以上、本書には描かなかったようである。

　『風俗野史』にみられた口絵や頁一面に描いた風景画は、『江戸の盛り場』にもみられるが、彩色画は一枚もない。絵の黒色が、発行された時代の暗さを現しているようである。描かれた盛り場の風景も人物たちも、どことなく暗さを漂わせる。時代の影響であろうか。晴雨の絵の特徴は一筆書きのような描き方にあり、細かいところまで描くと瑣末的で、画面をうるさくする。当時は終戦直後で印刷事情も悪く、まして藁半紙に印刷されているので、なおさら美しいとはいえない。時とともに風化していく藁半紙には、出版時の明るさもなくなっている。黒が強く映るのは、そのためであろうか。

第五巻五号（昭和六年五月発行）四〇頁に『風俗野史』の広告（第四巻七号・九号と同じ）。また『畫家生活内幕咄』の広告。

おわりに

　いつも手に取ることのできた帙に入った『風俗野史』は、他の風俗史料とともに、静かにわたしの書架の棚に横たわっていた。江戸風俗を絵で描いた本として、視覚的な風俗史料の少ないなかで、知る人ぞ知る本であった。かつて一冊に合本された復刻版が有光書房から出版されたが、原本を所持しているので購入するつもりもなかった。復刻版は彩色画がなく白黒画で印刷されている。しかも各巻で異なる表紙もなく、ほとんど原本の面影がみられない。また復刻版には原本にない図版があったり、原本にある図版がなかったりで、どれが正しい原本の姿かと思っていたところ、別本の存在で、その疑問が氷解した。

今回新たな復刻版を出版することで、後刷り本の存在、一枚刷りの「稿本　江戸と東京風俗野史図絵」の存在を知ることになり、風俗語彙の語注を加えることで、知られていない多くの江戸東京風俗語彙を明らかにすることもできた。

また、画家伊藤晴雨は、わたしにとって個人的に大きく関わる存在でもあった。晴雨が拘置所に入ったときの回想に「わたしが絵を描いて居る所へ、宮尾しげを氏がやつて来た（中略）宮尾氏は私に『お小遣ひを少し置いて行きませうか』といふ温情の籠った言葉を、私は涙のこぼれる程嬉しかったが、別に金銭の不足もなかつたので、其旨を同君に感謝して別れたが、此印象は一生私の忘れ得ぬ感激である」と述べている。さらに「宮尾しげをと坂本牙城」と題した一文にも、「日本漫画界の同人で一は目から鼻へ抜ける人一は目から目へ抜ける人較べ物にならない程ケタが違ふ宮尾君が東京毎日新聞へ来たのは大正十年頃肩上げの取れた計りの少年だったが今は頭が禿げた立派なおやぢになつちまつて」とも述べている。晴雨とわたしの父とのかかわりが、すでに紹介した雑誌「芸術生活」の座談会（昭和四十六年三月）で知ることができる。

『風俗野史』と『江戸の盛り場』の二冊が、この復刻版に収められることは喜ばしいことである。描かれた多くの風俗絵から、いかに江戸というものが魅力的な時代であったかを知ることができる。晴雨も同じような気持ちで、江戸を描いていたのであろう。それが生き生きと描かれたところに、この二冊の評価がある。

晴雨の孫である伊藤美代子氏には復刻版の許可を、すでに三年前の平成十一年にいただき、また、宮尾しげを記念會の宮尾幸子、宮尾文榮、宮尾奈ミ加、宮尾慈良氏には底本の使用許可をいただきながら、二年近くも出版が遅れてしまったのは、風俗語彙の語注に手間取ってしまったためである。さらに、悳俊彦氏、小池光雄氏には別本を拝借し、小池氏には一枚刷り史料の拝借と使用許可もいただいた。多くの人々の協力によって、出版できたことに、こころから感謝するとともに、御礼申し上げる。さらに出版を快く承諾して下さった国書刊行会の佐藤今朝夫社長と担当の竹中朗氏にも、こころから感謝を申し上げたい。

伊藤晴雨略年譜

◉晴雨は風俗画家というよりも、「責め絵の晴雨」として知られている。そうした関係の著作も多い。なかでも『日本刑罰風俗図史』（昭和二十三・二十四・二十六年。粋古堂）は晴雨の代表作である。だが、本書にみる江戸風俗・演劇・見世物に関する仕事も、もっと評価されて良いだろう。略年譜での著作は江戸とかかわるもののみを記す。

明治一五年　（一八八二）　三月三日、東京市浅草区金龍山下瓦町三八四番地に、貞次郎、トラの長男として生まれ、一（はじめ）と名付けられた。

明治二十三年　（一八八九）　八歳　光琳派画家野沢堤雨に絵を学ぶ。（一説に六歳とも九歳ともいう）

明治二十七年　（一八九四）　十二歳　九月、本所相生町、内藤静宗に象牙彫刻を学ぶ。晴雨は丁稚小僧をしたという。

明治三十八年　（一九〇五）　二十三歳　半年の年期を残して実家に戻る。浅草七軒町の開盛座の絵看板を描く。また日本橋の貿易商大膳に下絵描きとして勤めるが、同年に退職。

明治三十九年　（一九〇六）　二十四歳　六月、帝国新聞用達社で働く。

明治四十年　（一九〇七）　二十五歳　日本橋蠣殻町、毎夕新聞社に入社。挿絵画家、演芸欄も担当する。伊原青々園主宰「歌舞伎」に劇評を連載。

明治四十二年　（一九〇九）　二十七歳　京橋三十間、やまと新聞社に入社。挿絵主任。東京毎日新聞社、読売新聞社に入社。挿絵、三面記事を担当。同年暮に玉置竹尾と結婚。

大正元年　（一九一二）　三十歳　「演芸画報」に挿絵を描く。

大正七年　（一九一八）　三十六歳　静雨を晴雨とする。

大正八年　（一九一九）　三十七歳　夏、竹尾と離別。佐原キセと再婚。

大正十三年　（一九二四）　四十二歳　沢田正二郎の懇意で新国劇の看板、舞台装置を描く。

大正十四年　（一九二五）　四十三歳　夏、沢田正二郎一座の北海道巡業に参加。キセと離別。

昭和元年　（一九二六）　四十四歳　とし子（姓は不詳）と再婚。

昭和二年　（一九二七）　四十五歳　一月、「趣味と研究　版画賀状　辰づくし」刊か。十二月、『いろは引　江戸と東京　風俗野史』巻一（別本）を弘文館から出版（以下『風俗野史』と略す）。

昭和四年　（一九二九）　四十七歳　三月、『風俗野史』巻二（底本）を城北書院から出版。九月、『風俗野史』巻一（底本）を六合館から出版。

昭和五年　（一九三〇）　四十八歳　三月、巣鴨刑務所拘留。五月『風俗野史』巻三（底本）を城北書院から出版。九月『風俗野史』巻四（底本）を城北書院から出版。『畫家生活内幕咄』を天守閣から出版（十一月に文祥堂書店から出版か。六合館からの出版もある）。

昭和六年　（一九三一）　四十九歳　十一月、『風俗野史』巻五（底本）を城北書院から出版。

昭和七年　（一九三二）　五十歳　二月、『川柳珍畫集』を粋古堂書店から出版。七月、『美人乱舞』を粋古堂書店から出版。十一月、『風俗野史』巻六（底本）を城北書院から出版。

昭和二十年　（一九四五）　六十三歳　動坂の自宅を空襲で消失。

昭和二十二年　（一九四七）　六十五歳　十二月、『江戸の盛り場』を富士書房から出版。

昭和二十三年　（一九四八）　六十六歳　二月、『枕』を粋古堂から出版。

昭和三十六年　（一九六一）　七十八歳　一月二十八日没。墓は上野寛永寺。戒名は瑞光院梅岳晴雨居士。

【編注者略歴】

宮尾與男（みやお　よしお）

日本大学大学院博士課程修了。近世文学、近世文化史、近世芸能史研究家。宮尾しげを記念會附属夕霧軒文庫文庫長。日本大学芸術学部非常勤講師。著書に『江戸笑話集』（ほるぷ出版）、『元禄舌耕文芸の研究』（笠間書院）、『上方舌耕文芸史の研究』（勉誠出版）、『元禄期笑話本集』（話藝研究會）など。共著に『日本庶民文化史料集成第八巻（寄席・見世物）』、『集古索引』、『アジアの芸術論』など。ほかに『江戸学事典』『国史大辞典』『日本伝奇伝説大事典』『日本古典文学大辞典』などに江戸風俗・文学に関する項目を執筆。

江戸《えど》と東京《とうきょう》　風俗野史《ふうぞくやし》

平成一三年六月二〇日　初版第一刷発行

伊藤晴雨《いとうせいう》　著

宮尾與男　編注

造本・装丁　桂川　潤

発行所　株式会社　国書刊行会

東京都板橋区志村一―一三―一五　郵便番号一七四―〇〇五六

電話〇三―五九七〇―七四二一　ファックス〇三―五九七〇―七四二七

http://www.kokusho.co.jp

印刷所　株式会社エーヴィスシステムズ

製本所　有限会社青木製本

ISBN4-336-03067-7　＊乱丁・落丁本はお取り替えします。